래디컬 헬프

로빈 머레이(1940 – 2017)를 추모하며
모든 변화를 추구하는 이들에게 바칩니다.

RADICAL HELP

Radical Help

래디컬 헬프

돌봄과
복지제도의
근본적
전환

힐러리 코텀 지음
박경현·이태인 옮김

COOPERATIVE
착한책가게

'복지국가에서 진정 복지는 어떻게 시민들을 행복하게 할 수 있을까'를 고민하는 이들에게

한국에서 복지국가 담론이 본격화된 지 10여 년이 되어간다. 그 이전엔 주로 복지 전문가나 일부 사회운동가의 머릿속에 머물렀던 이 담론이 무상급식으로 촉발된 보편주의 논쟁을 시작으로 바야흐로 복지국가를 저잣거리에서도 이야기할 수 있는 주제로 격상하였다. 독재정권 시절엔 불온하게 여겨지기도 했던 이 단어가 이젠 어느 정치인이든 우리나라가 좇아야 할 국가상의 하나로 인정하는 데에 주저함이 별로 없다. 그러나 여전히 지속되어야 하는 결정적인 질문은 남아있다.

'과연 복지국가에서 복지는 시민들의 삶을 행복하게 할 수 있을까?'

이 책은 이러한 질문에 대한 답이다. 이 책은 우리가 가고자 하는 복지국가의 미래에 대해서 생각하게 한다. 저자는 복지가 시민의 삶을 어떻게 지지해야 하는지에 대해 제목 그대로 매우 급진적인radical 대안을 내놓고 있다. 이 대안이 급진적인 이유는, 처음에는 베버리지에 의해 복지국가의 원조가 되었지만 반세기의 역사를 거치면서 페이비안주의Fabianism와 대처주의Thatcherism, 그리고 제3의 길the Third Way 등 복지국가 이념의 냉온탕을 거치는 동안 만신창이가 된 영국 복지국가의 복지 서비스 현장을 근본적fundamental으로 뒤집어놓는 대안이기 때문이다.

알다시피 사전적 의미로 '급진적'을 뜻하는 영어의 'radical'은 라틴어의 기원을 보면 '뿌리root'에서 유래되었다는 점에서 결국 '근본에 천착하다'는 뜻이고, 그런 점에서 때론 혁명적이고 과격한 발상으로 연결되기에 급진적으로 치부될 뿐이다. 이 책에서 복지 현장에 요구하는 바는 사실 급진적이라기보다는 복지의 가치에 입각하여 다시 '근본'에서 출발하라는 것일 수도 있다.

관료제에 의해 가로막힌 복지행정, 늘 부족한 복지재정, 성과 도출에 쫓기는 복지기관의 경직된 운영, 일상화된 업무 과잉으로 관성적으로 움직이는 사회복지사, 협업에 부정적인 전문가들, 결국 더 이상 제도와 사회복지사를 믿지 않고 그들과의 소통을 경멸하는 클라이언트와 불행의 덫에서 헤어나오지 못하는 수많은 사각지대의 희망 잃은 시민들이 목도되는 현실.

저자는 이 현실을 타파하기 위해 기존의 제도가 이끌어주던 지도를 과감히 벗어 던졌다. 그러고는 당사자 자신과 그의 주위에 늘 존재했던 수많은 '사람들'에서부터 해법을 찾기 시작했고, 이는 잃어버린 뿌리이자 근본을 다시 세우는 지극히 당연한, 그러나 현실에서는 결코 쉽사리 시도되지 않았던 새로운 지도를 만들게 되었다. 저자 자신이 일생 국제기구 등 다양한 기관에서 터득한 성공과 실패의 경험을 토대로, 뜻을 같이하는 동료들과 팀을 이루어 영국 내의 다양한 지역에서 행한 수많은 프로젝트를 통해 수정과 보완을 거치며 마침내 이 책에서 그 지도를 공개하고 있다.

이 지도는 단순히 출발지와 목적지만 보여준 채 나머지는 원론적인 교훈 속에 상상으로만 갈 길을 짐작하도록 하지는 않는다. 촘촘하고 빼곡히 지형지물을 그려놓았고 택할 수 있는 수많은 길들을 보여주며 그중에 결국은 목적지로 가는 길이 어느 것인지를 다양한 경우의 수에 대해서 매우 신뢰할 만한 지도를 보여주고 있다. 먼저 간 이들의 성공과 실패의 발자국조차 선명히 그려 넣은 그런 지도를 보는 느낌이다.

그러나 영국 복지국가를 대상으로 그린 이 지도가 오늘 이 시점의 대한민국의 사회문제를 고민하고 절망의 덫에 걸려있는 이들의 고통 앞에서 자신의 할 일을 고뇌하는 이들에게 어떤 시사점을 줄 수 있을 것인가? 여기서 보여주고 있는 급진적인 해법들이 이제 걸음마를 떼고 '그 어떤'복지국가를 향해 잰걸음으로 달려가야 하는 우리에겐 결국은 다른 나라의 다른 복지국가, 그리고 그 안의 다른 제도와 다른 지역의 낯선 이야기가 아닐까 잠시 의문을 가져볼 수도 있다.

하지만 도심 한복판의 아파트에서 하루 종일 무기력하게 하릴없이 의자에 앉아 외롭게 지내는 '스탠'은 우리네 수많은 독거노인의 모습이다. 술에 절어있는 큰아들과 임신한 딸, 퇴학당해 방황하고 있는 둘째 아들과 함께 퇴거통지가 날아온 집을 지키고자 하는 '엘렌'은 우리 주변에 있는 수많은 한부모의 모습이다. 행동장애를 갖고 있는 아들들의 문제 앞에서 어찌할 바를 모르고 폭력으로 대하는 아빠와 스트레스를 술로 달래는 엄마로 등장하는 '리처드'와 '에마'는 우리네 이웃에도 있는 가정들이다. 태어나자마자 아빠는 떠나버리고 홀로 자신을 키우던 엄마는 고달픈 삶을 사느라 끼니조차 제대로 차려주지 못하는 가운데서 자라며 결국 조직폭력배의 일원이 되기도 했던 '멜빈'은 우리 곁에 있는 청년들이다.

더군다나 이들의 삶을 지지하기 위해 소명의식을 갖고 현장에 뛰어들었으나 대부분의 시간을 기록과 추적, 모니터링, 평가, 다른 기관과의 회의 등 행정업무에 소비하고 의뢰처를 찾고자 전화통을 붙들고 사느라 진정 그 가족과 당사자들과 대화하는 일은 자신의 근무시간 중 고작 14퍼센트만 쓰고 있는 '라이언'은 우리의 사회복지 현장에서 목격하는 수많은 사회복지사들이다.

결국, 영국의 복지국가 안에서 저자가 폭로하고 씨름하고 있는 복지제도의 경직성과 복지현장의 무력함, 철저히 단자화된 지역사회, 그 속의 절망적인 당사자들의 모습은 현재 우리 모습의 일부이면서 가까운 미래에 커다란 덫이 될 수도 있다는 점에서 우린 이 책의 첫 장을 열면 끝장을 닫을 때까지 수많은 밑줄을 치며 거침없이 읽을 수밖에 없을 것이다.

"우리(영국)의 복지제도는 우리가 쓰러질 때 우리를 일으켜줄지는 모르지만 다시 날아오르도록 도와주지는 못한다(67쪽)"는 글귀에서는 아직 일으켜줄 정도도 되지 못하는 한국의 복지국가라고 자조하기보다는 그 이상을 바라봐야 하는 숙명을 깨닫기도 한다.

한국이 가야 할 보편적 복지국가의 미래, 그 속에서 어떻게 시민들이 행복하게 살아갈 수 있을지 제도와 정책만이 아니라 실천과 행동 속에서 고뇌하고 있는 수많은 이들에게 영국에서 스스로를 사회활동가라고 자임하는 저자 힐러리 코텀이 내민 이 지도는 또 다른 영감을 불러일으키리라 확신한다.

이태수 | 꽃동네대학교 사회복지학과 교수

대상화와 관료화로 인한 소외를 넘어 성장과 혁신으로 가는 방법론적 통찰

19세기 이후 산업주의가 지배하면서 인간은 공동체를 빼앗긴 채 원자화되어 극심한 불평등 속에서 고독과 빈곤의 문제를 겪게 되었다. 이에 인류는 '사회복지'라는 제도와 실천을 만들어냈다. 베버리지의 고안물은 20세기의 산물이다. 이제 21세기의 새로운 문제와 위험 앞에서 더 이상 유효하지 않게 되었다. 사회복지 대상자가 되는 것은 곧 관리와 통제의 대상이 되어버리는 것이다. 누군가를 돕는다는 것은 이제 더 이상 전문가나 관료들의 일방적 조치나 관리가 되어서는 안 된다. 오히려 대상자와 함께 협업하는 사회복지 실천이 돼야 한다.

중요한 것은 사람이다. 사회복지 실천은 사람의 역량을 강화할 수 있도록 해야 하며, 이를 위해 사람의 관계를 잘 활용할 수 있어야 한다. 고용, 주거, 건강과 보건, 교육 등 다양한 영역에서 사회복지의 패러다임은 근본적으로 바뀌어야 한다. 저자의 구체적인 실험 사례들이 그동안 산업주의적 관료주의의 병폐가 케케묵은 녹처럼 자리 잡은 기존 사회복지 제도와 실천에 대안의 가능성을 보여준다.

이 책은 사회복지 실천 현장은 물론, 사회복지 학문과 교육이 지향해야 할 바가 무엇인지 근본적인 성찰을 하게 해준다. 대상화와 관료화로 인한 소외를 넘어 성장과 혁신으로 이행할 수 있는 방법론에 대한 통찰을 전해준다.

이 책을 읽으면서 나는 우리나라 전통사회에서 발달했던 '계'에 대해 생각하게 되었다. '계'의 정신과 원리를 현대사회 사회복지 실천에 접목시킨다면 새로운 복지가 가능할 것 같고, 저자 또한 우리의 전통적인 '계'를 알게 된다면 좀 더 매력적인 대안을 제시할 수 있지 않을까 하는 기대를 해보게 된다.

윤찬영 | 전주대학교 사회복지학과 교수

대안에 대한 다양한 실험이 필요한 때, 뚜렷한 비전과 실천적 모습을 제시한다

지금으로부터 정확히 5년 전 한 테드TED 강연이 영국의 사회복지계에 커다란 반향을 불러일으켰다. 그것은 바로 힐러리 코텀이 한 '망가진 사회적 서비스를 고치는 방법Social services are broken. How we can fix them.'이란 제목의 강연이었는데 당시 50만 명이 시청한 것으로 조사되었으며, 지금까지 백만 명 가까이 시청한 것으로 알려졌다. 이는 마치 1942년 현대 복지국가 시스템의 기초를 정립하고 비전을 제시하여 전 세계의 주목을 받았던 〈베버리지 보고서〉의 등장과 비슷했다고나 할까? 이 강연은 관료적 복지국가에 대한 실망으로 대안을 찾고 있던 영국 사회에 새로운 빛줄기와도 같았던 연설이다. 더군다나 단순히 이론적으로 탁월해서가 아니라 코텀의 오랜 현장 경험과 실천을 바탕으로 한 것이어서 많은 사람들의 가슴에 와 닿았던 것 같다.

이 연설에 소개된 '서클' 모델은 그 후 한국에도 여러 경로로 소개되어 진보적 시민사회 단체를 중심으로 회자되기 시작했다. 코텀 또한 이러한 경험을 바탕으로 이 책 《래디컬 헬프》를 2년 전에 내놓은 것이다. 한국 사회에서 이미 회자된 서클의 구체적 운영 모습을 최초로 자세히 설명한 책이어서 많은 분들이 관심을 가질 것이란 생각이 든다. 비록 코텀이 이끌었던 서클 프로젝트는 공식적으로는 종료되었으나 서클에서 추구했던 관계 중심의 복지 모델은 다양한 형태로 뻗어나가고 있는 것으로 보인다. 특히 코텀의 핵심 화두인 '관계'와 '역량Capability 중심' 접근은 이 책 이후의 저술에서도 지속적으로 강조되고 있으며 영국 사회에서 점점 힘을 받아가고 있다. 이 두 가지 키워드는 타임뱅크의 중심 가치와도 일치하여 협력을 기대하고 있었는데, 최근에 확인한 바로는 로치데일에 있는 HMR 서클의 경우 기브앤테이크케어 타임뱅크Give & Take Care Timebank와 함께 협력하는 사례도 나타나고 있다고 한다.(내가 처음 코텀과 이메일을 교환했을 때는 코텀이 타임뱅크에 대한 자세한 정보를 가지고 있지 않았다.)

코로나 이후 우리 사회도 시스템의 근본적 변화가 필요함을 느낀다. 기존의 시스템은 한계에 도달했고 미래는 불투명하다. 그래서 지금 시기는 대안에 대한 다양한 실험이 필요하다. 이 책은 바로 그 대안을 꿈꾸는 사람들에게 뚜렷한 비전과 실천적 모습을 제시할 것이다. 이 책을 통해서 많은 사례들이 나타나기를 기대해본다.

손서락 | 사단법인 타임뱅크 코리아 대표

옮긴이 말

작년에 우리나라에서 한때 금지어였던 '래디컬RADICAL'이 제목에 들어간, 원서의 표지조차도 새빨간 양장본 책을 받았다. 처음 읽기 시작하고부턴 손에서 뗄 수가 없어 단숨에 읽어내려갔다. 우리나라 사회복지 현장에서 느끼던 문제점과 불길한 예측들이 책의 구절구절에서 내 눈앞에 나타났기 때문이다. 연구실의 책상 위에서 쓰인 글이 아니라 삶의 현장에서 부대끼며 실험한 경험에 바탕을 둔 글이기에 여느 사회과학책들과 달리 명료하고 구체적이며 힘이 넘쳤다. 그리 까다롭지 않고 문학적인 영어 문장은 덤이었다. 궁금해서 저자의 이름을 검색해보니 유튜브에 몇 개의 영상이 떠올랐다. 그 가운데 4년 전에 업로드 된 저자의 TED 연설 영상은 백만 뷰 가까이 되었다. 글만큼이나 분명한 문제의식과 새로운 해결책에 대한 주장이 영국식 엑센트에 실려 또랑또랑하게 귀에 들어왔다.

사람들이 좋은 삶을 살아내도록 돕는 현대 국가의 역할은 무엇인가? 현재의 복지제도는 엘라, 얼, 스탠 같은 사람들의 삶을 바꾸어 그들이 사람들과 어울리며 함께 번성flourish하도록 돕는 데 성공하고 있는가? 저자 힐러리 코텀이 묻는 말이다.

2차 세계대전 후 영국 복지제도의 기틀이 된 베버리지 보고서는 21세기 현대의 문제들을 해결하기에는 너무 낡은 옷이다. 우리 역시 얼마 전 한국에도 소개된 켄 로치 감독의 영화 〈나, 다니엘 블레이크〉와 〈미안해요, 리키〉를 통해 영국 복지제도의 모순과 한계들을 알 수 있었다. 산업혁명의 산실로 복지국가의 선두주자였던 선진국 영국의 복지제도에 무슨 일이 생긴 것일까? 영국의 "사회 서비스는 망가졌다. 어떻게 고칠 수 있을까?(그녀의 테드 연설 원 제목')" 일찍이 베버리지는 보고서의 첫 페이지에서 "지금은 미봉책이 아닌 혁명적 조치로 세계 역사를 바꾸어놓을 시기이다."라고 장엄하게 선언했다. 지금 저자는 그의 말을 다른 의미에서 되풀이한다.

"단도직입적으로 진실을 말하자면, 전후 체제의 서비스와 기관들은 이제 한계에 다다랐다. 복지 체제는 오늘날의 문제들, 현대인의 삶, 그리고 대중의 여론과 어긋나 있다. 새로운 시대를 위해 고안되었던 일련의 기관과 서비스는 이제 낡은 것이 되었고 개선이 불가능하다. 나는, 우리가 이 시스템을 고칠 수는 없지만 본래의 의도를 되살려서 우리 시대에 맞추어 재창조할 수는 있다고 본다. 새로운 것을 만들어 낼 수 있고, 사실 이미 재창조는 일어나고 있다.

이 책은 이 새로움에 대한 것이다. 어떻게 하면 모두에게 좋은 삶을 일구도록 할 것인가, 어떻게 이 시대에 다 함께 풍요롭게 살 수 있는가에 대한 책이다. '어쩌면 이렇게 될지도 모른다'는 몽상이 아니다. 영국 전역에서 사람들과 지역사회가 개발해온 새로운 존재 방식, 조직, 삶과 성장의 실체에 대한 책이다." (본문 중에서)

저자는 문헌을 참고하고 제도를 분석하는 것에 그치지 않고 실제로 대안을 설계하고 사람들과 뜻을 모아 실험을 했다. 그녀가 가장 먼저 한 일은 바로 복지제도의 수혜자인 사람들이 사는 마을, 사회에서 밀려난 주변 지역에 터를 잡고 이웃하고 산 것이다. 그들과 같은 가게에서 장을 보고 같은 길을 걷고 같은 냄새와 소리 속에서 지냈다. 그렇게 그녀가 만난 사람들은 일선 공무원들이 말하는 이른바 '영구동토층', 즉 도와줘봤자 소용없는 구제 불능자들이었다.

"이제 전화도 하지 말고 찾아오지도 마세요. 어차피 이렇게 살다가 죽을 거예요."

사회복지사가 아무리 문을 두드려도 문을 열어주지 않는 아이 엄마가 울부짖는다. 복지 서비스의 수혜자인 당사자들은 시도 때도 없이 접근하는 수많은 서비스와 실무자들 사이에서 수십 년을 보내고도 희망을 찾지 못해 좌절과 만성적 우울 상태에 빠져 있다. 그녀는 질문한다. 왜 그들은 영구동토층이 되었나, 그 많은 재정을 써가며 구축해온 탄탄한 복지제도와 훌륭한 전문가들이 왜 그들을 제대로 돕지 못하는 것인가.

저자는 십여 년에 걸쳐 팀을 이루어 다섯 개의 핵심적인 실험을 하면서 자녀가 딸린 엄마와 그 가족, 꿈과 능력에 알맞은 일자리를 찾는 실업자들, 대부분 홀몸이 된 은퇴한 노인들, 거리에 부유하는 청소년과 청년들, 만성적이고 복합적인 건강 문제를 가진 환자들과 함께했다. 그들의 실험은 라이프, 루프스, 베커, 서클, 웰로그램 등의 이름으로 진행되었고 그 가운데 대부분은 성공을 거두어 다른 지역으로 번져나갔다.

저자가 꿈꾸는 21세기 복지혁명은 이런 것이다. 복지수혜자에게 변화를 지시하거나 치료를 통해 사람을 수리하려고 하는 대신에 그가 있는 바로 그곳에서 여건을 넓고 크게 바라보고 다양한 사람 간의 관계들을 통해 서로 돕고 나눔으로써 스스로 문제를 해결하고 그 경험을 통해 능력을 개발할 수 있도록 지원하는 것이다. 어떻게 하면 이 문제를, 이 사람을 바꿀 수 있을까 묻기보다 당사자에게 묻는다. 당신의 삶은 어떤가요, 당신은 무엇을 하고 살며, 무엇에 관심을 가지고 있고, 무엇을 원하나요, 그리고 우리가 그것을 실현하기 위해 어떻게 협력할 수 있을까요 라고. 당신이 당신을 스스로 돕기 위해 우리에게 무엇을 요구하시겠어요 라고. 힘의 이전이다. 당사자에게 권력과 권한을 이양하는 것이다.

이 일에는 복지수혜의 당사자들뿐 아니라 지역 주민들, 휴먼서비스의 전문가들, 일선 복지 공무원과 활동가들, 정치인과 기업인이 참여했으며 디지털 기술의 적용으로 소요 비용을 절감할 수 있었고 시스템의 복제와 타 지역, 다른 집단에서의 적용과 확산이 가능했다. 저자의 실험과 유사한 개념인 코 프로덕션과 타임뱅크 같은 프로젝트는 영국을 비롯해 세계 전역의 수백 곳에서 진행 중이며 계속 확산되고 있다.

이러한 관점과 실천의 변화는 학교사회복지사로 일선에서 일했고 지금껏 현장을 접하고 있는 나에게 그리 낯설지 않다. 이미 2000년대 초부터 현장에서는 강점관점과 임파워먼트 실천을 적용해왔고 자산 중심 지역사회 개발Asset Based Community Development(ABCD) Model 과 주민참여 지역공동체 운동이 활발히 일어나고 있으며 타임뱅크도 확산 중이다. 그래서 이 책의 발견이 더욱 반갑고 공감되었던 것 같다.

이미 이 책을 읽고 주변에 권해오던 나에게 이 책을 번역할 기회가 주어진 것은 너무나 큰 기쁨이었다. 번역의 기회를 주신 착한책가게 전광철 대표님에게 감사드린다. 부족한 영어실력에 든든한 동반자가 되어준 이태인 선생은 감사의 말이 부족한 동지다. 무엇보다 처음 이 책을 만날 수 있게 소개해주시고 번역할 용기를 북돋워주신 손서락 타임뱅크 코리아 대표님에게 감사드리며 건강을 기원한다. 힐러리 코텀은 책의 마무리를 '초대'로 끝냈다. 한국에서도 많은 분들이 그 초대에 응해주시길 기대한다.

옮긴이를 대표하여

박경현

차례

우리에게 떠오르는 생각들 중에는 눈앞에서 춤을 추며 잠깐 시선을 끌다가 이내 사라져버리는 먼지 티끌과 같은 것들이 있다. 그런가 하면 우리에게 남아서 자꾸 곱씹게 되는 그런 아이디어들도 있는데, 이들은 왜 그런지 모르지만 우리가 누구이며 무슨 일을 할지를 규명하는 그런 생각들이다.

짧은 여정이었고 오래전 일이었지만 나를 단단히 사로잡은 어떤 일이 있었다. 나는 어렸을 때 가난하고 매우 불평등한 나라였던 스페인에서 자랐다. 우리는 마드리드의 정원이 딸린 집에서 살았는데, 언젠가 내 아버지와 우리 동네 사람들은 훌리안이라는 사람의 도움을 받은 적이 있다. 어느 날 훌리안이 몸이 좋지 않다는 소식을 들은 아버지가 그를 방문하기로 했다. 아버지는 일곱 살 된 딸인 나를 데리고 갔다. 우리는 여름의 덥고 숨 막히는 더위에 차를 몰고 가며 한두 번 길을 멈춰 방향을 확인한 끝에 훌리안의 집에 도착했다. 그의 집은 방이 하나뿐이고 함석지붕이 얹힌 조그만 헛간이었다. 나는 호기심에 안을 들여다보곤 놀라 소스라쳤다. 훌리안과 그의 아내, 그리고 아이들은 가진 게 아무것도 없는 것 같았다.

"왜 그렇죠?" 나중에 집으로 돌아가는 차 안에서 나는 아버지에게 물었다. "왜 그들은 그렇게 가진 것 없이 살아요?" 어린 마음에서 비롯된 단순한 생각이었지만 나는 뭔가 아주 잘못되었음을 알았다. 아버지가 뭐라고 대답했는지 기억나지 않는데 어느 누구라도 만족할 만한 대답을 줄 수는 없었을 것이다. 하지만 나는 궁금증과 마음 깊숙한 곳에서 올라오는 정의롭지 못하다는 느낌을 떨쳐낼 수 없었다. 그 순간부터 나는 변화의 일부가 되고 싶었다.

왜일까? 그리고 우리는 무엇을 할 수 있을까? 나는 30년 전에 아프리카와 라틴 아메리카에서 일하기 시작했는데, 가난이 극심하고 변화의 필요성이 절실했던 마을들에서 일했다. 나는 인도주의적인 게릴라 군대의 지부와 국제 자선단체, 그리고 세계은행과 함께 일했다. 이 모든 기관들에서 나는 다른 사람들의 삶을 변화시키기 위한 선의의 프로그램에서 부분적 역할을 담당했다. 그러나 그것들은 전혀 효과가 있는 것 같지 않았다. 나는 도움을 주려고 노력하는 기관의 관행과 정책이 그들이 창조하려는 변화에 방해가 되는 것을 여러 번 목격했다. 나는 실행 과정에서 단순하고 좋은 아이디어가 엉뚱한 다른 것이 되고 비생산적으로 되는 과정을 보았다. 그리고 초기의 성공이 거의 지속되지 않는 것에 의아해했다. 같은 문제가 계속해서 재발하는 것처럼 보였다. 그 문제들은 때때로 다르게 보였지만, 여전히 그곳에 있었고, 고질적이었으며, 언제나 똑같았다.

나는 역사와 경제학을 공부해서 이론을 알고 있었고 거의 10년의 기간을 보내면서 이들 조직 내의 많은 명석하고 헌신적인 사람들로부터 배웠다. 하지만 나는 무언가 빠져있다는 느낌, 다른 방식으로 일할 필요가 있다는 확신이 점점 더 강해졌다. 내 이전의 많은 혁명가들처럼 나는 내가 제도 밖으로 나갈 필요가 있다는 것을 깨달았다. 나는 다른 사람들의 실제 삶의 현실과 그들의 생각, 지식과 힘을 공유하면서 다시 시작해야 했다.

나는 도미니카공화국의 악명높은 도시 빈민 지역으로 이사했다. 그곳은 4만 명의 사람들이 다닥다닥 붙어 사는 곳이었다. 대부분의 사람들은 바리오에서 태어났으며, 그밖에도 자신을 위해 새로운 삶을 살아보려는 희망을 안고 시골에서 이주해오는 사람들이 계속 유입되고 있었다. 이곳은 벼랑 끝 장소였고, 진심 어린 친절과 일상적인 폭력이 함께 상존하는 곳이었다. 나는 지낼 곳을 찾아 오랜 시간 동안 머물며 귀 기울여 들은 후 다른 많은 지역사회 활동가들에게서 빌리고 배우면서 새로운 도구와 방법을 개발하기 시작했다. 나는 대규모 기관들의 선한 의도와 자원을 어렵고 복잡한 삶을 살아가는 사람들의 노하우와 더 잘 연결시키고 싶었다. 이것이 전환점이 되어 나는 전혀 다른 작업방식, 즉 항상 사람들과 함께 그들의 일상 현실에서 시작하는 방식에 이끌렸다.

지금 나는 사우스런던의 페컴Peckham에 살고 있으며 영국에서 일하고 있다. 아마도 역사상 가장 위대한 사회혁신인 복지국가가 설계되었던 곳으로 돌아온 것이다. 그리고 나는 그것이 어떻게 작동하는지, 어떻게 작동하지 않는지 살펴보고, 전국의 지역사회 및 여러 파트너들과 함께 뭔가 다른 것을 창조해왔다.

내 주변 사람들과 친구들이 나에게 무엇을 하느냐고 물으면 어떻게 대답해야 할지 잘 모르겠다. 나는 디자이너, 기업가, 발명가로 불려왔는데 이 모든 호칭이 나름 일리가 있다. 나는 어떻게 하면 모든 사람이 참된 잠재적 능력을 서로 나누면서 살게 할 수 있을지에 대한 근본적인 질문을 마음속에 품고 여전히 고심하고 있다. 나는 이제 이것이 우리와 그들에 대한 질문이 아니라는 것 정도는 알 만큼 나이가 들었다. 나는 우리가 불평등에 의해 분열된 사회에서 자란다면 우리 모두가 어떻게 제한되는지를 보아왔으며 또한 우리 모두는 각기 나름의 방식으로 도움을 필요로 한다는 것을 이해한다.

아마도 나를 가장 잘 묘사하는 호칭은 사회 활동가social activist라고 할 수 있을 것이다. '사회적social'인 이유는 내 일이 사람들의 삶, 그리고 서로 돕고 나누는 경험을 바탕으로 하기 때문이고, '활동가activist'인 이유는 지금 우리가 여기서 만들어낼 수 있는 실질적인 변화에 집중하기 때문이다.

1
부

도입

천사는 풀잎 하나하나에 허리를 구부리고 속삭인다. "자라라, 자라라."라고.

- 탈무드

"이 글을 읽는 사람이 누구든 나를 동정하지 않길 바랍니다.
그건 중요한 것이 아닙니다. 나는 더 나은 삶을 위해, 그리고 내 아이들을 위해
변화하지 않으면 안 되었어요. 상황은 이미 좋아지고 있어요.
이제는 다른 이들이 나 같은 일을 겪지 않도록 변화시켜야 합니다."

- 타라, 스윈던의 아이 엄마

여는 말

스탠은 런던의 중심지인 웨스트민스터에 산다. 스탠의 작은 아파트에서 창문을 열어놓으면 도로의 차 소리가 안으로 들려온다. 영국의 주요 의사결정이 내려지는 정부청사와 웨스트민스터 궁전까지는 걸어갈 수 있을 만큼 가깝다. 하지만 스탠에게는 정부, 극장, 카페, 번잡한 거리에 가깝게 산다는 것이 별 의미가 없다. 키가 큰 스탠은 날마다 낡고 익숙한 초록색 코듀로이 의자에 깊숙이, 홀로 앉아있을 뿐이다.

스탠의 옆에는 지팡이와 아스날 축구팀의 목도리가 길게 드리워 있고 위로는 가족사진을 늘어놓은 선반이 있다. 선반에는 잘생긴 손자를 비롯하여 저명한 빅토리아시대 사람들처럼 엄격하게 진열되어 있는 스탠의 부모와 형제자매들, 그리고 스탠과 해군 전우들의 사진이 놓여있다. 내가 스탠을 방문하면, 그는 지팡이로 이 사진들을 가리키며 코르시카, 로마, 아시아에서 겪었던 이야기를 들려준다. 해병대에서 일했던 나날들, 하이베리Highbury◆의 테라스에서 토요일을 보내던 이야기도.

◆ – 아스날 축구팀의 전용구장 – 옮긴이

스탠은 자부심이 강한 사람이다. 그는 자기가 무엇을 좋아하는지, 무엇에서 작은 행복감을 느끼는지를 안다. 지금 그는 사람들과 함께 좋아하는 음악을 다시 들을 수 있기를 바란다. 그의 바람은 단순했고 나는 금세 아이디어가 떠올랐다.

우리의 복지 서비스는 보통 이렇게 시작한다. 아이디어가 생기는 것에서부터. 하지만 스탠의 아파트에서 태어난 아이디어가 아니라 저 건너 정부청사의 사무실에서 태어난 아이디어라면 어떨까? 공무원이나 자문가들은 선별된 소수의 사람들을 통해 드러난 욕구를 측정하고 장관급 인사의 공약에 대한 대응책으로 새로운 서비스나 조직 개편을 결정한다. 문서상 그럴 듯해 보이는 논리에 따라 보고서와 예산이 만들어지고, 뜬금없이 요란한 홍보와 함께 새로운 프로그램이 시작된다. 뭔가 활발히 진행된다는 것을 보여줄 건물의 개소식, 리본 커팅이 병행되면 금상첨화다. 결과는 거의 언제나 고비용의 실패이다. 우아하게 시작된 아이디어가 복잡하고 어지러운 현실을 만나게 되면, 이미 많은 비용과 시간을 투자하고 난 다음에야 그 계획의 허점들이 드러나기 시작한다.

반면 나는 이미 있는 것들로부터 시작한다. 스탠은 전화를 쓸 수 있다. 거의 울리지는 않지만 금방 집어들 수 있는 전화기가 있다. 스탠이 자신과 같은 음악 애호인들과 전화로 만남을 갖지 말란 법은 없지 않은가? 나는 스탠 같은 사람들을 많이 만나봤는데 그중 많은 이들이 비슷한 음악을 좋아했다. 스탠이 사는 주거시설 관리인 숀에게 혹시 음악 동아리를 운영하면 어떻겠냐고 물었을 때 숀은 열렬히 환영했다. 화요일 저녁을 음악이 있는 저녁으로 정하고 몇몇 거주민들에게 전화로 음악을 들려주는 꽤 단순한 일이었다.

“Stranger in the night … dah dah dah deeh dah … Stranger in the night ….” 스탠은 흥에 겨워 손을 들고 지휘를 하면서 흥얼거리고 전화기에서는 지지직 소리와 함께 프랭크 시나트라의 노래 소리가 흘러나온다. 그러더니 갑자기 여러 목소리들의 합창소리가 울린다. “생일 축하해, 스탠!” 그날은 스탠의 90번째 생일이었고 통화하고 있던 여섯 사람이 함께 음악을 듣다가 스탠을 축복해주는 것이었다. 하루 종일 누구와도 이야기한 적이 없던 스탠의 얼굴이 덥수룩한 흰색 턱수염 뒤로 환해진다.

이것이 스탠이 원하는 것이다. 자기에게 딱 맞는 도움.

엘라는 휴대폰이 두 개다. 둘 중 하나는 소수의 가까운 친구들, 직계 가족, 엘라가 신뢰하는 사람들에게 알려주는 것이다. 다른 하나는 엘라가 복지당국과 소통하기 위한 것으로 경찰, 아이들 담당 사회복지사, 학교의 무단결석 관리인, 보건소 직원 등 엘라가 피하고 싶은 사람들에게 알려주는 것인데, 나도 엘라에게서 이 번호를 받았다. 10년 전, 엘라를 만나기 위해 그녀의 집을 찾아갔다. 이슬비에 젖은 집 앞 회색 계단에 서 있었는데, 거기에는 나 말고 경찰관도 한 명 와 있었다. 안에서 개 짖는 시끄러운 소리와 함께 고함과 육중한 저음의 쿵쿵 울리는 소리가 들렸다. 우리가 문 두드리는 소리를 누가 듣기나 한 건지 의문스러웠다. 나는 문이 열리길 기다리면서 전에도 본 적이 있는 이 경찰관에게 무슨 일로 왔느냐고 물었다. 그는 이 가족이 많은 문제를 일으킨다고 했다. 아들은 통제불능이고 이웃들의 민원이 끊이지 않는다며 말했다. “와봤자 내가 해야 할 말만 하고 돌아갈 뿐이에요.” 그럼 그 후에는 어떻게 되느냐고 경찰에게 물었다. 그 경찰관은 어깨만 으쓱였다. "이 가족이 내 메시지를 어떻게 이해할지는 나도 몰라요. 나는 그냥 메시지를 전달하고 돌아갈 뿐이에요."

내가 엘라를 처음 만났을 때 그녀는 30대였다. 그때까지 한 번도 직업이 없었고 미래를 예측할 수 없는 나날이 계속되었다. 한 위기에서 다른 위기로 옮겨지는 삶이었다. 이웃과의 다툼, 아들의 난데없는 위협적 폭력. 아들은 어떤 날엔 엄마인 엘라를 칼로 위협하기도 하고 또 어떤 날엔 자해를 시도하며 자기 머리를 벽에 박기도 했다. 막내딸은 건강이 좋지 않았고 열여섯 살 둘째는 임신 중이었다. 엘라는 자기 삶이 지옥이라고 묘사했다. 엘라는 부채, 빚쟁이들, 퇴거 경고, 아이들의 앞날 문제 등에 둘러싸여 분노와 적대감이 끝까지 차오른 모습이었으며 두려움에 떨고 있었다.

엘라는 도움이 절실했고 73명의 전문가들이 바로 그것을 위해, 그러니까 어떻게든 돕기 위해 엘라의 삶에 관여하고 있다. 하지만 엘라의 눈에는, 그녀가 복지 시스템의 모든 사람들을 통칭해서 부르는 말인 '더 소셜[the social]'이 오히려 문제의 일부로 보인다. 그들의 지시와 요구는 엘라가 피해야 하는 또 하나의 잡음일 뿐이다. 엘라는 낙인찍히는 것과 창피당하는 것이 너무나 싫었지만 수십 년간 아무 변화도 일으키지 못한 회의, 제재, 의뢰, 또 회의를 거치다 보니 차라리 그냥 혼자 있게 내버려 두었으면 싶어졌다.

엘라는 '복지당국'이 자기 삶에서 나가주기를 바란다.

복지당국은 융통성이 없고, 스탠이 원하는 것처럼 일상을 조금 가볍게 해줄 작은 것들을 제공하지 못한다. 엘라와 식구들이 당면한 복잡하고 뿌리 깊은 문제들을 제대로 이해하지도 못한다.

우리에겐 익숙한 매일의 일상이 있다. 담당 의사와 수술날짜를 잡으려면 3주가 걸리고 '응급'상황이면 당일 약속을 잡기 위해 대기자 줄에 서야 한다. 그 약속이란 사실 어디 있는지도 모르는 누군가로부터 전화를 받는 것일 텐데 말이다. 아무것도 안 하는 것보다는 나으려니 하는 일말의 기대를 건 사람들이 매일 아침 8시도 되기 전부터 진찰실 문 앞에 대기 줄을 선다. 8시가 넘으면 줄이 상당히 길어진다. 일에 지친 안내원은 더 이상 줄을 서지 말라며 인근 병원의 응급실로 가든가 내일 오라고 퉁명스럽게 말한다.

의사 만나기, 좋은 탁아소 찾기, 문제를 겪는 십대를 위한 상담 서비스 찾기, 어르신 가족을 위한 친절한 돌봄 제공처 찾기 등 복지체계 안으로 들어오려고 하면 따라잡기 어려운 시스템과 미로 같은 과정, 정말 우리가 필요한 것과 우리 사이를 가로막는 짜증나는 규칙들 때문에 혼란스럽다.

이 과도하게 촘촘해진 시스템 내부에서 일하는 사람들에게는 그 압력이 더 심하게 느껴진다. 엘라를 도와주려는 사회복지사들은 감당할 수 없을 정도로 늘어나는 사례들과 시간에 쫓겨 가며 허구한 날 멈춰버리는 컴퓨터에 활동을 기록하느라 미칠 지경이다. 살아남으려면 어떻게든 혼자 버티든지 아니면 그 바닥을 떠나든지 둘 중 하나를 선택해야 한다. 그래서 영국의 사회복지사 일자리 다섯 개 중 하나는 비어있다.

이 같은 상황은 사회복지사들에게만 해당되는 것이 아니다. 의사, 교사, 조산원, 경찰, 보호관찰관, 그리고 공무원들이 일찌감치 그 자리를 떠난다. 어떤 이들은 좀 덜 힘든 직업 분야를 찾아 새로 취업훈련을 받는다. 이들은 헌신적인 사람들이지만 기관과 제도는 그들의 전문적 판단을 더는 신뢰하지 않고 일을 제대로 하는 데 필요한 지원과 공간도 제공하지 않아, 선한 의도로 사람들을 돕고자 노력하다가 제풀에 지쳐버리는 것이다.

지친 전문가들의 숨통을 틔어주기 위해 투입되는 이른바 '일선'의 요원들이 있는데, 이들은 최저임금을 받고 일하는 비정규직들이다. 그들 역시 사람들이 필요로 하는 것에 비해 활용 가능한 자원과 시간이 부족하여 괴로워한다. 매해 전체의 10퍼센트인 약 1천 명의 돌봄 종사자들이 그만두고 있다. 그들은 소외감과 외로움을 느끼고, 인간적인 돌봄을 제공할 수 없게 하는 규칙들에 의해 자신의 진정성이 훼손당한다고 느낀다. 그들은 개인적 사명감과 돌봄 직업에 대한 욕구가 있는데도 일을 계속 해나갈 수가 없는 것이다.

그렇게 비관할 것만은 아니라고 할지 모르겠다. 맞다. 우리는 대부분 재능 있는 교사, 나와 가까운 누군가를 살려준 의사, 용감한 경찰, 또는 자기 일이 아닌데도 돕고자 나선 간호사를 한 번쯤은 겪어봤다. 응급상황에서 이들의 서비스는 찬란히 빛나며 뭔가 변화를 이뤄내기 위해 일하는 수많은 선한 사람들이 우리 일상에 존재한다. 하지만 이런 찬란함은 관료제의 압박과 각종 장애물이 가득한 체제 속에서 가끔 예외적으로 나타나는 것이다. 그 우아함과 친절함 밑에는 도도히 흐르는 위기가 있다.

우리는 2017년에 실패한 시스템의 잔혹한 교훈을 경험했다. 6월의 어느 날 서부 런던의 타워 구역tower block에 불길이 무서운 속도로 번져갔다. 하나밖에 없는 계단으로 미처 피신하지 못한 가족, 청년, 어린이들 71명이 사망했다. 그 외에도 많은 사람이 부상을 입거나 심리적 외상을 입었다. 구급대원들이 위험한 현장에 급히 출동하여 구할 수 있는 사람들을 구출했다. 지역사회도 재난을 당한 사람들에게 식료품, 의류, 묵을 곳을 제공하며 힘을 보탰다. 하지만 이 비극적이고 충격적인 그렌펠 타워Grenfell Tower 화재 이후, 정작 복지당국은 무엇 하나 제대로 돕지 못했다. 복지전문가들은 관료제도가 융통성 없으며 임시처소나 새 거주공간은 말할 것도 없이 당시 긴요했던 정서적, 재정적 지원을 동원하지 못하는 것을 목격했다. 분노와 격한 감정이 고조되자 정부가 행동에 나섰다. 적십자사를 끌어들인 것이다. 마치 파탄한 나라나 전쟁지역, 또는 극빈국가에서처럼, 우리는 우리의 구조와 체계에 기댈 수 없었다.

우리의 복지제도는 제 기능을 못하고 있다. 응급상황에 적절히 지원하지 못하고, 우리 스스로 좋은 삶을 살도록 해주지도 못하고, 외로움에서 요지부동의 빈곤문제에 이르기까지, 변화하는 일자리의 세계에서 비만과 우울의 확산에 이르기까지, 그리고 광범위한 현대의 문제들 앞에서 아무것도 하지 못하고 있다.

항상 이렇지는 않았다. 초기의 복지 체제는 시대에 앞서가며 비전이 있었다. 각종 복지기관들에서 일하는 사람들은 자부심을 느꼈다. 일을 잘 해냈으며 전문가로 성장할 기회들이 주어졌기에 만족했다. 극심한 빈곤에 처한 수천 명의 사람들을 빈곤선 위로 끌어올리고 더 많은 사람들에게 살 만한 집, 교육, 안전을 제공했다. 이런 변화들은 심층적이고도 광범위했다. 복지는 전후 사회의 디딤돌이었다. 실질적 지원을 제공했고 미래의 우리 모습에 대한 가능성을 제시했다.

하지만 한때 삶을 변화시키던 이 프로젝트가 이제는 균형을 잃었다. 관리당국으로 변해버렸다. 복지 대상자들의 필요와 위기 수준을 관리하는 정교하고도 값비싼 시스템으로 말이다. 우리 중에 돌봄이 필요하거나 일자리를 찾을 수 없는 사람, 아프거나 이동능력이 없는 사람들은 '소포넘기기 게임'◆의 배달 상자처럼 이리저리 옮겨진다. 대기자 관리, 타 서비스로의 의뢰, 그리고 시스템의 허점 때문에 누락되는 사람들에 대한 책임을 회피하기 위한 상세한 기록과 같은 이른바 대상자 관리에만 자원의 80퍼센트가 사용되는 체제 안에서는 모두가 고생을 할 뿐이다.

나는 엘라를 만나고 나서 엘라가 사는 도시의 지도자들에게 한 가지 제안을 했다. 자신들의 개입으로 삶이 바뀐 가족을 소개시켜 달라고 말이다. 그들은 나에게 그런 가족을 소개해주지 못했다. 경찰, 소방서, 보건당국, 복지당국, 교육기관, 청소년 서비스 지도자들은 사람들이 특정 위기상황을 잘 지나갈 수 있게 도와준 주요 사례들은 이야기할 수 있었지만 지원받고 성장해서 더 이상 도움이 필요하지 않은 가정이 있느냐고 물었을 때는 대답을 하지 못했다.

오히려 그 반대 현상이 일어나고 있었다. 복지당국은 똑같은 사람들을 만나고 또 만나기를 반복하고 있었는데 이들은 엘라와 마찬가지로 원래는 지지체계로 고안되었으나 덫이 되어버린 사회안전망에 사로잡혀 자립하지 못하고 있었던 것이다. 그 도시의 지도자들은 이러한 문제를 정확히 인식하고 있었고 그렇기 때문에 나를 초청했다. 하지만 그들이 무엇을 해야 할까?

◆ – 둘러앉은 사람들이 선물을 포장한 상자를 음악에 맞춰 옆 사람에게 넘기다 음악이 멈추는 순간 상자를 들고 있는 사람이 포장을 하나씩 벗겨나가기를 반복, 마지막 포장이 다 벗겨질 때 상자를 손에 쥔 사람이 선물을 타가는 게임이다.–옮긴이

좌익은 돈을 더 써야 한다고 말한다. 그들은 영국의 복지당국이 국제기준에 비해 아직도 인색한 편이라며 지출을 늘리면 이런 문제를 해결할 수 있다고 주장한다. 반대로 우익은 복지국가 체제가 너무 거대해져서 사람들의 자립을 방해하기 때문에 복지 지출을 더 줄여서 당국이 사람들의 삶에 간섭하지 않는 편이 낫다고 주장한다. 양측의 진단은 다르지만 결과적으로 실천 방안은 매우 흡사하다. 양측 모두 돈에 초점을 맞추고 있으며 기관들을 재정비하기를 원한다. 달라져야 한다지만 어쨌든 둘 다 '관리manage'하고 싶어 한다.

하지만 관리하는 것으로는 해결되지 않을 것이다. 실은 문제를 더 심각하게 할 수도 있다. 단순히 기존의 기관들을 재정비하는데 치중한다면 우리를 둘러싸고 있는 새로운 도전의 본질을 이해하는 데는 실패할 것이다. 오히려 거시적 전망은 보지 못하고 잘못된 것에 집중하게 될 것이다. 가까운 예를 들어보겠다. 몇 년 전 보건 체계의 대기자 줄이 길어진다는 보고가 있자 한 무리의 고위관리자들이 대기자 줄 관리 방법을 배우겠다고 디즈니랜드에 도움을 청한 일이 있다. 우리는 이런 이야기에 비웃음을 보내기도 하고 기가 막혀 말을 잃기도 하지만, 우리 모두가 동의하는 것은, 대기자들의 줄을 관리하는 것으로 우리의 문제를 해결하지 못한다는 것이다.

오로지 돈으로 해결될 일도 아니다. 사회의 진보에 돈을 투자해야 하는 것은 당연하지만, 다 죽어가는 시스템에 돈을 퍼붓는다고 필요한 변화를 불러일으킬 수는 없다. 마찬가지로 대안 없이 복지 체제를 축소하는 것은 이 문제들이 범죄, 노숙, 반목과 소외의 형태로 거리에 나타나게 함으로써 더 큰 인적, 재정적 비용을 초래할 것이다.

단도직입적으로 진실을 말하자면, 전후체제의 서비스와 기관들은 이제 한계에 다다랐다. 복지 체제는 오늘날의 문제들, 현대인의 삶, 그리고 대중의 여론과 어긋나 있다. 새로운 시대를 위해 고안되었던 일련의 기관과 서비스는 이제 낡은 것이 되었고 개선이 불가능하다. 나는, 우리가 이 시스템을 고칠 수는 없지만 본래의 의도를 되살려서 우리 시대에 맞추어 재창조할 수는 있다고 본다. 새로운 것을 만들어낼 수 있고, 사실 이미 재창조는 일어나고 있다.

이 책은 이 새로움에 대한 것이다. 어떻게 하면 모두에게 좋은 삶을 일구도록 할 것인가, 어떻게 이 시대에 다 함께 풍요롭게 살 수 있는가에 대한 책이다. '어쩌면 이렇게 될지도 모른다'는 몽상이 아니다. 영국 전역에서 사람들과 지역사회가 개발해온 새로운 존재 방식, 조직, 삶과 성장의 실체에 대한 책이다.

수천 명의 사람들이 이 책에서 소개하는 핵심적인 실험들에 참여해왔다. 우리가 개발한 대안은 돈이 많이 들지 않는다. 사람들의 실제 삶의 현장에서 변화를 일으키기 때문에 전달비용이 적게 들고 예산을 절약할 수 있다. 우리의 해결책은 엘라가 복지 체제 안에서 끊임없이 헛돌고, 스탠이 외로움으로 인해 비용도 감당 못 할 요양원의 침상에서 생을 마감하게 되지 않을 것을 보장한다. 이 새로운 시스템에서는 사람들이 도움에 덜 의존하게 된다.

이 새로운 기능과 존재 방식은 기존과는 다른 지점에서 출발한다. 기존 서비스들을 어떻게 고치느냐는 질문 대신, 바로 그 사람 곁에 서서, '변화를 만들어내기 위해 어떻게 도와드릴까요?'라고 질문한다. 무엇이 삶의 문제를 불러일으키며 문제의 밑바닥에 있는 것이 무엇인지 근본에 대한 탐색에서부터 시작한다. 우리는 필요를 관리하지 않는다. 대신 역량을 기르고 우리를 얽어매는 내적 감정과 외부의 현실구조를 다루는 것을 중시한다. 스탠의 응접실에서, 혹은 엘라의 집 소파에 앉아서 나는 묻는다. 우리가 함께 무엇을 바꿔야 할지, 어떻게 해야 바꿀 수 있고 누가 우리를 도울 수 있을지.

이 새로운 접근법의 중심에는 사람과 사람 사이의 맞닿음, 즉 연결이 있다. 나는 이제까지 경험을 통해 사람들은 단단한 인간관계를 통해 지지받을 때 변화가 일어난다는 것을 배웠다. 단순하고 쉽게 협력하고 관계를 맺을 수 있는 시스템을 만드니 사람들이 기꺼이 참여했다. 이것은 전혀 놀랄 만한 이야기가 아니다. 인간관계는 크나큰 잠재력을 지니고 있는데도 우리의 현 복지당국은 사람과 사람을 연결하려 하지 않는다. 이 책에서 소개하는 각각의 대안들은 사람들이 더 많이 참여할수록 더 강력해진다. 이 접근방식은 결핍을 관리하는 데 초점을 맞추는 기존의 방식을 뒤집는 것이다.

이 책의 바탕에는 새로운 삶과 일과 돌봄의 방식에 대한 큰 비전이 있다. 그렇지만 그 비전을 현실화하기 위한 창조적인 과정은 작고 단순하다. 방문객들은 내 작은 작업실에 들어와 보곤 "애걔, 겨우 이거였어?"라며 놀라움을 감추지 못한다. 곳곳에서 찾아온 방문객들은 우리의 실험에 대해 듣고서 뭔가 거창한 것을 기대하고 오지만 기대와 달리 도표와 모형들, 실물 크기의 그림과 사진들, 그리고 팀원과 협력자로 꽉 찬 초라한 방을 보게 된다.

나는 2006년에 파티서플Participle◆이라는 작은 기관을 설립했다. 나는 기존의 기관들 그리고 그 기관들의 문제점들에서 한 발짝 물러나 이 시대에 좋은 삶이란 어떤 것일까라는 질문과 어떻게 하면 모든 사람들이 풍요롭게 살 수 있는 방법을 고안할 수 있을까에 초점을 맞추었다. 기존과는 다른 방식으로 일하고픈 욕구가 간절했고 내가 기대했던 변화를 이끌어내지 못한 수십 년의 세월이 불만스러웠다.

나는 복지 체제에 대한 비판과 해답을 찾고 싶은 질문들로 이루어진 짧은 선언문을 작성했다. 이 선언문을 통해 나와 같은 질문을 던지는 다른 사람들과 기관들을 만나게 되었다. 디자이너◆◆, 개발자, 디지털 전문가, 전직 사회복지사, 공무원이었던 사람 등 재능이 뛰어난 팀원들과 엘라가 사는 도시의 지도자와 같은 협력자들을 파티서플에 끌어 모았다.

나는 우리가 한 일의 실천적 성격을 드러내기 위해 우리의 일을 실험이라고 부른다. 우리는 두 팔을 걷어붙이고 일상에서 매일 새로운 것을 시도했다.

각각의 실험은 모두 같은 방식으로 시작했다. 나는 우리가 공략해야 할 문제들이 무엇인지 밝히는 작은 책자를 만들었다. 이 소책자는 함께 하는 일에 관심 있는 사람이라면 누구든 초대하는 공개 초청장이었다. 영국 전역의 정부, 사업체, 지역사회에서 협력자들이 모여들었고, 그들의 재정, 전문지식, 아이디어, 경험

◆ – 문법 용어로는 '분사'의 의미로 동사 뒤에 ~ing나 ~ed를 붙여 수식어의 능동성, 역동성을 강조하는 형용사의 형태를 뜻하지만, participate(참여하다)와 ~ible(~가능한)을 조합하여 '참여할 수 있는'의 의미로 만든 신조어로도 볼 수 있다. –옮긴이

◆◆ – 여기서 '디자이너'는 social designer, 즉 사회 조직이나 구조를 고안, 설계하는 사람을 뜻한다. –옮긴이

이 뭉치게 되었다. 우리는 귀 기울여 듣고 자세히 들여다보면서 우리가 직면한 도전들을 다시 생각해보기로 했다. 어떤 제한도 없었고 따라서 반드시 포함되어야 할 기준도 없었다. 재정은 언제나 빠듯했고 일은 신속하게 추진해야 했다. 복지당국이 제 기능을 하지 못하는 부분이라고 대다수가 동의하는 그 지점에서부터 초점을 맞추었다.

우리는 십여 년에 걸쳐서 다섯 개의 핵심적인 실험을 했고, 각 실험이 이 책의 각 장을 구성하고 있다. 엘라네처럼 일터도 건강도 희망도 없이 사회 밖으로 몰려난 현대인의 욕구를 지닌 가족의 어려움에 대해 탐구했다. 다음으로는 성장과 인생의 전환기를 살펴봤다. 십대teenager라는 개념은 복지국가가 고안되었을 때는 없던 개념인데, 힘든 시기이지만 인간발달에서 중요한 형성기라는 것을 이제는 알기에 이 시기에 어떤 지원이 필요한지 알고 싶었다. 우리는 직업에 대해서도 살펴봤다. 디지털 혁명을 포함하여 전 지구적 변환이 일어나고 있는 직업의 세계에서 좋은 일자리를 찾거나 만들어내려면 어떤 지원이 필요한지 알아보았다. 건강에 대해서도 살펴봤다. 현재 보건 예산의 대부분이 소비되고 있지만 복지국가가 탄생할 당시에는 존재하지 않았거나 몰랐던 현대의 신체적, 정신적 질병들을 자세히 알아보았다. 그리고 노화에 대해서도 조사했다. 복지제도로 인해 많은 사람들이 더 오래 살게 되었지만 노년기의 욕구는 기존 기관들이 감당 못 할 큰 부담이고 어르신들에게는 고통이 만연하다.

각 실험에서 우리는 해결책을 고안해서 수백 명 어떤 때는 수천 명의 참여자들과 서로 다른 장소에서 적용해보았다. 어떤 것들은 잘 되어서 뿌리를 내렸고 어떤 것들은 수정이 필요했다. 어떤 시도는 처음의 모습을 유지하지 못했고 어떤 시도는 저절로 자라서 주변 체계에 퍼져나가 시스템을 변화시켰다. 각 실험은 좀 더 진일보한 변화와 배움을 촉발했고 사람들의 삶에 변화를 불러올 수 있었다.

이 일들의 중심에는 단순한 전제가 깔려 있다. 문제가 생기면 사람들을 집단화해서 그들의 욕구를 관리하는 데 초점을 맞추는 기존의 행태로부터 근본적으로radical 돌아서야 한다는 것이다. 그 대신, 개인, 가족, 지역사회가 배우고 일하고 건강하게 서로 맞닿으며 살 수 있는 능력을 키우도록 지원하는 데 집중했다. 그리고 그러기 위해 어떤 지원이 필요한지 탐구했다.

우리는 실험을 실제로 추진하면서 새로운 체계에 어떤 원칙이 필요한지 알게 되었다. 새로운 복지는 사람들의 의존성을 관리하는 것이 아니라 능력을 개발해야 한다. 우리 모두는 삶의 어느 시점에서는 도움이 필요하지만 그럭저럭 잘 살고 있을 때는 다른 사람들에게 도움을 줄 수도 있기 때문에 방향은 일방적인 것이 아니라 양쪽으로 열려있어야 하는 것이다. 위기를 관리만 하기보다는 기회를 만들어낼 수 있어야 한다. 좋은 삶을 영위할 수 있게 하는 사람 사이의 만남과 관계를 엮어갈 수 있도록 누구도 배제하지 않고 모두를 포함해야 한다.

우리는 디자인 과정을 거쳐 실험을 고안해냈다. 이렇게 함으로써 경험과 관점이 서로 다른 다양한 분야의 사람들이 함께 일할 수 있었다. 다양한 사람들이 모이니 문제 이면에 깔린 원인들에 대해 폭넓게 생각할 수 있었고, 분석을 거쳐 실행으로 나아가 실질적 해결책을 수립하는 데 집중할 수 있었다. 또한 가족 단위와 제도 수준에서 동시에 일하면서 새로운 대안의 재정적 현실

성과 지속가능성을 보장하는 비즈니스 모델을 도입할 수 있었다. 이 책의 3부에서는 이 디자인 과정, 즉 어느 독자든 자신의 실험을 시작할 수 있게 해줄 일련의 간단한 도구와 전략들에 대해 살펴볼 것이다.

이 책은 내가 가장 잘 알고 있는 나의 실험에 대한 책이지만, 많은 사람들이 같은 방식으로 일하고 있다. 지금 당면한 과제는 어떻게 이 시도를 살려나가 새로운 체제로 전환할 것인가 하는 것이다. 우리 삶이나 시스템이나 새롭게 전환하는 것은 순조롭지 않을 수 있다. 이 책의 마지막 부분에서는 몇몇 당면과제들을 살펴보고 이 과제들에 맞서 나아갈 길을 제시할 것이다. 이는 새로운 시스템들을 발전시키며 효과적인 것들을 삶의 주변부에서 중심부로 파급되게 하는 실질적 안내자가 될 것이다.

내가 엘라를 조금 더 잘 알게 되었을 때 엘라는 자신이 이제껏 자신의 문제를 잘 이해하지 못했음을 깨달았다고 했다. 위기 속에서 허덕이느라 상황을 명료하게 바라볼 수 없었을 터이다. 그녀는 "무슨 일이 일어나고 있는지 잘 볼 수 없으면 변화도 할 수 없잖아요?"라고 했다. 전문가라 해도 계속되는 위기상황에서는 시야를 잃게 된다. 일반 시민인 우리도 마찬가지다. 복지국가의 문제점을 직면하고서 쓸모없는 논쟁에 휩쓸리거나 겉에 드러난 증상은 다루지만 근본 원인은 건드리지 않는 해결책을 세우기 일쑤다.

바로 이런 이유 때문에 나는 기존의 복지제도를 검토하는 것부터 시작한다. 그렇게 대담했던 복지제도가 이 꼴로 전락했는데 여기에서 우리는 무엇을 깨달아야 하는지, 무엇이 어디서부터 잘못되었는지 알아야 한다. 왜 돈이나 관리만으로는 우리가 당면한 문제를 해결할 수 없는지, 왜 현재 우리의 문제는 과거와 본질적으로 다른지, 왜 기존의 기관이 돌봄을 제공하기 어려운지, 그리고 빈곤의 양상이 어떻게 달라졌기에 새로운 접근이 필요한지 살펴보고 설명하려고 한다. 어떤 독자는 이미 복지국가가 실패했다고 생각하고 있을지 모른다. 그렇다면 바로 실험으로 건너뛰어도 된다.

소개된 실험들은 내가 함께 일해 온 사람들의 이야기다. 실화이지만 이름과 개인의 구체적 정보와 위치 등은 신상보호를 위해 바꿔놓았다. 실험에 참여하고 게재를 허락해준 사람들에게 고마움을 전한다. 한정된 지면에 파티서플에 함께한 모든 협력자와 구성원의 이야기를 다 실을 수는 없지만, 과정이 매우 참여적이었고 그 과정에 한 명 한 명이 모두 영향을 끼쳤음을 밝힌다.

이 책은 영국의 복지제도를 다시 돌아보는, 기본적으로 영국에 대한 이야기이다. 하지만 우리가 던지는 질문과 발견점들에 대해 많은 사람들이 공감하리라 생각한다. 나는 영국과 스페인에서 자랐고 아프리카와 라틴아메리카에서 수십 년을 일했다. 내가 거쳐온 여러 나라의 사상가, 활동가, 공동체들에서 내 일의 대부분을 배웠으며 내가 배운 것들이 더 폭넓게 활용될 수 있을 것이라고 생각한다. 또한 어떻게 하면 잘 살고, 좋은 일자리를 만들어내고, 위기에 처한 지구로부터 자원을 창출하고, 서로를 돌볼지와 같은 오늘날 당면한 사회문제들에는 국경이 없다고 생각한다. 영국의 복지제도는 세계적 모델이 되었다. 이 모델의 재창조와 현대적 실험 역시 국경을 넘나드는 프로젝트다.

복지국가

그 출현 과정과 현대의 문제점

1942년 11월의 춥고 축축한 어느 날 저녁, 런던 시민들이 줄을 서 있다. 정부 건물들이 있는 구획을 빙 둘러쌀 만큼 긴 줄에 우산을 들고 서있는 이들은 정부 관계자들에 의해 거부되었다가 다시 채택되어 수정 중인◆ 보고서를 보려고 기다리는 것이다. 이 보고서의 출간은 유사 이래 가장 큰 사회적 대변환을 이끈 시발점이 된다.

푸르스름한 표지에 "사회보험 및 관련 서비스"라는 좀 무미건조한 제목이 붙어있는 이 보고서는 작성 책임자인 윌리엄 베버리지 경의 이름을 따서 베버리지 보고서로 알려진 현대적 복지체제의 구체적 구축방법에 관한 청사진이었다. 베버리지는 무상의료, 완전고용, 가족수당, 그리고 광범위한 사회보험을 활용한 빈곤퇴치 계획 등을 제안했다. 새로운 복지국가는 모든 이를 위한, 보편적인 것이었다.

보고서는 3일 만에 50만 부가 판매되었고 초판은 몇 주 못 가

◆ — 보고서가 완결되었을 당시, 영국 내각에서는 보고서의 공표를 둘러싸고 격론이 일었다. 특히나 보수당 출신의 재무장관 킹슬리 우드 경은 이 보고서가 재정적으로 현실적이지 못하다는 점을 지적하면서 공표를 반대하였으나, 노동당 출신 장관들의 주도하에 내각은 공표를 강행한다.-옮긴이

서 바닥이 났다. 베버리지가 내놓은 제안에 대한 전 국민의 관심이 얼마나 열렬했던지 이후 수개월, 수년간 계속 재판을 찍어내야 했다. 나는 1960년대 판본을 갖고 있다. 영국 독자들을 겨냥하고 썼지만 발간 즉시 전 세계적 관심을 받았고, 베버리지는 얼마 지나지 않아 미국으로 순회강연을 떠나 프랭클린 루스벨트를 만났다. 베버리지 보고서는 22개 언어로 번역되어 영국뿐 아니라 전 세계에 복지라는 이념의 틀을 제시했다.

베버리지는 보고서의 첫 페이지에서 "지금은 미봉책이 아닌 혁명적 조치로 세계 역사를 바꾸어놓을 시기이다."라고 장엄하게 선언했다. 법을 공부한 베버리지는 처칠 정부에서 관료로 일했고 후에 자유주의파의 상원의원이 되는데 이때 정부의 조사사업을 수탁한 것이었다. 베버리지는 전국 방방곡곡을 다니며 도처에 팽배한 급진적인 수준을 넘어 유토피아적인 사회변화에의 열망을 접했으며 그러한 여론과 기대에 부응하고 싶었다.

베버리지 보고서는 영국 시민들의 삶을 바꿔놓았다. 이로 인해 초유의 공적 투자와 신설 프로그램, 즉 새로운 서비스, 전문가 양성훈련, 새로운 주택 건설 같은 것들이 생겨났다. 기존의 보건소와 학교는 새로운 서비스와 과정에 흡수 통합되었다. 대부분의 사람들이 60대에 사망하고 돈을 쓸 때에도 먹을 것과 신발 중에 하나만을 골라야 했으며 난방은 사치였던 디킨스 소설의 배경이 된 가난한 영국이 사라졌다. 전 국민의 건강이 증진되었고 평균 수명이 연장되었으며 양질의 교육과 일시적 실업자들을 위한 급여가 널리 보급되었다.[1]

하지만 이런 혁신적 변화는 실현되지 않을 뻔했다. 복지국가의 역사를 말할 때 이런 새로운 서비스와 기관들이 서로 얽히고설

키며 성장해서 대공황과 2차 세계대전에 이어 나타날 수밖에 없었던 것처럼 말하지만 현실은 좀 다르다.

아이디어 자체는 오래 전부터 익어왔다. 베버리지와 당대의 사람들은 빅토리아 여왕 시대에 태어난 대영제국의 귀족계급 자녀들이었지만 20세기 초 사회문제들에 대한 대응책으로 생겨난 노동조합과 협동조합, 그리고 다양한 지역기관들과 관련된 새로운 생각과 활동에 관심이 있었다.

이들 사회변혁가와 풀뿌리 활동가들은 산발적인 선행만으로는 부족하다고 믿었다. 베아트리스 웹의 표현을 빌자면 '빅토리아시대식 자선'은 이미 힘을 잃었고 체제의 대변혁이 필요했다. 이와 같은 사상을 공유하던 몇몇 사람들이 베아트리스와 런던정경대학 교수인 남편 시드니 웹 주변으로 모여들었다. 이 모임에는 베버리지와 역사가이자 사회비평가, 운동가였던 리처드 헨리 토니도 있었다. 그들은 지역사회 운동과 학문 연구에 열중하는 한편, 아이디어를 개발하고 그들이 구상하는 새로운 체제의 장점에 대해 토론했다.

전쟁이 휩쓸고 지나가자 남겨진 상흔을 감당하지 못하는 기존 서비스들의 허점이 드러났다. 동시에 영국민들은 계급과 거주지의 경계선 건너편에 있는 사람들에 대해서 더 이상 외면할 수 없게 되었다. 도시 난민을 받아들인 가정에서는 굶주려 앙상하게 뼈만 남은 단벌옷의 어린아이들을 보고 기가 막혔다. 역경과 고통으로 가득한 파란만장한 삶, 탐욕스런 집주인과 무자비한 고용인들에 대한 이야기는 전방에서 교대 근무를 하거나 가정집에 마련된 피난처에서 일하던 사람들에게까지 퍼져갔다. 가난은 게으름 때문이고 허약한 극소수의 사람들에게나 일어나는 것이라고 배우며 자란 많은 중류층과 상류층의 사람들은 자신들이 이제껏 큰 그림을 보지 못하고 있었음을 깨달았다. 사회현실에 대한 새로운 자각이 일어났고 이전의 불평등은 더 이상 허용되어선 안 된다는 공론이 형성되었다.

하지만 복지국가의 탄생은 여전히 힘겨웠다. 개혁의 정도에 대해서는 언제나 논란이 있었고, 많은 이들이 개혁에 저항했다. 정부 관료들과 유명 정치인들은 조직과 기관의 변화가 너무 개혁적이라고 생각했다.[2] 의사들은 전 국민 대상 보건서비스의 아이디어에 대해서 의사로서의 독립성과 전문가적 지위를 잃을지도 모른다고 생각하여 회의적인 태도를 보였다. 경제학자들은 개혁에 필요한 돈을 쏟아 붓다 보면 전후 경제회복은 실패할 것이라고 주장했고, 런던정경대학 교수로 1944년에 《노예의 길*The Road to Serfdom*》(자유기업원, 2018)이라는 베스트셀러를 쓴 프리드리히 하이에크와 같은 철학자들은 전후에 국가가 사회적 목적을 위해 활약하기보다는 그 역할을 축소해야 한다고 강력히 주장했다.

하지만 베버리지는 사회개혁을 향한 의지를 굽히지 않고 거듭해서 공론의 장을 두드렸다. 그는 기존 체제, 조직 구조나 비용에 대한 논의는 '주변적 사항'이라며 제쳐버렸다. 대신 신문기사와 라디오 인터뷰를 통해 대중에게 더 나은, 좀 더 공정한 국가에 대한 이상을 제시했다. '물질적 결핍의 악순환'에 대한 글을 써서 빈곤층에게 호소하는 한편, 회의적인 사람들에게는 '이 구상은 누구에게나 무조건 퍼주기식이 아니다'라고 설득했다.[3] 베버리지가 결핍, 무지, 질병, 불결함, 게으름 등 악을 상징하는 다섯 거인과 맞서 싸우는 인상적인 그림이 널리 퍼졌다.

정부는 베버리지에게 단순한 조사를 의뢰한 것이었고 베버리

◆ 5대 악과 싸우는 베버리지. 왼쪽부터 결핍, 무지, 질병, 불결함, 게으름을 뜻한다.

지는 복지국가를 고안할 의무도 없었다. 정부에 소속된 그의 동료들은 자기 생각을 홍보하고 다니는 베버리지의 행위를 적절치 않다고 여겼다. 하지만 '인민의 윌리엄people's William'으로 알려진 베버리지는 이런 비난을 외면하고 대중의 애정 어린 지지를 굳혀 나갔다. 일반대중은 베버리지가 제안하는 복잡한 구상이나 새로운 아테네 식 민주주의 건설 같은 것은 이해하지 못했을 수도 있다. 그러나 대부분의 사람들은 좀 더 공정한 영국을 믿고 또 원했으며 베버리지가 그렇게 해낼 수 있으리라 생각했다. 베버리지가 제안한 구상이 무르익는 데 일반대중이 핵심적인 역할을 했던 것처럼, 그 제안의 실행이 이루어지게 한 것도 평범한 시민들이었다. 대중은 정치인들에게 책임을 물으러 나섰고 이러한 대중의 인식이 마침내 새로운 복지제도가 실행될 수 있도록 했다.[4]

다행히도 초기에는 경제적 회의론자들의 주장이 근거 없는 것으로 나타났다. 새 복지제도는 국가의 경제성장에 구멍을 내지 않았으며 실은 그 반대 현상이 일어났다. 개선된 주거환경에서 건강하게 살며 교육을 받은, 그리고 최악의 상황에 대비한 사회보험의 보호를 받는 노동자들이 전후 국가의 회복에 기여했고 이후 수십 년에 걸쳐 번영을 누린 것이다.

하지만 그래도 비평가들은 복지국가의 성공이나 영국 모델을 모방하는 국제적 추세를 수긍하지 않았다. 지금도 마찬가지지만 복지국가 반대자들은 두 가지 이슈에 초점을 맞췄다. 그것은 비용과 국가의 역할이다.

1950년, 개혁이 시작된 지 10년도 안 되었고 국민보건법이 통과된 지 2년밖에 안 되었을 무렵, 영국 의회는 나이 베번 노동당 소속 보건부장관을 출두시켜 새로운 국민보건서비스로 인한 집행비 증가가 정당한지 설명할 것을 요구했다. 1년 후 노동당 재무장관인 휴 게이츠컬이 비용 감축을 위해 치과 진료비와 안경 구입비를 소비자가 부담하도록 하는 제도를 도입하자 베번은 이에 대한 항의의 표시로 내각에서 사임해버렸다.

많은 이들이 정부기관의 급속한 팽창을 우려했다. 1930년대에는 정부예산이 국내총생산GDP의 20퍼센트를 차지했으나 1945년에는 45퍼센트로 증가했다. 정부의 팽창을 조절해야 한다고 주장하던 사람들의 일부는 하이에크처럼 복지국가 자체에 대해 고집스레 반대해온 이념주의자들이었다. 그 외에 이른바 '개량주의자들'은 더 구체적 맥락을 고려하여 복지 서비스를 제공할 최선의 방법을 찾는 것에 관심이 있었다.

베버리지는 시간이 갈수록 자신의 개혁에 대해 양가감정을 가지게 되었다. 국가와 민간봉사조직 둘 다 강력한 역할을 해줄 것을 기대한 것과 달리 국가가 점점 더 큰 역할을 떠맡는 것을 보고 이를 경계했다. 앞으로 질병수당조차 우편으로 전달되는 등 모든 서비스를 공무원이 담당하게 될 것임을 알아챈 베버리지는 "솔직히 등골이 오싹했다"며 불만을 토로했다.[5] 베버리지는 빅토리아 시대처럼 민간 자선단체들이 사회복지 서비스 전달에서 일정 역할을 담당할 수 있음을 제안했지만 전후의 노동당 정부는 그 제안을 기각했다. 이처럼 자잘한 불협화음들이 있기는 했지만 복지제도에 대한 전반적인 지지는 계속되었다.

1970년대 들어 경제성장이 흔들리고 실업이 늘어나자 위기와 분열이 일어났다. 파업이 연이어 일어나면서 진정한 필요를 충족시켜주지 못하는 복지제도에 대한 논쟁이 야기되었고 때마침 국제통화기금IMF이 영국 정부에 대해 복지비용을 축소해서라도 채무를 상환할 것을 요구하자 국가 주도 복지 서비스의 장점에 대한 의구심이 퍼져갔다. 복지국가의 근간이 되는 대중의 지지도 덩달아 흩어지기 시작했다.

복지제도는 초정당적 프로젝트였지만 경제위기는 관점의 차이를 양극단으로 몰아갔다. 우로는 신자유주의자들이 복지체계의 비용을 강조하면서 축소된 복지를 좀 더 효율적으로 전달할 수 있는 민영화된 시장을 만들자고 주장했다. 좌로는 사회주의자들이 국가의 역할과 더불어 출신 배경에 상관없이 모든 사람에게 봉사하는 중립적 공공전달체계의 잠재력을 굳게 믿으며 주장을 굽히지 않았다.

1980년에 이르러서는 영국의 마거릿 대처 수상과 미국의 로널드 레이건 대통령을 위시하여 신자유주의자들이 부상해 복지 논쟁을 주도했다. 그들은 신공공경영new public management이라고 지칭한 '영리사업에 가까운' 접근을 옹호했다.[6] 신공공경영은 글자그대로 공공행정에 관한 이론체계로 개발되어 전 세계로 퍼져나갔다. 이는 상업적 관리체계인 경쟁, 감사, 지속적 혁신, 정량적 목표와 엄격한 비용조절 등을 도입해서 대규모, 고비용의 관료제도를 통제해야 한다는 신념을 바탕으로 하고 있었다.

신공공경영이 광범위하게 현장에 적용되면서 점차 반정부적 이데올로기에서 나온 특정 정치 이론이 아닌 상식적인 것으로 통용되게 되었다. 이후의 진보 또는 보수 정권들은 복지 서비스를 비롯한 공공영역을 시장의 틀에 맞춰 계속 재조직해왔다. 지금은 쓰레기 수거에서 보건에 이르기까지 대부분의 공공서비스들이 경쟁을 거쳐 선발된 민간기관에 위탁 운영된다. 많은 이들은 다른 모델이 존재했다는 것을 기억하지도 못한다.[7]

이러한 신자유주의적 조치들이 사회적 성과를 개선하고 비용 감축을 가져왔는지에 대해서는 논쟁의 여지가 있다. 시장주도형 개선을 지지하는 사람들은 정량적 목표제를 도입함으로써 병원 대기시간이 단축되고 학생들의 시험성적이 향상되었다고 주장한다. 반대로 이에 회의적인 사람들은, 시장체계를 모방한 복지 전달체계에서는 공적 자원의 50퍼센트 정도가 계약체결을 따내기 위한 입찰에 소요되는 기술, 시간, 정보 관리 따위에 허비된다고 강조한다. 이들 회의론자들은, 결국 거대 다국적 법인들만이 입찰에 응시할 수 있기 때문에, 서비스 제공기관과 그들이 지원하는 지역사회 간의 거리는 더 벌어지게 된다는 점도 지적한다.

제도를 어떻게 관리하느냐에 대한 이런 논쟁은 해를 거듭할수록 더 요란해지고 있다. 사람들은 이 논쟁을 하느라 신경을 쓰고 에너지를 쏟으며 감정을 소비하고 있다.

하지만 우리는 점점 더 이 논쟁들이 부질없음을 발견한다.

우리가 어떻게 하면 전후에 생겨난 복지국가의 구멍을 메우고 고칠 것인가에 협소하게 초점을 맞추는 동안 현재 일어나고 있는 더 큰 사회적 변화와 전환에는 신경을 쓰지 못하게 된다. 지금 우리의 복지체계를 둘러싸고 있는 세상은 아주 다르다. 체제 안에서 질문하고 혁신을 시작하다 보면 제공되는 것과 필요로 하는 도움 사이의 불일치를 알아채지 못한다. 결정적으로 시급한 문제들의 해결에 활용할 수 있는 새로운 아이디어, 자원, 발명, 그리고 열정과 같은 우리 주변의 잠재력을 놓치게 된다.

베버리지는 19세기 구빈법이 20세기의 문제들에 대한 적절한 대처라고 생각하지 않았다. 마찬가지로 오늘날에도 점점 많은 이들이 20세기용 복지국가에 대한 끊임없는 보수공사가 우리 현대인들의 삶에 알맞은 대처라고 믿지 않는다. 우리 시대에는 우리 식의 고유한 혁명, 대변혁이 필요하다.

현대의 문제점

우리 복지국가가 이 시대의 현대인들에게 적절치 않은 세 가지 이유가 있다.

첫째, 우리는 복지국가가 고안되었을 당시에는 예측하지 못한 거대한 사회문제들에 직면하고 있다. 비만, 고령화, 그리고 노동의 세계적 변화는 새로운 것을 넘어서 본질적으로 '다른' 문제로서 새로운 유형의 대처가 필요하다.

둘째, 돌봄의 위기이다. 우리는 친절하고도 인간적인 돌봄을 제공하거나 그 비용을 감당할 길을 찾지 못하고 있다. 이 도전은 새로운 것이 아니지만, 인구의 고령화가 진행되면서 복지국가의 가능성까지 압박하여 위협하는 수준으로 문제의 규모가 커졌다.

셋째, 빈곤과 불평등을 충분히 다루지 못하고 있다. 영국에서는 현재 100만 명이 넘는 사람들이 극빈 상태에 있으며 우리 안의 불평등은 19세기 이후 최악이다.

이 세 가지 이유는 모두 밀접하게 얽혀서 분리하기 어렵지만 하나씩 차근차근 살펴보겠다.

1. 21세기의 문제들

우리는 새로운 문제들에 직면해있다. 지구온난화, 대량 이주, 인구구조의 변화, 만성질환의 만연, 안전에 대한 우려, 그리고 갈수록 심각해지는 불평등. 이런 것들이 바로 우리 시대의 문제들인데 이들은 기존의 체계로는 해결은 고사하고 관리조차 할 수 없는 것들이다.

복지국가는 산업화 시대의 체계이다. 복지국가의 기관과 서비스는 그것이 고안된 시대를 반영하는데 그 시대는 대량생산과 위계적인 규칙들, 명령과 통제의 시대였다. 보건을 예로 들어보자. 국민보건서비스는 경직된 위계와 시행규칙이 있는 수직적 기관이다. 즉, 간호사들이 할 수 있는 일과 의사가 할 일이 각각 따로 정해져 있고 각 층의 위계가 그 위층으로 접근하는 것을 엄격하게 통제한다. 권력과 의사결정은 상부에 집중되어 있으며 이것이 1950년대엔 자연스런 질서였다.

국민보건서비스는 약과 환자의 분배를 관리하는 일종의 공장과 같이 기능했다. 환자들은 공장에서처럼 묵묵히 줄지어 침대에 눕혀지고 컨베이어 벨트를 따라 이동된다. 이런 체계는 20세기에 소아마비, 폐렴, 백일해 등 약으로 치료가 쉽고 필요시 입원하면 되는 질병에 대해서는 적절히 작동했다. 아프면 약을 먹고 치료되거나 아니면 사망했다. 지금도 골절이나 백내장 수술 등 일상적 관리를 위해서는 컨베이어 벨트 식이 유효하다. 대기자 줄이 길지는 모르나 치료받고 나아져서 나간다.

문제는 우리 대다수가 매우 다른 질병과 싸우고 있다는 데에 있다. 현대의 질병은 만성적이다. 장기간 또는 평생 유지되고 치료가 되지 않는다. 현재 1천5백만 명이 당뇨, 비만, 각종 암, 정신질환을 포함하는 만성질환을 겪고 있고 이는 보건 관련 지출의 70퍼센트를 차지한다.[8] 국민보건서비스를 고안한 당시에는 당뇨병이란 이름조차 없었지만 지금은 2초마다 한 명이 당뇨 진단을 받는다. 당뇨 하나 관리하는 데에만 연 140억 파운드의 비용이 지출되고 병상 7개 중 하나는 당뇨와 관련된 환자들이 차지하고 있는 것으로 추정된다.[9] 이들 중 단 한 명도 완치되지 않는다. 예방책 외에 이들에게 가능한 목표는 그저 만성질환을 가지고 잘 살아가도록 하는 것밖에 없으며 일상습관을 바꿔나가는 수밖에 없다. 전과 다른 식습관, 더 많은 운동, 그리고 약이 아닌 동기가 필요하다. 하지만 습관을 바꾸기는 어렵고 적절한 도움 없이는 동기를 유지하기가 여간 힘든 일이 아니다. 국민보건서비스는 이런 유의 도움을 제공하도록 설정되어 있지 않다.

다른 길을 찾아 나선 이들도 적지 않다. 십여 년 전에 전국 최고의 당뇨 네트워크를 방문하기 위해 볼턴에 간 적이 있다. 거기서 한 무리의 진보적인 리더들이 여기저기 흩어져 있던 서비스들을 조정해서 한데 모으는 혁신적 방법을 개발해냈기 때문이다.

나는 도착해서 진료대기실에 앉아 있었다. 내가 처음 온 사람인 것을 알아챈 환자 한 명이 다가왔다. "저쪽 주사 맞는 줄로 가시지 그래요."라며 음모라도 꾸미듯 속삭이는 목소리로 조언했다. 그이는 나도 간호사를 기다리는 줄 알고 골치 아픈 건강 관련 지시사항을 듣지 않고 인슐린 주사를 좀 더 신속하게 맞을 수 있도록 친절을 베푼 것이다. 이것이 볼턴 네트워크가 직면한 문제의 일부였다. 서비스를 재구성하고 당뇨를 조기 진료했지만 환자의 행동을 바꿀 수는 없었다. 환자들 간의 사회적 결집이 어느 환자-의사 관계보다 강했고 그 결과는 심각했으며 더 많은 비용을 초래했다.[10] 이 실험에 참여한 리더들은 환자의 삶에 변화를 일으키려면 의사-환자 관계를 어떻게든 바꿔야 하고 환자 간 네트워크를 다른 방식으로 활용해야 함을 깨달았다.

복지의 많은 다른 영역들에 대해서도 같은 지적을 할 수 있다. 학교도 매 해, 매 학년마다 줄지어 앉은 학생들에게 지식을 분배하고 평가하는 수직적 기관이다. 마찬가지로, 이런 체계는 1950년대에는 적절했다. 학교는 사회생활과 유사한 위계구조 속에서 학생들을 준비시킨 것이다. 지금은 이와 같은 방식이 표준화된 시험 성적을 올리는 데 집중적으로 활용된다. 마치 공장의 생산라인을 개선하는 것처럼.[11] 하지만 현대 생활에서는 협동 능력, 창의력, 수평적 사고력을 포함하여, 좀 더 넓은 범주의 기술이 필요하다. 이번 세기에 가장 중요한 기술은 지속적으로 학습할 수 있는 능력이며 이는 교육과정에 과목 몇 개를 더하거나 기존의 수

업일수를 조정한다고 해서 함양할 수 있는 것이 아니다. 전과는 다른 새로운 교육 모델이 필요하다.

좋은 일자리를 만들어내는 문제에 대해서는 실험 3에서 다룬다. 이 문제는 새로운 것은 아니지만 역시 문제의 본질이 바뀌었다. 베버리지는 평생직장 구조에서 생길 수 있는 일시적 중단을 관리하기 위한 체계를 고안해냈다. 하지만 오늘날은 일자리가 불안정하고 이직 사이사이에 실직 기간이 있는 것이 정상적인 것이 되었다. 사람들은 평생 동안 평균 11개의 직장을 옮겨 다니며, 많은 사람들이 전과 다른 직업, 직책, 취업계약들 사이를 헤치고 나아가야 하기 때문에 취업과 실직이라는 이분법적 구분이 불가능하다. 전국의 많은 지역에서 좋은 일자리는 찾기 어렵고, 과학기술은 많은 일자리를 눈 깜짝할 새에 쓸모없는 것으로 만들고 있다. 동시에 개인 창업이 증가하고 있다. 2020년까지 영국인의 절반은 자영업자가 될 것이다. 그러니 이들에게 기존의 진로 조언가들이 해줄 게 없다. 게다가 더 크게 바뀐 것은 대부분의 새로운 일자리들이 구인광고에 나지 않는다는 것이다. 조언 전문가들보다는 내 친구가 새로 난 자리에 대해 더 잘 알고 있을 가능성이 높다.

만성질환처럼 새로운 문제이든 양질의 일자리 찾기와 같은 새로운 형태의 오래된 문제이든, 오늘 우리가 직면한 도전들은 장기적이고 지속적이라는 특징이 있다. 전문가에 의해 또는 간단한 시술에 의해 치료되는 일회성 사건이 아니다. 오늘날 우리가 직면한 문제들의 공통점은 그 해결을 위해 우리의 참여가 요구된다는 것이다. 당뇨, 기후변화, 고령화나 교육 등 어떤 이슈에서든 우리가 변화의 주체가 되어야 한다. 지역사회, 정부, 기업, 그리고 시민 모두가 변화를 위해 새로운 아이디어를 내고 도움을 주고 받으며 협업해야만 해결할 수 있다. 그러나 세계대전 후에 만들어진 기관들은 우리가 변화된 생활방식을 유지하기 위해 상부상조하도록 고안되어 있지 않다. 오히려 관리의 편의를 위해 우리를 멀찍이 떼어놓도록 설계되어 있기 십상이다.

2. 돌보는 이는 누구인가?

돌봄은 항상 우리와 함께 있어온 문제로 현 제도의 균열선이며 이는 보수가 불가능하다. 어르신, 청년, 환자와 장애인 돌봄의 문제는 새로운 것이 아니지만 인구사회학적 변화로 인해 더 심각해졌다. 어떻게 돌보고 비용을 어떻게 감당하느냐는 매우 민감한 문제로, 복지국가의 존재 가능성을 위협할 정도다.

베버리지와 동시대인들은 돌봄을 무상의 가사일이며 여성의 책무라고 보았다. 백인 남성인 가장 옆에는 으레 테이블에 앉아 차를 마시는 말쑥한 아내가 그려졌지만 그 아내는 자녀뿐 아니라 고령의 가족과 친척, 그리고 때에 따라서는 이웃까지도 기꺼이 돌보아야 했다. 다만 돌봄은 말끔하게 정리정돈 된 정면의 경치에는 나타나지 않아야 하는 것이었다.

한동안은 이 허술한 역할분담이 작동했다. 그러나 1960년대에 이르면서 거대한 사회변화가 일어났고 균열이 가시화되기 시작했다. 베티 프리단은《여성성의 신화*The Feminine Mystique*》(1963) (갈라파고스, 2018)란 책에서 가정을 '안락한 포로수용소'에 비유했다. 덫에 걸린 듯한 느낌을 가진 이는 비단 그녀만이 아니었다. 여자들은 남편들과 마찬가지로 공부하고 일하고 동등한 기회를 갖기를 원했다. 아니라면 결혼하지 않은 채 성생활을 하는 편이 낫다고 생각했다.[12] 여자들이 더 이상 집 안에만 있으려 하지 않자 더는 여성의 무상 돌봄노동을 당연시할 수 없게 되었다.

오늘날 대부분의 사람들은 여자든 남자든 일을 하면서 돌봄을 분담하기를 바란다. 하지만 서로 더 많은 걸 요구하는 사랑과 일 사이에서 균형을 맞추기란 쉬운 일이 아니다. 자주 연장되고 예측할 수 없는 근로시간에 쥐꼬리만 한 급여로 사는 사람에게 삶의 기본적인 것들을 돌아볼 시간은 거의 없다. 특히 자녀 돌봄의 구체적 문제들을 타협하느라 서로의 관계가 틀어지곤 한다. 부모들이 무리한 요구와 바람 사이에서 애쓰다가 어쩔 수 없이 헤어지다 보니 절반에 가까운 영국 아이들이 십대에 이를 무렵에 양(兩)부모 모두와 함께 사는 경우가 거의 없게 되었다. 관계가 깨지면 돌봄을 위해 시간을 내기는 더 힘들어진다. 한부모 양육자 중 90퍼센트 이상이 여성으로, 이들의 돌봄은 거의 곡예 수준으로 치닫게 된다.[13]

게다가 현대의 일은 지리적 유동성을 요구한다. 어떤 사람들은 새로운 기회와 경험을 찾아 이사하는 것을 좋아할 뿐 아니라 기꺼이 즐긴다. 반면 어떤 이들은 더 이상 괜찮은 일자리를 찾지 못하거나 주거비를 감당할 수 없어서 마지못해 친척과 좋은 이웃들이 있는 살던 마을을 떠나간다. 이렇게 되면 가족과 멀리 떨어져 살아야 하는데, 이는 수년간 도움이 필요할지 모르는 고령의 가족이나 친척이 있는 경우 특히 문제가 된다.[14]

여성의 무상노동을 축으로 하는 전후 돌봄 모델은 이전에도 불충분했지만 이제는 더 이상 지속될 수 없다. 균열이 깊어지는데도 정부나 시장, 어느 쪽도 적절한 대안을 제시하지 못하였고 결과적으로 고통스러운 난장판에 이르고 말았다.

고령화에 따른 돌봄 부족 문제는 언제나 어김없이 신문의 1면 기사에 등장하는 주제이다. 현재 영국에는 16세 이하 청소년보다 연금수령자가 더 많다. 80세 이상의 최고령자들이 영국에서 가장 빠르게 증가하는 인구집단이다. 다섯 명 중 한 명이 100세까지 살 것이고, 여왕은 100세를 맞는 어르신들에게 생일축하 전문을 발송하는 전담팀을 증원했다. 우리가 장수하는 것은 많은 부분 복지국가의 덕이다. 우리는 개선된 삶과 노동조건, 그리고 무엇보다 무료 보건 서비스 덕분에 더 건강하고 더 오래 산다. 이것은 축하할 일이다. 기존의 제도가 수명 연장에 기여하기는 했다. 그러나 더 잘 살도록 도와주지는 못한다. 우리의 연금제도는 우리가 바라는 바를 성취하기에 적합하지 않고, 보건 서비스는 새로운 도전들에 대처하느라 애를 먹고 있으며, 어르신들을 위한 사회적 돌봄 서비스는 위기상황이다.

베버리지는 고령자를 감안해서 복지국가를 설계하지 않았다. 당시 데이터를 바탕으로 해서 은퇴 후 인생을 10년이라도 즐길 수 있을 만큼 운 좋은 사람은 별로 없다고 추측했다. 지금은 평범하게 여겨지는 인공고관절 수술이나 심장수술과 같은 의료적 관리와 처치가 필요해지기도 전에 대부분의 사람들이 사망할 것이라고 생각했다. 고령자들이 기억감퇴와 함께 새로운 질병들, 또는 새로운 질병과 전통적 질병들을 동시에 겪기도 하는 오늘날 은퇴 후 나타나는 인생의 전형적 다난함 또한 전혀 경험하지 못했다.

베버리지의 원래 구상은 그 이름처럼 전국적으로, 그리고 무상으로 환자에게 제공되는 국민보건서비스에 초점을 두었다. 사회복지 서비스는 모호하고 이중적이었다. 왜냐하면 그것을 무상으로 제공할 계획도 없었고 무엇을 제공할지는 자치권을 가진 지방정부가 감당할 몫이었기 때문이다. 대부분의 사람들은 이런 중앙정부와 지자체의 권한 분리를 이해하지 못하다가 자기 자신과 가정이 어려움에 처했을 때 예상치 못한 충격을 경험하곤 한다.

지방정부는 재정축소와 노인 거주자의 증가라는 문제를 다뤄야 한다. 둘 중 어느 하나만을 선택할 수 없는 상황에서 전통적인 방식으로 눈앞의 위기를 해결해보려고 노력해왔다. 먼저, 수급자격 기준을 강화했다. 지금은 1990년대에 비해 절반 정도의 노인들이 수급자격을 받을 것으로 추정되는데 자선단체들은 매해 100만 명 이상이 지원이 필요하지만 자격 기준에 미치지 못한다고 주장하고 있다.[15] 둘째, 경제적 효율성을 절박하게 추구하던 지방정부는 시장에 서비스 제공의 문을 열어주게 되었다.

지급된 돈만으로는 계약된 서비스를 전달할 수 없는 1만 9천 개의 민영조직들이 영국 돌봄 서비스의 90퍼센트를 담당하고 있다. 의도는 좋으나 미숙련 저임금의 돌봄노동자 팀이 가정을 방문해서 어르신을 목욕시키고 옷 입히고 먹이는 데 10~15분을 할당받는다. 이러한 체계 속에서의 개인 맞춤형 돌봄이 어떤 것인지는 자주 바뀌는 돌봄노동자를 위해 누군가 문에 붙여놓은 "흰색 수건은 얼굴용, 파란색은 엉덩이용"이란 쪽지가 잘 말해준다. 이런 식의 노동이 돌봄노동자에게 가하는 긴장과 수고는 위기를 악화시킨다.

사회적 돌봄을 축소하는 것이 비용을 절약하는 것은 아니다. 오히려 우리의 보건 서비스에 끔찍한 역효과를 불러일으킨다. 가정에서 지원을 받지 못하니 더 많은 고령자들이 병원을 찾게 되고 장기간 병상에 누운 채로 사위어간다. 많게는 40퍼센트의 병상을 병원에 있지 않아도 될 고령자들이 차지하고 있고 여기에 연간 9억 파운드의 지출이 소요되는 것으로 추정된다.[16] 보건부 장관들은 줄줄이 국민보건서비스와 노인돌봄 서비스가 하나로 합쳐질 것이라고 약속했다. 하지만 정부의 이러한 계획은 문화 충돌과 재정 갈등으로 인해 실행되지 못하고 지연되어왔다. 국민보건서비스계의 유명 지도자들과 마찬가지로 보건부장관들의 명령도 아무런 변화를 일으키지 못했다. 자주 그렇듯이 우리가 상의하달식 기관조직 개편에 초점을 맞출수록 해답은 우리에게서 멀어져 간다. 결국 인구고령화에 대한 논의는 자원고갈에 대한 것이 되어버렸다. 즉, 적은 재원으로 이 많은 사람들에게 해줄 수 있는 게 무엇인가의 논의로 변질된 것이다. 자선단체인 영국노인회Age UK는, 이른바 '단위unit'비용의 압박을 관리하려면 사회적 돌봄을 위한 공적 지출이 2020～21 회계연도에 총 100억 파운드에 이르도록 최소 16.5억 파운드가 증액되어야 한다고 추정한다.[17] 이것은 마치 소포넘기기 게임에서 음악이 빨라지면 게임이 더 격렬해지는 것과 같다. 어느 기관도 음악이 멈췄을 때 높은 단위비용을 떠맡고 싶지 않은 것이다. 사실 현 제도와 서비스를 가지고 노인 인구에게 돌봄 서비스를 제공하기란 너무 거대하고 돈이 드는 일이라 우리는 그 문제 앞에서 속수무책으로 꼼짝도 못하고 있다. 자동차 전면 불빛을 보고 그 자리에 얼어붙어서 움직이지 못하는 사슴처럼 말이다. 이 문제에 대해서는 실험 5에서 더 깊이 다루었다.

어떻게 어린아이들을 돌볼 것인가도 딜레마이다. 바깥일을 해야 하거나 하고 싶어 하는 부모들이 있는가 하면 어떤 부모들은 자기 아이를 돌보고 싶지만 이 기본적인 역할이 가치를 인정받지 못한다는 사실에 당혹스러워 한다. 자기 아이를 돌보는 것보다는 나가서 일을 하는 것이 사회적 의무인 양 여겨지기 때문이다. 또 어떤 부모들은 어릴 적 적절한 돌봄을 받아보지 못해서 막상 부모 역할을 어떻게 해야 할지 전혀 알지 못해 도움을 절실히 필요로 한다. 어떤 마을에서는 아동의 3분의 1이 취학 준비가 되어 있지 않다. 똥오줌을 스스로 가리지 못하거나, 혼자서는 신발을 신을 줄 모르고, 학습과 또래 간 어울림을 가능케 하는 기본적인 사회적 기술을 익히지 못해서다.[18]

좌우할 것 없이 모든 정부는 아동돌봄 서비스 시간을 연장하고 열심히 일하는 부모들의 양육비를 축소하겠다고 약속했다. 또다시 단위비용을 줄이고 생산량을 늘리는 쪽으로 산업화시대의 사고방식이 발동한 것이다. 등장하는 해법은 언제나 돌봄노동자들에 대한 임금 삭감과 함께 1인당 최대한 많은 수의 어린이들을 할당하는 것을 기본으로 한다.

현재는 법적으로 한 명의 돌봄노동자에게 2세 이하 아동 여섯 명까지◆ 맡길 수 있다. 아동돌봄 전문가들은 이 비율이 적절한지에 대해 회의적이지만 말이다. 이에 대해 정책입안자들은 돌봄노동자들의 필수 훈련 수준이 높아졌으니 제도의 기능성과 관리력이 개선되었다고 대응한다. 하지만 좋은 돌봄은 감정노동이다. 힘들고 지치고 때로는 외롭고 지루하지만, 언제나 깊은 인간적 연결과 관계가 필요하다. 어떤 어른도, 그가 아무리 훈련을 잘 받았다 한들 2세 이하 아이들 여섯 명과 산책을 나가거나 그 많은

◆ — 현재 우리나라 어린이집의 교사 대 아동 비율은 0세 반의 경우 교사 1명당 3명, 1세 반은 5명, 2세 반은 7명, 3세 반은 15명, 4세 반과 5세 반은 20명으로 정해져 있다. 유치원의 경우 아동의 나이에 따라 교사 1명당 15~30명까지 담당하는 것으로 나타나고 있다.-옮긴이

작은 손들과 한꺼번에 만들기 활동을 할 수는 없다. 지금 제공되고 있는 것은 인간적인 행복의 첫 경험이 아니라 창고에 수용되는 물건처럼 다뤄지는 것이다.

현재 우리의 복지기관들은 돌봄을 제공할 수 없다. 무엇이 필요한지에 대해 온정을 갖고 인간적으로 고민하기를 시작할 수 있는 언어조차 갖고 있지 않다. 서로를 돌보는 일은 효율성이나 단위생산에 관한 것이 아니다. 돌봄은 인간적인 연결, 우리 모두의 발전, 그리고 궁극적으로는 우리의 안녕과 존엄에 관한 것이다. 앞으로 서술하겠지만, 이런 문제들에 대해 쓸 만한 해법을 찾을 수 있다 하더라도 여기서 떼어다 저기다 붙여 쓰는 식으로 하는 기존의 편협한 논쟁과 낡아빠진 현존 기구들을 가지고는 안 된다.

3. 현대의 빈곤

복지국가는 빈곤을 근절하지 못했다. 이 세기의 시작점에도 100만 명의 사람들이 푸드뱅크에 의존했다.[19] 기본적인 가재도구나 가구조차 사지 못하는 이들이 많다. 영국 아동의 3분의 1이 이런 빈곤 가정에서 자라나고 그런 가정들에서는 누군가 일을 하지만 가족을 빈곤선 위로 올리기에는 수입이 너무 적다.[20] 사실 영국의 빈곤 문제는 계속 있어왔으며 점점 더 커지고 있다. 학자들은 이러한 추세가 머지않은 미래에도 계속될 것이라고 추정한다.[21]

빈곤은 심화되고 있다. 빈곤 관련 데이터를 100년 이상 수집해온 조셉 라운트리 재단Joseph Rowntree Foundation은 2016년 그들의 연구에 극빈층이라는 새로운 범주를 첨가해야만 했다. 놀랍게도 전

세계 5위 경제대국인 영국에 30만 명 이상의 어린이를 포함하여 125만 명이 식사, 난방, 위생과 잠자리 해결에 어려움을 겪고 있다.[22]

마치 세상을 한 바퀴 돌아서 베버리지가 직면했던 시대에 다시 와 있는 것 같을지도 모르지만 전후 빈곤과 현대의 빈곤은 분명하고 근본적인 차이가 있다. 지금은 가난한 사람들 대부분이 일을 한다. 누군가 노동을 하는 가정의 거의 절반 정도가 복지혜택을 받고 있는데, 이는 최저 생계비에도 못 미치는 저임금을 국가가 보조해줌으로써 민간영역을 지원하기 때문이다.[23] 고정관념과 달리 복지지출의 1퍼센트(연 30억 파운드)가 실업 지원으로 쓰이고 30퍼센트 이상(거의 연 700억 파운드)이 생계가 어려운 저임금 노동자를 지원하는 데 쓰인다.[24] 복지국가의 근간, 즉 노동이 빈곤의 탈출로라는 기본적인 계약이 깨진 것이다.

이 새로운 세상에서는 부자와 나머지 사람들 사이에 크나큰 간극이 있다. 전문직과 저임금 노동자 모두 임금의 실제 가치는 뚝 떨어졌다.[25] 그러나 최상위의 소수 엘리트층과 이른바 프레카리아트precariat라고 불리며 더욱 주변으로 밀려나고 있는 하층민들 사이에는 믿기 어려울 정도로 큰 심연이 존재한다. 마이크 새비지 런던정경대학 교수는 유사 이래 최대 규모의 조사를 통해 영국 내 계층에 대해 면밀한 분석을 시도했다. 새비지와 동료들은 불평등의 악순환이 영국 빈곤의 본질을 변형시키고 있음을 발견했다. 소득과 부의 격차가 경험과 기회의 격차와 상관관계가 있다는 것이다.[26]

엘리트층은 고소득을 즐길 뿐 아니라 충격을 흡수해줄 고액의 저축금과 고가의 주택을 소유하고 있다. 그들의 삶은 재산이라는 면에서뿐 아니라 인맥, 여흥, 거주지(대체로 홈 카운티들과 런던의 특정 지역)에 있어서도 나머지 사람들과는 거리가 멀다. 엘리트층은 사장, 판사, 지도층 인사들로, 인맥과 사회적 지위로 촘촘하게 연결된 사회집단이다. 반면 인구의 15퍼센트 정도를 차지하는 프레카리아트는 1년 동안 1만3천 파운드 미만의 소득으로 살아간다. 이들에게 저축은 불가능한데 거주비는 늘어간다. 이들은 지리적으로도 옛 공장지대의 한가운데에 밀집하여 살고 있고 사회적으로 소외되어 있다. 그들의 친분과 인맥은 매우 가까운 일차적 관계망을 좀처럼 벗어나지 못한다.

이런 불평등의 시대를 사는 우리는 모두 걱정이다. '빈곤층'은 아니지만 소득이 줄어드는 사람들이 있다. 방송이나 이웃의 삶을 통해 나타나는 사람들의 생활방식과 소비습관을 보면서 나와 내 자녀의 미래를 걱정한다.[27] 부자들도 다른 부자들을 남몰래 넘겨보면서 그들에게 뒤지지 않으려고 하다 보니 나름대로의 신경증을 겪는다. 소득이 늘어나면 그에 상응하는 야망도 자라난다. 경제사학자 애브너 오퍼의 말을 빌리자면 부자들은 '쾌락의 쳇바퀴 hedonic treadmill'에 갇혀버렸다. 부유하지만 기분은 꿀꿀하다.[28] 아리스토텔레스가 수천 년 전에 말했듯이 돈이 곧 좋은 삶을 의미하지는 않는다. 오늘날 불평등이 심각하지만 부자들도 자기들이 충분히 가졌다고 생각하는 것 같지 않다.

물론 불평등의 영향을 가장 많이 받는 집단은 빈곤층과 소득이 감소하는 사람들이다. 베버리지 시대와 마찬가지로 많은 사람들에게 괜찮은 주거와 식생활은 접근할 수 없는 것이다. 이에 못지않게 중요한 것은 그들의 존엄이 손상되었다는 점이다. 이들은 열등감, 자립하지 못함으로 인한 좌절, 그리고 자율성을 허용하지 않는 현대 저임금 노동으로 인해 정신적으로 고통을 느낀다. 이 모든 것들이 신체적 증상으로도 나타난다. 즉, 면역체계를 저하시켜 우리를 병들게 하거나 수명을 단축시키는 것이다.[29] 그러면서 걸어야 하는 판돈은 늘어간다. 사회에서 어울리거나 취업 인터뷰를 잘 하려면 쓸 만한 전화기, 적절한 복장, 깔끔한 치아가 필요하다.[30] 복지당국이 돈을 주기는 하지만 나날이 복잡해지는 현대 빈곤의 사회적, 정서적 영향을 받는 사람들에게는 별 도움이 되지 못하고 있다.

나의 영국에서의 첫 프로젝트는 학교에서 이루어졌다. 런던 남부의 악명높은 학교와 일했는데, 학교 건물 디자인 프로젝트였다. 로열 페스티벌 홀을 설계한 레슬리 마틴 경이 디자인한 그 학교의 원래 건물은 전후 건물들의 대표적 상징이자 복지당국의 학교건축 프로그램의 표본이었다. 그러나 그 건물은 기능적이지 않았다. 여름엔 너무 덥고 겨울엔 너무 추웠으며 복도는 어둡고 무서워서 학교폭력이나 그보다 심각한 일들이 벌어졌다. 건축가들에게 그 학교 건물은 아름다움이었지만, 그 안의 아이들에게는 새로울 것도 없고 미래가 보이지 않는 삶의 상징이며 혐오하는 장소였다.

나는 학생들과 콜라주를 만들기 시작했다. 잡지를 쌓아놓고 십대 아이들에게 잡지의 그림들을 잘라내서 그들이 원하는 학교를 표현해보라고 했다. 놀랍게도 학생들은 수영장을 여러 개 만들었다. 몸이 통통해서 자신감이 낮았던 내 청소년기가 생각나면서, 이 많은 수영장들이 대체 왜 나온 것인지 궁금했다. 나는 수영이나 남들 앞에서 옷 갈아입는 것을 어떻게든 피하려고 했는데 그런 건 나만이 아니었기 때문이다. 나는 학생들과 그 콜라주에 대해서 이야기했다. 이 학교는 런던 최고의 사립학교와 벽이 맞닿아 있었는데 그 사립학교 울타리 쪽에 수영장이 있었다. 아이들이 바랐던 것은 수영장이라기보다는 울타리 너머 저쪽에 속하는 것이었다. 희망과 기대가 충만한, 부유한 삶을 누리는 고귀하신 몸의 학생이 되는 것.

현대의 빈곤은 돈에 관한 것이면서 '동시에' 사회적 연결망의 해체, 관계와 공유해온 경험의 단절에 관한 것이기도 하다. 새비지와 그 동료들이 저작에서 보여주었듯이 우리는 더 이상 서로를 알지 못한다. 관계의 결핍은 세상에 대한 이해와 지금까지 누려온 풍성한 향유와 물질적 기회들에 영향을 준다. 나아가 우리의 인맥이 결국 우리가 어떤 사람이 되고 무엇을 할 수 있느냐에 영향을 미치는 시대가 되었다.

이러한 도전들에 직면한 복지당국은 무력하다. 한 예로, 학교가 아무리 좋다 해도 부의 구조적인 세습을 교육으로 무마할 수 없다는 연구 결과가 끊임없이 나오고 있다.[31] 내가 대학에 진학할지 말지 또는 어느 대학에 진학할지를 결정하는 것은 내 노력이 아니라 내 부모의 재산과 사회적 지위다. 노동자 가정에 대한 소득보조가 굶어죽지 않게 해줄지는 모르지만 분노를 키우기도 한다. 실제로 보조금에 의존해서 살기를 바라는 사람들은 아주 극소수에 지나지 않는다. 그리고 특히 건강 서비스는 불안, 저질의 식사, 스트레스를 높이는 질병들로 인해 과부하 상태인데 이 모든 문제들은 다 빈곤에 의해 악화되는 것들이다. 복지국가는 현대의 빈곤이 우리 삶에 불러일으키는 불안이나 물질적 영향을 잠재우는 데는 아무 쓸모가 없다.

치명적 결함

우리의 복지국가는 우리가 쓰러질 때 우리를 일으켜줄지는 모르지만 다시 날아오르도록 도와주지는 못한다. 우리가 지금 당면한 문제들을 해결하도록 지원하지도, 삶의 방향을 바꿔주지도 못한다. 안전망의 관리대상자가 된 사람들은 그런 복지혜택과 수치스런 충고를 받아야만 삶을 유지할 수 있는 상황 속에서 분노와 절망감이 치밀어 오른다. 더 중요한 것은, 관심을 받지 못한다고 느끼는 사람들이 관리대상자보다 훨씬 더 많다는 점이다. 그들의 소득은 줄어들고 불안은 커져가고 있다. 그들은 자기가 낸 세금이 접근불가의 꽉 막힌 시스템에 허비되고 있음에 화가 나 있다. 우리는 사회적 안전망이 트램펄린처럼 다시 박차고 일어나게 해주기를 바랐으나, 보이는 것은 오히려 옴짝달싹 못하고 덫에 걸려 있는 우리의 모습이다.

무기력한 현대의 복지국가에 대한 통찰은 새로운 것이 아니다. 복지제도 개혁은 거의 사십 년 동안 정치적 의제 중 하나였다. 복지지원 방식의 변화는 삶의 변화를 가져오지 못했으며 복지 모델을 변화시키지도 못했다. 전문가들의 자문과 경영에 대한 투자, 뜨거운 논쟁들이 있었지만 1950년대부터 쭉 살아온 사람이 보기에는 대부분의 서비스들이 여전히 그 나물에 그 밥이다. 안타깝게도 위계적인 지휘구조와 효율적인 기계화로 개선해보려던 산업체제 개혁의 노력도 헛수고였음은 토니 블레어 전 영국 수상 시절에 우리 모두 경험한 바다. 이런 식의 변화는 더 이상 먹히지 않는다. 종래의 개혁은 우리에게 건강과 돌봄, 만족스런 일자리로 안내하는 근본적으로 새로운 방법을 제시하지 못했다.

그런데 현재의 어려움을 악화시킴과 동시에, 사회복지 기본설계의 중심에 치명적인 결함이 있음을 드러낸 그런 일이 생겼다.

신공공경영은 이제껏 효율성이나 기술적 측면에만 관여하는 중립적인 행정이론으로 알려져 왔다. 그러나 돌아보면 신공공경영의 도입은 대대적인 문화의 변화를 불러왔음을 알 수 있다. 서비스 자체는 비슷해 보일지 몰라도 복지당국과 사람들의 관계가 완전히 달라져서 지금 당면한 광범위한 사회적 문제들을 대처하기가 더 어려워졌다.

복지제도는 이제 서비스 산업으로 탈바꿈했다. 초기에는 복지국가가 모든 사람을 위해 더 나은 영국을 건설하려던 공동의 프로젝트였다. 복지제도를 통해 교육을 받고 사회에 참여할 수 있게 되었고 잠잘 집이 생겼고 건강해졌으니 충분히 의미 있었다. 하지만 서비스는 종착점에 도달하기 위한 도구일 뿐 그 자체가 목적은 아니었다.

오늘날에는 목적으로서의 이상은 사라지고 서비스 전달에 대한 과도한 집착이 그 자리를 대신하고 있다. 소비자들이 서비스업체에 기대하는 것은 '신속하고 완벽한 무료배송'이다.[32] 우리의 복지 서비스도 똑같이 되었다. 이제 우리는 복지 서비스의 소비자들이고 비즈니스 문화에 동화되어서 문제에는 당연히 그에 맞는 서비스가 있어야 한다고 생각하게 되었다. 그런데 우리의 요구는 충족될 수가 없다. 역설적이게도 복지국가를 합리화해준 바로 그 (신공공경영 식의) 관행이 소비자들의 요구수준을 끌어올린 것이다. 여러 곳에서 동시다발적으로 재정긴축의 요구가 일어나자 헐값의 서비스들이 신속하게 대량 제공되었다.[33] 정말 도움이 필요한 사람들은 이 서비스들 사이를 맴돌거나 사각지대로 떨어지

게 된다.[34]

복지 서비스 제공 노동자들에 있어서도 이러한 변화는 역시 암과 같다. 의사나 청소원은 마치 영화나 식당처럼 평가점수가 매겨진다. 그러니, 누구도 중요한 공동의 프로젝트에 속한 일원으로서의 소속감을 느끼지 못한다. 대신, 갈수록 조직문화는 그 조직이 속해 있는 시장의 문화를 반영한다. 즉 서비스 이용자와 제공자는 마치 비즈니스 거래자처럼 관계를 배제하고 교환만 할 뿐이다. 서로서로 관계를 맺고 참여해서 건강을 유지하고 이웃을 돌보며 일자리를 발굴하고 나아가 빈곤의 벽을 무너뜨리기 위해 연대해야 하는 이 시점에 오히려 인간다움과 관계는 서비스와 전문화된 문화로 인해 밖으로 내몰리고 있다. 갔던 병원에 또 가라고? 돈이 들잖아. 젊은이를 도우라고? 위험해. 마을 사람들의 문제해결에 관여하라고? 그건 경쟁의 법칙에 어긋나는 일이야.

이 모든 어려움을 신공공경영과 시장의 탓으로 돌릴 수는 없다. 복지제도 개편은 이미 존재하는 오류를 확대했으며 이것이 베버리지가 3차이자 마지막 보고서에서 다룬 주제였다.[35]

베버리지는 1946년에 자발적으로 한 보고서를 작성했는데 그 보고서에서 자신이 시민과 지역사회의 힘을 경시하고 그 힘을 제한했음을 후회한다고 말했다. '인민의 윌리엄'인 베버리지는 시민들이 시간과 돈을 기여하여 서비스 비용을 낮출 수 있는 길이 막혀 있음이 못마땅했다. 또 그는 일부 핵심적인 사회집단들이 그가 제안한 복지제도의 혜택 밖에 있음을 우려했다. 그리고 욕구를 파악하고 해결책을 고안해내는 데는 거리를 둔 차가운 위계조직보다 지역사회 공동체가 훨씬 낫다는 점을 깨닫게 되었다. 베버리지는 복지국가를 설계하면서 사람과 관계를 빼놓았던 것이다. 그는 자신의 실수를 깨달았지만 이미 때는 너무 늦었다.

복지국가가 탄생하던 시기엔 균등한 기회제공과 빈곤퇴치를 위해 사사로움을 벗어난 중립적인 계약관계가 열쇠라는 믿음이 지배적이었다. 베버리지의 누이의 남편인 토니는 불평등의 근저에 가족과 친척으로 얽힌 인맥과 관계가 자리 잡고 있다고 보아, 이런 사적 관계에 얽매이지 않는 관료제를 주장했다. 베아트리스 웹과 시드니 웹도 관계에 초연한 전문가적 미덕을 찬양하며 '감정에 휘둘리는 보통사람'을 비하했다. 베버리지와 동시대 사람들의 생각이 당시에는 적절했을 수도 있다. 관료제와 관계에서의 사회적 거리두기 문화는 편견을 물리치는 데는 매우 효과적이었다. 그러나 베버리지는 이에 대해 의심을 품었으며 지금은 분명히 온당치 않다.

베버리지의 3차 보고서를 읽은 사람은 거의 없었다. 1946년 무렵엔 베버리지의 귀족적 말투가 고리타분해 보였다. 미래 사회체계 구상에 기여하기보다는 자신들의 지위 보존을 위한 정치적 행보에 열중하던 민간영역 위원들 사이의 내분도 베버리지를 가로막았다. 이들의 논쟁은 모호한 결론을 낼 뿐이었다. 아마도 가장 중요한 것은, 영국 대중이 이미 1차 보고서의 결실을 누리고 있었으며 사회정책에 대한 좀 더 광범위한 관심이 사그라들고 있었다는 점이다.

오늘 우리는 새로운 문제 앞에서 변화를 갈망하고 있다. 그러나 기존의 기구와 변혁을 위한 시도들이 작동하지 않았음을 모두가 알고 있다. 이 시점에서 베버리지의 3차 보고서는 꽤 선견지명이 있었다고 본다. 사람들로부터 그리고 그 사람들 사이의 관계로부터 해결책을 모색해야 한다는 베버리지의 통찰은 앞으로 다가올 미래를 향한 출발선이 되어야 하며 우리는 바로 거기서부터 이번 세기를 위한 체제를 재창조하고 만들어가야 한다.[36]

현대의 문제를 해결하기 위해서는 우리 모두 힘을 모으고 변화의 과정에 참여해야 하며 한 사람도 소외시키지 않는 체제를 만들어야 한다. 참여가 특별한 것이거나 칭찬받을 비범한 일로 여겨져서는 안 된다. 누구나 참여하기 쉽고 단순하며 자연스러운 체제가 되어야 한다. 그러기 위해 우리는 사람들의 삶에서부터 시작해야 한다. 지역사회 안에 자리 잡고 일상의 관점에서 문제와 대안들을 고민해야 한다.

이것이 내가 엘라의 집 문 앞에 서 있는 이유다.

2
부

실험

실험 1 : 가족의 삶

나는 경찰 한 명과 함께 엘라네 집 문 앞에 서서 그녀가 노크 소리를 듣고 나와주기를 기다리고 있었다. 경찰은 무안한 듯 어깨를 으쓱하며 나에게 말했다. "나는 전할 말만 전하고 갑니다."

그는 자기 할 일을 하고 있다. 영국 전역 일선에서 뛰고 있는 수천 명의 실무자들처럼 이 경찰관도 규칙을 따라야 한다. 기관의 지침은 어마어마하다. 그 가운데 메시지의 전달, 환자 의뢰, 그리고 특별한 필요사항에 관한 현황보고서나 법원의 명령서를 발행하는 것 등이 요즘 중요한 일들이다. 이런 활동을 하게 된 목적이나 의도는 고려되지 않는 것 같다. 그 경찰관이 내게 설명하듯이 어떤 경우에도 지체할 시간 여유가 없다.

이런 현장 활동은 비용이 많이 든다. 엘라의 집에는 경찰, 사회복지사, 가정방문 학습지도자, 주거지원 담당자, 상담사, 보건담당자, 그리고 그 외에도 무수히 많은 사람들이 방문하는데 여기에 소요되는 비용은 연간 25만 파운드 이상으로 추산된다. 인간적, 재정적 측면 모두를 고려한다면 이러한 방문의 실제 소요 비용은 훨씬 더 높을 수 있다. 왜냐하면 이런 식으로 방문해봤자 엘라와 그녀의 가족을 반복적인 고통의 순환 속에 더욱 조여들게 하며, 동시에 일을 수행하는 사람들에게는 일의 의미를 발견하지 못하는 허무함과 직무 수행에서 오는 피로감을 안겨주어 이직률이 높아지기 때문이다.

엘라의 사례를 보자면 무려 73명의 전문가들과 20개의 서로 다른 관계기관 및 서비스 부서가 엘라 및 엘라 가족의 삶에 관여하고 있으니 놀라 자빠질 일이다.[37] 수많은 서비스에 노출되는 동안 엘라는 점점 더 무력감을 느낀다. 하지만 나는 엘라에게서 포기하지 않는 끈기를 배우고 싶다. 그녀는 온갖 어려움 속에서도 여전히 상황이 달라질 수 있다는 희망의 끈을 놓지 않고 있다. 아마도 그래서 나를 집 안으로 들인 것이리라.

엘라는 왜 그렇게 복지제도에 의존하게 되었을까? 그리고 어째서 상황은 변하지 않는 것일까? 이와 다르게 하려면 우리는 무엇을 해야 할까? 나는 바로 그것을 알고 싶었다. 다만 내가 확신하는 바는 이것이다. 지속적인 위기관리의 관행을 떠나, 가족과 지역사회가 그들의 가능성을 계발하며, 배우고 일하면서 건강하고 충족한 삶을 살도록 지원받는 그런 시스템으로 전환해야 한다는 것, 그리고 이는 모든 사람에게 적용되어야 한다는 것이다. 그러기 위해 우리는 아무리 척박한 여건에서라도 작동할 수 있는 어떤 것을 고안해야 한다. 새로운 접근법이 엘라에게 통할까? 그녀를 직접 만나서 알아보는 수밖에.

엘라는 스윈던에 산다. 스윈던은 번화한 대도시로 내가 엘라를 만날 무렵 〈타임스the Times〉는 스윈던을 영국에서 가족이 집을 사기에 가장 좋은 도시 중 하나로 평가한 바 있다. 스윈던은 전후의 주택 붐과 더불어 시내에 본부를 둔 철도산업의 번창으로 좋은 일자리가 많았기에 급속히 성장했다. 1980년대 이후 철도산업은 쇠퇴했지만 혼다 자동차 공장을 비롯하여 스윈던과 템스 강변 계곡을 따라 형성된 고성장 지대와의 근접성으로 인해 여전히 많은 사람들이 이 도시에서 풍족하게 살고 있다.

하지만 엘라는 이 성공 스토리에 속하지 않는다. 사실 그녀는 한 번도 노동을 해본 적이 없으며 그녀가 아는 사람들 중에 안정된 좋은 일자리를 가진 사람이라곤 한 명도 없다. 엘라는 자기 가족의 삶을 '지옥'이라고 표현한다.

오늘날 영국에는 엘라네 집과 같은 가정이 수없이 많다. 외부와 단절되고 취약하며 분노에 찬 그런 가족 말이다. 이들 중 어떤 가족은 고소득의 산업체 일자리가 사라지고 새로운 취업 기회도 없어 극도의 결핍이 정상인 그런 지역에서 살고 있다. 또 어떤 사람들은 엘라네처럼 풍요와 근접한 거리에 살지만, 부에 연결될 길을 찾지 못한 채 살아간다.

엘라는 세계대전 후 형성된 펜힐Penhill, 파인허스트Pinehurst, 파크 노스Park North, 그리고 파크 사우스Park South와 같은 이른바 'P'지구◆ 중 한 곳에 살고 있는데 이들이 'P'지구인 이유는 이 동네 주민들이 좀처럼 잠옷을 벗지 않는다고 소문이 나 있기 때문이기도 하다며 엘라는 비꼬아 말한다. 〈타임스〉가 스윈던을 가족의 새 집 마련에 괜찮은 곳으로 평가했지만 P지구를 염두에 두지는 않았을 것이다. 엘라네 집은 주변 이웃들과 마찬가지로 비좁다. 개인 사생활은 말할 것도 없고 자라나는 아이들에게도 공간이 넉넉지 않으며 부모님에게 내드릴 곳도 없다. 그렇다고 마을에 활용

◆ — 모두 스윈던에서 상대적으로 낮은 평가를 받는 주거지역이다 - 옮긴이

할 만한 공간도 별로 없다. P지구에는 대부분의 식당이나 상점에 울타리가 쳐져 있고 놀이터는 황량해서 사용하지 않으며 골목길들도 어두워진 후에는 위험하다. 이곳의 엄마들은 자녀가 실제로 어떤 기회들을 누릴지에 대해 걱정과 운명론적 절망 사이를 오가며 불안에 휩싸여 산다. 그들은 큰아이가 말썽을 일으키지나 않을까 노심초사 지켜보면서 다른 한편으론 동생이 형을 보고 배울까 봐 걱정스러워한다. 엘라네와 같은 집들은 자기들이 밀려드는 파도에 맞서 앞으로 나아가보려고 열심히 헤엄치고 있는 꼴이란 것을 안다.

엘라 가족의 삶에는 위기가 모든 것을 엮어주는 접착제와 같다. 그녀는 날마다 집안에서 벌어지는 연속극 같은 상황을 처리해야 한다. 아직도 할부금을 다 내지 못했는데 벌써 망가져서 물이 새는 싸구려 세탁기, 경첩이 떨어져나가서 성인으로서의 사생활을 가려주지도 못하고 열려있는 문짝, 집에 거의 들어오지 않는 첫째 아들과의 언쟁 따위가 그런 것이다. 게다가 화를 터뜨리고 잠잠해졌다가는 금세 또다시 벽에 머리를 찧는 등 통제 불능인 열네 살짜리 톰에게는 끊임없이 잔소리를 해야 한다. 또한 고용지원센터에 등록하기 위해 줄을 서고, 사회복지사, 경찰, 가정방문 교사의 굴욕적인 방문을 맞이하며, 퇴거 통지와 싸우기 위해 법정에 출석하는 등 복지제도와 서비스들을 통과하다 보면 정신이 쏙 빠진다. 대개 하루의 끝은 할인상품 코너에서 조리된 식품을 구하러 코스트커터Costcutter◆를 방문하는 것으로 마감된다.

엘라는 홀로 고립된 느낌이 든다. 친구도 거의 없으며 힘들 때

◆ — 영국과 아일랜드, 폴란드 등지에 있는 슈퍼마켓과 편의점 체인업체-옮긴이

의지가 되거나 자기 말을 듣고 믿어줄 만한 사람이 없다.

그녀에게는 들끓는 혼란스러움과 수고 뒤의 허탈감만이 가득하다. 나중에 내가 그녀와 소파에 앉아서 이야기할 때 그녀가 말했다.

"내 성장과정은 정말 험난했어요. 우리 엄마는 집에 있는 날이 거의 없었죠. 양아버지가 집에 들어오면 끔찍했어요. 그는 나를 학대했어요. 여동생이 태어나자 엄마는 더 이상 나에게 신경 쓰지 않았어요. 십대 시절에 나는 여러 남자친구를 전전하면서 나를 함부로 다루는 사람들과 어울렸어요. 이제 보니 그때의 그 문제들이 되풀이되고 있네요. 큰아들은 음주 문제가 있는데 한동안 사라져서는 어디서 무얼 하는지 알 수도 없죠. 둘째인 딸은 열여섯인데 임신 중이고요. 난 그 애한테만은 뭔가 더 해주고 싶었는데 말이죠. 그리고 작은아들 톰은 몇 년 전에 학대를 당했어요. 어느 정도였는지 자세히는 몰라요. 우리는 상담을 받았지만 별 도움이 되지 않았어요. 막내딸 케이틀린은 섭식장애가 있고 마구 소리를 지르고 욕을 해요. 톰과 케이틀린은 퇴학당해서 줄곧 집에서 지내고 있어요. 집에 공간이 없으니 가정방문 학습지도자가 와도 어떻게 할 수가 없어요. 집 안은 사람들로 가득하고 머릿속이 복잡해요. 지금 내 인생은 완전히 쓰레기예요."

우리 모두처럼 엘라도 가족의 삶에 대한 꿈이 있었다. 오늘날 영국에서는 가정생활을 마치 신상(神像)인 양 떠받치며 가정을 돌보는 어머니의 역할을 새로운 종교의 반열에 올려놓았다.[38] 우리는 완벽함을 추구하며 우리 가정이 세상살이의 중압감에서 우리를 해방시켜주기를 희망한다. 임신 중인 엘라의 딸 제스도 이런 해방을 찾는 것이었는지 모른다. 새로 태어날 아기, 새로운 출발, 그녀만의 열심히 일하는 새 가정을 말이다. 엘라의 상상 속에서 남들이 사는 푸른 초원 위의 집과 그녀가 사는 현실 사이의 차이는 고통의 원천이다. 그녀는 이웃사람들이 그녀를 깔보는 것을 안다. 그리고 그녀 자신과 아이들이 다른 곳에 살았으면 한다. 그녀 역시 도피하길 바라는 것이다. 방법만 안다면.

엘라에게 신체적, 정서적, 경제적, 그리고 사회적으로 영향을 미치는 문제들을 다 이해하기는 힘들다. 우리는 이런 복잡함에서 눈을 돌려 '베니핏 스트리트Benefits Street'◆ 같은 텔레비전 프로그램에서 종종 나오는 것 같은 단순하고 웃기는 이야기를 좋아한다. 약간 엘라를 탓하고 싶은 느낌이 드는 것도 사실이다. 우리 모두는 우리가 불가항력적 궁핍이라고 여기는 것, 즉 구시대적인 극도의 가난, 난민 혹은 다른 대륙 아이의 굶주린 모습에는 공감할 수 있지만, 엘라네 집과 같은 가정들에 우리가 관심을 주어야 하는지에 대해서는 그다지 확신을 갖지 못한다.

어떤 사람들은 이들에게 염려를 보이기도 하지만 어떤 이들은 부모가 애를 잘못 키웠다거나, 마약이나 나쁜 짓에 손을 대서 그렇다고 손가락질을 한다. "분명코 그 집 사람들은 다들 아이패드를 가지고 있고 큼지막한 텔레비전도 있을 거요." 내가 일하는 곳에 대해 말하면 사람들은 이렇게 반응한다. 사실 엘라네도 전화기 두 대 외에 아주 커다란 평면 텔레비전도 가지고 있다. 그녀는 현실에서 도피해보려고 빚을 내서 텔레비전을 샀는데 지금 돈을 빌려준 대부업자는 엘라를 뒤쫓는 또 하나의 추격자가 되어 있다.

◆ – 영국 극빈층 밀집 지역 사람들의 삶을 보여주는 텔레비전 다큐멘터리 시리즈 방송물로 2014년 1월에 처음 방영되었다.-옮긴이

엘라는 자신의 문제들이 결국 자기 탓이라고 생각한다. 그녀는 자신이 모든 일을 그르친 장본인이며 역할을 제대로 하지 못했다고 끊임없이 자책한다. 하지만 노동시간이 길고, 임금은 낮으며, 소비할 것들과 거기에 계속 맞춰가려는 욕구가 집 안으로 스며드는 사회에서, 가족 간에 사랑과 친밀한 관계를 유지하는 것은 우리 중 어느 누구에게도 쉬운 일이 아니다. 가정생활의 이상과 실제로 살고 있는 현실의 불일치를 경험하는 사람은 엘라만이 아니다. 우리 집도 완전히 뒤집어진 난장판처럼 느껴질 때가 있다. 나는 일과 가족, 친구 사이에서 균형을 잡으려 애쓰지만 그 각각의 조각들은 절대 하나로 합체되지 않을 것처럼 보인다.

우리는 남 탓을 할 수도 있고 자포자기해버릴 수도 있다. 하지만 그 어느 것도 우리를 멀리 나아가게 해주지 못한다. 우리가 현실을 뛰어넘을 수 있을까? 욕구관리에서 역량강화로 전환하기로 마음을 먹은 스윈던의 지도자들이 나에게 새로운 제도의 설계를 도와줄 수 있겠느냐고 물었을 때, 솔직히 나는 자신이 없었다. 하지만 현실을 제대로 알아보고 싶었다. 나는 우리가 엘라의 입장이 되어보아야만 그것을 할 수 있다고 생각했다. 그래서 우리는 엘라가 사는 동네에 집을 빌리고 팀원들이 그 집에 입주했다.

우리 팀이 할 일은 잠자코 듣는 것이었다. 그들은 아무 의견도 갖지 않고 그저 관찰만 하기로 했다. 그리고 소파에 앉아 사회복지사의 방문을 맞았고 해가 지면 귀가하지 않은 거리의 십대들을 찾아 나섰다. 엘라네에서 퍼져나가는 소음과 긴장, 광기를 참다못해 터뜨리는 이웃들의 분노도 그대로 체험했다.

우리는 차츰 그 구역에 사는 다른 가족들을 알게 되었고 차를 많이 마셨다. 이 일은 한순간에 통계조사를 하는 그런 종류의 일이 아니다. 우리는 집요하게 단서를 찾는 탐정과도 같았다. 이 가족은 어째서 그런 어려움에 처해 있을까? 보아하니 'P'구역에 사는 사람들 중 소수만이 엘라와 같은 삶을 살고 있었다.

물론 빈곤은 한 요인이다. 돈이 없으면 좋은 관계를 유지하기가 매우 힘들다. 아이를 돌보려면 시간을 내서 집중해야 하지만 어떻게 집의 난방이 돌아가게 할지, 다음 끼니를 어디서 구할지 끊임없이 고민하면서 해내려니 쉽지 않다. 나는 현장에서 일하면서 돈이 없어서 이런 상황에 대응하지 못해 고생하는 사람들과 가족들을 만났다.

하지만 나는 돈을 가진 사람조차도 좋은 가정생활을 꾸리는 일이 어려운 일임을 알고 있다. 영국 최고의 엘리트 사립학교 교장인 한 사람은 학부모들의 광적인 불안감과 만연한 아동방임을 공개적으로 비난한 바 있다.[39] 한편, 수십 년에 걸쳐 행해진 연구는, 아무런 지원을 받지 못한다면 대부분의 부부 관계가 자녀가 십대 무렵에 더 나빠지는 것을 보여준다.[40] 오늘날 영국에서는 생부생모 둘 다와 함께 살지 않는 십대들이 전체의 45퍼센트에 달하며, 가족 해체는 납세자에게 연간 480억 파운드의 비용을 발생시키는 것으로 추정되는데, 이는 복합적인 욕구를 가진 가정에 배정된 예산의 거의 두 배에 이르는 금액이다.[41] 현대 사회에서 이혼은 흔한 일이지만 우리 개개인은 이혼을 예측하지 못하며 막상 닥쳤을 때는 꿈과 기대에 대한 좌절로 인해 그리고 현실 문제에 부닥쳐 제대로 대응하지 못한다. 지원이 필요한 가정은 비단 엘라네 집과 같은 경우만이 아니다. 대개의 경우, 이 엄청난 균열을 임시로 메워주는 것은 오직 돈이다.

그래서 돈이 문제다. 하지만 그게 다는 아니다. 부모 자신의 아동기 경험 역시 중요한 요인이다. 엘라처럼 어려서 학대를 당했거나, 그녀의 이웃인 캐런처럼 양육시설에서 자라났다면 안정된 가정생활을 꾸리는 게 훨씬 더 어렵다. 대부분의 가정에서는 건강 문제나 알코올 중독 또는 아이의 일탈행동으로 인한 어려움에 그럭저럭 대처할 수 있을 것이다. 하지만 이런 문제들이나 더 많은 문제들이 한꺼번에 터졌을 때 돈이 없다면 비로소 진짜 어려움이 시작된다.

종종 그 가족들은 평범한 삶을 살고 있는 것처럼 보인다. 엘라네 집 가까이에 사는 리처드와 에마는 열심히 일해서 집을 샀고 그 다음엔 담보 대출금을 갚고 세 명의 아이들에게 가능한 한 최고의 삶을 살게 해주기 위해 쉬지 않고 열심히 일해왔다. 리처드와 에마는 양육시설과 위탁가정에서 자라났다. 그들은 함께 이루어온 것에 대해 자부심을 느껴왔다. 그런데 아스퍼거 증후군과 여러 가지 다양한 행동장애를 겪고 있는 아들들을 더 이상 통제할 수 없게 되었을 때 문제가 시작되었다. 리처드는 어찌해야 할지 몰라 큰아들을 폭력으로 다루었다. 에마는 가정폭력과 딸의 행동에 스트레스를 받아 심하게 술을 마셨다. 열두 살이 된 딸은 남자친구와 성관계를 갖기 시작했으며 보건당국과 경찰이 개입했지만 별 효과가 보이지 않았다.

수치심과 소진으로 인해, 에마와 리처드는 점점 더 친척이나 친구들과 단절되어갔다. 우리가 그들을 만났을 때는 더 심한 재난이 닥쳤을 때였다. 리처드는 뇌종양을 진단받아 야간조 운전기사로 일하던 직업을 잃었다. 에마는 평범한 청소부 일을 했으나 급여가 낮아서 가구 소득이 너무 적었다. 그 집 식구들은 그들이 재난의 위기에 처했으며 집을 잃게 될 것을 알고 있었다.

그들에게는 부모교육 강좌와 아들들에게 필요한 약이 제공된다. 자녀들의 삶에 경찰이 개입하면 청소년 서비스 담당자와 아동 서비스 담당자가 정기적으로 방문하게 된다. 각 문제 건수대로 서비스가 붙지만 아무도 가족과 함께 앉아서 그들이 고통받는 이유와 그 어려움들이 어떻게 서로 연결되어 있는지를 돌아보는 사람은 없다. 어느 누구도 계획을 가지고 있지 않았으며 리처드와 에마는 밑 모르는 나락으로 떨어지고 있었다.

그 식구들과 시간을 보내면서 우리는 가슴 아픈 절망의 이야기를 듣고 방임과 의도하지 않은 잔인함을 본다. 예를 들어 그들 사이에는 세상이 험하기 때문에 아이들을 '바깥세상'에 내놓으려면 아주 거칠게 다뤄야 한다는 고정관념이 박혀 있다.

우리는 동시에, 정신을 바짝 차리고, 아직 드러나지 않았을지 모르는 좋은 일들, 우리가 빠져나갈 길을 만드는 데 도움이 될 희망의 실타래를 찾으려고 귀 기울여 들었다. 우리는 가족들에게 비디오 일기를 쓰도록 요청하고 이야기를 이끌어내기 위해 간단한 시각적 장치를 활용했다. 거기서 우리는 숨겨진 재능과 야망을 발견한다. 아무 자격증도 따지 못한 채 학교를 중퇴한 캐런에게서는 놀라운 수학자의 자질이 드러났다. 에마는 청소년기에 승마로 상을 받은 적이 있다. 엘라는 우리가 비웃을지 모르지만 자신이 가장 바라는 것은 사무직 일자리를 얻는 것이라고 했다. 피트는 폭력적인 삶을 살았고 아들들과 좌충우돌의 관계를 이어왔지만 감옥에서 출소한 뒤 수많은 어려움에도 식구들을 끌어모아 삶을 다시 일으키고 있는 중이다.

무엇보다도 우리가 거듭거듭 들은 말은 더 나은 삶에 대한 간절한 바람이었다. 누가 이들을 도울 수 있을까?

펜힐에는 오래된 허름한 술집이 있다. 그 술집엔 30~40명의 단골들이 있으며 입구의 문을 밀어 열 때 마치 아늑한 응접실에 들어가는 듯한 느낌이 든다. 나는 혹시 그들이 이웃을 돕는 일에 참여할 수 있을지 물었다. 그들은 선뜻 내키지 않아 했다. 남에게서 불행이 옮을까 봐 불안한지 머리를 숙이고 자기 일에만 신경을 쓰는 것이 상책이라고 생각하는 것 같았다. 엘라와 캐런과 같은 가정은 많지 않지만 그들 역시 이런 마을의 분위기에 기여하고 있다. 사람들은 그들을 두려워하기도 하고 경멸하기도 한다. 개인을 탓하는 느낌도 강하다. 엘라와 캐런 둘 다 친구가 필요하고 지역사회와 다시 연결되기를 원하지만, 나는 이곳은 작업을 시작하기에 적당한 곳이 아님을 알았다.

엘라와 그녀의 아이들을 지원하는 전문가나 현장 실무자들은 어떨까? 우리는 그들이 엘라 자신의 취약한 상황과 딸의 거식증, 아들의 분노와 같은 가족 문제에 대해 심각한 우려를 표한 것을 기억한다. 가정방문 학습지도자는 이 집을 '부적절'하다고 묘사한다. 그리고 청소년 서비스 담당자는 톰이 정말로 다루기 힘들며 말을 틀 수도 없다고 걱정했다. 별다른 대안이 없다고 여긴 그들은 아이를 이른바 문제아들을 위한 학교에 보내라고 강요하고 있다. 이전에 위탁가정에서 잠시 지낸 적이 있는 톰은 또다시 자신이 내쫓길지도 모른다는 두려움에 떨고 있다. 그의 두려움은 깜짝 놀랄 만한 분노의 폭발로 이어져서 자기를 놀리는 여동생들을 마구 때린다. 그러면 사회복지사는 '저 엄마란 사람'은 이런 상황을 내버려두기도 하고 때론 아이들에게 공격적으로 대하는 등 제대로 자기 가족을 책임지지 못하며 집안에 힘의 균형이 깨졌다고 불평한다.

나는 가족들과 전문가들이 서로 똑같은 방식으로 말하고 행동하는 모습을 보고 충격을 받았다. 전문가들은 가족을 도우려는 시도들 사이사이에 긴장과 절박함으로 달아올라 분노한 모습을 보인다. '당신은 변해야 한다'는 메시지를 강압적으로 전달하는 집행자들에게 식구들도 공격적으로 반응한다. "변하라고? 어떻게?" 엄마들은 맞받아 소리친다. "당신들은 나에게 변화가 필요하다고만 하시네요. 그래, 어떻게 해야 되는데요?" 구출의 시도는 운명론과 수동성에 부닥친다. 그리고 이 모든 것의 밑바닥에는 불신과 소진, 남에 대한 평가, 그리고 상황은 결코 변하지 않을 것이라는 비참한 절망감이 있다.

전문가들은 그 집 식구들이 정직하지 않고 개방적이지 않다고 불평하는데, 가족은 도움을 요청할 만한 안전한 공간이 없어서라고 말한다. 가족이나 담당 실무자들 모두 두려움에 사로잡혀 있다. 실무자들은 아동학대를 눈치 채지 못하여 아이가 다치거나 더 나빠지게 될까 봐, 그래서 마침내 일자리를 잃고 사법의 심판을 받게 될까 봐 두려워한다. 가족은 정직하게 드러내놓고 도움을 구했다가 결국 아이들을 잃게 될까 봐 두려워한다. 엘라와 캐런은 아이를 빼앗긴다는 것이 어떤 기분인지 알고 있고 'P'구역에 사는 사람들 대부분이 아이를 잃은 누군가를 알고 있다. 지난 10년 동안 자기 집이 아닌 곳에서 사회적 돌봄을 받는 아이들의 수가 급격하게 증가해왔다. 부모들은 이것이 두려워서 서비스를 회피하거나 조종하려 하고, 서비스는 다시 이런 부모들을 통제하려 한다.[42]

20개 부서에서 파견되어 일하는 전문가들은 각각 자기가 맡은 임무에 따라 일한다.[43] 그들 모두는 학교 성적이든 음주량의 감소든 자기가 속한 특정 기관의 성과에 대해 책임을 지며, 가족을 이러한 하나의 관점에서 바라본다. 일부 기관들은 매우 우수하며, 그들의 접근방식을 각 문제에 개별적으로 적용할 때 '효과가 있다'는 통계적 증거가 있다. 그러나 실생활에서의 문제는 다른 상황들과 떨어진 고립상태에서 경험되지 않으며, 전문가나 기관이 요구하는 속도로 해결되지도 않는다. 그러나 서비스 관리자의 경우, 다음번에도 자금 지원을 받고 계약 입찰에 응하기 위해 성과를 입증해야 한다. 이것이 일상적인 환경에서 작동하고 있는 신공공경영이다.

각 기관의 시간표와 목표에 의해 추진된 시도들이 결합된 결과, 가족들은 정신이 없어지고 시간만 허비하게 된다. 게다가 더 심각한 문제가 있다. 문제를 관리하기 위해 노력하는 과정에서, 가족과 전문가들 모두 더 큰 그림을 보지 못하고 있다. 좋은 도움은 기회를 만들고 변화를 지원하게 되어 있다. 하지만 엘라에게는 그런 계획이 없다. 사실 계획이 빠져 있다는 인식조차 없다. 엘라를 위해 무슨 계획이 있느냐고 묻는 나의 질문에 그들은 조급함과 몰이해로 대응했다. 어떤 담당자들은 가정방문과 그들이 한 일로 가득한 기록지를 내밀지만 그것들이 곧 발전으로 이끄는 길과 같지는 않다. 변화를 일으키는 것에 대해 어떻게 생각하는지 내가 물었다. "아, 저 집안은 절대 변하지 않을 겁니다." 귀찮은 듯한 표정으로 사회복지사가 다음 회의에 참석하기 위해 복도를 허겁지겁 달려가면서 내게 말한다. 그녀의 일은 엘라의 가족이 더 무너지지 않게만 관리하는 것이다. 그녀와 그녀의 팀은 엘라에게 어느 정도의 통제력을 행사한 다음 대기 중인 다음

가족에게 간다.

이런 상황에서 어떻게 전문가들이 계속 일할 수 있을까? 그들은 많은 가족들이 겪고 있는 끔찍한 압박과 참혹한 경험에 어떻게 대처해야 하는가? 우리는 가족들뿐 아니라 담당자들의 입장에도 서보아야 한다. 이제, 톰 담당 사회복지사 라이언부터 시작해보자.

사회복지사 자격을 가지고 2년 동안 일해온 라이언은 엘라가 살고 있는 곳과 아주 비슷한 지역의 '정상적인' 주택에서 자랐다. 그의 엄마는 교사였고 그에게 직업에 대한 소명감을 심어주었다. 라이언은 사람을 도와 세상을 더 나은 곳으로 만들고 싶어 한다.

나는 그의 하루 일과를 따라 주중에 근무하는 모습을 그려본다. 라이언은 대부분의 시간(74퍼센트)을 기록, 추적, 모니터링, 의뢰, 평가 및 다른 기관과의 회의 등과 같은 행정업무를 하는 데 보낸다. 나머지 시간(근무시간의 12퍼센트)은 톰을 의뢰할 소년쉼터와 같은 다른 기관들과 협의하기 위해 전화통화를 하는 데 쓴다. 그러고 나면 의뢰된 가족과 함께 일하고, 톰이나 그가 배정받은 다른 아이들과 대면하는 데 쓸 시간은 근무시간 중 14퍼센트만이 남는다. 라이언과 톰의 상호작용을 관찰하다 보면 문제의 심각성을 발견하게 된다.

라이언은 톰에게 학교 공부를 얼마만큼 했는지, 술을 마시거나 대마초를 피웠는지 물어보고 응답 내용을 기록한다. 이 질의응답이 진행되는 동안 그들은 서로를 쳐다보지 않는다. 라이언은 책상 위의 서류 양식을 작성하고 있고 톰은 팔에 난 상처의 딱지를 뜯고 있다. 라이언의 말투는 친절하고 상냥하다. 반대로 톰은 퉁명스럽고 반항적이다. 나는 토론도 하지 않고 무엇을 바꿀 수 있을지에 대한 이야기도 오가지 않는 모습에 충격을 받았다. 단지 사실의 기록, 문제의 처리만이 있을 뿐이다. 그건 따분한 인터뷰지 대화가 아니다. 이 상호작용은 시스템의 규정에 의해 다시 한번 시행되지만 기록 위주의 대면 시간은 라이언과 톰 사이의 거리만 늘릴 뿐이다. 라이언은 그것이 문제임을 안다. 긴장 속에서 또 한 주가 끝나갈 때 그는 나에게 말한다. 다른 일을 하려고 직업훈련을 받아볼까 생각중이라고.

내가 엘라, 톰, 라이언을 처음 만났을 때, 정부는 '혼란 속의 가족'에 대해 이야기하고 있었다. 당시 총리였던 고든 브라운은 '지옥에서 온 이웃사람들'을 처리해달라는 요청에 대응하여, 영국에는 그런 가정이 10만 가구가 넘으며 각 가정을 지원하기 위해 1년에 25만 파운드의 비용을 납세자들이 지불해야 할 것이라고 추정했다. 엘라의 경우, 톰을 위탁가정에 보내는 것은 이 가족에게 지출되는 비용에 13만 파운드를 추가하게 되는 일이다.[44] '반격 작전Fightback Operation'이라고 쓰인 현수막 아래에서 수상은 문제 가정들에 대한 '전쟁'을 약속하며 연설을 했다.

스윈던의 지도자들은 정부의 통계치에 대해 일리가 있다고 생각했다. 그들은 경제, 사회, 정서적 붕괴의 쳇바퀴에 갇힌 가정들이 백여 개에 달하며 그들의 관리장부엔 벼랑 끝에 선 1만9천 개의 가정이 더 있다고 예상했다. 이 가족들을 관리하는 데 들어갈 예산은 연간 3천1백만 파운드 정도로 추산되었다.

그 돈은 어디로 갈까? 각 기관이 자체 예산을 관리하기 때문에 복지혜택을 받는 각 가정별로 얼마의 재정이 소요되는지 알기란 쉽지 않지만, 우리는 가족들과 함께 일함으로써 비용을 추적해나갈 수 있었다. 우리는, 집을 잃은 사람들을 위한 쉼터 제공에 9천 파운드 대의 비용이 소요된다고 보고되지만 임시주택 공급 비용을 감안하면 실제로는 3만6천 파운드 가까이 든다는 것을 알 수 있었다.[45] 우리가 만난 가족들 대부분은 집에서 쫓겨난 경험이 있다. 아동위탁보호에는 아이 한 명당 평균 4만 파운드의 재정이 드는데, 우리가 함께 일했던 첫 12가구 중 10가구에는 위탁보호 중이라 집에 없는 자녀들이 있었다. 우울증, 알코올 남용, 가정폭력 및 이와 유사한 문제를 관리감독하기 위한 성인 서비스는 가족당 연간 약 8만 파운드의 비용이 든다. 우리와 함께 일한 가족들은 모두 이런 문제들을 경험했다. 우리는 각 가정에 대한 지출이 연간 17만 파운드라고 계산했는데 그나마 이 수치도 많이 봐준 것이다. 여기엔 이웃사람들이나 형사사법제도 등으로 인해 소요되는 간접비용이 들어있지 않다.

우리는 엘라의 가족과 함께 일했던 모든 사람들을 회의에 초대해서, 이 모든 전문가들이 그 가족과 함께 하는 일을 도면으로 그리게 도와달라고 부탁했다.

엘라 가족과 복지당국의 만남은 1989년에 시작된다. 처음엔 서서히 진행되었다. 가정폭력에 대한 개입, 양육권 싸움, 이사 문제, 아이들이 부모와 조부모, 위탁부모 사이에서 이리저리 옮겨지는 문제, 손괴범죄로 인한 법정 출두, 엘라와 동거하던 파트너가 나가고 또 다른 파트너가 들어오는 문제, 마약과 술 복용으로 아이들이 학교에서 제적되는 문제 등이 다루어졌다. 우리는 각각의 개입을 벽에 붙여놓은 차트에 표시한다. 아이들이 나이를 먹고 엄마의 파트너들이 바뀜에 따라 차트는 일련의 개입들로 어지러워졌다. 도둑질, 마약 사건으로 인한 법정 출두가 늘었고 이웃의 불만신고에 대한 조사에 따른 응대도 많아졌다. 톰은 자동차 유리에 대고 돌을 던지곤 했다. 케이틀린은 마약과 알코올 중독으로 치료를 받는다. 톰은 방화죄로 체포되었다. 네 명의 아이들 모두 위탁시설, 여러 학교와 가정 내 학습을 왔다 갔다 하고 있다. 그러다가 가족은 또다시 집에서 쫓겨난다. 우리는 마침내 현재 시점에 이르렀다. 이제는 벽에 더 이상 써넣을 공간이 남지 않았다.

우리는 뒤로 물러섰다. 20년에 걸친 개입들, 그리고 소진과 걱정, 선한 의도의 활동 등으로 점철된 긴 세월이 벽을 따라 물결처럼 그려졌다. 순간 그곳엔 숨 막히는 침묵이 흘렀다. 벽의 그림이 보여주는 허무함에 몇몇 사람들이 눈물을 흘렸다. 그 방에 있는 사람들은 문제의 전체적인 규모는 보지 못하거나 무시하면서 각자 최선을 다해 자기 일에만 집중했던 것이다.

자, 하지만 혹시 당신이 함께 일함으로써 변화를 일으킨 가족이나 더 이상 관리장부에 기록하지 않게 된 가족이 있는지, 있다면 말해달라고 부탁했다. 여전히 침묵이 흘렀다.

사실 그 반대 현상이 일어나고 있었다. 지속적인 개입은 폭풍의 눈에 갇힌 것처럼 가족들을 있는 그곳에 붙잡아둘 뿐이었다. 즉, 새로 위기가 발생하면 당장의 위기 해결을 위해 주변부에서는 많은 움직임이 일어나지만, 정작 중심에서는 아무것도 변하지 않는다. 엘라와 그녀의 가족이 연간 25만 파운드의 국가예산을 썼다고 말하는 것은 정확하지 않을 수 있다. 1년에 25만 파운드의 비용은 엘라를 둘러싼 시스템을 운영하고 유지하는 데 들어간다. 복지제도는 자이로스코프처럼 그 자리에서 회전하는 데 엄청난 양의 에너지를 소비하는 것이다.

이 돈 가운데 단 한 푼도 그 가족들을 위해 기회를 만들거나 그들의 발전에 투자하는 데 쓰이지 않았다. 모든 개입은 통제와 구속의 일환이었다. 벽을 둘러보면서 우리는 엘라가 복지제도 자체와 마찬가지로 근본적인 변화를 위한 급진적인radical 계획이 필요하다는 것을 알 수 있었다.

그것은 무너뜨림의 순간이지만 또한 열어젖힘의 순간이기도 했다.

급진적 전환

만약 가족들이 권력을 손에 쥐고 자신의 길을 개척해나갈 수 있도록 지지하고 지원한다면 어떤 일이 벌어질까?

좋은 의도로 시작했지만 종종 효과가 없거나 오히려 부작용만 보이는 서비스들이 일상생활에 미치는 영향을 목격하고 보니 지금까지 해오던 방식대로 사업을 계속해서는 절대로 안 되겠다 싶었다. 우리는 가족들이 지닌 문제를 관리하는 대신에 그들 자신의 능력을 계발할 수 있도록 지원하는 일을 시작했다. 그들은 일하고, 배우며, 지역사회에서 서로 어울리고 그러면서 따뜻하고 소중한 관계를 갖게 될 것이다.

그것이 우리의 제안이었다. 이는 우리가 가족들, 그리고 전혀 다른 접근법이 필요함을 인식한 현장 실무자들과 함께 개발한 제안이다. 놀랍게도 스윈던의 지도부는 이 제안을 받아들이는 용감한 결정을 내렸다. 현장 실무자들은 한 발짝 뒤로 물러나 기존의 목록에서 서비스를 제공하는 일을 중단할 것이다. 대신에, 우리는 그 가족들에게 직접 난관을 해결하도록 부탁하기로 했다.

새로운 것을 시도한다는 것이 논리적으로 들릴지 모르지만, 현재 시스템의 인센티브 제도는 모두 현상 유지를 위한 장치들이다. 즉, 절차대로만 하면 아무도 직업을 잃거나 형사 유죄판결을 받지 않는다. 뭔가 다른 것을 시도하려는 사람들은 변화가 가져올 희미한 가능성과 함께 일이 잘못되었을 때 닥칠 더 큰 위험에 대한 대비책을 찾아야 한다. 게다가 변화에 대해 대중과 언론의 분노가 폭우처럼 쏟아질지도 모른다. 이런 때에는 잠시 비를 피해 뚜껑을 덮어두고 현상 유지만 하는 것이 현명하게 보일 수 있다. 그러니 새로운 실험에 가담하는 것은 가히 영웅적인 용기가 필요한 일이었다.

우리는 우선 가족들이 변화를 일으키는 것을 도울 수 있는 사람들을 찾아 나섰다. 그들의 역할은 용기를 내어 가족들을 돕되 그 가족들이 앞장서도록 기꺼이 길을 비켜주어야 하는 일이다. 역량을 개발하려면 지지가 필요하다.

우리는 면접 심사위원 팀을 구성했다. 거기엔 우리 팀원들과 함께 엘라와 캐런의 자리도 있었다. 이 팀의 목적은 뭔가 다른 것을 시도하기 위해 함께 일할 사람들을 찾는 것이다. 팀에는 두 개의 규칙이 있다. 첫 번째 규칙은 시간의 반전이다. 즉, 각자 가진 시간의 80퍼센트는 가족에 쓰고, 남은 20퍼센트만 팀 업무에 사용하는 것이다. 두 번째 규칙은 권력의 역전이다. 가족들이 주도권을 갖고 변화를 이끌어나가는 것이다.

나는 너무나 많은 사람들이 우리와 함께 하고 싶어 하는 것을 보고 깜짝 놀랐다. 하지만 그것은 놀랄 일이 아니라 사실 당연한 일이다. 사람들은 타인의 삶에 기여하고 세상을 더 나은 곳으로 만들기 위해 사회복지사, 간호사, 경찰관이 된다. 참여한 가족들이 그랬던 것처럼 이런 전문 직업인들도 변화의 진정한 기회로 보이는 이 일에 자원했다.

인터뷰가 시작되었다. "내 아들이 난폭해져서 발로 차기 시작했는데 어떻게 하면 좋을까요?" 캐런이 물었다. "나는 위험한 상황에서 가만히 있지는 않을 거예요." 첫 번째 후보가 대답했다. "이럴 때 따라야 하는 절차가 다 있으니까요. 가장 가까운 출구를 찾아 일단 집에서 나가고 그 다음에 내 상사에게 전화할 겁니다."

"당신이 그놈의 빌어먹을 시스템이야." 캐런은 됐으니 어서 나가라는 손짓과 함께 이렇게 내뱉었다. "다음 분!"

다음은 경찰관이었다. 같은 질문을 듣자 잠시 생각에 빠졌다. "잘 모르겠네요." 그는 잠시 말을 멈췄다가 대답했다. "아마 나라면 먼저 그에게 태클을 걸어 땅바닥에 넘어뜨려 제압할 겁니다. 그 다음에 어떻게 해야 할지 당신에게 물어볼 겁니다." 그는 일자리를 얻었다. 엄마들은 현실적이고도 참신한 아이디어를 가진 사람을 찾고 있었다.

가족들은 자신들을 무시하는 사람을 선택하지 않을 것이다. 그들은 또한 공손하기만 한 사람을 선택하지도 않을 것이다. 그들은 변화를 원했으며 이 일이 쉽지 않겠지만, 무엇보다 솔직해야 한다는 암묵적인 인식이 있었다.

주택관리사, 사회복지사, 경찰관 등 각기 배경이 다른 여덟 명의 사람들로 한 개의 팀이 꾸려졌다. 우리는 이 실험을 '라이프Life'라 부르기로 했고 그들은 자신들을 '라이프 팀'[46]이라고 불렀다. 그 팀은 각자의 전문분야별 정체성과 활동 방식을 내려놓고 함께 협업하기로 약속했다. 그들은 판단을 내릴 때 규정된 매뉴

얼에만 의존하지 않았다. 대신 인간 고유의 본능과 지적 능력을 활용했다. 그들은 또한 '나는 모른다'고 말하는 것, 뭐든지 다 해결할 수 있는 건 아니라고 고백하는 것을 두려워하지 않았다.

다음엔 무얼 해야 할까? 우리도 알지 못했다. 그러나 한 가지는 분명했다. 우리는 고정관념으로 굳어 있는 오해를 깨뜨려야 한다. 가족들은 팀을 진정으로 신뢰할 수 있어야 하며 그러려면 서로를 알아가는 시간이 필요했다.

일단 여섯 가족과 함께 일을 시작했다. 우리는 일련의 실제적인 프로젝트를 제안했다. 모두가 흥미를 보이지는 않았다. 한 가족은 이 프로그램에 참여하면 다시 집다운 집에 재입주가 가능하려나 싶은 마음에 참여한 가족도 있었다. 하지만 차차로 가족들은 자기들이 살고 있는 집 안의 물건들을 수리하기 시작했다. 그들은 문틀에 문을 끼워 넣고, 찬장을 다시 걸고, 집 앞의 뜰을 청소했다. 그리고 첫 번째 주말인 토요일 오후에 우리는 바비큐 파티를 했다. 우리는 그 가족들에게 아주 적은 액수의 돈을 나눠 주면서 그들에게 그 돈으로 무엇을 할지를 결정해보라고 요청했다. 그들은 맥도날드에서 식사를 하고 요란하게 페인트칠을 하는 원정대를 조직했다. 그 활동 자체는 중요한 것이 아니었다. 중요한 것은 팀과 가족들이 함께 일을 하면서 관계가 형성되기 시작했다는 것이다.

3개월에 걸쳐서, 조금씩, 아주 천천히, 가족들은 팀에 마음을 열고 그들의 고민과 희망을 털어놓기 시작했다. 우리 팀은 가족들이 결정한 전략에 대해 정서적으로 지지하면서 상황을 바라보는 방법들을 제시하고 실제적인 도움을 주었다.

처음 12주 만에 여섯 가족 모두에게 변화가 있었다. 팀의 지원

가족이 주도하기

으로 캐런네를 포함한 두 가족은 퇴거 명령의 중단(6만6천 파운드 절약) 협상에 성공했다. 위탁시설로 보내질 뻔했던 아이는 가족과 함께 지낼 수 있게 되었고(13만 파운드 절약) 두 아이는 더 이상 아동학대 감시(6만8천 파운드 절약)가 필요 없어졌다. 어느 날, 라이프 팀의 한 사람이 엘라네 집으로 걸어가는데, 이웃 사람이 그녀를 불러 세우고는 엘라의 아들 톰을 집에서 내보낸 것에 대해 감사한다며 "우리 삶에 정말 큰 변화를 가져왔어요."라고 말했다. 그러나 톰은 어디로 보내진 것이 아니었다. 그는 학교로 돌아갔을 뿐이다.

이와 동시에 진행된 완만한 변화들도 결코 간과할 수 없다. 가족들은 덜 다투었으며 많은 문제들이 있었지만 그들이 얼마나 아이들을 사랑하는지 생각하고 되새기는 시간을 가졌다. "난 내 아이들을 밀어내기만 했어요." 엘라가 말했다. "아이들 둘 다 모두 난폭했거든요. 어떻게 해야 할지 몰랐지요. 이제 나는 그 애들을 밀어내는 것이 문제를 더욱 악화시킨다는 것을 깨달았어요.

나는 예전 어느 때보다도 아이들과 더 가까워졌어요. 생각해보니 내 엄마가 나한테 한 짓을 내 아이들에게 되풀이하고 있었더라고요. 이제는 다른 방법을 생각할 수 있어요." 이런 작은 변화들을 경험하면서 자신감이 자라났다. 엘라는 자신이 톰과 케이틀린을 밀어내지 않자, 톰이 언제 분노를 터뜨릴지 거의 예측 가능하다는 것을 알게 되었다. 톰은 뭐라 말은 못 하면서 두려움 속에서 엄마의 도움을 기다리곤 했는데 그럴 때 엘라가 알아채고 반응함으로써 무섭고 난폭한 발작을 종종 피할 수 있었다.

이전에 악화일로에 있던 패배감, 분노, 그리고 또 다시 이어지는 패배감의 하향곡선은 고개를 쳐들어 위를 향하게 되었다. 가족들이 권한을 더 많이 가질수록 더 많은 변화가 일어났으며, 용기를 내어 기대수준을 높일수록 그만큼 역량도 더 자라났다. 한 가족의 아버지가 물었다. "이거 낚시를 가르치는 것과 같은 거네요?" 우리가 대답했다. "네, 그런 면이 있죠. 하지만 낚시 대신 야채를 기르거나 요리를 선택해도 괜찮아요." 그의 얼굴이 환해졌다. 해방이었다.

가족들은 조용히 숨죽이며 가슴 속에 기대와 희망을 키우기 시작했다. 엘라는 멍청이 소리를 들을까 봐 입 밖에 내지도 못했던 사무직이 되고픈 희망을 실제로 목표로 삼아봄 직하다고 생각하게 되었다. 그녀는 어떻게 준비해야 할지 팀에게 도움을 요청했다. 가족들은 경험을 공유하며 새로운 사람을 연결해주는 등 서로서로 도움을 주기 시작했다.

이러한 작은 초기의 성공들은 라이프 팀에도 똑같이 고무적인 영향을 미쳤다. 처음에 그들은 자신들이 뭔가 새로운 체제에 속해 일하기를 바라면서도 속으로는 회의주의와 싸우고 있었다. 이제는 전문가로서 자신들에게도 어떤 역량이 있는지 확인했고 자신감도 자라났다. 그들은 이른바 '문제 가정'은 더 이상 없다는 신념으로 작업했다. 그리고 자신들이 결국 그 가족들의 삶에 없어도 되는 존재가 되기를 바랐다.

우리는 팀을 지원하기 위해 연수를 기획했다. 하지만 이것은 무엇을 더 배우게 하는 것이 아니라 이미 학습된 제도적 행동을 벗어버리고 새로운 의미를 회복하기 위한 과정이었다. 우리는 촉진[facilitation] 기술을 연습하고 가족 구성원의 잠재력을 키워줄 수 있는 새로운 방법을 시도했다. 이는 기존의 편견이나 과거의 경험을 내려놓고 일해야 하는 만만치 않은 과정이었다.

그러던 어느 날 한 무리의 아이들이 앞으로 나왔다. 네 남매는 어떤 서비스나 복지 체제도 감지하지 못한 끔찍한 성폭력과 학대의 경험을 털어놓았다. 이에 대해 한 부서 책임자는 나중에 이렇게 고백했다. "그것은 어마어마한 일이었습니다. 관계와 신뢰가 없다면 불가능한 일입니다. 전환점이었죠. 그 많은 시간을 관리와 행정에 소비하느라 정작 중요한 현실을 놓치고 있었던 겁니다. 우리는 라이프 팀의 힘을 볼 수 있었습니다." 이 네 명의 아이들은 위탁시설에 수용되어야 했으며 이는 지방당국에 적지 않은 예산을 추가로 발생시킬 것이었다. 하지만 지금은 새로운 길이 열림으로써 적어도 꼭 필요한 곳에 자원을 투입할 수 있게 되었다.

'라이프', 역량개발과 번성하는 삶

라이프 팀과 가족들은 시행착오를 통해 프로그램을 한 단계 더 발전시켰다. 라이프 프로그램에는 네 개의 단계가 만들어졌다. 첫 단계는 참여에 초대하는 것이다. 초대에 응한 가족들은 팀원들을 알아가는 데 시간을 보내며 차츰 마음을 열어 그들이 처한 어려움을 똑바로 바라볼 수 있는 자신감을 키워간다.

두 번째 단계에서, 팀과 가족 간의 관계가 형성되면서 가족의 미래, 즉 계획을 세우는 것으로 작업이 전환된다. "나를 돕되 나 스스로 내 삶을 개선할 수 있게 도우시오." 한 어머니는 거실 벽에 계획안을 당당하게 붙여놓고 그 위에다 큰 글씨로 이렇게 썼다. 이 계획안은 복지당국이 제공하는 서비스에 관한 상세한 기술로 가득한 서류 더미에서 볼 수 있는 그런 계획이 아니다. 이 계획안은 가족들 스스로 기획자가 되어 직접 쓰고 그린 가족들 자신의 이야기들이다. 각각의 계획은 그들이 지향하는 좋은 삶에 대한 공유된 비전이라는 종착점이 있다. 또한 가족들이 담당할 구체적인 일들과 단계들이 들어있다. 이 계획의 목적은 결단코 가족의 상태를 측정하기 위한 도구를 마련하는 것이 아니다. 중요한 것은 계획을 짜는 과정이다. 여러 가지 요소들을 연결해서 새로운 이야기를 구성하면서 가족들은 자신의 능력을 키워야겠다는 목적의식과 그리 해야 할 이유를 갖게 된다.

세 번째 단계에서의 작업은 역량을 기르는 것이다. 엘라의 경우, 사무직의 꿈을 이루려면 컴퓨터 활용기술을 향상시키고 면접에 대한 자신감을 키워야 한다. 역량개발은 가족들에게 공감을 불러일으켰다. 아마도 '이것은 단지 사람들이 와서 우리에게 뭔가를 해주고 가버리는 그런 것이 아니구나.'라고 그들이 깨달았기 때문일 것이다. 역량 중심 접근에는 권력을 당사자에게로 이동시킨다는 원칙이 있다. 즉, 나는 당신에게 관계를 줄 수도 없고 사람을 줄 수도 없다. 또 당신이 무엇을 배우게 할 수도 없고, 지역사회에 소속되도록 할 수도 없다. 지원은 필요하겠지만 우리 각자는 이런 일들을 직접 해야 한다는 것이다.

우리 작업의 기본 틀은 아주 간단했다. 그것은 우리 모두가 행복하게 사는 데 꼭 필요한 네 가지 역량, 즉, 노동과 학습, 건강과 활력, 지역사회에 소속되는 것, 그리고 가족 내부에서나 그 이상에서 관계를 맺고 유지하는 것을 강조하는 것이다. 우리는 가족들과 이 기본 틀을 공유하고 기획 과정에서 실천 도구로 사용했다. 그리고 가족들에게 그들이 이런 기본 틀 안에서 어디에 서 있다고 느끼는지 물었다.

가족들은 그 틀을 좋아했지만 왜 우리가 네 가지 역량만을 강조하는지 되묻기 시작했다. "사랑에 대해서도 얘기해야 해." 우리는 이 말을 여러 번 들었다.

엘라는 우리가 아직 제대로 시작도 하지 못한 것 같다고 말했다. "나는 나 자신에 대해 좋은 감정을 느끼고 싶어요. 그런데 당신은 내가 가치 있는 사람이라는 느낌을 갖도록 하는 데는 신경을 쓰지 않아요."

나는 감정표현이나 애정 어린 스킨십과 거리가 먼 사람이라 이런 게 내키지 않았지만 이 또한 듣고 배워야 했다. 사실, 엘라, 캐런 그리고 우리가 함께 일한 다른 가족들에게는 나아갈 준비가 되었다고 느끼는 것만도 내면의 심오한 변화를 나타내는 일이었다. 그들은 우리가 이것을 알아주기를 원했던 것이다. 그래서 우리는 개인의 내면세계와 자신에 대한 느낌을 '건강과 활력' 범주에 포함시켰으며 이후의 모든 실험에서 이 변경된 틀을 사용했다.

이전에 변화 불가라고 평가되었던 가족들이 참여해서 일하고 배우며 살아가는 방식을 적극적으로 탐구했을 뿐 아니라 동시에 이렇게 역량 중심 접근의 틀 자체를 만들어나갔다.

네 번째 단계에서는 가족들이 프로그램을 마치고 종결을 준비한다. 이 시기에는 지역사회 내 사회적 네트워크와 일터, 학교 등 좀 더 광범위한 관계들로 중심을 옮기면서 라이프 프로그램에서 성공적으로 떠나가는 것이다.

라이프 프로그램을 4단계로 묘사하는 것이 편리하기도 하고 일종의 구조를 갖추는 것이 유용하긴 하지만, 실제 그 프로그램이 직선형으로 진행되는 것이 아니다.

라이프에서 활동하는 것은 평면으로 된 안내책자를 읽는 것이 아닌 웹사이트를 탐색하며 나아가는 것과 같아서, 요소들이 서로 동시다발적으로 진행되기도 했다. 한 가족이 라이프 프로그램을 완수하는 데 평균 18개월이 걸렸다. 그동안 가족들은 앞으로 나아가기만 하는 것이 아니라 뒤로 후퇴할 때도 있다. 그 후퇴는 어린이든 성인이든 튼튼한 신뢰가 쌓여 마침내 과거의 심리적 트라우마나 두려움 같은 더 깊은 문제를 직면할 준비가 되었을 때 일어난다.

제니는 꼼짝 못 하고 있었다. 그녀는 라이프 팀이 그녀의 욕구를 지지하지 않는다고 느끼자 프로그램을 그만두었다. 그녀와 신뢰 관계가 가장 좋았던 팀원이 간간이 메시지를 남기고 연락을 주고받았지만 그녀는 되돌아오지 않았다. 몇 달 후 제니가 라이프 사무실에 전화를 걸었다. 그녀는 우리 팀에게 실망할까봐 두려웠다고 말했다. 그녀는 늘 그렇게 살아왔고 그녀에게 제공된 사회복지 서비스도 마찬가지였기 때문이다. 그러나 그녀는 라이프 팀이 그녀를 포기하지 않았음을 알고 다시 시작할 준비를 했다. 제니와 그녀 가족과의 작업은 그 시점부터 급속히 진전되었다.

라이프 프로그램은 복지 서비스의 전통적인 방식을 뒤집는다. 가족 서비스를 포함한 대부분의 서비스에서 열정, 관심 및 비용은 초기 부분에 집중되어 있다. 시작하는 주간에, 때로는 첫 만남에만 있을 뿐이다. 가족이나 환자가 이 초기 접촉에서 응답하지 않거나 대부분의 경우처럼 2차 회의나 의뢰에 불응할 경우, 전문가들은 체념한 채 한숨을 내쉬고 DNA[did not attend](참석하지 않음)를 데이터베이스에 입력한 후 다음 사람에게로 넘어간다. 이 과정은 시간낭비일 뿐 아니라 관계된 모든 사람들의 사기를 떨어뜨린다.

변화 과정을 성장하는 관계라고 생각하면, 모든 노력과 자원을 초기 부분에만 집중시키는 것은 불합리하다는 것을 알 수 있다. 첫 데이트를 상상해보라. 당신은 약간 불안감을 느끼고, 상대가 어떤 사람인지 알고 싶어 하며, 가족에 대한 속마음이나 다른 내면의 비밀 따위를 누설하고 싶지는 않을 것이다. 처음 의사를 만나거나 치과에 갈 때에도 누구나 약간 불안감을 느낀다. 실직자 상담원을 처음 마주하고 앉을 때도 비슷한 기대, 불안, 두려움, 혹은 분노를 느낄 수 있다. 아직 서로 잘 모르는 사이라면 아직 진심으로 서로에게 귀 기울일 때가 아니며 변화를 일으킬 시기는 더더욱 아니다. 특히 엘라나 캐런처럼 여러 기관으로 의뢰와 재의뢰를 경험하며 아무도 원하지 않는 소포처럼 복지 시스템을 떠돌아다닌 경험이 있다면 더욱 그러하다.

이것이 바로 라이프가 매우 간단하면서도 매우 중요한 것, 즉 참여에 초대하는 것으로 시작하는 이유다. 명령이나 지시가 아닌 초대. 우리와 같이 일해보실래요? 대부분의 가족들은 초대에 응한다. 그들은 이런 말투에 깜짝 놀란다. 이것이 변화가 가능하다는 작은 희망을 열어준다.

그러나 물론 모두가 받아들이는 것은 아니다. 애비는 문을 열어주지도 않았다. 엘라네 집처럼 그녀의 가족은 복지 서비스에 관한 한 오랜 역사를 가지고 있었다. 애비는 광장공포증으로 만성적인 불안감에 시달리고 있었으며 그녀의 세 아이들은 모두 서로 다른 복잡한 문제를 가지고 있다. 팀원 하나가 친절하고도 끈질긴 인내심으로 애비를 여러 차례 방문했으나 날마다 현관 앞에 앉아서 보온병에 담아간 커피나 마시다가 돌아와야 했다. 그러던 어느 날 마침내 애비가 문을 열어 그녀를 안으로 들였다.

결국에는 거의 모든 가정이 받아들인다. 그리고 그들의 경험은 비슷한 상황에 처한 다른 사람들에게 도움이 된다. 그들은 이렇게 조언했다. "이 사람들은 믿을 수 있어요. 당신은 운전대를 잡을 것이고, 그들은 당신을 떠나지 않을 거예요." 가족들은 다른 사람들에게 더 이상 두 대의 휴대폰을 사용하며 숨어있지 않아도 된다고 말했다. 우리는 우리 자신이 특별한 위치에 있다는 것을 알게 되었다. 지역 주민들과 먼 친척들까지 우리에게 와서 참여해도 될지 물어보기 시작했다.

파티서플은 서로 다른 3개 지역으로부터 라이프를 가동해달라는 요청에 응했는데, 이중 한 곳에서는 프로그램이 작동되지 못했다. 이곳의 복지 서비스 책임자들은 가족들을 초대하는 첫 단계를 온전히 수용하지 못했다. 여러 해 동안 어렵게 일해온 것을 생각할 때 그들은 가장 '다루기 힘든difficult' 가정들이 그 접근법을 받아들이리라고 확신할 수 없었다. 우리에게 어떤 가족들을 초대할지 알려주는 대신 그들은 가족 명단을 의뢰 형식으로 넘겨주고 가족들에게는 의무출석을 고지했다. 2년이 지나도록 이곳의 팀은 단지 네 가족과 함께 일했을 뿐이다. 결국 그들은 실패를 인정하며 문을 닫아야만 했다.

가장 큰 변화

나는 종종 라이프가 정말 효과가 있느냐는 질문을 받는다. 그에 대한 대답은 이렇다. 이것은 치료가 아니다. 비록 모든 것에서 완전히 회복할 수는 없지만 상황은 반드시 변하게 마련이다. 우리가 함께 일했던 거의 모든 가족들은 도움을 받아 더 나은 삶을 위해 전과는 다른 독립적인 길로 나아갔다.

그러나 라이프가 '작동'하기 위해 반드시 변화해야 하는 것은 가정뿐만이 아니다. 전문가들도 바뀌어야 한다. 그리고 변화를 일으키려면 시스템도 바뀌어야 한다. 전문가들과 일선 실무자들이 맡은 바 임무를 수행할 수 있도록 정서적 지지와 함께 실무지원을 해야 한다. 지역사회 지도자들은 새로운 접근법을 실행할 여건을 만들어야 하며 특히 초기에는 이 시도가 너무 생소하고 위험해 보일 수 있으므로 꾸준히 앞장서서 일을 추진해야 한다.

라이프 팀은 그들의 일을 사랑한다. 그들은 가족의 변화를 보고 자부심과 만족감을 느낀다. 케빈은 라이프 팀의 견해에 동의하면서 동료들에게 이 일에 참여하는 것이 얼마나 큰 기쁨이었는지 그리고 이를 통해 자신이 얼마나 성장했는지 고백한다. 그는 이렇게 말했다. "우리는 문제에 초점을 두지 않았어요. 그렇다고 문제를 외면한 것은 아니에요. 우리는 정말로 가족에게 관심을 쏟았고 그 결과 그들은 진정한 잠재력을 드러냈어요. 그것은 내 예상을 훌쩍 뛰어넘을 정도로 큰 것이었어요. 이 가족들이 새로운 삶을 만들기 시작하는 것이 보여요. 나는 내가 하는 일에 대해 전면적인 지지를 받고 있다고 느끼고 그래서 자유롭게 우리가 함께 일하는 가족들을 도와줍니다. 나는 가족들이 변화를 얼마나 간절히 원하는지 보면서 힘을 얻었어요. 그들은 나 자신에 대해, 그리고 자신을 변화시키는 방법에 대해 더 많이 알 수 있도록 나를 도와주었고 비로소 나는 그들이 겪고 있는 일을 이해할 수 있게 되었어요. 그 가족들에게 한계를 설정하는 것은 나 스스로 성장하기를 거부하는 것이나 마찬가지란 것을 깨달았어요."

이전에 우리에게 주어진 선택지라곤 소진되어 자포자기하는 것뿐이었다. 일선의 전문가들은 변화나 창의성을 허용하지 않는 제도에 질식할 지경이다. 관심과 지원이 없다면 일선의 전문가들은 넘쳐나는 현실을 그저 참고 견디는 수밖에 없다. 그들의 이야기를 펼치면 고통과 무시해버리기가 교차하는 일상이 드러난다. 매일매일 이러한 도전을 직면해야 하는 많은 사람들은 그 대응책으로 두껍고 딱딱한 외피를 입는다. 그들은 살아남기 위해 현실에 자신을 길들인다.

휴먼 서비스 전문직 분야에는 독특한 행동양식이 형성되어 왔다. 그것은 거리를 유지하고 냉정해야 한다는 것이다. 거리두기detachment가 최고로 중요하다. 아마도 이것은 복지국가의 탄생에서부터 시작되었을 것이다. 베버리지 시대의 관료들도 냉정한 중립성과 모든 사람을 동일하게 대하는 것의 중요성을 강조했다. 20세기 중반 무렵에는 그러한 행동양식이 확고하게 뿌리를 내렸는데, 이는 간호직과 관련된 유명한 연구 결과에서 드러난 바와 같다.[47]

정신분석학자 이사벨 멘지스 리스Isabel Menzies Lyth는 런던의 한 대학부속병원으로부터 많은 수의 간호사들이 훈련을 수료하지 못하는 이유를 조사해달라는 요청을 받았다. 1960년은 이미 서비스가 한계점에 이르렀다는 인식이 퍼져 있던 시기였다.

멘지스 리스의 연구 결과는 전문적 행동지침으로서의 거리두기에 있어서 예상치 못한 부분을 들추어냈다. 그녀는 결과보고서에 이렇게 썼다. "이 '진단적' 조사를 하는 동안, 간호 서비스 수행에 고도의 긴장, 스트레스, 불안이 불가피함을 알게 되었다. 간호사들은 어떻게 그렇게 많은 불안을 견딜 수 있을까? 우리는 그것이 불가능하다는 수많은 증거를 발견했다."[48]

간호사의 일은 많은 복지 전문직의 역할과 마찬가지로 힘든 일이다. 간호사는 스트레스를 유발하는 상황, 즉 질병, 고통, 죽음과 마주해야 한다. 그들은 또한 종종 불안과 공포에 사로잡힌 가족들을 다루어야 한다. 그러나 멘지스 리스가 발견한 것은 이러한 어려움을 완화하기 위해 시행된 제도가 사실 간호사들의 스트레스와 불안을 악화시키고 직업 만족도를 떨어뜨리고 있다는 것이다. 한 환자에 필요한 사항들을 잘게 쪼개서 각각 다른 간호사가 담당하게 하는 것('훌륭한 간호사는 환자를 찾아 이동하는 것을 개의치 않는다'는 지침), 제복을 통한 개인적 구별성의 제거, 그리고 "어떤 환자든 모두 동일하게 대우해야 한다는 명시적인 '윤리'" 등은 모두 본디 간호사를 스트레스로부터 보호하기 위한 것이었다.[49]

사실은 그 반대 현상이 일어나고 있었다. 멘지스 리스는 전문적인 거리두기가 스트레스를 유발한다는 것을 발견했다. 그것은 동료, 환자, 가족과의 인간관계를 가로막고 있었다. 관계 맺기가 허용되었더라면 간호사들은 곤경에 처했을 때 서로 연대하고 간호사 일을 가치 있게 여길 수 있었을 텐데 이런 관계를 제거함으로써 오히려 간호사들의 불안을 조장하고 훈련과정을 포기하게 하고 있었다. 그 결과는 일부 간호사들이 그 직업을 떠나는 것만이 아니었다. 멘지스 리스는 간호사들이 능력을 충분히 발휘하지 못하고 시스템은 각각 분리되어 있음을 발견했는데 이는 인간성과 끈끈한 지지적 관계가 배제됨으로 인해 언제 닥칠지 모르는 위기에 대한 불안감이 가득하기 때문이었다.

멘지스 리스의 연구는 정신분석학계에서 잘 알려져 있다. 하지만 베버리지의 세 번째 보고서와 마찬가지로, 일을 잘하고 시스템을 좋게 유지하는 데 있어서 인간관계가 얼마나 중요한지에 대한 그녀의 강조는 거의 무시되었다.

가족들이 자이로스코프 안에 갇혀 있는 것처럼, 일선 실무자들과 전문가들은 비슷한 하향곡선을 경험한다. 불안을 관리하기 위해 시행된 절차는 문제를 악화시킬 뿐이다. 사회복지사는 본능을 외면하며 양식을 작성하고 스트레스를 억누르지만 그런다고 가족들에게 도움을 주지도 못하고 자신의 불안을 달래지도 못한다. 사실 사회복지사 자신도 깊은 고통을 겪기 시작한다.

다시 말하지만, 라이프 팀은 이런 행태와 반대로, 일할 때 그들의 전인적 자아를 활용할 것, 개방적이며 솔직할 것, 그리고 몰라도 괜찮으니 모르면 모른다고 말해줄 것을 요청했다. 그리고 이런 방식으로 일하는 것을 지지하기 위해 팀워크에 중점을 두었다. 가족들과 작업에 대해 깊이 논의할 수 있도록 팀에 충분한 시간을 주었고 관리 체계와 분리된 전문가의 지도 조언supervision을 제공했다. 가족을 돌보는 일 못지않게 팀을 돌보는 일을 중요하게 다루었다.

스윈던에서 최초로 시작한 라이프 팀은 이전에 버려진 철로 만든 반원형 오두막Nissen hut에서 일했다. 그곳은 새싹이 자라날 수 있는 화분 창고처럼 적절하다고 느꼈다. 훗날 라이프 팀은 택지에 지은 집으로 이사했지만, 모두들 여전히 그 기지를 '라이프 오두막'이라고 불렀다. 그 오두막은 아늑하다. 비공식적이고 안전하지만 너무 영구적이지도 않다. 오두막은 친구를 사귈 수 있는 장소가 되었고, 어린이의 생일 파티를 열거나 힘든 날 커피 한 잔 마시러 들르는 중간지대였다.

나는 라이프의 오두막을 방문한다. 때는 1월, 라이프 프로그램은 1년 넘게 운영되어왔다. 참여하는 가족들은 매월 계속해서 늘고 있고 팀도 분주하다. 나는 매주 열리는 평가회의에 합석한다.

그들은 오두막을 꾸미면서 어디선가 가져온 허름한 안락의자에 둥글게 앉아 있다. 경청의 강도가 높다. 그들이 서로의 의견을 존중한다는 것은 분명하다. 그들은 다른 사람의 발언을 방해하지 않으면서 서로의 자유로운 생각을 모아 발전시켜 나갔는데, 그러한 점에 사려 깊다는 인상을 받았다. 팀원들은 집이 더럽고 아이들의 안전이 염려되는 등 새로운 가족의 문제점에 대해 이야기하고 있는데도 그 어조는 사랑이 깃들어 있어 보인다. 팀의 구성원들은 각자 책임과 행동을 나눠 맡는다.

그들은 캐런네 가족에 대해 이야기한다. 그 식구들은 잘 지낸다. 캐런의 파트너인 존은 여전히 종종 화를 터뜨리긴 하지만, 폭발할 것 같은 기분이 들 때 자리를 잠시 피할 줄 안다. 그들은 열네 살이 된 딸 홀리에게 처음으로 생일 축하 파티를 열어주었다. 그리고 그들의 아들 애슐리는 태어나 처음으로 살던 마을을 벗어나 2주간의 아웃워드 바운드Outward Bound◆ 코스에 참여했다. 이 가족에는 진정한 변화의 조짐이 보이며 라이프 프로그램을 떠날 준비가 되었다.

나는 쉬는 시간에 엘라가 요즘 어떻게 지내는지 물었다. "지옥이에요." 팀원 중 한 사람인 미셸이 대답한다. 톰은 아직 학교에 다니고 있지만 남의 집 지붕에서 납을 뜯어내 되팔면서 돈을 벌고 있고, 딸 케이틀린은 법정 출두 명령에 불응해서 체포되었다. 경찰과 사회복지사 등 전문가들이 다시 개입해 예전의 지원방식으로 회귀해 가족을 분리하는 작업을 벌이고 있다.

◆ — 청소년과 성인들을 위한 등산, 래프팅, 카누 여행 등 체험 및 야외 교육 프로그램의 선도적인 제공업체-옮긴이

미셸에 의하면 얼마 전 케이틀린이 문제가 좀 있는 친구 하나를 집에 들여서 같이 살게 허락해달라고 했는데 엘라가 거절해서 둘이 크게 다투었다고 한다. 미셸은 엘라가 이를 허용치 않은 것이 얼마나 획기적인 사건인지 상상할 수도 없다고 말한다. 원래의 담당 사회복지사가 그랬듯이 미셸도 엘라가 끝없이 이어지는 전문가들의 방문과 명령을 겪으며 가족에 대한 책임을 회피하는 법을 배웠다고 생각한다. 엘라가 해도 좋은 것과 안 되는 것의 경계를 분명히 하기 위해서는 몇 달 동안의 세심한 작업이 필요했는데, 그중에는 데리고 들어와서 같이 살아선 안 되는 사람을 정하는 일도 포함되었다. 이 가족은 해결해야 할 도전과 어려운 일들이 산적해 있지만 역량이 발전해서 지금은 전과 상황이 아주 달라졌다. 이러한 진전은 단편적인 문제를 관리하는 데만 신경 쓰는 거대한 복지 체제의 담당자들에게는 보이지 않는다.

변화는 외부의 시스템을 흔들어놓는다. 이 책 3부에서 외부 기관과 전문가가 새로운 실천에 반대할 때 어떤 일이 발생하는지 살펴보고, 전환을 지원할 수 있는 방법을 제시할 것이다. 우리의 모든 실험은 다음의 두 가지 목적을 염두에 두고 설계되었다. 그것은 개인 생활에서, 그리고 더 넓은 복지 체제에서 변화를 가져오는 것이다. 우리는 다른 서비스에서 전통적인 방식으로 일하는 사람들을 지속적으로 만난다. 그들 중 많은 사람들은 라이프 팀을 시기심과 악의를 가지고 바라본다. 일부는 라이프 팀에 선발되지 않았고, 다른 일부는 라이프가 일을 시작하니 가족들과 하던 작업을 중단해달라는 요청을 받았다. 그러니 라이프 팀에 좋은 감정을 가졌을 리가 만무하다.

이미 복지당국의 관리대장에서조차 지워진 가족들이 변화를 일으키기 시작했을 때, 일부 사람들은 그것이 라이프 팀이 담당 사례 수가 적어서 그런 결과가 나온 것이라고 비난했다. 라이프 팀이 소수의 사례를 다루는 것은 사실이다. 하지만 그들은 전통적인 업무시간이 끝난 후에도 개의치 않고 열성껏 몰입하여 일했다. 또 어떤 사람들은 접근법을 비판하기 시작했는데, 예를 들어 가족과 팀 간의 관계가 옳지 않다고 비난했다. 라이프 팀의 한 멤버는 속상해하며 이렇게 설명했다. "제대로 설명해드릴게요. 사람들은 우리가 가족들과 관계를 맺는다면 그들에 대해서 어떤 것을 묵인하거나, 대충 봐준다든지, 동의한다든지 그렇게 될 거라고 생각합니다. 하지만 사실 우리는 가족 구성원에게 '그건 옳지 않아요.'라고 말할 수 있는 그런 관계를 구축합니다."

직접 보아야 믿게 된다. 우리는 가능한 한 라이프 프로그램과 무관한 사람들을 초대해서 라이프를 체험하도록 했다. 아직 초기의 회의주의가 남아있었다. 나중에 아동복지계의 한 책임자는 그때를 회상하며 이렇게 말했다. "나는 첫 만남을 기억합니다. 전문가들은 팔짱을 끼고 방어적 자세로 의자에 앉아 있었어요. 우리는 이전부터 그런 식으로 해왔지요. 하지만 전구에 불이 들어오듯 정신이 번쩍 들었습니다. 우리는 정말 프로답게 일하는가? 정말? 나는 진정으로 전문적 서비스를 제공하고 있는가? 이렇게 물으며 전문가로서 견지해온 잘못된 믿음을 해체해야 했어요." 그는 이것이 끝나지 않는 작업이라는 점을 인정하며 여전히 논의 중이라고 덧붙였다.

엘라와 캐런은 둘 다 더 넓은 세상에 기여할 준비를 갖추고 라이프 프로그램을 떠날 수 있었다. 엘라의 아이들은 일반학교에 재입학했고 엘라 자신은 훈련과정을 수료하고 첫 직장으로 사무직 자리를 얻었다. 그녀는 앞으로 몇 년 동안 비틀거릴 수도 있고 그녀의 가족력을 고려할 때 힘든 시기를 겪기도 하겠지만, 그녀의 삶은 이전과 같지 않을 것이다. 왜냐하면 그녀는 배우고, 좋은 일을 찾고, 새로운 친구를 사귀고, 공동체의 일부가 되는 등 다른 방식으로 사는 것이 어떤 것인지 경험했기 때문이다. 그녀는 좋은 시절이든 나쁜 시절이든 다 잘 보낼 수 있는 능력을 길러냈다.

스윈던의 지도자들은 위기의 밑바닥에 처한 가족들과 함께 일하면서 '일시 중지'를 누르기로 결정했다. 음악이 그쳤다. 우리는 듣고 관찰하고 배우는 시간을 가졌다. 가족들에게 강한 지지를 보내고 그들이 신뢰하는 사람들을 연결해주어 그들만의 탈출구를 만들어낼 것을 요청했다. 가족들이 스스로 통제하고 책임질 수 있는 여지가 만들어지자 비로소 변화가 일어났다. 가족들은 팀의 압박 없이 스스로 학교 출석과 일이 중요하다고 결정했다. 가족들에게 공간과 자원을 지원해주면 그들이 그들 자신의 문제를 스스로 해결할 것이라는 기대를 갖게 되었다.

우리는 학교 출석이나 취업과 같은 당면 문제들에 초점을 맞추지 않고, 진짜 문제를 발견하고 해결할 수 있도록 관계에 초점을 맞추었다. 라이프의 참여자들은 직장을 구하고 학교로 돌아갔을 뿐 아니라, 대부분의 경우 응급실로 달려가기보다는 평소에 건강관리를 위한 검진예약을 지켰고, 더는 주거관리 부서와 갈등을 겪지 않았으며, 아이들이 피해를 입힌 사람에 대해 접근을 금하는 명령을 받지 않았기 때문에 경찰이나 다른 비상 호출도 줄어들었다.

라이프 프로그램에서는 한 가족당 1만9천 파운드의 비용이 든다. 이 수치는 18개월 동안 프로그램에서 작업한 가족에 근거한 것이며, 그중 6개월은 라이프 팀과의 깊고 집중적인 활동을 포함한다.[50] 가장 중요한 것은 직원 인건비이다. 또한 엘라의 직업훈련이나 캐런의 아들을 위한 아웃워드 바운드 참여 지원과 같이 각 가정에서 재량으로 사용할 수 있는 소액의 금액(한 달에 100파운드)이 할당되었다. 행정과 교통비 등 기타 간접비도 포함된다.

이러한 비용은 다른 가족지원 프로그램들[51]과 비교할 때 고비용인 편에 속한다. 하지만 가족들을 제도 안에서 지속적으로 관리하는 비용을 고려하면 그리 비싼 것이 아니다.

또한 주목할 것은 라이프 팀이 안정적이어서 채용과 훈련 비용이 절감된다는 것이다. 더구나 스트레스가 많은 대부분의 공공서비스팀들에서 고질적인 시간제 대리인력 고용에 드는 비용이 얼마나 큰지를 생각해보라. 측정과 비용 절감에 대해서는 3부에서 더 자세히 논할 것이다. 여기서는 라이프가 비용을 절감해주는 이유가, 그것이 복지제도 내에서 사람들을 더 효과적으로 관리하기 때문이 아니라, 가족을 복지제도에서 떼어내서 그들이 스스로 살아나가도록 하고 그들이 속한 지역사회에 더 폭넓게 기여하도록 돕는 데에 돈을 쓰기 때문이라는 점을 강조하고 싶다.

당신은 인생이 바뀐 가족을 나에게 소개할 수 있는가? 그것이 내가 이 실험을 시작할 때 물어본 질문이었다. 오늘 나는 이 질문을 이렇게 수정해야 할 것 같다. 자신들의 삶을 스스로 바꾼 가족들을 내게 소개해 줄 수 있는가? 그리고 대답은 '그렇다'이다. 만약 우리가 라이프 팀에게 삶을 바꾼 가족들을 소개해달라고 부탁한다면, 그들은 어렵지 않게 해줄 것이다. 그들은 수백 명의 사람들을 초대해서 그들의 이야기를 하게 할 수 있다.[52]

이 실험은 우리에게 능력을 개발하고 가장 어려운 상황에서도 변화를 이끌어내는 새로운 시스템 구축이 가능하다는 것을 보여주었다. 다음으로 우리가 알고 싶었던 것은 이러한 접근법을 더 많은 곳으로 확대할 수 있는가 하는 것이다. 즉, 우리는 더 넓은 지역사회 안에서 능력을 창출할 방법을 찾을 수 있는가? 그리고 그 결과, 우리의 복지국가를 특징짓는 배급과 대기 줄을 넘어설 수 있을까? 우리는 젊은이들이 우리에게 방법을 보여주기를 바랐다.

실험 2 : 성장하기

"좋은 청소년기요? 뭐 그냥 큰일 없이 지나가면 되는 거 아닌가요? 난 전과기록 같은 거 없이 잘 지낼 거예요." 나는 모에게 좋은 청소년기가 어떤 것일지 물었다. 모는 열아홉 살밖에 안 됐는데 노련한 정치인처럼 말한다. 청소년들을 위한 대부분의 복지 서비스는 모가 말한 바로 이 점, 즉 청소년기의 위험을 관리하고 일단 지나가고 보는 것을 목표로 한다. 우리도 부모로서 비슷한 것을 열망한다. 우리의 사랑하는 십대 자녀들이 이 시기를 큰 상처 없이 무사히 통과하기를 간절히 바란다.

하지만 영국의 많은 청소년들은 무사히 통과하지 못한다. 10년 전 내가 이 실험을 시작했을 때, 유니세프UNICEF는 선진국 중에서 영국의 청소년들이 가장 불행하고 건강하지 않으며 가난하고 교육을 덜 받은 나라에 속한다는 충격적인 통계치를 발표했다.[53]

유엔이 우리에게 알려주지 않았어도 이 문제에 대해 알고 있긴 했지만, 유니세프 보고서는 머리기사가 되었고 급기야 그 기사에서 한 필자는 "서로 잡아먹고 잡아먹히는" 사회의 영향에 대해 이야기할 정도였다.[54] 이에 대해 당시 정부는 국영방송사에 고위급 정부 인사들을 보내서 복지제도를 두둔하는 발언을 하게 했다. 그 인사들은 어린이를 위한 정부의 주력 정책이었던 슈어스타트SureStart 사업에 대해 언급했고, 청소년이 이용할 청소년센터들을 짓는 데 수백만 파운드를 투자할 것이라고 약속했다.[55] 각각의 문제별로 대응하는 서비스를 제공하겠다는 암묵적 메시지였다. 정치인들도 부모나 교사와 마찬가지로 젊은이들에게 잘해주려는 의도를 갖고 있다.

그 다음 10년 동안 투자가 이루어졌다. 하지만 재정 감축 정책이 현실로 다가오자 슈어스타트를 포함하여 유사한 서비스들이 해체되었다. 어떤 시의 고위 관료가 표현한 것처럼 "떡 벌린 상어의 입the jaws of doom"◆을 들여다보며 감축지점을 결정해야 하는 어려운 임무를 맡은 이들은 청소년을 위한 서비스를 줄일 수밖에 없었다. 다른 복지 서비스와는 달리 청소년을 위한 대다수의 서비스는 제공해야만 한다는 법적 의무조항이 없기 때문이다.[56] 남아있는 서비스들마저도 수혜자격이 전에 없이 까다로워져서 최악의 위기에 직면한 이들만이 지원 대상으로 고려된다.

많은 청소년 대상 서비스들이 별 효과가 없었다고 주장할 수도 있다. 하지만 그렇다고 청소년 지원의 축소나 중단을 정당화할 수 없다. 청소년기를 잘 거쳐 나가지 못하는 이들에 대한 장기적 비용은 어마어마하다. 16~18세 영국 청소년 열 명 중 한 명은 학교에 다니지도 않고 일도 하지 않는 무직의 학교 밖 청소년들이며, 이에 대해 국가가 치르는 연간 비용은 낮게 어림잡아도

◆ – 지방정부의 지출 요구는 늘어나지만 교부금은 줄어드는 현상을 그래프로 나타내면 옆으로 누운 V자가 되는데, 그 모양이 마치 짐승이 입을 벌린 것 같은 모양이라 하여 이런 현상에 붙은 이름이다.-옮긴이 (the Guardian, 2012년 12월 18일, https://www.theguardian.com/society/2012/dec/18/local-government-cuts-jaws-doom-bite.)

120억 파운드이다.[57]

하지만 훨씬 더 안타까운 것은 청소년을 제대로 돌보지 못해 치르게 되는 인적 자원의 손실, 즉 잠재력과 가능성의 상실이다. 우리는 이제 이 아동과 성인의 중간기가 미래의 가능성과 행복을 위해 얼마나 중요한 시기인지 잘 안다. 사회과학과 생물학이 발달하면서 밝혀낸 바에 따르면 인간은 14세부터 24세 사이에 활짝 피어나 신체적, 지적, 정서적으로 눈에 띄게 성장하고 변화한다. 청소년기의 뇌는 가소성이 매우 높고 뇌세포들 간에 강력한 연결선과 신경회로들이 생성된다. 사람들은 청소년기에 좋은 삶을 위한 기반을 닦게 되고, 혹시 아동기에 무엇인가 잘못되었더라도 이 시기에 그것을 만회할 수 있는 절호의 기회를 얻는다.

청소년기의 성장에 대해 많은 것이 밝혀진 지금, 나는 소수의 청소년이 이 시기를 무탈하게 지나가도록 돕는 것 이상으로 청소년들을 지원하는 무언가를 고안해낼 수 있을지 궁금했다. 인생의 이 결정적 단계에서 모두가 자신의 역량을 개발할 수 있게 도와주는 방법을 설계할 수 있지 않을까?

나는 처음에 일을 시작할 때 경제적 제약 때문에 서비스를 보편적으로 제공하지 못하는 줄 알았다. 순진하게도, 한정된 자원 때문에 서비스 분배가 통제된다고 생각해서, 누구나 경제적으로 감당할 만한 것을 창안하는 것이 좋은 일이고 그러면 사람들도 이를 반길 것이라 여겼다. 나중에야 알게 된 것이지만, 갈수록 고비용의 복잡한 수혜자격 심사와 서비스 배분에 투자를 하는 데는 음흉한 이유가 숨어 있다. 그것은 바로 통제이다. 나는 개방적인 것을 좋게 여길 거라 생각하는 치명적 오류를 범했다.

처음에는 이런 나의 착각이 드러나지 않았다. 나중에는 이 실수가 나를 넘어뜨렸고 나도 내 주변의 많은 젊은이들처럼 실패를 극복하는 법을 배워야 했지만 말이다. 어쨌든 이 실험은 길고 온화한 여름날이 시작할 무렵에 출발했다. 나는 우선 청소년들과 함께 시간을 보내면서 그들의 시각에서 바라볼 수 있어야 한다고 생각했다. 그래서 버스를 대여해서 피자를 가득 싣고 팀원들과 함께 새로운 대화를 찾아 나섰다.

모, 멜빈과의 만남

멜빈은 버스에 와서 시간을 보내기에는 너무 바빴지만 호기심에 버스 안을 들여다봤다. 멋있는 레게 머리와 반짝이는 눈, 말끔하면서도 멋지게 차려입은 멜빈은 열아홉 살이었고 이스트런던 대학교에서 사회학을 공부하고 있었다. 그는 여름 동안에 기념품 상점에서 일하면서 동시에 지역사회 멘토링 프로그램을 기획하느라 바빴다. 우리가 이야기하는 동안 그의 전화는 계속 울렸고, 우리와 대화하는 중에 그 친구들에게 조언하고 이것저것 챙기느라 자꾸 대화가 끊어졌다. 멜빈은 그렇게 생기를 발산했다.

모는 매우 달랐다. 말수가 적고 화가 나 있는 듯했다. 그는 대화를 원했던 것이 아니라 공짜 피자의 유혹에 넘어간 것이었다. 모는 눈을 내리깐 채 한 음절로 의사를 표현했고 그의 손은 가죽 웃옷 안으로 깊이 쑥 박혀 있었는데, 우리로서는 그해 여름 막 열아홉 살이 된 그에게 접근하는 것이 쉽지 않았다. 모도 그 지역 대학에서 기계공학 과목들을 수강하고 있었는데, 학기말에 낙제점을 받았다고 했고, 공부나 다른 것들에 대한 열정은 없어

보였다. 우리 모두 모에게서 뭔가가 빠져 있는 것 같은 그런 느낌을 받았다.

그 첫날 저녁에 피자를 먹으면서 대화할 때는 몰랐던 것인데, 멜빈은 전과기록이 있고 사회복지 서비스의 고위험군 청소년으로 등록되어 있었다. 만약 3년 전에 멜빈을 만났다면 매우 다른 경험을 했을 것이다. 나중에 멜빈이 말해줬는데, 그는 '가족이라고 부를 수 없는' 열악한 가정환경에서 자랐다. 아버지는 멜빈이 태어나자마자 떠나버려 멜빈은 자기 아버지가 누군지도 모른다. 어머니도 고달픈 삶을 사느라 끼니도 제대로 차려주지 못했다. 멜빈은 어머니가 힘든 남자관계를 수차례 겪었고 정신적으로 온전치 못하다고 했다. 가족을 원했고 소속감을 느끼고 싶었던 멜빈은 이웃의 형들과 어울리다가 조직폭력배의 주요 일원이 되었다. 그러다 멜빈의 친구 중 한 명에게 비극적인 일이 벌어졌고 이 일은 멜빈에게도 심각한 충격을 주었다.

어느 더운 주말에 멜빈과 친구들은 바비큐를 하기로 했다. 음악도 틀고 맥주 캔도 얼음에 담갔다. 음악과 바비큐 냄새가 사람들을 끌어들였고, 사람들이 모여 파티가 한창일 때 라이벌 조직폭력단이 도착했다. 어디선가 싸움이 시작되었고 멜빈의 친구는 싸움을 말리려고 시도했다. 그 와중에 멜빈의 친구가 망치로 공격당해 급히 병원으로 실려 갔고 목숨을 잃었다.

세 명의 청소년이 체포되었고 살인 죄목으로 재판에 넘겨졌다가 무죄 석방되었다. 판사가 증거가 불충분하다고 판단했기 때문이다. 지금도 그 일을 생각하면 충격과 분노가 남아있는 멜빈과 친구들은 당시에 자기들이 나서서 일을 처리해야겠다고 마음먹었다.

그런데 살해당한 친구의 아버지가 관여하면서 멜빈의 삶은 방향이 완전히 바뀌었다. 그 아버지의 상실감에 대해서는 상상하기조차 힘들지만, 그는 그 아픔을 선행으로 승화시켜 멜빈의 말없는 영웅으로 남게 되었다. 그는 멜빈네 패거리 모임에 슬며시 끼어들어 방과 후 맥도날드에서 멜빈, 그리고 그 친구들과 어울렸다. 그들이 복수를 계획할 때 그 자리에서 듣고 있었고 숙제하는 것을 좀 도와주기도 하며 그들과 시간을 보냈다. 그러고는 천천히 멜빈과 친구들을 설득했다. 죽은 아들을 기리기 위해 훨씬 큰 일을 할 수 있다고 말이다. 그들보다 어린 후배 청소년들을 도와서 그들이 목숨을 잃지 않게 할 수 있다고. 이것은 청소년 멘토링 프로그램 '포텐셜Potential'의 씨앗이 되었다. 그런 지 3년 후 우리와 대화하는 중에 계속 멜빈에게 문자를 보내오는 청소년들이 바로 이 포텐셜의 회원들이었다.

친구 아버지와의 깊은 관계는 멜빈을 한 교회로 이끌었고 그곳에서 멜빈이 자신의 '새 가족new surrogate family'이라 부르는 사람들을 알게 되었다. 더 최근에는 개인교사로 활동하는 대학생들, 그리고 일터의 사장님과의 관계가 멜빈의 성장을 도왔다. 내가 멜빈을 만났을 때 멜빈은 아버지의 부재로 인한 고통스런 감정, 학교에서 느끼던 소외감 등 이전의 여러 어려움을 뒤로 하고 새로운 이야기를 펼쳐가고 있었다. 그는 자신의 성장에 초점을 맞추어 학업과 일, 폭넓은 지역사회 활동과 새 친구 사귀기 등에 열중했다. 자의식이 강한 멜빈이 이처럼 성장할 기회를 찾아 다양한 것들을 탐색하고 있었기 때문에 버스 안으로 선뜻 들어오게 된 것이다.

멜빈과 달리 모는 다채로운 이야기도, 그에게 신경을 쓰는 사람도 없었다. 3년 전에 모를 만났어도 모는 아마 길거리의 같은 곳에서 똑같은 친구들과 어울리고 있었을 것이다. 방글라데시 이민 3세대인 모는 안정적인 가정에서 자라났다. 학교의 가까운 친구들 무리에 끼어서 담배 한 대 물기를 즐기고, 금요일에는 이슬람 사원에 가고, 토요일에는 클럽에 갔다. 장차 무슨 일을 하면 좋겠냐고 물었더니 모는 기능공이 되고 싶다고 했다. 그러고는 처한 현실에 대해 자신 없게 이야기했다. 기능공이 되기에는 성적이 안 되고, 원하진 않지만 아버지의 작은 배달 전문 음식점에서 일해야 할 것이라고.

모는 그럭저럭 살고는 있지만 삶의 활력이 보이지 않았다. 멜빈은 위기 청소년이었지만 지금은 활짝 피어나고 있다. 왜 어떤 청소년들은 어려운 환경 속에서도 잘 살고 어떤 청소년들은 잘 살지 못할까? 청소년 서비스는 다른 복지 서비스들처럼 특정 위기를 발견하고 관리하는 것 위주로 고안되어 있다. 청소년 범죄를 다루는 서비스, 음주와 흡연을 다루는 서비스, 학교에서의 이른바 위기에 대한 서비스, 청소년 임신 관련 서비스들처럼 말이다. 이런 식으로 매우 구체적인 표적이 있는 전문 서비스들은 현재, 비록 턱없이 부족한 예산이지만 빠트릴 수 없는 핵심적인 서비스인 보건, 교육 서비스들과 함께 제공된다. 이 모든 관련 기관들의 과업은 문제를 정확하게 파악하여 관리하는 것이다. 가난하고 불안정한 한부모가정에서 자라면서 조직폭력단으로 악명높은 지역에서 소년시절을 보낸 흑인 멜빈은 문제를 일으킬 소지가 있는 젊은이란 판단을 얻기가 쉽다. 그리고 한동안은 정말로 그런 길을 가는 것으로 보였다. 이와 대조적으로 모는 청소년 서비스에게는 보이지 않았던 존재다. 모가 별 문제를 일으키지 않았고 그의 가정은 안정적이며 아버지가 운영하는 카레 집과 어머니가 바느질을 해서 버는 소득으로 살 만했다. 그런데 모는 위기에 처한 것은 아니지만 앞으로 나가지도 못한다. 모가 자기 삶을 방관자처럼 맥없이 바라만 보고 무언가 일어나주길 기다리고 기대하는 모습에서 낙담이 느껴졌다.

멜빈의 경우 우연, 타이밍, 그의 낙관적 태도가 일정 부분 역할을 했다고 볼 수 있지만, 두드러지는 것은 인생에서 극적인 전환의 계기와 새로운 관계들로 이루어진 사회관계망 간의 밀접한 연결성이다. 그의 새로운 인생사는 친구 아버지와의 관계에서 시작된 것이다. 관계가 변화를 만든다. 우리는 그것을 알고 있다. 여기서 중요한 문제는 어떻게 좋은 관계들을 형성하느냐이다.

사회학자들은 두 가지의 관계를 구분해서 말한다. 하나는 우리를 사람과 색다른 경험으로 다리를 놓아주는 '교량적' 관계이며, 또 하나는 비슷한 배경을 가진 사람들 안에 형성되며 만남의 빈도가 높고 더 강렬한 유대감이 깊어지는 '결속적' 관계이다.[58] 결속적 관계는 유용하다고 할 수 있다. 이런 관계는, 서로 챙겨주고 옆집에 외롭게 사는 이가 있으면 들여다보는 유대가 강한 이웃사촌들을 만들어준다. 그러나 강한 유대는 타인을 배제하기도 한다.

모의 인간관계는 결속적 관계에 가까우며 그 유대가 너무 강해서 모의 발전을 저해하는 것으로 보인다. 모의 경우 가장 가까운 친구가 모를 대신해서 말하곤 하는데, 그것은 모가 스스로 자신의 목소리를 찾을 필요와 힘을 억누르는 것이다. 그 친구는 사실 모가 읽고 쓰기를 어려워한다는 점을 보완해주려는 것이었음을 나는 차츰 알게 되었다. 멜빈은 두 종류의 관계를 다 가지고 있다. 멜빈만큼 잘 지내지는 못하지만 어릴 적부터 알아온 친구들과도 닿아있고, 좋지 않았던 경험들과 멀리하고 새로운 길을 찾을 수 있도록 다리를 놓아주는 새로운 관계들도 갖고 있다.

우리들 대부분에게는 중요한 교량적 관계를 만드는 것이 점점 어려워지고 있다. 1부에서 언급했던 새비지의 연구에 따르면, 영국에서는 계층과 소득수준을 넘나드는 교제가 갈수록 사라지고 있고, 사람들은 점점 더 타 계층과의 교류를 불편하게 느낀다. 특정 개인의 소득을 가지고 어떤 사람들이 그 사람의 지인일지 예측이 가능할 정도다.[59] 소득수준이 사회망을 결정짓고 그 사회망이 청소년들의 미래를 결정하게 된 것이다.

하버드대 정치사회학자 로버트 퍼트넘은 이러한 특정 사회적 흐름이 미국의 젊은이들에게 어떤 영향을 끼치는지 연구해왔다.[60] 퍼트넘은 소득이 어떻게 부모의 자녀양육을 좌우하는지 보여준다. 중 · 상류층의 부모들은 어느 때보다도 자녀들의 삶에 깊이 관여한다. 클럽을 조직하고 숙제도 도와주고 아이들을 싣고 나르며 오간다. 그 반대쪽 계층은 상황이 다르다. 시간 여유가 없는 한부모가정에서 겪는 빈곤과 저임금 일자리 떠돌기란, 자녀의 과업에 관여한다든가 저녁상에 둘러앉는 것은 고사하고 십대의 자녀가 숙제를 했는지조차 살펴볼 여력이 없음을 뜻한다. 한 엄마가 퍼트넘에게 "우린 한가하게 오늘 있었던 일 이야기할 시간 따위 없어요."라고 말했다시피 말이다.

가난한 가정의 젊은이들은 결국 빈한한 인맥과 취약한 사회적 기술을 갖게 된다. 그들은 어떻게 기회의 사다리를 올라가는지, 어떻게 조직을 움직이는지, 나와는 배경과 전망이 다른 사람들을 어떻게 내 편으로 만드는지에 대해 아는 게 별로 없다. 그들은 또 무언가 잘못되었을 때 보호벽이 상대적으로 얇다. 퍼트넘은 중산층 가정에 있어서 관계가 청소년기에 흔한 위기들로부터 어떻게 아이들을 보호하는지 설명한다. 그의 자료에 따르면 부유층 아이들이 음주와 마약을 더 하지만 그 가족과 지역사회가 에어백처럼 그 충격으로부터 아이들을 보호해준다. 이 아이들은 위험에 빠지더라도 학업을 계속하고 크게 다치거나 탈선하지 않고 성장해간다. 영국에서도 마찬가지 상황이고 대부분의 부모들은 이를 알고 있다. 사우스런던의 한 엄마가 나에게 이렇게 말했듯이 말이다. "클로이는 부잣집 아이들하고 마약을 하는데, 그 아이들이야 괜찮죠. 걔들은 멋진 집과 멋진 인생으로 돌아가면 되니까요. 경찰이 와서 문을 두드려도 그들은 상관없지만 클로이는 달라요."

퍼트넘의 연구에서 가장 놀라운 것 하나는 학교의 역할에 대한 그의 시각이다. 그는 관계의 관점에서 학교를 본다. 누구와 학교를 같이 다니는지가 중요하다는 것이다. "아이가 다니는 학교의 학생들이 부유하고 교양 있는 가정 출신일수록 그 아이의 성취도가 높아진다. 이것은 선진국들에서 거의 보편적인 현상으로 보인다."[61] 고소득, 고학력의 부모들은 자녀의 학교에 방문하며 학교 일에 참여하고 질문한다. 또 자녀와 또래들이 학교생활을 잘하도록 격려함으로써 학생 모두에게 영향을 끼친다. 학생들의 성장이 눈에 보이는 학교 환경일수록 좋은 교사들이 오래 머문다. 하지만 영국과 미국에서 빈곤한 아동은 비빈곤 아동들과는 매우 다른 학교에 다니고 매우 다른 인맥을 갖는다.

그해 여름 우리 버스에 와서 시간을 보낸 청소년들은 사회적 관계망이 그들의 미래에 어떤 역할을 할지 잘 알고 있었다. 그들은 빈한한 인맥이 어떻게 자기들 발목을 잡을지에 대해 많은 이야기를 했다. '고든 램지 같은' 수석 요리사가 되고 싶은 네이선은 표현은 조금씩 달랐지만 내용은 거의 똑같은 이야기를 나에게 하고 또 했다. "고든 램지는 정말 좋은 직업을 가졌어요. 유명인들도 많이 알고, 유명인들을 위해서 일도 했고, 수석 요리사들이 받는 무슨 상도 받고…. 아주 쉽게 요리의 세계로 들어갔어요, 제 생각에는요." 물론 고든 램지의 경력이 그렇게 쉽게 저절로 이루어진 것은 아니다. 그는 사실 어려운 아동기를 보냈지만, 요리에 대한 열정이 있었고 매우 열심히 노력했다. 그의 가족은 좋은 인맥을 가지고 있었는데 그 인맥이 초기에 큰 도움이 되었다. 네이선은 그런 인맥이 없는 것이 걱정이다. 그도 수석 요리사가 되고 싶은데 자신에게 불리한 카드 게임을 하는 것 같아 두렵다.

멜빈이나 열세 살의 아멜리아처럼 네이선도 호기심이 가득했고 독서와 암벽타기를 좋아했으며, 학교에 가고 싶어 했다. 그들은 성장을 원했고 뭐든 시도하기를 좋아했다. 리엄이나 오린 같은 청소년들은 흥미 있는 게 별로 없어 보였다. 열다섯 살인 이 둘은 하루의 대부분을 자기 방 안에서 무시로 TV 보고 음악 듣고 담배를 피우며 지냈다. 말썽을 일으키지는 않지만 성장도 없는 모처럼 말이다.

이 젊은이들은 모두 활기가 넘치는 지역에 살았는데, 우리는 그들이 접근할 수 있는 기회와 자원이 무엇인지, 그리고 왜 어떤 이들은 참여하고 어떤 이들은 그렇지 않은지 알고 싶었다.

우리가 일했던 한 동네에는 갈 만한 곳이 두 군데가 있었다. 나무밑동과 청소년센터였다. 공터에 있는 큰 나무밑동은 예측이 불가능한 흥미진진한 곳이었다. 거기 가면 시끄러운 음악을 틀어놓고 같이 노래를 만들어 부르는 아이들, 담배를 나누어 피울 사람, 추파를 보내볼 사람, 같이 웃을 사람 등 누군가는 꼭 만날 수 있었다. 그 나무밑동은 어른들이 감시하지 않는 비밀스런 곳이었다. 하지만 비 오는 날에는 어쩔 수 없이 젊은이들이 청소년센터로 피신했고 나도 센터로 갔다. 거기서 나는 로즈를 만났다.

로즈는 브라이턴에서 바다와 대학교의 중간쯤에 사는데, 삶의 지평이 좁아 아직 바다에도 대학에도 가보지 못했다. 로즈는 뒤로 빗어넘긴 머리에 보조개가 있으며 부드럽고 평평한 얼굴이었다. 스물세 살인데 나이보다 젊어 보였고 나를 잘 따랐다. 로즈도 지금껏 힘든 삶을 살아왔다. 나는 로즈의 아버지에 대해 아무것도 몰랐는데 그녀는 자기 새 아빠가 자살했다고 말해주었다. 자살 당시 로즈의 엄마는 로즈의 의붓여동생을 임신 중이었는데 심한 우울에서 빠져나오지 못한 채 지금까지 무직 상태이다. 그녀는 알코올 중독에다 집을 비울 때가 많아 로즈가 대신 여동생을 돌보는데, 로즈는 그 역할을 싫어하거나 좌절하지 않고 잘 감당하고 있는 듯하다. 로즈는 이야기를 하다가 휴대폰에서 자매들이 웃고 있는 사진을 나에게 보여준다.

로즈는 학습에 어려움이 있어 특수학교에서 초등학교와 중학교 과정을 마쳤다. 로즈는 두 학교 모두 즐겁게 다녔고 성적도 좋아서 고등학교는 일반학교의 또래들과 함께 대입준비학교로 진학했다. 기술도 더 배우고 흥미로운 일도 찾고 싶지만 어떻게 동생들을 돌보면서 학업을 병행할 수 있을지 모른다. 로즈에게 나오는 수급비로 살아보려 하지만 현실은 생활이 쪼들려서 간신히 가족을 지탱하고 있다. 내가 나중에 로즈네 집을 방문했을 땐 로즈의 엄마가 집에 있었는데 찬장에 음식이라고는 하나도 없었고 엄마에게는 상담받으러 갈 차비도 없었다. 집세는 3천5백 파운드가 밀려 있는데 급여담보 대출금도 갚아야 했다. 이런 문제들이 로즈의 활동 반경을 더 좁히고 있고, 로즈는 하루하루 살기도 벅차 내일을 생각할 여유가 없었다.

로즈는 시간 여유가 있을 때 청소년센터를 찾는데, 그러면 마음도 편해지고 환영받는 느낌이 든다. 센터 직원들 모두 로즈를 알아보고, 로즈가 오면 차 한 잔을 권하며 로즈에게 동정심을 보인다. 로즈는 친구 메건 옆에 털썩 앉아 이야기를 나눈다. 열네 살인 메건은 나에게 당당하게 말했다. "저는 학교 중퇴했어요. 여긴 혼자 조용히 있을 수 있어서 너무 좋아요." 청소년센터에 있는 동안, 로즈와 메건은 친구 사귀기, 도전에 직면하기, 독립을 향해 성장하기 같은 가정과 학교에서 마주치는 문제들을 떠올리지 않아도 된다. 메건도 여러 어려움을 겪고 있었다. 메건의 엄마는 십대 초반에 메건을 낳았고, 자기가 못 누리고 지나온 청소년기를 지금에 와서 부지런히 보내고 있다. 메건은 언젠가 결혼해서 얼른 아이를 낳아 이 지긋지긋한 삶에서 탈출하는 꿈을 꾼다.

나는 로즈와 메건이 위기에 처해 있다고 생각한다. 둘 다 신체적 상해를 입을 위기 상황은 아니지만 실제로는 탈출구도 없이 착각 속의 안전감에 이끌려가고 있다. 로즈는 공부해서 변화를 일으켜보려고 하지만 청소년센터의 직원들은 로즈와 그런 대화를 잘 나누지 않는다. 아마 그 직원들도 로즈의 탈출구가 보이지 않아서 그럴 수도 있고 아니면 로즈가 절실히 필요로 하는 인맥을 만들어주는 것이 자신들의 일이라고 생각하지 않아서일 수도 있다. 메건은 아이를 갖는 데 집중한다. 센터 직원들은 로즈와 메건이 둘 다 사람을 '돌보아주는' 모습이 좋다고 칭찬한다. 위험이 없는 청소년기란 사실 성차별적인 개념이다. 집에서 가족을 돌보거나 청소년센터에 있으면서 문제를 일으키지 않는 여자아이들은 '구조된' 아이들로 간주되고 그 정도면 더 바랄 것이 없다고 여겨지는 것이다.

젊은이들의 문제

초점집단에 참여한 젊은이들은 갈 곳이 없다고 수시로 불만을 토로하는데, 나이 든 어른들은 주변에서 서성거리며 어울려 다니는 젊은이들을 보면 무섭다고 불만이다.[62] 부모, 정책입안자, 그리고 젊은이들과 일하는 많은 사람들은 청소년이라는 말에 곧잘 못마땅한 표정을 짓는다. 언제부터인지 젊은이들을 심판하고 그들에 대해 낮은 기대치를 갖는 분위기가 널리 퍼졌다.

그래서 문제가 깔끔하게 정리된 듯 보인다. 젊은이들은 종종 문제에 부닥치고 그럴 때 필요한 것은 통제와 에너지를 발산할 건강한 활동이란 것이다. 그런 점에서 청소년센터를 더 짓겠다고 약속하는 정치인들의 반응은 꽤 합리적으로 보인다.

그런데 젊은이들의 목소리를 직접 듣고 그들을 관찰한 결과, 우리는 젊은이들이 겪는 문제를 좀 다른 각도에서 바라보게 되었다. 안 그래도 좁은 집에 친구를 초대하는 것이 얼마나 힘든지, 현대의 노동에 옥죄인 부모들이 자녀와 대화할 시간이 있기나 한지, 그리고 불평등이 청소년들을 얼마나 위축시켜서 '못 올라갈 나무'에 올라갈 시도조차 하지 못하게 하는지 우리는 이해한다. 우리는 이들이 좋아하는 것을 새롭게 배울 기회가 너무나도 부족한 것과 인간관계가 협소한 현실을 보고 충격을 받았다. 문제의 진단부터 잘못되었다. 어떻게 통제하느냐가 아니라 어떻게 열어주느냐의 문제이다.

그 첫 여름에 우리는 2백 명 이상의 젊은이들과 시간을 보냈다. 그중 40명을 초청해서 소그룹으로 나누어 활동해보기로 했다. 지역의 서비스 리더들과도 같은 방식으로 일하기로 했다. 우리는 젊은이들에게서 보고 들은 것, 그리고 우리가 읽은 것들을 공유했다. 그러면서 청소년센터의 효과에 대한 증거가 긍정적이지 않으며 성공적인 센터는 센터장에 달려있다는 것을 알게 되었다. 많은 경우, 청소년센터에의 참여와 훗날의 성취는 서로 부정적인 상관관계를 보인다.[63]

흥미롭게도, 1970년대부터 여러 분야와 문화권의 학자들이 청소년과 그들이 겪는 위기와 성장에 대해 달리 생각하게 하는 설득력 있는 증거들을 소개해왔다.[64] 우리는 왜 청소년 정책이 이런 증거를 무시하는지 알고 싶었고, 젊은이들이 우리가 발견한 바와 자신들의 경험을 성찰할 기회가 주어진다면 어떤 서비스를 직접 창안할지 궁금했다.

우리 팀은 큰 조립형 완구 상자들을 워크숍에 들고 가서 모인 사람들에게 좋은 청소년기란 어떤 것인지 짧은 영화를 만들어보라고 했다. 그들이 만든 영화들은 꽤 재미있었는데, 나는 그 영화들이 보여주는 단순하고도 심오한 내용에 놀랐다. 모든 영화에서 젊은이들은 자신들이 더 넓은 세상에 연결되어 있는 모습을 그려냈다. 하지만 우리의 공공서비스는 청소년만의 활동과 공간을 강조하고 있어 청소년들이 자연스럽게 배우고 성장할 수 있는 통로를 담으로 막아버리는 격이다. 젊은이들이 보여준 것은 그 담을 허물자는 것이었고 우리는 그들의 바람이 실제로 일어나게 해야 했다.

사회 체험활동

우리는 거리로 돌아가서 상점, 호텔, 재활용 관리업체, 화실, 시장 가판대, 영화관, 개인병원의 문을 두드렸다. 젊은이에게 무료 체험 기회를 줄 수 있겠느냐고 우리가 만나는 모든 사람에게 물었는데 거의 대부분이 그러겠다고 했다. 나아가 그런 제안을 받은 것이 지역사회를 위해 무엇인가 할 수 있는 기회가 생긴 것이라 여겨 크게 기뻐했다. 우리는 3주만에 첫 150개의 기회들을 모았다. 우리는 함께 하던 젊은이들에게 체험을 선택해 시도해보지 않겠느냐고 물었다.

"어른이랑 시간을 보내라고요?" 열네 살 서머는 말도 안 된다는 듯이 말했다. "그건 질색이에요. 어른이 청소년이랑 같이? 너무 이상해요. 변태 같아요." 서머는 어깨를 으쓱하고는 사라졌다. 청소년만의 공간에서 청소년끼리 활동을 하는 것이 정상이라는 고정관념이 있는 서머와 같은 많은 젊은이들로부터 우리의 제안이 튕겨져 나왔다. 우리에겐 분명히 설득 이상의 무언가가 필요했다.

다른 젊은이들은 한번 시도해볼 수는 있겠다 싶었으나 확신이 없었고 그들이 가진 불편함이 어른들에게도 전해졌다. 체험 기회를 제공한 사람들은 상대적으로 젊은 20대~30대인 경우가 많았는데 10대와 함께 해본 경험이 거의 없었다. 체험하러 온 10대가 눈도 잘 안 맞추고 전화만 만지작거리거나 어른의 발만 쳐다보고 자신에 대해 별 이야기는 하지 않자, 청소년을 만나러 온 어른들도 확신이 흔들리고 위축되었다. 춤, 탐정소설, 동물복지 등에 대한 관심이 뜨겁다는 공통점을 가진 이들조차도 초면의 어색함과 냉랭함을 깨지 못했다.

우리는 우리 실험을 너무 단순하게 생각했던 것이다. 우리는 다시 처음으로 돌아가서 열심을 보였던 한 무리의 청소년들에게 같이 일하자고 청했다. 어른들과 좀 더 편히 어울려 지내는 방법을 알아보니 청소년들에게 아이디어가 많았다. 그들은 트위스터 매트◆처럼 바닥에 깔아놓고 하는 거대한 보드게임을 만들어냈다. 서로를 소개하는 간단한 주사위 게임으로, 네모 칸을 옮겨가며 다른 사람들과 만나 인사하고 눈을 맞추며 자신을 소개하는 것이다. 사람들은 이 게임을 하면서 웃음을 터뜨렸을 뿐 아니라 이렇게 단순하게 예절을 연습하는 것이 재미있다고 느꼈고 이는 직관적인 배움으로 이어졌다. 아멜리아는 체험 기회 선택을 더 쉽게 바꾸고 싶었다. "당신이 이 상품을 좋아하신다면 아마 이런 것들도 좋아하실 것입니다! 라고 알려주는 워터스톤스Waterstones◆◆

◆ — 트위스터는 여러 색상의 동그라미들이 그려져 있는 비닐 매트를 바닥에 깔고 그 위에서 심판이 차례로 정해주는 색상을 넘어지지 않고 손과 발로 디디고 서 있어야 하는 게임이다.-옮긴이

◆◆ — 영국의 대표적 인터넷 서점-옮긴이

처럼 만들어봐요." 우리는 아멜리아의 제안을 따라 좀 더 흥미롭게 체험을 선택할 수 있도록 색상이 다른 색인용 카드를 활용하는 방식을 고안해냈다.

이제 우리는 재도전할 준비가 되었다. 다시 시도해보니 이번엔 훨씬 순조롭게 진행되었다. 청소년들은 극장 축제의 무대 뒤에서, 예술가와 함께, 동물병원 수술실에서, 박제사와, 작은 카페에서 스무디를 만들며 하루를 보냈다. 우리는 청소년들에게 많은 경험을 제공할 수 있었다.

우리는 도구들, 즉 체험 카드들을 작은 철제 서류가방에 넣었다. 철제 가방을 든 우리의 등장은 젊은이들에게 '저 가방 안에 무엇이 들었을까, 나도 해 봐도 될까?' 하는 기대감을 불러일으켰다. 또한, '이 사람들은 무언가 계획이 있구나, 무슨 일을 할지 잘 알고 있어.'라는 인상을 주어 기세를 압도하기도 했다. 해볼 만하다고 느껴졌다. 물론 진정성이 핵심이다. 가방 안에 별 것이 없거나 우리가 서툴렀다면 당장 정체가 드러났을 것이다. 하지만 초기 단계에서는 이런 소품들이 자신감을 심어주고 주의를 끌었으며 흥미가 별로 없고 참여해볼까 망설이던 사람들을 격려했다.

우리는 린지와 로라를 거의 매일 볼 수 있었다. 열네 살 단짝이던 이들은 방과 후 로라의 집 주변을 부모님이 정해놓은 통금시간인 저녁 9시까지 배회했다. 미장원 앞에서 담배 한 대를 구걸하거나 신문 가판대에서 사지도 않을 패션 잡지를 뒤적이는 모습을 종종 볼 수 있었다. 그들은 우리 팀원들에게 담배 있느냐고 묻곤 했지만 아무리 노력해도 좀처럼 우리가 하는 일에 합류하려 하지 않았다. 그러면서도 그들은 우리가 서류가방을 들고 지나가면 흥미를 보이면서 그 안에 무엇이 들어 있는지 궁금해했다.

체험 카드들을 기웃거리던 그들이 동네 호텔의 스파에서 체험을 제공한다는 것을 발견하고는 이 행운에 어쩔 줄 몰라 했다. 물론 그들은 체험에 신청했고, 이튿날 저녁 멋진 매니큐어 치장을 하고 길모퉁이에 나타났다. 스파에서 좋은 시간을 가지기도 했지만, 호텔 매니저였던 트루디에게서 더 좋은 인상을 받았다. 트루디는 털털한 데다 똑똑하고 멋쟁이였다. 린지와 로라는 자기들이 평소 알고 지내는 사람들과는 다른 트루디와 함께하며 그녀의 이야기를 듣고 싶어 했다. 그들은 트루디와 가까워졌고 호텔을 오가며 호텔 식당에서 테이블을 차리고, 호텔 객실 청소를 하더니, 호텔 로비에까지 진출했다. 그들에겐 바라보고 닮고 싶은 사람이 생긴 것이었고 그들은 변화하고 있었다. 로라의 어머니도 그 변화를 알아채고는 우리를 만나러 와서 자신도 어떻게든 기여하고 싶다 하여 로라 어머니에게 할 일을 찾아내드렸다.

루프스

우리는 여러 실험을 시도하면서 무언가 새로운 것을 고안하고 그것이 작동하기를 기대했다.

처음에는 우리가 일하던 두 곳인 사우스런던 자치구와 브라이턴 지역에 사는 젊은이들에게 우리 실험을 개방했다. 참여한 청년들은 우선 가입하여 경험을 쌓으면서 평소에는 접촉할 기회가 없었을 사람들과 만남을 가졌다. 우리는 이 실험을 루프스Loops라고 불렀는데 이는 청년들이 자신의 경험과 관계를 넓히고 심화시키는 일이 둥근 원 모양처럼 계속 순환되기를 기대했기 때문이다.

이것은 어떤 표적 대상이나 달성 목표가 있는 서비스가 아니다. 루프스는 우리가 발전해가는 방식이자 지속적인 본질을 표현한다.

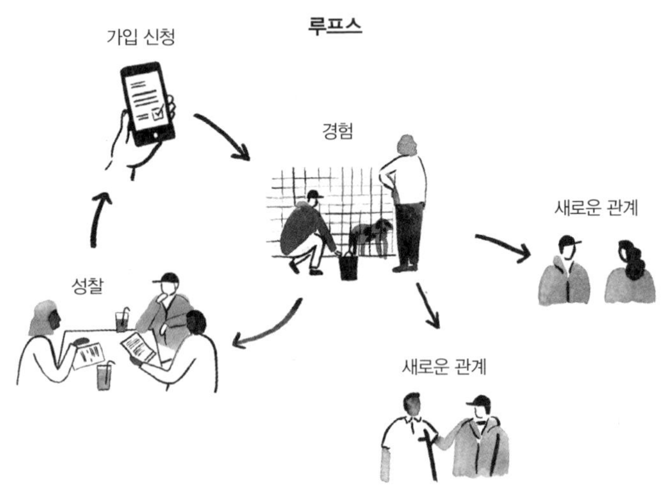

가만 보니 린지와 로라는 다시 돌아가서 체험해보고 싶은 마음에 강하게 이끌리고 있었다. 그들은 트루디와 함께 있기를 원했다. 다른 사람들은 확신이 약했다. 열여섯 살이던 타일러는 우리에게 학교가 싫다고 말했다. 타일러는 모든 것이 '지루한' 것이라고 생각해왔다. 하지만 체험 카드 세트를 만지작거리면서 자신이 물건을 만들고 고치는 것을 좋아한다고 말했다. 우리는 행사 전문업체와 함께 음악 축제를 주관할 기회가 있었다. 이때 타일러가 나타나서 두어 시간 동안 전선을 테이프로 감싸는 일을 도왔다. 그건 별로 재미있는 일도 아니었고, 비록 타일러가 다시 돌아와 자신의 경험담을 들려주기는 했지만, 그에게 확신이 서지 않은 것만은 분명했다. 루프스에 참여한 타일러의 또래 중 한 명이 그의 말을 듣다가 되물었다. "네가 정말로 무엇에 관심이 있는지 거기 있는 다른 사람에게 말한 적이 있어?" 어쩌면 그가 무엇을 하고 싶은지 아무도 몰랐기 때문에 그는 테이프 감는 일이나 하게 되었는지도 모른다.

우리는 고급 스피커 공장에서 또 다른 체험 기회를 제공할 수 있었다. 이때 타일러가 참여했다. 공장에 도착한 그는 매니저인 프랭크에게 자신을 소개했다. 처음에는 멈칫거리더니 자기가 방안에서 만든 것들에 대해 이야기하며 진짜 스피커를 만들고 싶다고 말했다. 대화가 진행되면서 프랭크와 타일러는 서로 다양한 스피커의 내외부 구조에 관한 상세한 지식을 주고받았고 대화가 점점 더 활기를 띠었다. 그날 일을 마칠 무렵 타일러는 3천 파운드짜리 스피커를 조립하고 떠나며 이튿날에 다시 오겠노라고 말했다. 타일러 역시 프랭크와 진심 어린 관계를 맺었고 그 관계는 둘이 함께 한 일 이상으로 지속되었다.

실험을 설계할 때 우리는 우리가 경청, 관찰, 제작을 통해 얻은 현장 경험들을 다른 장소나 맥락에서 빌려온 학술 연구 및 아이디어와 결합한다. 루프스를 설계할 때에도 우리는 성공적인 세대 간 프로젝트 사례들을 찾아보았고 많은 것을 발견했다. 가장 널리 알려진 성공사례 중 하나는 '할렘 칠드런스 존Harlem Children's Zone◆'이란 프로젝트다. 젊은이들의 성공과 지역사회의 성

◆ — 미국의 저소득층 밀집 주거지역에서 다양한 자원을 결합하여 아동과 가족에게 통합적 서비스와 교육 기회를 제공함으로써 빈곤으로부터의 탈피를 지원하는 비영리 민간단체의 공익사업-옮긴이

공이 동반관계라는 이 프로젝트의 철학은 지역사회에 뿌리를 내려 모든 서비스와 기회들이 물적, 인적 측면 모두에서 분명하게 결합되었다.[65]

다른 예로는 젊은이들이 지역사회 안에서 그들의 역할을 찾을 수 있도록 지원하는 일본 정부의 후원 사업들, 그리고 브라질에서 어른과 아이들이 최대 1천 명까지 함께 모여서, 만들고, 배울 수 있는 공간을 설계하는 '만남의 장소Salão do Encontro'라는 프로그램을 들 수 있다.[66]

우리는 전문가들을 초대하여 함께했는데, 전 세계의 젊은이들과 함께 일하면서 무엇이 그들을 번성케 하는지 연구해온 미네소타 대학교의 마이클 레스닉Michael Resnick 교수를 잠시 초청하기도 했다. 그를 통해 우리는 학계에서 공감을 얻고 있는 성찰reflection에 관한 아이디어를 알게 되었다.[67] 성찰은 아주 명쾌한 개념이다. 즉 성찰은 경험한 것을 되돌아보고, 거기에서 무엇을 깨달아 알게 되었는지 살펴봄으로써 앞으로 나아갈 계획을 세워가는 과정으로, 이를 위한 구조화된 공간과 시간이 반드시 필요하다. 우리는 라이프 팀의 작업(실험 1)에 이와 비슷한 것을 만들고 다운로딩downloading이라고 이름 붙였었다. 평가 결과, 성찰은 젊은이들의 역량, 자신에 대한 긍정적인 이야기를 할 수 있는 능력, 목적의식을 키우는 데 도움이 된다는 것을 보여주었다. 우리는 루프스에서도 이를 시도해보고 싶었다.

우리는 타일러와 같은 몇몇 젊은이들이 얼마나 쉽게 낙담하는지, 그리고 이전의 실패를 딛고 다시 일어서기 위해 어떤 지원이 필요한지를 본 적이 있다. 참가자들은 체험을 소비하고 순간의 즐거움에 탐닉하는 모습을 보였지만, 잠시 하던 것을 멈추고 되돌아볼 수 있는 여유가 없었다면 그들이 알게 된 것을 자기 것으로 만들지는 못했을 것이다. 트루디와 연결되지 않았다면 린지와 로라는 그저 무료 매니큐어나 즐기고 말았을지 모른다. 트루디는 소녀들에게 그들의 경험에 대해 다른 방식으로 생각하도록 격려하면서 그들의 인식과 통찰력을 이끌어냈고, 그 소녀들은 자신의 삶을 보는 시각이 바뀌고 가능성과 성장에 대해 열린 관점을 갖게 되었다.

성찰협조자reflector는 코치가 아니다. 그들은 가르치거나 학습을 지도하려 하지 않는다. 그 역할은 정신분석 대상자의 배움을 격려하는 정신분석가의 역할과 더 비슷하다. 성찰협조자는 청년에게 거울을 들고 그들이 무엇을 하고 보았는지, 그리고 이 연결 과정을 통해 무엇을 알게 되었는지 생각해보라고 권한다. 성찰협조자는 약간의 개입을 통해 그들이 깨달은 것을 내면화하는 방법을 안내하며, 아마도 천천히 자기 인식의 변화에 이르도록 돕는다. 성찰은 재미있는 활동을 좀 더 의미 있는 것으로 바꾸는 요소이다.

우선, 루프스에서 작업한 파티서플 팀은 성찰협조자의 역할을 모델링했다. 그들은 다양한 연령대로 구성된 작은 집단들에게 도서관이나 카페에서 만나자고 했고, 경험에 대해 탐색적인 질문을 했다. 성찰협조자들은 대화를 유도하고 안내했지만 판단하지 않도록 유의했다.

춤을 좋아했던 엘리샤는 전문 댄서와의 경험을 선택했다. "너어무 지루했어." 그녀는 자신의 경험을 되새겨보라는 질문에 한숨을 내쉬었다. 엘리샤가 보기에 프로 댄서인 제니는 자기 자신과 회사를 차린 경위에 대한 얘기만 장황하게 늘어놓았다. 성찰

성찰하기

협조자와 엘리샤의 친구들은 엘리샤가 왜 그것을 지루하다고 여겼는지 이유를 잘 생각해보라고 격려했다. 엘리샤는 30분에 걸쳐 대답하면서 서서히 자신이 많은 것을 배웠음을 알아챘다. "난 내가 춤추는 모습을 보여줄 웹사이트를 만들겠어." 그녀가 결론을 내렸다. "제니에게 물어봐야지." 관계와 새로운 사고방식이 뿌리를 내리고 있었다.

우리는 지역사회에서도 성찰협조자를 발견했다. 로라의 엄마, 아멜리아의 아빠, 우리가 하고 있는 일을 사랑했던 청년 일꾼들, 그리고 스스로 체험하며 성장한 멜빈과 같은 젊은이들. 우리는 이들에게 거울과 안내자가 되는 방법, 그리고 이것이 가르침이나 코칭의 행동과 어떻게 다른지에 대한 소개 등으로 짧은 교육을 제공했다. 그러고 나서 우리는 성찰협조자들에게 간단한 도구를 활용하여 그들이 모임을 진행할 수 있도록 도와주었다.

자기형상self-shape은 이러한 도구들 중 하나였다.

그 여름의 대화에서 성찰협조자들은 우리가 만난 사람들이 자신들의 학습과 성취도에 대해 편협하게 평가하는 모습을 보고 크게 놀랐다. 대부분의 젊은이들은 학교나 대학에서 많은 시험을 치르고 있으며 성적을 잘 받는 게 중요하다고 생각한다. 스포츠 팀이나 연극, 혹은 밴드에서 탐나는 자리를 얻는 것도 점수로 가산되었다. 점수 이외의 다른 피드백은 언제나 잘못된 행동이나 꾸중을 듣는 것과 관련이 있었다.

팀의 구성원이 되는 것, 좋은 사회적 기술, 새로운 경험을 시도하는 것, 문제해결사 등과 같이 딱히 설명하기 힘든 강점들은 눈에 잘 띄지 않기 때문에 주목을 받거나 등급을 얻지 못했다. 그러나 이러한 덜 도드라진 강점들은 더 넓은 세계로의 발전과 참여에 매우 중요하다. 그것들은 시험 성적보다 더 중요하다고 감히 말할 수 있다. 그것들은 스스로 배우고 역량을 개발하는 데 있어서 본질적인 부분이다.

자기형상은 이러한 강점들을 가시화해주었다. 자기형상이라 이름 붙인 이 도구는 우리가 실험 내내 사용한 네 가지 능력, 즉 학습, 건강, 지역사회, 인간관계를 각각의 빈칸에 표시한 간단한 도표였다. 성찰 시간에 젊은이들은 자기형상 도구를 활용해서 자기 자신과 친구의 강점과 능력이 발전하는 모습을 그려내곤 했다. 모든 사람들이 자기형상을 좋아했다. 그것은 재미있고, 발전을 드러내주었으며, 무엇보다도 대화의 지점을 제공해주었다.

마음이 약한 사람은 젊은이들과 함께 일하는 것이 어려울 수 있다. 우리가 보니 성찰 시간에 젊은이들은 관대하고 때론 온화하게 서로를 지지해준 반면, 우리의 아이디어가 멍청하고 먹히지 않을 것이라고 생각하면 가차 없이 비판하고 때론 심한 말을 할 수도 있기 때문이다. 일부 성인들은 성찰협조자의 역할을 어렵게 여겼다. 그들은 통제력을 갖기를 원했고, 젊은이들에게 무언가를 지적하거나, 무엇을 해야 하고 어떻게 해야 하는지 알려주고 싶어 했다. 그들은 젊은이에게 일정한 길을 안내하거나 지도하고 싶었던 것이다. 이건 효과가 없는 일이다. 그러나 성찰협조자 역할을 맡은 대부분의 사람들은 그 역할에 대해 만족하고 성취감을 느꼈다. 그들은 자신의 기술을 발전시켰고, 만남이 쌓여가면서 드러나는 변화를 볼 수 있었다.

세라, 라비야, 조너스, 크리스 등 루프스에서 작업한 파티서플 팀은 젊은이들과 교제하는 데 뛰어났다. 그들은 멜빈, 네이선, 아멜리아와 같은 개방적이고 호기심이 많은 사람들을 끌어들였다. 이 젊은이들에게 꼭 루프스가 필요한 것은 아니었지만, 그들은 능숙하게 서로서로 번갈아가며 다른 사람들을 지지해주었다. 그 팀은 린지, 로라 같은 느림뱅이도 끌어들였다. 그러나 우리가 어쩌지 못해 손 놓고 있던 사람들에게 다가가기 위해서는 그들도 애를 써야 했고 그런 사람들 중엔 리엄처럼 침실 밖으로 나올 생각도 않던 사람이나 모와 같이 도무지 흥미를 끄는 게 하나도 없다던 사람들도 포함되어 있었다.

사람들은 종종 내가 정말로 가장 도움이 필요한 사람들과 일하고 있느냐고 묻는다. 자금을 대주는 후원자들은 우리가 활동한 사진들을 면밀히 살펴보며 '너무 중산층스러워' 보이는 사람들을 골라내는 것으로 알려져 있기도 하다. 파티서플의 동료들은 내가 원래 그렇게 타고났다고 말할지도 모르겠다. 우리는 모두 제도 안에서 일하고 배우는 구조의 산물이라 생각하기에 나는 사회의 주변으로 밀려나 있는 사람들, 정책입안자들이 말하는 이른바 '가장 도달하기 어려운' 사람들에게 집중하여 일한다. 하지만 내가 너무 편협했음을 깨달았다.

첫째로, 우리가 모와 멜빈에게서, 그리고 또한 라이프 프로그램에 참여한 가족들(실험 1)에게서 보았듯이, 누가 도움이 필요하고 누가 잘 지내는지를 언제나 알 수 있는 것은 아니다. 둘째, 멜빈과 같이 다른 길을 찾은 사람들은 우리가 할 수 없는 방법으로 다른 사람들을 데려올 수 있다.

좌절의 늪에서 헤어나지 못한 또래들을 끌어들인 것은 젊은이들 자신이었다. 청소년센터나 침실에 처박혀 있던 수많은 사람들이 그곳을 나와 여기로 찾아온 것은 루프스가 좋은 경험이라는 것을 아는 사람한테서 들었기 때문이다. 중산층 가정의 젊은이들 역시 학교의 무자비한 압박감, 장시간 일하고 거의 집에 있지 않은 부모들, 또래들에게서 소외되지 않으려는 데서 오는 불안감 등의 문제를 겪고 있었다. 이들 중산층 젊은이들은 여러 가지 이유로 우리에게 왔고, 로버트 퍼트넘의 연구에 참여한 아이들과 마찬가지로 그들의 인맥을 가져왔다. 바로 그들의 부모와 친구들이다.

그들은 우리 모두가 활용할 수 있는 자원(관계와 경험)을 확장했고 루프스에 참여하는 것이 수치스럽거나 낙인감을 주는 일이 아님을 입증했다.

조직 형태에 대한 실험

옛말에 "새 술은 새 부대에"라고 했다. 라이프와 마찬가지로 루프스가 성공하려면 새로운 형태의 조직과 문화가 필요했다. 루프스는 젊은이들이 주도하는 것이 옳다. 루프스를 운영하고 지속적으로 업데이트하는 데 있어서 젊은이들에게 루프스의 문화를 알리고 협력하도록 하는 것은 루프스의 진정성을 살리는 데 꼭 필요한 것이다. 우리는 젊은이들에게 일어나 새로운 역할을 맡아 달라고 요청했다. 우리는 루프스가 확산에 적합한 구조를 갖추어 영국의 모든 젊은이들에게 루프스에 참여할 기회가 주어지기를 원했다.

루프스는 이웃에서 이웃으로 연결되면서 유기체가 성장하듯이 자라날 수 있는 벌집과 유사한 형태의 조직 구조(3부에서 새로운 조직 형태와 그 가능성에 대해 좀 더 자세히 살펴볼 것이다.)를 가지고 있었다. 루프스에는 소규모의 중앙 허브가 있어서 웹사이트를 호스팅하고 프로토콜과 툴의 보호 등 핵심 시스템을 유지하며 경험을 교환하는 것과 같은 기능을 수행했다.

루프스는 디지털 방식으로 작동했기 때문에 비용이 적게 들었다. 휴대폰과 웹사이트를 이용한 덕에, 젊은이들을 새로운 기회에 연결하고, 모임 주최자와 성찰협조자에게는 보안검사를 실행하며, 우리의 도구를 널리 이용할 수 있게 개방할 수도 있었다. 이러한 개방형 또는 비위계적 조직 방식은 참여한 젊은이들에게 공감을 얻었고 우리 파트너들도 이 방식에 찬성했다.

나는 이 새로운 형태의 조직을 관계형이라고 부르고 싶다. 왜냐하면 그것은 전통적인 위계조직에 속한 관리자들의 통제를 통해서가 아니라 또래들 사이의 관계에 의해 특징지어지기 때문이다. 청소년 및 청년층 분야에서는 위계적 구조를 흔히 볼 수 있다. 나는 중앙 관리인, 지역 관리인, 청소년센터 관리인, 청소년들과 거리를 두고 활동하는 일선 활동가들을 만났다. 이 직함들은 나에게는 별 의미가 없었지만, 공식적인 수직적 관리구조 내에서 각 사람의 위치를 분명하게 해주는 것들이었다. 몇몇 청년 활동가들은 그들의 직급과 직위를 소중히 여겼지만, 대부분은 루프스에서 누리는 가능성에 해방감을 느꼈다. 그런 점에서 루프스는 파괴적이었다. 루프스가 아니었다면 만날 수 없는 사람들 사이에 새로운 관계를 만들어냈고, 조직 내에서의 공식적인 관계를 뒤집어 엎어버렸다. 어쩌면 이 두 가지 특징 때문에 루프스가 결국 실패하고 만 것인지도 모른다.

실패

루프스는 결국 실패한 실험이 되었다.

개발이 완료된 버전의 루프스를 실행한 지 8주가 지난 후, 우리는 파트너들과 지방당국 지도자들을 회의에 초대했다. 우리는 수백 개의 체험 기회를 모았고 거의 3백 명이나 되는 젊은이들의 참여를 이끌어냈다. 이 첫 번째 실험집단의 3분의 1은 세 가지 이상의 체험에 참여했고 우리는 자신감과 역량에 있어서 측정 가능한 변화를 보았다. 젊은이들은 자기 자신에 대해 새로운 이야기를 갖게 되었고 우리는 그것들을 필름에 담았다. 루프스의 각 지점마다 7명의 숙련된 성찰협조자들이 있었고, 우리는 더 넓게 확산할 준비가 되어 있었다.

루프스에 참여했던 모든 사람들은 루프스를 사랑했다. 그 가운데에는 젊은이들과 관계를 유지하면서 기꺼이 더 많은 기회를 계속 제공하고자 했던 모임 주최자들, 성찰협조자로 자원봉사를 해준 부모와 청년들, 그리고 때때로 힘든 경험을 하기는 했지만 친구들을 데려오고 소문을 퍼뜨리며 참여한 청소년 당사자들이 있다.

루프스는 참가 청소년 한 명당 1년에 52파운드의 비용이 든다. 참여가 늘어나도 직접 비용이 증가하지 않는다는 점에서 저렴하고 쉽게 확장할 수 있었다. 더 정확히 말하자면, 루프스는 모든 젊은이들에 대한 52파운드의 투자라 할 수 있다. 왜냐하면, 우리는 젊은이들을 통제하거나 그들의 문제를 해결하기보다는, 행동하고 참여하는 시민으로서의 잠재력에 투자하고 있었기 때문이다. 그들은 이를 통해 앞으로 살아갈 때 더 많은 관계, 능력, 그리고 회복력을 갖게 될 것이었다. 이 같은 루프스를 영국의 모든 젊은이들에게 제공하려면 학교 중퇴자나 교육에서 탈락한 사람들에게 매년 지출되는 예산의 2퍼센트 정도의 비용으로도 충분할 것이다.[68]

우리의 파트너들이 회의에 모여들었다. 사람들이 서로 인사를 나누고 커피가 차려지자 기대로 들뜬 분위기가 감돌았다. 나는 루프스가 해낸 변화를 보여주려고 젊은이들이 자신에 대해 이야기하는 장면을 담은 영상을 틀었다.

그러자 차츰 사람들이 일어나 방을 나가거나 뒤쪽으로 가서 휴대폰을 들고 낮은 목소리로 이야기를 하기 시작했다. '이게 뭐지?' 나는 이해할 수 없어 동료에게 물었다.

나는 이내 알게 되었다. 그들은 영상을 보고 놀라서 상사에게 전화를 걸어 청소년들이 자기 또래도 아닌 사람들과 어울리고 도시의 생소한 지역에서 감독관도 없이 무언가를 하고 있다는 것을 보고하고 있었다. 위험에 처한 청소년들과 위험천만한 이

프로젝트를 어떻게 통제해야 하느냐고.

그날 햇살 가득한 아침, 인간관계와 인간적 발달의 가능성은 위기관리 문화에 가로막혀 대기 속으로 사라지고 말았다.

이들이 가진 두려움이 전혀 근거가 없는 것은 아니다. 사실, 어찌할 바를 모르는 청소년들, 가정이 안정적이지 않거나 해체되어서 가족이 없거나 있어도 자녀를 제대로 지지해주지 못하는 가정의 청소년들은 너무나 위기에 취약하다. 악의를 가진 사람들이 무자비하게 이런 취약한 청소년들을 찾아다니며 먹잇감으로 삼고 있다는 증거는 너무나도 많다. 나도 위험한 상황에 도전해야 할 때 극도로 신중을 기한다. 루프스 팀은 보안전문가의 조언을 고려하여 설계되었다. 어른들은 경찰의 신원조회를 거쳤고, 청소년들은 항상 소집단에 소속되어 활동했으며, 결코 혼자 움직이지 않았다. 그리고 회의는 항상 공공장소에서 열렸다.

그러나 통제 위주의 방식은 거의 효과가 없다. 첫째로, 모와 멜빈의 경우에서 보았듯이, 서비스와 책임부서 당국은 누가 정말 위험에 처해 있는지 일일이 파악하는 것이 거의 불가능하다. 둘째로, 젊은이들을 동정심으로 감싸는 것은 그들이 자신을 위해 좋은 삶을 개척할 기회를 부정하는 것이다.

자기 삶을 개척해가는 젊은이는 위기에도 쉽게 쓰러지지 않는다. 그들은 신뢰할 만한 사람을 만나 도움을 얻으며 좋은 방향으로 발전할 가능성을 가지고 있다. 우리가 함께 일했던 젊은이들은 자신감에 가득 차서, 새로운 관계를 맺으며, 희망을 갖게 되었다.

하지만 궁극적으로 루프스는 너무 도전적이었다. 마치 제멋대로인 십대처럼 규칙을 따르지 않는 것 같아 보였을 것이다. 나이,

소득, 지역에 관계없이 다양한 사람들을 새로운 방식으로 모아들여 어우러지게 했으니 말이다.

그리고 우리는 외견상으로도 기존의 서비스와는 다른 것을 만들었다. 자격심사도 없고, 들고 나는 것에 관한 통제도 없었으며, 뚜렷한 규칙도 없었다. 우리는 또한 청소년들의 관심을 다른 곳으로 돌리고 통제하기 위해 재정지원을 받는 기존 기관과 단체들의 이익에 도전했던 것이다. 우리는 당국에 의해 관리될 수 없었으므로 문을 닫아야만 했다.

뼈아픈 충격이었다. 우리는 청소년들을 지원하기 위해 일했던 지역사회 안에 얼마나 많은 에너지가 있는지를 발견했고, 전통적인 서비스에서는 사회에서 낙오하여 손을 내밀 수 없는 곳에 있다고 여겨지던 사람들과 함께 변화의 동력을 창출할 수 있다는 것을 배웠다. 그리고 우리는 많은 사람들에게 서비스를 개방함으로써 관계와 자원, 기회들을 접근하기 쉽게 하고 더욱 증폭시킬 수 있었다.

실패는 우리에게 상처를 남기기도 하지만 무언가를 깨닫게 하는 장점이 있다. 우리는 루프스의 구성 요소들인 측정 도구, 자기소개 방식, 그리고 지금도 계속 만들어져 나가는 중인 성찰협조자의 역할 등을 끄집어내서 다른 실험들에 적용했다. 우리는 젊은이들이 얼마나 열심히 역량을 키우고 성장했는지 측정하는 모습에서, 그리고 지역사회가 젊은이들에게 기꺼이 기회를 제공하고 지원하고자 하는 모습에서 용기를 얻기도 했다. 나는 또한, 적어도 현재로서는, 그 정도의 급진적인 변화가 가능하지 않다는 것도 배웠다. 우리의 정신과 가치를 기존 시스템에 더 가까이 가져갈 수 있는 방법을 찾아야 했다. 어쩌면 우리는 복지 시스템의 한 축인, 일을 놓고 있거나 일자리를 찾고 있는 사람들을 지원하는 서비스 분야에서 이것을 시도해볼 수 있을 것이다.

실험 3 : 좋은 일

"얼른 이곳에서 벗어나시오!" 우리는 사우스런던의 한 고용지원센터 안에 임시출입문을 급조해서 세우고 이렇게 큼지막하니 써 붙였다. 일자리를 찾는 사람이라면 누구나 환영하지만, 조건이 하나 있는데, 운영에 기여하는 의미에서 5파운드를 내야만 입장할 수 있도록 했다.

이 문을 통과해 들어온 첫 번째 손님은 라마였다. "일주일 간격으로 일자리를 옮겨 다니며 쓸모없는 사람으로 취급받는 건 정말 끔찍해요." 라마는 거칠게 숨을 들이마셨다. "나는 절대로 게으른 사람이 아니거든요." 다음으로 잭이 들어왔다. "사람들이 도대체 생각이 없다니까요. 면접 볼 때 넥타이를 매라는 말만 하고." 말쑥한 신사인 잭이 다소 격한 어조로 말했다. 이어서 분노에 차 있던 과묵한 얼, 어린 아들과 함께 온 마른 몸매에 연약해 보이는 데비, 그리고 실라와 해나가 들어왔다. 그 뒤를 이어 들어온 켄드라는 경영학 학위가 있는데도 추천받은 일자리는 청소일이라고 했다. 이런 식으로 만남이 계속되었다. 우리가 참가비를 올렸는데도 사람들은 계속 왔다.

주요 일간지의 머리기사에서 이들은 식객, 게으름뱅이, 사기

꾼, 쓰레기라고 불린다. 고용지원센터에 줄 선 사람들은 모두 이런 낙인으로 인해 모멸감을 느끼고 있다. 그러면서 그들은 자신들에 대한 이런 낙인을 받아들인다. 그들은 열심히 일자리를 찾고 있지만 주변 사람들을 믿지 않는다. "희망을 잃게 돼요." 워릭 대학교 경제학과를 졸업한 마리암이 나에게 말했다. 그리고는 의미심장한 말을 던졌다. "이런 부류의 사람들과 어울리다 보면 나도 닮는 거죠." 우리 고용지원센터의 문을 열고 들어오는 것은 수치심에서의 탈출, 즉 비방과 굴욕에서 벗어나려는 시도였다. 좀 색다른 경로를 시도해보면 좋은 일자리가 생길지도 모른다는 실낱같은 희망을 가지고.

일을 하면 돈과 함께 자부심도 얻는다. 베버리지는 무직자에 대한 지원을 그의 복지제도 구상의 중심에 두었으며, 그 틀은 현재의 제도에도 그대로 남아있다. 실업자들은 실업급여와 함께 상담을 받는데 그게 바로《사회보험과 관련 서비스들》의 내용이다. 실업급여는 30억 파운드가 조금 안 되는데 이는 영국 복지예산의 1퍼센트를 차지하는 액수이다.[69] 이 복지제도를 운영하는 데 드는 행정 비용도 어마어마해서, 그 자체만도 10억 파운드 규모의 산업이다.[70] 그런데도 제대로 작동하지 않고 있다. 고용지원센터에 오는 사람들의 3분의 2는 한 번으로 안 되어서 두 번, 세 번, 심지어 다섯 번까지 방문한다. 이 제도는 실패율이 66퍼센트인 셈이다.[71]

더 중요한 것은, 단순히 실업에 대응하는 방식으로는 이 문제가 해결되지 않을 것이라는 점이다. 일자리를 찾는 것만으로 충분치 않다. 찾을 수 있다면 좋은 일자리를, 그리고 계속해서 경력을 개발할 새로운 방법을 찾아야만 한다. 경제학자들은 우리의 경제를 모래시계에 비유한다. 위쪽에는 근사한 일자리들이 있는 반면 밑바닥엔 저임금의 일자리들이 많이 있는데 이 양자 간의 통로는 모래시계의 허리처럼 점점 좁아지고 있기 때문이다. 문제를 더 복잡하게 하는 것은, 우리 머릿속에서 두 개의 서로 다른 개념이 충돌하고 있다는 점이다. 하나는 어떤 비용을 치르고라도 일자리를 찾아야 한다는 것이고 또 하나는 노동이라는 것은 이미 20세기 말에 파기된 개념으로 노동 없는 세상을 준비해야 한다는 것이다.

21세기에는 노동 자체가 곧 좋은 삶으로 연결되지 않는다. 한편에는 노동이라 하면 곧 천한 것, 빈곤을 연상하는 많은 사람들이 있는가 하면, 다른 한편에는 임금이 낮아지고 노동조건이 악화되며 심지어 노동자를 고용하지 않는 분야들이 늘어나는 것에 대해 불안해하는 많은 사람들이 있다. 이전에도 일자리는 생겼다가 없어지곤 했다. 1950년대에도 '우리의 일자리를 빼앗아 가는 로봇'에 대한 우려가 있었지만 오늘날 테크놀로지는 노동의 본질과 노동하는 장소 그리고 일자리의 유형에 이르기까지 밑바닥에서부터 전반적인 변화를 일으키고 있다.

상황은 이러한데, 우리는 여전히 전후의 생산 방식으로 작동하는 구닥다리 복지 체제로 맞서고 있다. 즉, 구직자들을 줄지어 세운 뒤 컨베이어 벨트에 올려놓고 일자리에 분배하는 식이다. 빠르게 변화하고, 고도로 세분화되며 촘촘하게 연결된 노동환경에서 이러한 서비스가 작동하지 않는다는 것이 놀랄 일인가? 이런 서비스로는 사회에 첫발을 내딛는 청년이나 제2의 인생을 준비하는 노인들을 지원하지 못한다. 아무리 애써도 원하는 분야에서 좋은 일자리를 찾지 못하는 사람들이나 저임금 단기계약직을 돌고 도는 사람들에게도 아무런 답을 주지 못한다.

그럼 우리가 무엇을 할 수 있을까? 오늘날의 노동양상을 잘 반영하면서 어우러질 시스템을 우리가 만들어낼 수 있을까? 나날이 변화하는 낯선 직업 지형 속에서 사람들이 각자의 길을 잘 찾아가도록 도울 수 있을까? 사람들이 기술이나 자격조건과 관련하여 폭넓게 역량을 개발할 수 있도록 제안할 게 없을까? 어떻게 하면 다시 노동이 곧 좋은 삶으로 이어지도록 할 수 있을까? 우리 팀과 고용지원센터와의 협력자들은 그 답을 찾고 싶었다.

꿈과 좌절

"나는 단지 일자리를 얻으려는 것이 아니라 제대로 된 직업을 갖고 싶어요." 구부정한 어깨에 큰 털모자를 깊게 눌러쓰고 헤드폰으로 두 귀를 막은 얼이 털썩 앉으며 말했다. 우리는 임시출입문으로 들어온 모두에게 이야기를 나누러 한 번 더 오시라고 제안했다. 시간과 날짜를 정하고 동네 카페에서 만났다. 얼은 약속 시간 한 시간 전에 친구 데이브와 함께 나왔다. 이것을 열의로 해석해야 하나 싶었지만 그들의 몸짓에서 풍기는 분위기는 달랐다. 의심하는 듯도 하고 적대적인 모습으로 보이기도 했다. 데이브는 내내 아무 말도 하지 않았는데 반면에 얼은 자기가 얼마나 가망 없는 무용지물인지 연설가처럼 한참을 말했다.

얼은 50대인데 굵직한 음색에다 독특한 바베이도스 억양이 심해서 나는 가끔 그가 무슨 말을 하는지 알 수가 없었고, 어떤 때는 얼 자신도 의사소통하기가 힘든지 말을 하다가 멈추곤 했다. 그런 그를 '분노에 찬, 폐쇄적인, 또는 사귀기 힘든' 사람이라 묘사할 수도 있다. 하지만 얼 스스로는 자신을 그렇게 생각하지 않았다. 그는 요리사가 되어 자기 사업을 하고 싶은 '타오르는 열정'이 있었다. 수년째 무직 상태인 그는 공식적으로 내세울 만한 자격이랄 것이 하나도 없었으며 마약 거래로 2년간 수감되었던 이력도 있다. 하지만 다시 일어서려고 부단히 노력했고 지금은 꿈을 이루기 위해 고용지원센터의 도움을 기대하고 있다. 얼은 기존 센터가 진정성 없이 자신을 하찮게 보는 것에 모욕감을 느꼈다.

당신은 고용지원센터를 방문해야 했던 적이 있는가? 일반적으로, 제복을 입은 안전요원이 다가와 속으로는 이 사람이 '말썽'을 일으킬 사람인지 아닌지 재면서 어느 줄에 설지를 알려준다. 대개 그곳엔 무거운 침묵만이 있다. 많은 사람들이 모니터 앞에서 구인정보를 살펴보고 있고, 어떤 이들은 상담원의 책상 앞에 앉아서 조용조용 대화하고 있다. 한 사람에게 할당된 시간은 약 30분 정도로 짧고, 방점은 '탈(脫)수급'에 찍혀 있다. 상담원은 당신이 어떻게든 일자리를 선택해서 수급자 지위에서 생산 활동을 하는 노동자로 옮겨가도록 설득하기 위해 최선을 다할 것이다. 그들은 숙련된 모습으로 민첩하게 일을 처리할 뿐 누군가의 꿈 얘기에 귀 기울일 시간은 없다.

"그런데요, 모르겠어요? 나는 새로운 직업, 새로운 삶, 내가 존재하는 의미를 새롭게 찾으려고 여기 왔단 말입니다. 나를 좀 도와줄 수 없나요?" 유명한 코미디인 〈몬티 파이튼Monty Python◆〉의 등장인물 미스터 안초비가 상담원에게 묻는 말이다.[72] 상담원은 현

◆ — 비행 서커스를 창출한 영국의 희극 그룹. 이 그룹은 당시 생활상이나 서민들의 관심사로 풍자적이고 희극적인 스케치극을 만들어 1969년 10월 5일부터 BBC TV에서 방영했다.-옮긴이

명하게 고개를 끄덕이고는 미스터 안초비에게 비록 안성맞춤의 조련사 모자를 갖고 있다 해도 사자 조련사가 되려는 꿈을 추구하기에는 그가 너무 둔하고 훈련도 안 받았으니, 공인회계사로 일하는 편이 훨씬 나을 것이라고 말한다. 나는 얼의 이야기를 들으며 이 장면을 떠올린다. 얼을 만난 상담원은 얼이 요리사가 되거나 자기 사업을 할 수 있다고 생각지 않는다. 물론 회계사도 될 수 없다. 사실, 상담원이 듣기에 얼의 꿈은 너무 황당해서 사자 조련사가 되겠다고 하는 것과 다름없다. 얼은 마침 괜찮은 모자도 갖고 있으니 말이다.

얼은 이른바 '영구동토,' 얼어붙은 땅이다. 영구동토는 고용지원 전문가들이 부상이나 정신질환, 자격미달, 비현실적 꿈과 좌절로 인해 어떻게 해도 도와줄 수 없는 사람들을 빗대서 하는 말이다. 영구동토 집단은 일 년 이상 실업 상태인 사람들로, 총 40만 명쯤 되며 전체 실업자의 4분의 1을 차지한다.[73] 임시출입문을 통해 처음 들어온 사람들 대부분은 사다리에 올라서보려는 젊은이들 혹은 이들 영구동토 집단의 일부였다.

고용지원센터의 상담원들에게는 내담자 1인당 6개월 정도의 시간이 주어진다. 이 기간 안에 일자리를 정해주지 못하면, '일을 통한 복지Welfare to Work'◆ 서비스를 제공하는 민간영역의 사업체에 내담자를 의뢰한다. 이들 민간위탁 사업체들에서는 절차가 더 빡빡하고 '고객'을 신속히 일자리에 연결해야 한다는 압박감도 더 세다. 이 서비스 담당 직원들 대부분은 고객을 구워삶고 설득하는 데 능한 세일즈 전공자들이다. 하지만 영구동토층은 쉬이 움직이

◆ — 생활 보조 복지수혜자 중 노동 가능한 실업자에게 일감을 찾아주도록 추진된 정책-옮긴이

지 않는다. 일하기가 싫어서일 수도 있지만, 어쩌면 그들은 얼처럼 흔한 구식 일자리는 싫고 자신만의 전문 영역의 일자리로 안내해주기를 원하는지도 모른다. 이런 어려움이 인정되어 영구동토층 사람에게 일자리를 찾아준 사업체에는 고액의 포상금이 주어진다.[74] 하지만 일자리를 찾거나 한 직장에서 오래 머물게 도운 성공사례는 흔치 않아, 영구동토 집단은 다시 고용지원센터를 찾아온다.

혁신 : 시도와 실패

우리는 어떤 다른 접근을 할 수 있을까? 기존 제도가 무용지물임을 모두 알기에 유능하다는 많은 사람들이 제도를 고쳐보려고 노력했다. 고용지원 서비스 자체에 대한 혁신사업만도 수백만 파운드 규모의 큰 산업인데 결과적으로는 서비스 혁신에서 실패한 시도들의 매장지가 되어 있다.[75]

개혁은 1980년대에 본격적으로 시작됐다. 밴드 UB40◆가 열 명 중 한 명이 실직자인 현실을 노래하는 동안 마거릿 대처 수상은 걷잡을 수 없이 늘어나는 복지 관련 비용이 영국 경제난의 핵심이라고 주장하며 복지혜택의 삭감을 추진했다. 그리고 신공공경영 이론에 기반을 둔 시장 주도의 개혁을 통해, 효율성 향상을 명목으로 민간업체들과 '성과급제' 계약을 맺었다.

1990년대에는 고용지원센터를 재정비, 재조직하는 사업을 추

◆ — 1970년대 말부터 활동해온 영국의 대표적 밴드-옮긴이

진했다. 당시의 공식 기록들을 보면, '전통적인 접근법들에 대한 비판'과 더불어 구직 상담이나 복지수혜 신청 시 "대기 시간을 효율적으로 관리할 수 있도록 은행이나 대규모 슈퍼마켓 같은 데서 배워야 한다"는 말이 나온다.[76] 고용지원센터는 밝은 초록색의 로고로 새 단장한 '잡센터 플러스Jobcentre Plus'로 바뀌었으며 실내에는 대기 중인 이용자들을 위해 소파가 배치됐다. 상담원들이 일하던 카운터에 설치되어 있던 유리 칸막이도 철거했다. 하지만 이런 시도는 성형수술에 지나지 않았고, 결국 실패했다. 많은 일선의 상담원들은 파업에 들어갔다. 상담원들은 재정비 논의에서 제외되었고, 불만과 분노에 가득 찬 '고객들'에 대해 아무런 보호막도 없는 환경에서 기존과 똑같은 업무를 하는 것이 위태롭고 불안하다고 느꼈다. 지금은 책상 밑에 비상 버튼을 다시 설치하고, 볼펜은 무기로 사용될까 봐 뾰족한 촉을 안으로 집어넣을 수 있는 것으로 비치했으며, 출입문에는 경비들을 배치했다. 이 75억 파운드짜리 재정비사업은 실제 내용은 그대로인데 이름과 색상만 눈에 띄게 바꾼, 직원과 서비스 이용자들을 무시한 시도로, 혁신에서 피해야 할 거의 모든 오류들을 보여주는 사례연구 감이다.

지난 10년 동안은 재정 효율성이 다시 강조되었다. 복지수혜 자격을 강화해서, 정말 악랄하게도, 환자나 장애인들조차도 노동 가능자로 판정하고 '일한 만큼 돈을 받는make work pay' 방식으로 돌리며 복지혜택 자체를 축소해서 복지예산을 줄이기 위해 안간힘을 썼다. 갈수록 복잡해지는 복지 시스템의 운영비를 줄이려고 더 많은 서비스들이 민간사업체로 넘어갔다.

여러 혁신 시도들을 하나씩 떼어놓고 각각의 장점을 생각하면 그런대로 괜찮아 보였다. 다수의 복지혜택을 통합해서 매월 하나의 급여로 지급하고, 수혜자의 소득이 증가하면 점차 그 급여를 줄여가고자 했던 보편적 수당Universal Credit도 합리적인 것으로 보인다. 보편적 수당은 2010년에 처음 제안됐지만, 종종 그렇듯이 그 실행은 매우 애를 먹었다. 왜냐하면 수혜 가정들의 실제 재정관리나 개인 부채관리에 대해 조직의 이해가 부족한 데다 조직 내 혼선과 수급 산정방식 혼란으로 인해 손을 댈 수 없게 되어버렸기 때문이다.[77] 보편적 수당은 2021년 안으로도 실행될 기미가 보이지 않고, 예상 소요 비용은 벌써 20억 파운드에서 150억 파운드로 늘어났다.[78]

계속된 땜질에도 상담과 복지혜택의 제공이라는 1950년대식 원조의 핵심은 여전히 유지되고 있다. 그러나 복지 전달체계가 점점 더 세분화되고 시스템이 복잡해져서 이제는 이를 온전히 이해하는 사람이 거의 없다.

우리의 실험 초기에 동료 한 명이 복지제도의 한 부분을 나타내는 지도를 만들어봤다. 너무나 촘촘하게 얽혀 있는 의뢰와 상담과 재의뢰의 경로들을 이해해보려는 시도였다. 게다가 이 모든 혜택들은 계속해서 이름과 계산법이 바뀌고 있었기 때문이다. 나는 최근에 이 혼란스런 제도를 질서정연하게 재정비할 임무를 맡게 된 한 상원의원에게 지도를 보여줬다. 그는 지도의 아름다움에 감탄했으나, 내가 추상화를 보여준 것이 아니라 실제 시스템의 단면을 그린 것임을 알고는 이내 웃음을 거두고 얼굴이 굳어졌다. 제도는 복잡할수록 그것을 가지고 조작하기에 좋다. 실제로 그러다 수감된 민간 서비스 제공기관의 직원들이 있다.[79] 하지만 일자리를 원하는 사람들에게는 이 복잡한 경로를 탐색하기란 많은 시간과 에너지를 소모하게 할 뿐이다.

문제는 이것이다. 수학적 모델에 깊이 빠져 있는 혁신가들은 사회 현실과 저만치 동떨어져 있다. 서비스 이용자들과 마찬가지로, 그들도 제도 안에서 길을 잃었다. 그들은 혁신으로 더없이 정교한 프로그램들을 만들어내지만, 디지털 시대에 아날로그 모델을 붙잡고 수선하는 것에 지나지 않는다. 아무리 세련되게 보수하고 브랜드 이름을 내걸고 통제한다 해도 그들의 대량생산 체계는 더 이상 적절하지 않다.

구직도 여전히 힘들지만 불완전취업underemployment◆은 더 큰 문제이며 사회 진입 초기 일자리에서 보수가 나은 자리로 옮겨가는 것은 갈수록 어렵다.[80] 영국 인구의 64퍼센트에 이르는 2천만 남짓의 가구는 생계비에도 못 미치는 임금을 받고 일한다.[81] 실업자들보다 저임금 노동자들에게 훨씬 더 많은 복지혜택이 주어지고 있다는 점은 재확인해둘 필요가 있다. 수많은 노동과 복지의 범주들이 서로 중첩되기 때문이다.[82]

디지털 혁명

노동을 본질적으로 변화시키는 가장 핵심적인 동력은 아마도 테크놀로지일 것이다. 테크놀로지는 직종, 노동조건, 일하는 장

◆ — 종일제로 일할 수 있거나 일해야 하는 노동자가 비자발적으로 시간제 근로를 하거나, 능력과 자격에 맞지 않는 일(예: 고학력자가 단순노무직에 종사)을 하는 등의 하향취업 상태를 지칭하는 말(노연희, & 김명언. (2011). 불완전고용의 선행요인 및 불완전고용이 조직 적응에 미치는 영향. 한국심리학회지: 문화 및 사회문제, 17(1), 19-49.)-옮긴이

소, 소득의 분배방식을 변화시켜왔으며 우리는 '대변혁기'의 초기 진통을 겪고 있다.[83] 우버 운전사와 딜리버루 배달원으로 대표되는 이른바 긱이코노미gig economy◆의 탄생, 제조업 직종의 감소와 회계, 저널리즘, 법 등 전문직종의 소멸, 사람인 직원 대신 금융 산업의 수단과 보상을 만들어내는 알고리즘, 이런 변화는 모두 테크놀로지가 가능케 했고 주도해왔다.

1부에서 설명한 현대의 문제들, 즉 부와 빈곤, 불평등의 새로운 양상은 생산방식의 변화와 연결되어 있다. 세계적으로 지난 수십 년 동안 수조 달러의 부가 창출되었지만 그 어느 때보다도 극소수의 가정만이 이 부를 소유하고 있다. 우리의 세금제도, 복지조직, 임금과 노동조건 협상방식, 그리고 생산성에서 고용 적정수준에 이르기까지 모든 것을 분석하는 도구들은, 새로운 디지털 경제의 영향력을 이해하지 못하는 산업시대 모델과 개념에 뿌리박고 있다.

1908년, 최초의 대량생산품인 포드 사의 T모델이 생산라인을 타고 막 출고되기 시작할 때 베버리지는 고용에 관한 그의 첫 글을 출판하려는 참이었다. 베버리지는 《실업 : 산업의 문제 *Unemployment: A Problem of Industry*》라는 제목의 작은 책자를 통해 실업이 개인의 나태, 임금 수준, 이주의 문제가 아니라고(당시에는 지방에서 도시로 이주하는 이주민 문제가 심각했다) 주장했는데 이는 당시 경제학계의 정설에 대한 도전이었다. 그는 실업이 노동과 기술 혁신의 연결선상에서 구조적으로 이해되어야 하는 문제라고 강조한 것이다.

◆ – 필요에 따라 기업들이 단기 계약직이나 임시직으로 인력을 충원하고 대가를 지불하는 형태의 경제를 말한다.-옮긴이

베버리지의 혁신이 시작되자 복지제도, 특히 취업 서비스는 소비재의 대량생산을 중심으로 한 신흥 공업경제의 수요와 변화에 부응했다. 보건 서비스와 보편적 교육으로 노동 수요에 대한 공급이 가능했다. 고용 서비스와 현금급여식 복지혜택은 장 · 단기 실업자들이 새로운 경제에 적응할 수 있게 해주었고 노조들은 노사 협상으로 임금인상을 성취하여, 생산된 제품들에 대한 대중의 수요가 유지되는 선순환이 이루어졌다. 베버리지는 새로운 민주주의를 꿈꿨는지 모르나 대중의 꿈은 갈수록 자동차, 세탁기, 텔레비전을 향했다.

1970년대 유가파동은 오랜 풍요의 시기에 충격을 가했다. 실업이 증가하고 복지국가가 쌓아올린 공적은 심각한 도전에 직면했다. 70년대의 막을 여는 1971년, 인텔은 마이크로칩을 발명했고 새로운 테크놀로지가 연이어 출현했다.

테크놀로지와 광범위한 사회변화의 관계에 대해 수십 년간 연구해온 경제학자 카를로타 페레스는 그녀가 '기술경제 패러다임 전환techno-economic paradigm shifts'이라고 부른 방대한 변화, 즉 테크놀로지의 변화가 야기할 생산, 소비, 삶, 노동방식 전반에 걸친 변화를 이해하고 설명하고자 했다.[84] 노동, 복지, 테크놀로지는 매우 밀접히 연결되어 있다. 증기, 철도, 자동차, 또는 컴퓨터의 발명과 같은 획기적인 변화의 물결이 몰려올 때마다 사회는 여기에 적응하느라 위기의 시기를 거친다. 새로운 테크놀로지는 사람들의 삶 전반에 영향을 미쳐 노동의 유형을 변화시키고 여가활동과 의사소통 방식도 바꿔버린다. 이런 상호 연관성을 이해할 때 우리는 비로소 개인에 고착되어 취업을 시도하는 협소한 관점을 넘어 거시적인 변화의 양상을 읽어내며, 급속하고 심층적인 전환의 흐름을 잘 탈 수 있게 지원해줄 체제를 생각해볼 수 있다.

현재 일어나고 있는 디지털 전환은 아직 초기 단계이고 그 전환이 우리 사회에 주는 의미를 지금은 다 알 수 없다. 어떤 이들은 일자리가 다 없어질 것이라고 선언한다(이 문제에 대해서는 이 장의 마지막에서 다시 이야기하겠다). 분명한 것은 우리 시대가 혁명의 시기를 거치고 있다는 점, 그리고 기존의 고용 서비스가 이 혁명을 따라가지 못한다는 점이다. 우리의 책상에 컴퓨터가 있고, 사람들이 온라인상에서 구직 검색을 하며, 고용지원센터는 디지털 기술 교육과정을 제공할지 모르지만, 이런 프로그램들의 작동 구조는 여전히 대량생산 시대의 것이다. 고작해야 신청을 접수하고, 취업을 알선하고, 마치 그 일자리들이 계속 있을 것처럼 기만하고, 추천하는 일자리의 절반은 바보나 선택할 법한 저임금인 현실을 외면한다.

한편, 얼, 잭, 해나, 그리고 내가 만난 다른 사람들에게 중요한 것이 하나 더 있다. 어떻게 일을 찾는가, 즉 구직방식에도 극적인 전환이 일어났다는 점이다. 고용지원센터 및 연관 프로그램들이 이력서 작성과 지원서 완성에 치중하는 동안, 사실 열 개 중 여덟 개의 일자리는 구인광고에 뜨지도 않는다. 요즘은 거의 모든 일자리가 개인적인 인맥과 입소문을 통해 연결된다.[85]

영국 기업의 대부분은 소규모이고, 그 소규모 사업체들이 접근 가능한 일자리의 상당수를 차지한다. 이들은 비용과 시간이 많이 드는 공식적 구인광고 대신에 그들 자신이나 피고용인들의 지인들과 같은 사회적 네트워크에 의존한다. 대규모 사업체들도 갈수록 비밀스런 헤드헌터의 세계나 비싼 신문 구인광고를 회피하고 있다. 대신 기존 피고용인들이 앞으로 일할 피고용인을 소개하면 보상을 주는 식이다. 법률사무소들이나 기술기업도 신입사원을 소개하는 기존 사원에게 보너스를 준다. 형식적 기술보다는 문화적 적합성이 중시되며 급성장하고 있는 서비스 산업 분야에서도, 점점 더 창의적인 방법으로 신입사원을 찾아내고 시험한다. 한 예로, 새로운 국제 호텔체인인 시티즌엠citizenM은 기존 피고용인들로 하여금 그 회사에 적합한 자질을 갖춘 친구와 지인들을 초청하도록 한다. 이 초청은 인터뷰가 아니라 일종의 오디션, 즉 초청된 사람들이 잠재적 피고용인으로 하루 일을 하는 동안 미래의 동료들이 관찰하고 판단하게 하는 실연 심사이다.

디지털 분야에서는 이런 변화를 일찌감치 이해했다. 많은 회사들이 구인광고와 헤드헌팅은 구시대의 골동품이 될 것을 알아차렸으며, 링크드인LinkedIn은 그 선두주자였다. 링크드인은 취업을 위한 온라인 네트워크를 구축했는데 그 사업가치가 260억 달러에 이른다.[86] 링크드인의 창업자 중 한 명인 리드 호프만은 향후 링크드인이 취업 지원에서 더 나아가 동료 간 경력개발을 지원할 것으로 내다본다. "더 유능한 생산관리자가 되는 방법 등 링크드인을 통해 지식과 정보를 교환함으로써 자신을 지속적으로 발전시킬 수 있을 것이다"라고 말한 것을 보면 알 수 있다.[87] 링크드인은, 친구들끼리 일자리에 대해 알려주고 채용될 수 있게 도와주는 세상에서, 수평적인 관계망을 활용하는 사업을 만들어낼 기회를 잡은 것이다.

이처럼 '관계'가 취업에 이르는 가장 좋은 경로인데, 21세기 복지제도에서는 이 점이 전혀 보이지 않는다.

새로운 접근법

고민을 안고 다시 얼에게로 돌아가자. 나는 이제 매우 다른 접근이 필요함을 안다. 개혁하려다가 실패한 과거의 시도들에 대해서 공부도 했다. 쉽지 않은 영역이다.

"자, 그러니까 사자 조련사가 되고 싶으시다는 말씀이지요? 어떻게 하면 좋을지 생각해봅시다." 내가 얼과 데이브, 임시출입문을 열고 들어온 다른 사람들, 그리고 우리가 만나기 시작한 많은 사람들에게 하고 싶은 말은 이것이다. 사실 나도 처음에는 얼이 어떻게 해야 요리사가 되어 자기 사업을 벌일 수 있을지 몰랐고 사자 조련사가 되는 방법도 몰랐다. 하지만 두 가지는 안다. 사회적 관계망을 넓혀야 한다는 것. 그리고 당장의 일자리보다는 더 큰 그림에 초점을 맞추는 접근이 필요하다는 것. 나는 실험 1에서 언급한 바와 같이 그동안 한 번도 취업해서 일해본 적이 없는 가족들과 함께 일하면서, 직접 관련된 것처럼 보이지 않더라도 새로운 접근이 중요하다는 것을 배웠다. 어느 누구도 억지로 떠밀려서 전망 없는 저임금직에 종사하고 싶지는 않다. 반대로 사람들은 누구나 자신에게 흥미로운, 그리고 자기 자신의 삶에서 더 멋진 이야기를 펼칠 수 있는 그런 일을 하고 싶어 한다.

카페에 둘러앉은 사람들을 둘러본다. 이 공간 안에 두텁게 깔린 우울감이 느껴진다.

삶이 움츠러들었다. 일터에서 알던 친구들과 멀어졌고, 돈이 없으니 친구들을 만나러 갈 수도 없다. 불안하고 확실한 것도 없는 삶들이 느껴진다. 우리가 만난 대부분의 사람들은 스스로 인정하기를, 어떤 형태이든 정신질환을 경험한다고 한다. 어떤 사람들은 해나처럼 찢어지게 가난하고, 불확실한 미래에 대해 두려워하며, 집주인이 쫓아낼까 봐 늘 두려워한다.

나도 한동안 실직 상태로 지낸 적이 있는데, 얼마나 빨리 자신감이 사라졌는지 모른다. 우리는 서로 친해지고 이야기를 나눌 수 있게 하는 것이라면 어떤 활동이든 일단 실행하면서 우정을 쌓는 것이 좋은 출발점이 될 것이라고 봤다. 우리는 공원에서 사람들을 모아 자원봉사 프로젝트를 수행할 두 집단을 만들었다. 한 집단은 탄자니아의 지역사회센터에서 필요한 물품들을, 다른 집단은 노숙인 자선단체에게 필요한 물품들을 마련하기로 했다. 나중에 알게 된 것이지만 어떤 이들은 무조건 이 프로젝트 참가해야 하는 줄 알고 참여했다고 한다. 고용지원센터의 명령하고 조종하는 문화를 내재화한 이들은 프로젝트에 얼굴을 내밀지 않으면 혜택을 잃을까 봐 두려운 것이다. 이 사실을 알고서 나는 속이 좀 상했지만, 어쨌든 단기간에 사람들이 모였고 우리는 많은 것을 배웠다.

처음에는 참가자들에게서 고용주들이 말하는 이른바 '소프트 스킬soft skills'◆을 전혀 찾아볼 수가 없었다. 이들은 다른 사람과 어울려 대화를 나누거나 상대와 눈을 맞추지 않았다. 하지만 두 번째 만남부터는 복장을 달리하고 외모를 가꾼 모습으로 나타났다.[88] 어떤 사람은 케이크를 만들어왔고, 어떤 사람은 집 정리를 했다고 하니, 우리 모임에 새로운 에너지가 느껴진다. 얼이 지난

◆ — 의사소통, 협상, 팀워크 등 업무 처리에 필요한 기술적 능력과 실제적 지식을 더욱 효율적으로 활용할 수 있게 해주는 정서 지능-옮긴이

한 주 동안 만들었다는 미술작품을 갖고 와서 말한다. '일어나 일해야지.' 하는 마음과 열심이 생겼다고. 확신컨대 그의 털모자가 이마 위로 전보다 족히 7, 8센티미터는 올라갔고, 처음으로 나와 눈을 맞추었다. 정기적인 사회적 상호작용이 효과를 발휘하고 있었다. 또한 우리가 가서 봉사해준 자선단체들이 우리 팀원들이 한 일을 진심으로 기뻐해주니 쓸모 있는 사람이라는 느낌이 들었을 터이다. 물론 우리의 이런 접근이 모두에게 도움이 된 것은 아니다. 켄드라는 우리 모임에 딱 한 번 참석했으며, 다른 한 사람도 슬그머니 사라졌다.

나머지 열여섯 명은 계속 모임을 이어나갔다. 우리가 서로 만나고 자선단체가 필요로 하는 소파를 찾아 함께 다니다 보니 관계가 공고해지고 대화가 깊어졌다. 때로는 하는 일에 대해 이야기하기도 하고 어린 시절 얘기나 당장의 거주 문제 같은 것도 자주 이야기했다. 대화는 점점 일의 의미에 대한 것으로 옮겨갔다. 모두들 라마가 안타까워하듯 별로 사회적이지도 보장해주지도 않는 사회보장 혜택이나 합법적, 비합법적, 또는 회색지대의 푼돈에 의존하여 경제적으로 위태로운 삶을 살고 있다. 그들에게 일이란 그들이 절실히 필요로 하는 돈을 수중에 넣을 수 있는 길이기도 하지만 그보다도 삶의 의미를 찾는 길이 될 것이었다.

당신이 하는 일이 바로 당신이다. 더 이상 돼지치기 딸 메그, 벽돌쟁이 존이라고 부르지는 않지만, 어떤 사회적 상황이든지 초면에 가장 자주 마주치는 질문은 "무슨 일을 하십니까?"이다. 이 질문에 대답할 수 없을 때 우리는 자신이 쓸모없는 사람인 것 같은 공허감이 든다. 일은 우리의 뿌리다. 우리에게 누구라는 정체성을 부여하고 활기차게 사는 데 필요한 인간관계와 유대감을 안겨준다. 좋은 일은 우리를 자극하기도 한다. 일을 통해 배움이 지속되고 전문성이 향상된다는 만족감과 성취감을 느끼기 때문이다. 또한 좋은 일은 우리를 건강하게 하며 더 오래 살게 한다.[89]

경제이론에서 일에 대한 거시적 관점은 없어서는 안 되는 것이었다. 애덤 스미스는《국부론The Wealth of Nations》에서 18세기 독자들에게, 인간은 "연약한 식물"과 같아서 양질의 교육과 좋은 일감이 없으면 이내 고사할 것이라고 했다. 아리스토텔레스 사상의 영향을 받은 스미스에게는 아무 일이 아니라 좋은 일, 적합한 일이 중요했다. 스미스는, 기술이 필요 없는 단순노동은 판단력도 없고 사회에 제대로 참여하지도 못하는 "멍청하고 무식한" 존재들을 생산할 뿐이라고 했다. 그는 좋은 일자리를 보장하는 것은 국가의 역할이며 사람들은 일을 통해 타고난 능력을 개발할 기회를 갖는다고 주장했다.[90]

하지만 최근에 경제학자들은 좋은 일이 의미 있는 삶과 능력에 어떤 연관성을 갖는지에 대해 무시해왔다. 일의 의미에 대해 계속 탐구하고 설명해온 쪽은 사회과학자들이었다. 인류학자이자 사회활동가인 데이비드 그레이버는 2013년에 비인격적이고 착취적이며 대개는 쓸모도 없는 일들을 일컬어 "삽질Bullshit jobs"이라 표현했다.[91] 사회학자 리처드 세넷은 산업사회 이전의 장인(匠人) 모델을 언급하며 제안하기를, 좋은 일이란 어느 정도의 자율성과 기술개발 기회와 판단력을 행사할 기회를 제공해야 한다고 했다. 세넷은 "잘 닦인 도로"처럼 경력이 잘 개발되었을 때 느끼는 만족감과 "아무 때나 이리저리 옮겨질 수 있는 땔감"처럼 취급당할 때 느끼는 고통을 대비하여 설명했다.[92]

얼과 동료들은 그레이버나 세넷의 글이 익숙하지 않을지 모른다. 그러나 이미 글에 묘사된 삶을 직접 살고 있기 때문에 몰라도 상관없다. 이것이 바로 얼이, 세넷과 같은 취지에서 일자리가 아니라 직업이 필요하다고 선언한 이유이다. 얼은 땜감이 되고 싶지 않다. 그가 원하는 것은 의미와 목적이다.

우리 참여자들은 추진력이 있다. 우리는 관계망이 빈곤한 참여자들이 폭넓은 관계망을 통해 일을 찾을 수 있도록, 여기저기서 사람들을 끌어들여 집단을 확장했다. 학교 앞에 가서 학부모들에게 인사하고 가족과 친구들에게 도움을 청했다. 내 동료들도 마찬가지로 지인들에게 연락한다. 이 단계에서는 다양한 배경과 기술, 연줄, 경험을 공유할 사람들을 모아 집단을 만드는 것이 관건이다. 사람들은 관심이 있어서 오거나 도움을 주고자 온다. 우리가 설득해서 온 경우도 있고 스스로 자원해서 오기도 한다.

자기소개하기를 실습할 때 청소년들과 개발한 방법을 여기서도 사용한다. 어떤 사람들은 목소리를 좀 높이는 법을, 또 다른 사람들은 얼처럼 목소리를 조금 낮춘 채 잠자코 듣는 법을 배운다. 먼저 이루고 싶은 꿈을 그려보고, 지금의 현실에서 그 꿈을 이루려면 실제로 어떤 실행단계를 거쳐야 할지 미래에서 현재로 거슬러 돌아오며 생각해본다. 그리고 우리가 아는 사람들을 떠올려본다. 꿈을 향한 경로에서 도움을 줄 첫 번째 인물로 누구를 꼽을 수 있을까. 이 방 안에 있나, 아니면 다른 데서 찾아내야 하나. 초기의 큰 규모 모임들은 마치 스피드 데이트처럼 시끌벅적하다.

참여자들은 새로운 사람과 관계를 형성하면서 자기 자신에 대해서도 새롭게 배운다. 얼은 자신의 꿈을 실현하려면 다시 요리를 시작해야 함을 깨닫는다. 참여자 중 한 사람이 지역 대학의 요리학 강좌에 조교가 필요하다고 알려준다. 얼은 자신을 요리사로

실천하기

생각하겠지만 실제로는 조교로서 요리보다 준비와 뒤처리를 담당하게 될 것이다. 얼은 예전 같았으면 이런 하위직은 거절했을 것임을 인정한다. 그렇지만 지금은 이것이 자신의 궁극적인 꿈으로 연결해줄 시작점임을 안다. 동시에 얼은 우리가 그를 버리지 않고 집단의 일원인 그의 새 출발을 지원해줄 것임을 알고 있다.

변화가 일어난다. 데비는 어린 아들을 맡길 돌봄처를 찾아냈고 사무직도 구해서 그렇게도 원하던 규칙적 일상을 보낸다. 자기가 사랑하는 일을 향한 첫걸음을 내디딘 얼은 우리를 다시 찾아와서 자기 경험을 들려주며 사람들의 동기를 자극한다. 우리가 처음 만났을 무렵 17개의 일자리에 지원했던 법무 보조원 잭은 새로 알게 된 지인들을 통해 세 개의 풀타임 자리를 제안받았는데, 세 개 모두 맘에 든다.

8주 동안에 우리는 새로운 접근법의 세 가지 핵심요소를 발견했다. 가장 기본적으로는 개인의 동기를 발견하는 것이 중요하다. 즉, 자신의 꿈을 찾아내야 한다. 둘째, 관계가 필요하다. 새로운 경험과 지원으로 연결해줄 관계 말이다. 셋째, 현대적 접근법은 초기 직업을 찾는 것만큼 구직 후의 발전도 강조해야 한다. 우리는 새로운 서비스를 만들기 시작했고, 이는 연령과 생애주기에 상관없이 누구에게나 열려있었다. 우리는 이 서비스를 베커Backr◆라 불렀다.

베커

베커에 참여하는 것은 간단하다. 온라인 또는 문자 메시지로 등록하면 우리가 회동MeetUp이라고 부르는 만남의 자리에 초청받아 다른 회원들을 만날 수 있다. 베커 회동은 저녁이나 낮에 다양한 사람들이 만나 어울릴 수 있도록 가벼운 주제로 시작되었다. 주제는 예를 들어 '더불어 일하고 싶은 이들의 모임' 또는 '모험을 좋아하는 사람들의 모임'과 같은 것이다. 딱딱한 주제보다 아이디어를 유발하고 흥미를 자아내는 주제를 제시하는 것이 다양한 경험과 비전, 관심사를 가진 사람들을 불러 모으기에 좋았다.

실라는 호프집을 해보고 싶지만 어떻게 해야 할지 모른다고 했다. 사실 그녀의 경험을 고려했을 때 그것부터 시작한다는 것은 현실적이지 않았다. 실라의 꿈은 사자 조련사의 범주에 속한다고 할 수도 있겠으나, 실라는 다른 것에는 도대체 관심이 없다고 고집했다. 그리고 우리가 할 일은 꿈을 포기하게 하는 것이 아니라 역량을 키워주는 일이었다. 한 회동에서 실라는 양조업에

◆ — 지지자라는 뜻 - 옮긴이

종사하는 개빈을 만났다. 둘이 가벼운 대화를 시작하는데 실라는 이 분야가 생소하다 보니 큰 흥미를 느꼈다. 개빈은 실라를 대규모 양조장을 운영하는 친구에게 소개해주었고, 7년 넘게 무직이었던 실라는 이 첫 번째 일자리가 힘들지만 무언가를 배운다는 느낌이 들어 좋았다.

소라야는 새로운 관계망의 힘을 믿어서가 아니라 어떻게든 집에서 빠져나오고 싶은 마음에서 어느 날 회동에 참석했다. 젊어서는 사회복지사가 되고 싶었는데, 자녀 둘을 연달아 출산하다 보니 시작할 엄두도 나지 않았다. 내가 함께 일한 많은 사람들처럼, 소라야는 고용지원센터가 개입한 수년 동안 복지혜택과 부득이하게 지원한 단기직들 사이를 표류했다. 청소부도 되어보고 대형 생필품점의 계산원도 해봤지만 교육비만 비싸고 좋지도 않은 어린이집에 아이를 맡길 수가 없어서 결국 일을 포기하게 되었다. 우리가 만났을 무렵 소라야는 파트너와 헤어지고 살 집도 없어서 다시 자기 엄마와 함께 살고 있었다.

소라야는 베커 회원이 되고 나서 일주일에 한 번, 3주를 참석했다. 우리는 첫 번째 실험 라이프에서처럼, 회원들이 모두 똑같은 속도로 참여하도록 강요하지 않으면서도 적당히 형식적인 과정을 밟을 수 있게 했다. 참가자들은 매주 모임에서 어떻게 스스로 자신의 관계망을 만드는지, 그 관계망을 어떻게 활용하는지 등 관계망에 대해 알아가며, 각자의 경험, 가치, 포부에 대해서 새로운 방식으로 이야기하는 연습을 했다. 이 연습이 베커의 핵심이다. 나와는 전혀 다른 사람을 마주보고 앉아 내가 무엇을 하고 싶은지, 어떤 경험을 했는지 이야기하며 자기의 관계망과 아이디어를 공유한다. 이 과정에서 자신감과 자기인식, 역량이 자라난다.

소라야는 일을 하고 싶어 했다. 아직도 사회복지사가 되고 싶은 마음이 간절했고 소라야를 만난 사람들은 하나같이 그녀가 돌봄 전문직에 잘 어울린다고 생각했다. 모임을 계기로 소라야는 자신이 현재 겪고 있는 경험을 펼쳐놓고 생각해보기 시작했다. 소라야는 엄마로서 이미 아이들을 돌봐온 경험이 있기에, 과거 경력에 대해서 새로운 관점에서 이야기할 수 있었다. 하지만 매일의 현실에 대처하는 일은 쉽지 않았다. 그녀는 비좁은 방에서 한창 자라나는 어린아이 둘과 같이 지내야 하는 데서 오는 절망감과 엄마와 같이 살면서 쌓이는 짜증이 터지지 않게 꾹꾹 눌러둬야 했다. 하루하루를 견디기가 힘들었다. "누가 애들을 맡길 수 있는 괜찮은 곳만 찾아준다면…." 이렇게 말을 꺼내다가도 슬그머니 끝을 흐렸다.

3주째 되었을 때 소라야는 어쩌다 세라 옆에 앉게 되었는데, 세라는 어린이 자선단체에서 일하는 친구가 사람을 찾는다는 정보를 알려줬다. 그리 대단한 업무는 아니지만 아이들과 일한 경험이 있는 사람을 찾는 것 같아 보였다는 것이다.

소라야에게 딱 맞는 기회 같으면서도 어려움이 많음을 알기에 우리 팀은 숨을 죽였다. 소라야의 엄마가 아이들을 가끔 봐줄 수는 있겠지만 일을 하려면 좀 더 공식적으로 아이들을 맡기고 멀리 떨어진 낯선 곳으로 출퇴근해야 했다. 이 기회를 놓치면 소라야가 너무 실망할 것 같아 조마조마했다. 우리가 도와줄 수 있다면 해낼 수 있을 것 같다고 그녀가 말했다. 우리는 그녀를 돕고 싶었고 돈도 있었다. 후원자들에게 이 새로운 급진적 접근이, 실패한 여타 방식들과는 달리 효과적이라는 것을 보여주고도 싶었다. 하지만 우리는 소라야가 스스로 길을 찾아야 한다고 믿었다.

우리는 회원 한 명에게 부탁해서 소라야와 통화하고 차라도 한 잔 마시면서 소라야가 포기하지 않도록 그녀를 격려해달라고 했다. 성공이었다. 소라야는 아이들 돌봐줄 곳을 찾았고 일할 곳을 방문해보니 맘에 들었다. 하나의 반복되는 양상이 보였다. 대부분의 회원들은 모임에 세 번만 오면 실제 연습을 통해 자신감을 찾고 개인적인 어려움을 극복해나갔다. 이렇게 변화가 이루어졌다.

협업coalition은 베커의 심장이다. 이 책의 모든 실험들과 마찬가지로 베커는 일련의 단순하고 시각적인 도구들을 활용한다. 이를 통해 회원들이 누구를 어떻게 아는지 그 관계망을 그려보고, 무엇을 하고 싶으며, 어떤 실질적 단계들이 필요한지, 그 꿈도 표현해보게 한다. 이 방법은 집단에서 활용하고 나누기 알맞게 고안되었다. 나름의 아이디어와 인맥이 있는 사람들이 참여해서 서로 질문을 주고받으며 자신의 새로운 면을 발견하도록 하는 것이다. 집단 구조에서 이런 간단한 활동을 하는 것은 이들에겐 아주 새로운 방식이다. 그 안에서 관계를 만들어가고 나에 대해 새로운 방식으로 이야기하기를 연습하기 때문이다.

중요한 것은, 자신의 미래를 창조해나갈 방법을 알려준다는 피상적이고 단순한 자기계발서들과 베커의 차이이다. 밝혀두건대, 우리 방법은 "몸을 던져 뛰어들어라"는 식의 격려사나 '내 인생의 창업가'가 되라는 연설 같은 것이 아니다. 이런 것들은 참가자들을 은근히 깔보면서 장사꾼처럼 영혼 없는 강의를 듣도록 강요함으로써 사람들에게 탈진, 분노, 자포자기 등의 복잡한 감정을 불러일으키는, 고용지원센터가 많이 사용하는 방식이다.

베커 방식은 날마다 만나는 현실, 즉, 나의 지인들이 누구이고, 나는 어떤 곳에 가고 싶은지, 나에게 어떤 역량들이 필요한지 등을 탐색하도록 돕는다. 그렇기 때문에 일상과 같은 환경에서 작업하는 것이 중요하다. 엄격한 규칙문화가 팽배한 고용지원센터 밖으로 나와서 카페든 일터든 실생활 속에서 새로운 시도를 해보니, 참가자들은 금세 그 분명한 장점을 이해했다. 무엇보다 권력의 이동이 좋았다. 즉 베커에는 기존의 고용지원센터 강의실에서와 같은 학생과 교사 관계와는 거리가 먼, 동료들 그리고 전문가들과의 수평적인 지원이 있다. 흥미롭게도 기존 서비스에 종사하는 사람들은 이러한 권력 이동의 중요성을 잘 모르는 것 같았다. 우리가 베커에 대해서 설명해주면 "우리도 그렇게 하는걸요."라고 반응하곤 했으니까.

실업자 지원제도는 비틀거리며 쇠퇴일로에 있고 기존 서비스들은 동기를 잃게 하는 원인이 되곤 한다. 앞날은 희미하고 줄서서 기다리는 일은 관성이 되었다. 면담 약속이 일상의 과업 같은 느낌을 준다. "일이 먼저다wok first"라는 슬로건과 실업급여를 "구직자 수당"이라 재포장하여 부르는 이면에는 수동적 의존성이 뿌리깊이 박혀 있다. 모임 초기에 사람들이 손을 들고 화장실에 가도 되냐고 질문해서 깜짝 놀랐다. 이건 초등학교 교실에서나 볼 수 있는 일이지 카페처럼 열린 공간에서 어른이 할 행동은 아니지 않은가. 참가자들은 고용지원센터의 화장실이 늘 잠겨있어서 허락을 받고 가야만 한다고 했다. 물론 이런 식의 제도를 운영하자니 담당자들도 사기가 떨어진다. 이것이 고용지원센터가 우리와 열심히 협업하려고 한 이유 중 하나였다.

일을 한다는 것은 일자리를 찾는 것으로 다 되는 것이 아니다. 대다수의 회원들은 주거 문제, 아동돌봄 문제, 떼려야 뗄 수 없는 인간관계 같은 취업 외의 문제들에 대처하느라 어려움을 겪는다. 라마는 취업에 방해가 되는 건강치 않은 친구 관계를 청산하느라 바쁘다. 노동시장 분석가들과 정책입안자들은 협소한 경제관으로 취업을 바라보기에 돈이 구직과 취업의 중요한 유인책이라고 생각한다. 우리는 관계와 사회적 연결성을 강조하는 관점이라, 구직과 취업에 있어서 주변 사람들의 태도가 얼마나 큰 영향을 미치는지 안다. 그래서 베커는 처음부터 '긴밀한 인간관계social glue'를 앞에 내세우고, 반드시 삶의 다양한 단계와 장면에서 살고 있는 사람들을 불러 모아 집단을 꾸리도록 했다.

사람들이 귀찮아하고 저항하는 것을 피할 수는 없었다. "내 이력서만 그냥 써주시면 안 되나요?" 학습된 의존성이 스멀스멀 올라왔다. 어떤 사람들은 남을 위해 뭔가를 대신 해주려고 했다. 또 어떤 이들은 우리가 나서서 처리해주기를 바라면서 잠자코 기다렸다. 공식적 제도에서 길들여진 무기력으로부터 깨어나야 했다. 라이프 팀과 마찬가지로 베커 팀도, 그들이 처한 문제와 좌절을 계속 드러내놓고 그에 대해 이제까지 어떻게 해왔는지 분석하고 성찰해보도록 하는 지원이 필요했다.

베커 팀원 중에는 잭과 실라처럼 찾던 것을 막 발견한 사람들과, 소라야처럼 아직 확신은 없지만 그저 모임에 참석하는 것을 좋아하는 사람들이 있다. 사람들과 어울리는 것 자체가 공포였던 사람들도 몇 있다. 대부분의 회원들은 자신이 수줍고, 우울을 느끼며, 딱히 할 말도 기여할 것도 없다고 생각하는 이들이다. 이런 사람들을 위해 우리는 모멘텀Momentum이라는 것을 고안해냈다. 모멘텀은 일 대 일로 역량을 강화하고 자신감을 키우는 접근을 취했다. 모멘텀은 신입회원의 모임 출석에 동행해주거나 주저하는 사람들이 더 폭넓은 서비스에 다가가도록 돕기도 했다.

우리는 실험 2에서 개발한 성찰협조자 역할을 도입했다. 사람들이 베커의 성찰협조자로 훈련을 받고자 하는 동기는 다양했다. 은행의 IT 담당자로 꽤 괜찮은 일을 하던 마크는 회사에서 권유하는 며칠간의 자원봉사 프로그램으로 참여하면서 "나무 심기보다는 낫죠."라고 말했다. 어떤 사람들은 협업과 나눔 자체를 좋아해서 참여했다. 그들은 대의적인 일에 참여해서 남을 돕기를 원했다. 또 어떤 이들은 여기서 얻는 경험과 기술을 자신의 경력개발에 활용할 수 있다고 보아 참여했다. 이들은 성찰협조자로서의 임무 외에 덤으로 자기 자신의 문제에 대해 이야기 나눌 수 있는 기회를 얻었다. 몇 가지 어려움도 있었는데, 모임의 지리적 위치도 무시 못 할 문제였다. 직장에 다니는 사람들을 겨울 저녁에 낙후한 지역의 초라한 카페로 오도록 설득하기가 쉽지 않았다. 그래도 사람들이 왔다. 베커가 실업자들이 모여 잡담이나 하는 '일

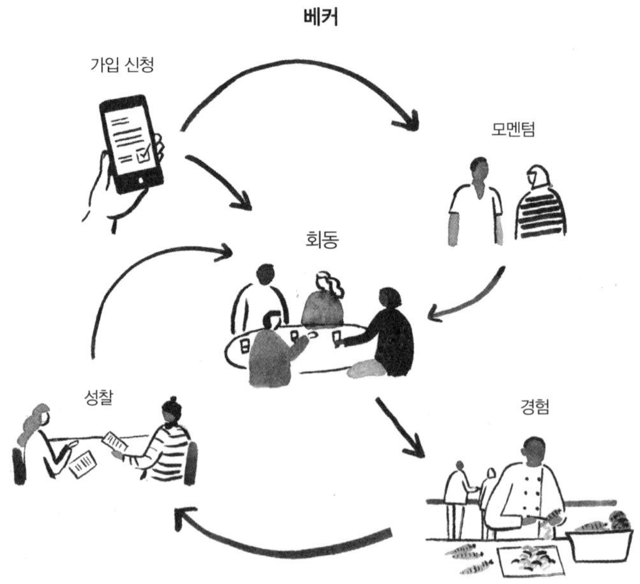

자리 회담장'이 아니라 어떤 식으로든 일해온 방식을 변화시켜 보려는 다양한 사람들의 회합임을 증명이라도 하듯이 말이다.

고용시장은 오로지 기술과 자격과 공적에 의해서만 결정되지 않는다. 누구를 아느냐가 가장 중요하다. 이것이 미국의 학자 낸시 디토마소Nancy DiTomaso가 구직에 있어서 관계와 관계망의 역할에 대해 깊이 연구한 결과 내린 결론이다.[93] 저임금 일자리를 찾는 데는 강력한 사회관계망이 필요하지 않을지 몰라도 연봉과 복리후생이 좋은 경력을 가지려면 관계가 분명히 필요하다.

관계망은 가만히 놔두면 불평등과 배타성을 심화시키는 경향이 있다. 영향력 있는 사람들은 비슷한 지위에 있는 이들과 가까이 살고, 일도 같이 하며, 서로서로 교제한다. 디토마소는 이를 '기회 사재기opportunity hoarding'라 부른다.

그녀는 미국의 노동시장에서 관계망이 어떻게 흑인들을 배제하는지에 대해 연구했다. 영국과 마찬가지로 미국의 흑인 실업은 국가 평균치의 두 배에 이른다. 연구의 결론에서 디토마소는 이것이 관계의 문제이며 백인들 상호간에 공유하는 인맥과 기회들에 흑인은 접근하기 어렵다고 썼다.

디토마소가 인터뷰를 진행하는 동안, 구직에 도움을 받았다는 이야기를 한 흑인은 거의 한 사람도 없었다. 피면담자들은 대신 그들이 얼마나 노력했는지 얼마나 그 분야의 경쟁이 셌는지 등에 대해 강조했다. 디토마소는 정보를 더 얻어내기 위해 면담 기술을 십분 발휘해야 했다. 그 결과, 수백 명의 피면담자들 중에서 '극소수를 제외한 모두가, 평생 가져본 일자리의 70퍼센트는 가족이나 친구의 도움을 활용해서 찾았음'을 알아냈다. 다시 말해서, 좋은 일자리를 찾는 데 관계가 핵심적인 역할을 하지만 대부분 그것을 인식하지 못하고 있거나 인정하지 않는다는 것이다. 영국의 경우도 비슷해서, 특권층조차도 개인의 사회적 지위와 인맥이 그 사람의 성공에 얼마나 큰 영향을 끼쳤는지 모르고 있다.[94]

일자리는 인맥과 관계를 통해 찾아지며 소프트 스킬을 활용하여 내 것이 된다. 즉, 관계와 소프트 스킬은 밀접한 관련이 있다. 우리와 함께한 많은 이들이 처음에는 사회적 관계망의 중요성을 인정하려 하지 않았다. 관계의 중요성에 대해 거의 모든 참여자들을 설득해야 했다. 고용지원센터는 자격증, 이수증 등으로 나타나는 하드 스킬hard skills◆을 강조하고, 많은 구직자들이 이와 같은 시각을 내재화해왔다. 물론 공식적인 자격증이 가치가 없는 것은 아니다. 그러나 자신감, 협업능력, 참을성, 동기, 다양한 사람들과 의사소통하는 능력, 학습능력과 같은 소프트 스킬도 중요하다. 실상은, 소프트 스킬이 빠진 공식 자격증들은 거의 가치가 없다는 것을 보여주는 문헌이 늘어나고 있다.[95] 영국의 고용인들은 사회적 상황에서 연습을 통해 습득해야 할 이 소프트 스킬이 특히 젊은 층에게 부족하다고 불평한다.[96] 베커는 회원들의 소프트 스킬 면에 실질적인 영향을 미쳤다.[97]

베커 회원들은 자신감을 강화하여 새로운 시도들을 해보고 일자리를 찾으면서 성장해나간다. 첫 단계에서부터 고용지원센터나 여타의 관련 서비스들을 능가했고 단 12개월 만에 3배나 높은 성과를 올렸다. 우리 회원들은 일자리를 구하고 삶의 의미도 찾았다. 이와 같은 조기의 성공으로 후원금도 더 모여서 베커를

◆ — 필기, 계산, 소프트웨어 프로그램 사용능력과 같이 정의되고 측정할 수 있는 구체적 능력-옮긴이

개선하고 더 많은 사람들과 일할 수 있도록 확장할 수 있었다.

테크놀로지는 저비용으로 확장을 가능하게 해준다. 간단한 온라인 플랫폼으로 실직자, 취업자, 그리고 이도저도 아닌 어중간한 사람들을 모두 포함하는 관계망을 운영할 수 있다. 베커 2기에는 회원이 1천5백 명이 되고 지역 사업체, 교육기관, 지역사회 단체 및 주민들과의 강한 유대가 형성되었는데, 이 모두를 단 4명의 팀원이 관리했다. 디지털 기술이 없다면 상상할 수도 없는 일이다.

또한 테크놀로지를 활용해 회원들의 출발점(예를 들어, 그 사람에게 모멘텀 서비스가 필요한가)을 신속히 가늠할 수 있었다. 3부에서 좀 더 자세히 설명하겠지만, 참가자들을 분류하기 위해 온라인상에서 간단한 설문을 하면 어디서부터 대화를 시작해야 할지 꽤 정확하게 알 수 있었다. 꿈은 가지고 있지만 실제로는 아무것도 못 하고 있던 얼에게는 잭처럼 방향성이 확실하고 주도면밀한 사람의 색다른 접근이 필요했다. 베커의 분류방식은 공식 자격증이나 실직 기간 등의 기존 범주들을 기준으로 하지 않았고 회원들이 자신을 어떻게 바라보는가를 기준으로 했다. 빅데이터를 활용하여 개발과 검증도 거쳤다. 우리는 베커의 설계와 운영에서 테크놀로지를 활용하여 우리 서비스를 개개인에게 맞도록 조율하되, 향후 영국 전역으로 확장할 가능성을 고려하여 지나치게 개인 맞춤형이 되지는 않도록 했다.

베커는 문제해결 테크놀로지가 아니라 테크놀로지 기반의 사회적 해결책이다. 이 구분이 중요하다. 설계 시에 온라인을 활용할 줄 모르는 사람들을 고려해야 한다. 이들은 긴급 상황에 대비한다며 휴대폰을 자동차 서랍 안에 넣어두고 다니는 내 친구 같은 사람들이다. 막상 사용하려면 배터리가 방전되어 쓸 수도 없을 텐데 말이다. 그녀에게 온라인 상태인지 묻는다면 그렇다고 답하겠지만 그녀는 이메일 계정도 개설하지 않았고 휴대폰을 사용하지도 않는다.

내가 함께 일한 많은 사람들도 마찬가지였다. 영국 성인의 네 명 중 한 명, 즉 1천2백만 명은 기본적인 디지털 기술을 가지고 있지 않다.[98] 휴대폰이 있어서 문자 메시지를 받을 수는 있다. 하지만 이메일 주소를 가지고 있어도 대부분 휴대폰과는 연결되어 있지 않아서, 온라인을 활용해서 이메일을 확인하려면 도서관에 가서 줄을 서든지, 집에서 잠자고 있는 컴퓨터를 켜야 한다. 연령이 주요 변수이긴 하지만 꼭 그런 것만도 아니다. 이는 사고방식 때문이기도 한데, 공공서비스에서 고통스런 경험이 있는 사람의 경우에 특히 그렇다. 그들에게 온라인 서비스는 뭔가 새롭고 더 좋은 것을 제공해주기보다는 혜택을 줄이고 서비스 제공에 드는 비용을 '고객'에게 전가하려는 것이 아닐까 의심하게 하는 것이다. 온라인으로 등록하게 하고 문자 메시지를 계속 보낼 수는 있다. 그렇지만 사람들을 품고 함께 어울리려면 온라인으로 할 수 있는 것에는 한계가 있다. 어쨌든 베커는 링크되지 않은 사람들을 위한 링크드인은 아니다. 우리는, 우리 회원들이 실제로 만나서 관계를 만들고 사회성 기술을 연습할 수 있기를 바랐다.

노동 없는 미래?

하지만 노동 없는 미래가 온다면? 이 시나리오를 염두에 둔다면 어떤 서비스를 설계해야 할까? 아리스토텔레스라면 노동 없는 미래를 매우 반겼을 것이다. 예술이 활짝 피어나고 뇌과학과 천문학이 발달한 사회와 어쩌면 온난화로부터 지구를 구해낼 방법과 기발한 사회적 혁신을 상상하면서 말이다.

이런 미래에 대비하여 서비스를 설계하기 위해서는 다음의 두 질문에 대해 생각해봐야 한다. 첫째, 이전에도 여러 번 예측된 바 있는 이 시나리오의 실현 가능성은 어느 정도인가? 늑대 대신 로봇이 나타났다고 외치는 양치기 소년의 외침을 너무 심각하게 듣는 것은 아닌가? 옥스퍼드 대학교의 학제 간 협력체인 마틴 스쿨Oxford Martin School의 연구에 의하면 이번에는 좀 다를 것이라고 한다. 앞으로 20년 안에 일자리의 절반이 사라질 것이고 우리 중 47퍼센트는 '고(高)위험'군으로 분류되는 일을 하고 있을 것이다.[99] 연구진들 가운데 카를로타 페레스는 좀 더 신중하다.[100] 그녀도 몇몇 직업들은 없어질 것으로 내다본다. 그러나 변화의 속도와 전환기의 혼란이 사회적, 개인적 고충을 불러일으키더라도, 테크놀로지가 신제품, 새로운 재활용과 재구성 방법으로 새로운 가능성과 새로운 유형의 직업을 낳을 것이고, 이 일들이 모두 저임금은 아닐 것이라고 주장한다.[101]

확실한 것은, 일자리가 급속히 변화할 것이라는 전망이다. 어떤 일들은 사라질 것이고 어떤 일들은 일하는 장소가 바뀌거나 다른 기술을 요구하게 될 것이다. 변화의 속도와 대전환기에 피할 수 없는 혼란으로 인해 도움 없이 이 시대를 살아나가기가 어려워질 것이다. 이 지점에서 자연스럽게 두 번째 질문이 등장한다. 어떤 방식의 도움이 추가적으로 필요하게 될까?

최근 노동의 종언에 대한 예측의 대부분은 보편적 기본소득 정책에 관련된 것에 집중되어 있다. 일례로 빌 게이츠는 보편적 기본소득의 재원 마련을 위해 로봇세를 도입하자고 제안해왔다. 모두를 위한 보편적 기본소득은 점점 약해지는 노동과 수입 간의 연결고리를 끊고 '삽질' 같은 일자리라도 찾으려는 많은 이들을 해방시킬지 모른다. 하지만 나는 기본소득이 답이라고 보지 않는다. 학자들은 기본소득액이 얼마 되지 않아서 대부분의 사람들은 여전히 일하고 싶어 하며 또 일을 해야만 할 것이라고 내다본다.[102] 또 기본소득이 배우고 돌보고 창조할 시간을 벌어줄지는 몰라도 개인적 문제들을 해결해주거나 우리 삶에서 추구하는 더 큰 꿈과 목적의식을 안겨줄 수 없다는 것이다.

재구조화의 대변혁Great Restructuring에서 낙오한 사람들을 수습할 수 있도록 돕는다는 점에서 기본소득이 20세기 복지제도의 발전된 형태인 것은 맞다. 하지만 나는 사람들이 긍지를 갖고 좋은 삶을 살 수 있는 방도를 찾아야 한다고 생각하며, 대부분의 사람들에게는 충분한 수입과 삶의 여유를 보장하는 좋은 일자리를 찾고 만드는 것이 좋은 삶의 일면이라고 생각한다. 프로이트와 마찬가지로, 행복한 삶은 사랑과 일을 기반으로 한다고 우리는 믿는다.

사람들이 새로운 좋은 일감을 만들고 디지털 혁신이 불러올 잠재적 기회들에 접근할 수 있도록 도울 방법을 우리는 강구해야 한다. 현재의 취업지원 서비스는 우리 경제에 고정된 개수의 직업이 존재하므로 빈자리에 사람들을 할당해서 넣기만 하면 된다는 식의 전제하에 작동한다. 미래의 고용에 대한 논의의 대부분도 마찬가지 전제 위에서 진행되고 있다. 카를로타 페레스의 연구처럼 한두 개의 눈에 띄는 경우를 제외하고는 대부분 사라지는 직업에 대한 분석에 집중하며 새로 나타날 직업을 관측하는 수고를 들이지 않는다. 그러나 많은 노동경제학자들이 수십

년 동안 주장해왔듯이 고정된 수의 일자리란 없다.[103]

2013년에 베커의 일환으로 어떻게 하면 크라우드 펀딩으로 새로운 일자리를 만들 수 있을지 직접 알아보기 위해 작은 시범 사업을 운영했다. 그해에 영국에는 청년층 실직자가 1백만 명이었으며 1백만 개의 소규모기업들이 자본 부족으로 일자리를 창출할 수 없다고 보고했다. "우리가 백만이다We Are the Million"는 크라우드 펀딩을 통해 지역사회 사업체들의 일자리 창출에 자금을 댄 실험이었다. 지역 사업체들이 등록해서 새로운 일자리를 공지했다. 그 사업체들은 크라우드 펀딩을 약속하는 사람들에게 고급 샤퀴테리◆나 맞춤 후드티와 같은 자기 회사 제품을 선물로 주기도 했다. 우리는 모은 돈을 사업체에 전달해서 새로운 일자리를 만들도록 했고 우리 젊은 회원이 채용될 수 있었다. 6개월에 걸쳐 55개의 캠페인을 진행하면서 33개의 일자리를 창출했으며 6만5천 파운드를 모금했다. 그리고 새로 채용된 이들의 3분의 2가 모금액 소진 후에도 종일제 직원으로 남았다.

'우리가 백만이다'는 관계 중심 접근이 어떻게 지역에서 일자리를 만들 수 있는지 보여주는 소규모 사례이다. 일자리 창출에 어떤 지원이 필요한지에 대해서도 중요한 점을 알게 되었다. 실직자들의 관점을 이해하기 위해 사용했던 분류방식을 가져와서 우리가 일하던 지역의 사업체들의 역동을 파악했더니 그 사업체들의 특징이 베커 회원들의 특징과 유사하다는 점을 발견한 것이다. 어떤 사업체들은 이것이 전기가 되어 더 성장하기 위한 관계망의 필요가 제기되었고, 어떤 업체들은 도움을 받아 계획을

◆ — 햄과 비슷한 육가공품-옮긴이

세우고자 했는데, 어떤 사업체들은 어떻게 해야 할지 몰라 그대로 있었다. 확실한 것은 일자리를 만들기 위해서는 개인, 지역사회 그리고 사업체들을 모두 지원하는 체계적 관점을 가지고 접근해야 한다는 것이다. 이것은 경제학자들이 말하는 '승자 선별 방식picking winners'처럼 특정 산업이나 사업을 선택적으로 지원하는 것이 결코 아니다. 사업체, 지역사회, 가정 모두가 새로운 생산의 시대로 옮아가고 새로운 일자리를 창출해야 하는 시점에, 이를 방해하는 것들 사이의 역동을 이해하자는 것이다.

산업혁명은 노동자들의 전이를 활발하게 해주는 새로운 협력 관계와 조직 구조를 불러왔다. 19세기에 출현한 노동조합 운동은 변덕스런 악덕 고용주들로부터 노동자를 보호하고 일자리를 수호하며 직업훈련을 제공하고자 했다. 노동조합은 복지제도와 안정적 취업을 촉진하는 중요한 주체가 되었다. 하지만 지금의 노조들은 베버리지의 복지제도처럼 경직되어 있고 방어적이며 창조보다는 항의에만 능하다. 물론 노조운동의 많은 내부인들이 이를 인식하고 있고 젊은이들은 노조운동의 구조와 활동을 재고하는 혁신에 가담하고 있다.[104] 내가 하고자 하는 말은, 산업혁명 때도 그랬듯이, 노동조합과 성인교육 분야 등에서 다양한 단체들을 재창조해야 하며 경제의 여러 분야들이 새로운 방식으로 연결되어야 한다는 것이다.[105] 이런 새로운 관계들이 새로운 일을 만드는 버팀목이 될 것이고 사람들을 일과 교육, 또는 동네 카페 만남으로 이어주는 다리가 될 것이다. 이를 통해 우리와 관심사가 같은 이들, 그리고 돈을 받고든 아니면 아리스토텔레스적인 의미에서 개인적 열정에서든 협업하고 싶은 이들 간에 만남이 이루어질 것이다.[106]

우리는 코앞에 닥친 미래를 어떻게 준비해야 할지 생각해야 한다. 이미 일과 임금, 노동조건이 변화하고 있다. 베커의 구성요소인 관계나 좀 더 넓은 의미의 역량과 같은 요인들이 필요하게 될 것이다. 나는 베커가 새로운 관계의 네트워크에서 핵심적인 지점에 위치한다고 본다. 베커를 둘러싼 관계망에는 획기적으로 새로운 학습 방식에 대한 지원, 새롭게 재탄생한 노동운동, 그리고 기업이 수행할 새로운 역할이 포함되어 있다. 기존의 일자리와 복지 서비스를 재조직하는 것 위주로 노력을 계속한다면 더 넓은 협력과 새로운 산업혁명에 걸맞은 미래의 복지제도 구축을 오히려 방해하게 될 것이다.

베커는 기존 복지제도의 논리를 전복시킨다. 기존 서비스는 '컨베이어벨트에 올라오라, 우리가 당신을 개조해서 일자리로 보내겠다'라고 명령한다. 이런 접근은 고통스럽고 치욕적이며 효과도 없다. 구직자의 3분의 2는 다시 돌아와서 구직 대기 줄에 서고, 나머지는 저임금 노동에 붙잡혀 이후에는 별 지원을 못 받는다. 베커의 접근은 활발한 관계망에 합류하라는 초대에서 시작하여 그들이 꿈을 이루기 위해 노력하고 새로운 관계와 역량을 구축하게 한다.

베커는 관계를 바탕으로 한 접근과 역량에 대해 넓은 관점을 가지는 것이 어떻게 비용을 덜 들이면서 실질적인 변화를 만들 수 있는지를 보여준다. 베커에 대한 PwC◆의 독립평가서는 87퍼

◆ — 프라이스워터하우스쿠퍼스(PricewaterhouseCoopers, PwC)는 영국 런던에 본사를 둔 매출액 기준 세계 1위의 다국적 회계 감사 기업이다.-옮긴이

센트의 베커 회원들이 눈에 띄게 진보했음을 보고했다. 취업해 있던 회원들은 더 좋은 자리로 가게 되었고 구직자들은 일을 찾았다. 장기 실직 상태인 베커 회원들 중 절반 이상(54퍼센트)이 일자리를 찾았고 이에 대해 PwC는 "베커는 특히 돕기 어려운 사람들에게 자신감과 동기를 심는 일을 잘 한다."고 논평했다. 나아가 PwC는, 베커를 통해 향상된 소프트 스킬과 사회자본, 취업가능성, 궁극적으로는 취업이라는 결과물 사이에 인과관계가 있음이 입증되었다고 결론지었다.[107]

모든 베커 회원들은 역량의 성장을 기록했다. 평가를 위한 무작위 통제집단과 비교했을 때 베커는 '일을 통한 복지' 서비스에 소요되는 총비용의 5분의 1 정도만을 지출하는 것으로 추정되었다.[108]

베커는 얼과 해나, 그리고 좋은 일자리를 구하는 수많은 사람들이 존엄성을 잃지 않고 잘 살며, 노동에 수반되는 사회적 상호작용을 통해 학습과 역량개발의 기회를 얻도록 지원할 수 있다. 베커는, 당면한 도전을 총체적으로 바라볼 때, 그리고 새로운 연대와 협업이 일상에서 손쉽게 이루어질 수 있는 체계를 갖추었을 때 목적의식을 찾고 변화를 일으키기가 용이하다는 것을 상기시켜준다. 베커는 노동시장의 급변하는 상황에 적응할 수 있고, 저비용 성장이라는 잠재력을 갖고 있기에, 어떻게 하면 소규모 실험에서 모든 사람에게 접근 가능한 해결책으로 확장될 수 있는지를 보여준다. 이것은 3부에서 집중적으로 논하겠다. 그 전에 우리 복지제도의 다른 기본적 기둥들, 즉 우리의 건강과 보건 서비스에 대해 생각해보자.

실험 4 : 건강하게 살기

케이트는 그녀의 풍만한 체구에 비해 너무 작아 보이는 의자에 무겁게 기대앉아 있다. 눈을 내리깐 채 단조로운 음조로 증상을 나열하기 시작한다. 그녀는 "불안감을 느끼며, 피곤한데 잠은 못 자겠고, 우울한 것 같고, 허리도 아프고, 발에 통증이 있으며, 몸무게는 자꾸 늘기만 하고, 당뇨가 있고…." 하며 말끝을 흐리다가 깊은 한숨을 내쉰다. "나는 나 자신을 잃어버렸어요."

케이트의 이런 상태는 의사에게 너무 익숙하다. 영국에서는 우울증으로 고생하는 사람들이 급속히 늘어나고 있고 약 4백만 명이 항우울제에 의존하고 있다. 영국 성인의 절반인 2천8백만 명이 진통 속에 산다고 한다.[109] 또한 성인 인구의 4분의 1은 비만, 당뇨, 고혈압 등 치료법이 없는 장기 질환을 한 가지 이상 가지고 있다.[110]

그리고 정체불명의 질환들도 있다. 의사를 찾아오는 환자의 10퍼센트는 언제나 피곤하다는 만성피로증인 TATT^tired all the time^ 신드롬 때문에 방문한 것으로 기록되어 있다. 또 다른 20퍼센트, 다시 말해 모든 의사들의 진료 다섯 번 중에 한 번은 의학적으로 설명이 안 되는 증상의 약어인 MUS^medically unexplained symptoms^로 기록된다.[111] 이 약어들은 복잡한 현대적 문제들에 대응하기 위한 21세기 의사의 코드들이다. 여기서 현대적 문제라는 것은 부분적으로는 신체적 문제이고, 일부는 정신적, 일부는 영적 문제로 우리가 살고 있는 문화적, 경제적 세상에 넓고 깊게 존재하면서 우리를 압박하고 있는 것들이다.

사람들은 건강하다고 느끼지 않으며, 한때 복지국가의 찬란한 왕관이었던 국민보건서비스는 그 대처에 애를 먹고 있다. 관련 종사자들이 헌신적으로 노력하는데도 이 제도는 치료 대상인 환자만큼이나 병든 것으로 보인다. 대기자 명단은 길고, 처방약 비용이 높으며, 기본적인 인간적 돌봄은 찔끔 짜내는 수준이다. 우리의 보건 서비스는 보건 실무자들이 일을 그만두게 할 정도로 스트레스가 높으며, 남아있는 실무자들은 점점 더 심해지는 스트레스 속에서 견디고 있다.[112] 병원과 건강기금들은 전염병 대처나 응급의료를 위주로 고안된 산업시대 모델을 가지고 현대의 매우 다른 증상들을 다루느라 허리띠를 졸라매는 것으로도 부족해 파산이 날 지경이다.

이 제도가 위기에 봉착했다는 것은 누구나 알고 있고, 정부도 국민보건서비스의 인력과 재정, 경영 상태를 개선하려고 계속 조사를 실시해왔다.[113] 거기서 낯익은 개선안들이 제기되었다. 사람들은 민간영역의 역할을 확대하면 경영을 개선하는 데 도움이 될 것이라고 믿는다. 정치인들은 의사와 간호사 수를 늘리겠다고 약속하고, 전문가들은 영국의 국민보건서비스가 유럽의 다른 대부분의 보건 체계에 비해 상대적 가치는 높지만 재정은 더 부족하다는 국제 자료를 인용하면서 보건 서비스 예산을 늘려야 한

다고 주장한다.[114]

국가의 보건에 투자해야 한다는 것은 자명하다. 그런데 처음 설계될 때는 다룰 대상이 아니었던 문제들에 대처하느라 진땀 흘리는 이 체계에 돈만 퍼붓는 것이 최선의 전략이 아님도 그만큼 분명하다. 더 많은 간호사와 관리자를 양성하겠다는 약속은 밑 빠진 독에 물 붓는 격이다. 간호사, 분만사, 의사, 의료기술자들처럼 훈련된 전문 인력의 3분의 1은 일을 하지 않고 있다. 현재의 체제 내에서는 좋은 인력들도 충분히 제 역할을 하지 못하거나 좋은 일을 할 수가 없는 것이다.

나는 좀 다른 접근을 제안하고자 한다. 국민보건서비스를 어떻게 '고칠' 것인가에 초점을 맞추는 대신, 어떻게 하면 대다수의 사람들에게 영향을 미치는 질병들을 잘 예방하고 다룰 수 있을까 하는 것이다. 이 질병들은 보건서비스 지출의 70퍼센트가 소요되는데도 현재 체제를 가지고는 완치나 관리가 안 되는 것들이다. 이 실험은, 케이트처럼 만성질환으로 고생하는 수백만의 사람들이 더 건강하고 행복해질 수 있도록 우리가 고안해서 웰로그램Wellogram이란 이름을 붙인 서비스의 개발에 관한 것이다. 이 서비스는 참가자들과 의사들 사이에서 인기가 많았고, 이를 통해 참가자들의 삶과 건강이 눈에 띄게 좋아졌으며, 이 프로그램을 가동하는데 1인당 연간 소요 비용이 20파운드밖에 안 들었다.

웰로그램은 만성질환이 일상의 한 부분이라는 점을 강조한다. 웰로그램은 특정 증상보다는 광범위한 사회적인 맥락과 변화 가능 지점을 파악할 것을 강조한다. 여러 사람들이 이와 유사하며 효과적인 개입방안들을 고안해왔는데, 내가 십여 년 전에 관여했던 볼턴 당뇨 네트워크도 그중 하나이고 그 외에 빅 화이트 월Big White Wall◆, 브롬리 바이 보Bromley-by-Bow 지역의 지역사회건강센터,[115] 그리고 환자의 만성질환에 대한 자가 관리능력을 높이는 것으로 효과성이 입증된 스탠퍼드 대학의 프로그램 등이 있다.[116] 우리는 이 프로그램들과 여타 혁신적 프로그램들의 성장과 확산 과정에서 발생한 어려움이나 성공의 경험에 대해 공부했다.

문제의 핵심은 이것이다. 우리는 만성질환자들을 어떻게 도울지에 대해 많은 것을 알고 있다. 하지만 이 해결책들을 어떻게 실행할지, 더 중요하게는, 어떻게 기존 체제 내에서 새롭고 더 효율적인 접근을 개발하고 성장시킬 것인지에 대해서는 잘 모르는 것이다. 우리 손에 증거는 갖고 있는데, 어떤 행동을 취하지는 못하고 있는 듯하다. 그래서 나는 왜라는 질문에서 출발하려고 한다. 나아갈 다른 길을 모색해야 함이 분명한 이때, 수많은 증거들을 보고도 왜 우리는 계속 국민보건서비스에 땜질만 하고 있는가?

전환

국민건강보험공단은 세계에서 가장 큰 조직 중 하나다. 직원이 130만 명이고 지역의 소규모 의료기관들과 같은 수백 개의 준독립기구들로 구성되어 있어 단독의 책임자란 없다. 그러니 이 거대한 조직에서 변화를 창조하기가 쉽지 않음은 놀라운 일이

◆ — 훈련된 전문가들과 함께하는 비공개 온라인 지원 네트워크-옮긴이

아니다. 이 체계를 보수하고자 하는 사람들은 우리를 안심시키려고 한다. 그들은 우리에게 이 일은 유조선을 돌리는 것과 같으니 인내심을 가져야 한다고 말한다.[117] 또 이렇게 큰 체계는 많은 이해관계가 걸려 있다는 특성 때문에 개혁이 더 어렵다고도 말한다. 특히 의사들은 자신들의 이익에 부합하는 방향으로 서비스가 지속되게 하기 위해 개혁에 저항하는 것으로 보인다.

이런 이야기들은 어느 정도는 사실일 수 있지만, 우리가 말하지 않는 더 큰 문제도 있다. 우리 마음과 생각을 약이 사로잡았다는 것이다. 우리는 의료보험공단에 속박되었고 의사들에게 정서적으로 집착하다시피 한다. 케이트처럼 우리는 의사들이 우리를 재조립해주기를 바라며 끊임없이 병원을 찾는다. 병원들이 폐업할 위기에 처하자 정치인과 전문가들은 망가진 시스템을 보호하려고 달려든다. 그런데 닫힌 문 뒤에서 이들은 현재의 제도는 답이 될 수 없다고 한 입으로 두 말을 하고 있다.

이런 광기에는 이유가 있다. 납득할 만한 대안도 없이 기존 서비스를 축소하고 삭감한 것이 변화의 유일한 경험이라면, 우리는 현재 우리가 알고 있고 소중하게 여기는 것을 보호하려고 하기 쉬운 것이다. 그래서 우리가 기존 시스템을 수선하려고 시간, 인력, 돈을 쏟아 부을수록, 지금 우리가 직면하고 있는 건강 문제들을 더 잘 다룰 수 있는 구상과는 거리가 멀어진다. 이것은 감정과 사고방식의 문제이다. 이 딜레마를 풀기 위해서는 새로운 접근법을 찾아내야 하고 이를 위해 현시대의 소셜 디자이너들에게서 배울 점이 많다.

디지털 인프라를 설계한 현대적 기업 경영자들은 앱이나 시스템에서 오류나 문제를 발견하면 그것을 고수하면서 문제를 고칠 것인지, 아니면 새롭게 방향 전환을 할 것인지를 결정해야 한다. 전환을 선택할 경우 다음과 같은 논리적 추론 과정을 거쳐 결론에 도달하게 된다. 즉, 자료를 보니 이 시스템의 이 부분을 고쳐야 하는데, 현재로서는 그럴 수 있는 기술이 없거나 있더라도 너무 비싸서 지속가능성이 없다, 그럼 방향을 바꾸는 것이 낫겠다는 식이다. 적어도 외부인에게는 이런 식의 전환이 양적 데이터에 대한 객관적 대응으로 보인다.

현실에서 전환은 감정적인 것이기도 하다. 방향을 전환해야 한다는 증거가 우리 코앞에 있어도 전환하려면 대단한 용기가 있어야 한다. 우리 머릿속에서 반대파 목소리가 "이 현존 모델에 얼마나 많은 시간과 에너지를 투자했는데, 지금에 와서 방향을 바꾼다는 것은 아주 위험한 지각변동일 거야. 아마 좀 참으면서 한 번 더 수정해서 계속 노력하면 결국 괜찮아질 거야."라고 말한다. 사실 전환이란 매우 어려운 일이어서 대부분의 사업체들이 전환을 해내지 못하고 결국 무너진다.

여기서 전환은 단순한 변화를 일컫는 말이 아니다. 전환은 새로운 비전, 전과는 다른 해결책, 새로운 비즈니스 모델이 동반되는 특별한 변화이다.[118] 방향 전환은 탈바꿈의 기회, 그리고 훨씬 낫고 성공적인 어떤 것에 도달할 수 있는 가능성을 선사한다.

철학자이자 정신분석가인 조너선 리어는 그의 책 《급진적 희망*Radical Hope*》에서 미국 인디언 크로우족의 마지막 추장이었던 플렌티 쿠즈Plenty Coups◆의 이야기를 소개한다.[119] 플렌티 쿠즈는 대변동의 시대를 살았던 사람이다. 크로우족의 경제적, 문화적 생명

◆ — 인디언식 이름으로 '큰 성과'라는 의미-옮긴이

줄이었던 들소가 사라지자, 플렌티 쿠즈의 말을 빌자면 "그리고 아무 일도 일어나지 않았다." 케이트처럼 크로우족은 자기 자신을 잃었다. 사냥감이 없어지니 물물교환을 할 수 있는 물건도 없고 역사 속에서 지역사회를 하나로 묶어주던 예식과 의식들의 목적 자체도 사라졌다. 플렌티 쿠즈는 이전의 생활방식은 완전히 사라졌고 더 이상 그것을 고수하거나 순진하게 희망에 기대어 살 수는 없음을 알아차렸다. 그는 급진적인 제안이 필요하다는 것을 알았다.

들소가 사라져버린 절망적 현실 속에서 대다수의 사람들이 들소가 되돌아오기를 여전히 기대하고 있을 때 플렌티 쿠즈는 이들을 설득하면서 담대하게 마음을 열고 전적으로 다른 여러 가능성들을 맞이해야 한다고 주장했다. 크로우족에게 이것은 이전에는 중요치 않게 여겼던 농업이나 교실에 앉아서 공부하기 같은 방식을 적극 수용하는 것이며 더 이상 사냥이 그 사회의 근간일 수 없음을 인정하는 것을 의미했다. 리어는 플렌티 쿠즈가 전환의 필요성을 알아차릴 수 있었고 미지의 길을 따라오라고 사람들을 설득할 수 있었다는 점에 매료되었다. 크로우족은 높은 위험을 감수하고 기존과 전혀 다른 생활방식을 선택함으로써 궁극적으로 생존할 수 있었다. 리어의 말을 빌자면, "문화적 붕괴의 시기에 진정 용기 있는 사람이란 구조적 틀 자체에 대해 과감히 모험을 감수하는 사람이다."

나는 우리가 문화 붕괴의 시대를 살고 있다고 주장하는 것이 아니다. 다만 우리의 사회적, 경제적 현실의 변화가 너무나 근본적이니 구조적 틀 자체를 변화시키는 위험을 감수할 필요가 있다는 논리를 펴고 있는 것이다. 우리의 시스템을 계속 유지하고,

효용을 위한 프로그램들을 고수하며, 국민건강보험을 잠시나마 지탱해줄지 모르니 납부방식을 임시방편적으로 개선하는 것 정도로는 안 된다. 우리는 같은 길로 계속 갈 수 없기 때문에 이 도전들을 받아들여야 한다. 우리의 새로운 현실에서는, 공단 설립의 바탕이 되었던 취지상의 치료는 더 이상 유효하지 않을 것이다. 왜냐하면 오늘날 우리의 질병과 고통들의 대부분은 치료되는 것이 아니기 때문이다. 우리는 방향 전환을 해야 한다.

원조 모델

케이트는 병원에 와 있지만 의사나 다른 의료인들과 함께 있는 것은 아니다. 케이트는 우리가 보건에 대한 새로운 접근으로 고안한 실험인 웰로그램에 참여 중이고 웰로그램의 안내자인 에이미와 함께 있다. 에이미가 부드럽게 말을 건네자 케이트는 자신이 남편과 아들하고 같이 살고 있는데 둘 다 건강상의 문제가 있다고 우리에게 말한다. 케이트는 그 두 사람을 종일 돌보고 있고, 지난 수년간 갈수록 피로감이 심해지고 있으며, 가족과 친구들로부터 단절되어 왔다. 자신의 건강도 손상된 것이다.

우리는 대부분 몸이 너무 안 좋아지거나 살이 찐다든지, 문제가 너무 커져 감당할 수 없게 되기 전에 손을 써야 한다든지 하는 전환의 시기에 있음을, 어느 한순간에 깨닫는 것이 아니다. 들소의 사라짐처럼 그 과정이 너무 서서히 진행되어서 우리는 미처 알아채지 못한다. 경고가 오지만 우리는 그 경고들을 무시하다가 어느 날 너무 늦었음을 깨닫는다. 케이트의 이야기에도 이와 같은 상실과 당황스러움이 있다. 케이트는 길을 걷다가 외로움, 비만, 당뇨, 우울, 꼼짝 못하게 묶인 듯한 감정에 잠긴 자신을 갑자기 발견하고 어쩌다 자신이 여기까지 왔나 의문스러워하는 것 같다. 케이트는 도움이 필요하다.

어떤 원조 모델이 있을까? 국민보건서비스는 치료가 가능하다는 신념을 바탕으로 설립되었다. 투약이나 수술을 통해 우리가 나아질 것이라는 신념 말이다. 우리에겐 인공 고관절과 항생제와 응급처치가 필요하기에, 이 모델이 잘 다듬어진, 여전히 중요한 모델이긴 하지만, 만성질환에는 먹히지 않는 모델이다. 케이트는 치료를 위해서 의사를 만나고 또 만난다. 케이트와 의사 모두 약으로는 별 차도가 없는 것을 알지만 어쨌든 케이트는 긴 목록의 약들을 복용한다.

약이 듣지 않을 때 도움을 줄 수 있는 다른 모델이 있다. 그 모델은 이름을 붙이기가 좀 어렵다. 나는 그것을 향유balsam라고 부를 수도 있고 자선이라고 할 수도 있다. 왜냐하면 우리는 신비한 힘을 가진 누군가가 나타나 향유처럼 우리를 차분하게 해주고, 문제를 떠맡아 처리(실제로는 문제를 통제)해줄 것을 원하기 때문이다. 국민보건서비스가 이런 유의 도움을 제공하지만 그 도움이 작동하지 않다 보니 마치 효과 없는 약과 같다. 수많은 조사와 보고서들은 건강 서비스에 돌봄이 부재하다는 것을 중점적으로 다뤘다.[120] 돌봄이 뭔가 잘못되면 우리는 관련자 개인의 책임을 묻고 감독, 훈련, 관리를 더 잘할 계획을 세워 이를 수선하고자 한다. 하지만 나는 돌봄이, 주로 개인의 잘못 때문이 아니라 틀 자체가 바르지 못하기 때문에 작동하지 않는다고 생각한다.

보건 전문가들은 스트레스가 높고 과밀화된 시스템 안에서는 돌봄을 제대로 제공할 수 없기 때문에 고생만 하다가 떠난다. 현대적 질병의 경우에는 추가적인 문제가 있다. 낫지 않을 병에 적응하여 병과 함께 사는 법을 배워야 하는 장기 질환자들에 대한 돌봄에는 전혀 다른 원조모델이 요구된다. 만성질환과 함께 잘 산다는 것은 치료에 관한 것도 아니고 힐링 스파 같은 것도 아니다. 후자가 낫긴 하지만 말이다. 그것은 문제의 전조를 알아차리고 증상을 조절하며 통증을 관리할 수 있는 능력에 달려있다. 현대의 보건 체계는 우리를 치료할 수 없다. 보건 체계는 대신 우리의 일상을 바꿀 수 있도록 돕고, 변화하는 것보다 더 어려운 일인 변화의 장기적 유지를 도와야 한다.

이것은 또 다른 원조 모델과 비슷하게 들릴 수도 있는데, 그 모델은 사람들이 자기 자신에 대해 더 책임감을 가지고 행동해야 한다고 강조한다. 다시 말해 사람들은 자기 스스로를 도와야 한다는 것이다. 2010년, 보수당은 '큰 사회Big Society'를 만들겠다는 야심찬 계획을 내놓았다. 어떤 이들은 이를 비웃었지만 많은 사람들이 "사람들이 문제 해결을 위해, 그리고 자신의 삶과 지역사회를 발전시키기 위해 서로 연대할 수 있도록 지원한다"는 이 제안에 관심을 가졌다.[121] 이 제안에 내포된 정부와 시민의 관계는 색다르다. 제안서에서는, 국가가 그저 뒤로 물러나는 것이 아니라 대신 새로운 어떤 것을 촉발시키는 결정체 역할을 할 것이라고 명시했다. 불행히도, 협력적인 모델을 키워나갈 전략이 부재했다는 것이 점차 분명해졌다. 관료들과 대중의 관심은 다른 문제들로 쏠려 갔고 '큰 사회'에 대한 초기의 지지는 점차 사그라졌다.

각자의 책임성이 중요하다는 신념은 데이비드 캐머런과 그가 2010년에 이끈 연합정부가 최초로 주창한 것은 아니다. 윌리엄 베버리지라면 자신의 조사위원회에 증언하러 온 사람들에게 일일이 주도성과 독립성의 중요성에 대해 친척 아저씨처럼 설교를 늘어놓았을 것이다. 앞에서 보았듯이, 베버리지는 복지제도가 사람들의 잠재력에 대한 믿음을 잠식해가는 것을 보고 점점 더 불안해했다. 그리고 개인의 책임이라는 주제는 보건 서비스에 대한 논쟁에서 점점 더 자주 등장하는 한 꼭지이다. 돌봄이 모든 이에게 돌아갈 만큼 충분치 않다면, 개인적 책임을 완수한 사람들부터 우선 치료하는 것이 옳다는 제안이다. 어떤 이가 뚱뚱하다면, 스스로 살을 빼든지 아니면 끝에 가서 줄을 서라는 것이다.

그런데 사람들이 자기 스스로를 도와야 한다는 것과 엘라와 케이트의 요구처럼 '나를 돕되 나 스스로의 힘으로 내 삶을 개선할 수 있게 도우라'는 것 사이에는 중요한 차이가 있다. 여기서 우리가 옹호하는 접근은 후자이다. 타인과 함께, 그 옆에 서서 변화를 위해 필요한 힘과 지지를 보내는 것이다. 3부에서 논의할 역량이론에 기반을 둔 이 접근은, 개인 혼자서는 변화할 수 없음을 분명히 인정한다. 왜냐하면 우리 원조의 핵심적 요소들인 음식, 소득, 주거 등에 영향을 끼치는 광범위한 경제, 사회적 구조를 개인이 통제할 수 없기 때문이다.[122] 효과적인 접근이라면, 감정과 동기 같은 우리 내면의 변화를 타인의 도움 없이 유지하기가 쉽지 않음도 수긍할 것이다. 그렇다면 우리가 찾고자 하는 것은 이러한 거시적 구조를 수용하면서 사람들이 스스로 도울 수 있도록 돕는 모델일 것이다.

이 실험에서 우리는 학문적 연구 결과와 다른 사람들의 실천 경험을 통해 배움과 영감을 얻었다. 과거에는 어땠는지 역사도 살펴봤다. 국민보건서비스가 세워지기 전에는 일상과 사회적 맥락을 강조하던 보건 모델이 있었다. 페컴 익스페리먼트Peckham Experiment라 불렸는데, 이는 1926년에 사우스런던의 페컴이라는 지역에서 두 명의 의사가 시작한 급진적인 시도였다.[123] 그들은, 전통적인 임상 모델과 범주들은 그들이 일상에서 마주치는 건강 문제들의 근본원인을 조사하거나 다루기에 '아무것도 기대할 수 없을 정도로 형편없다'고 여겼다. 그들은 '사회적 관계의 결핍'이나 부부 갈등 같은 문제들이 의학적 질병의 발현과 밀접한 연관성이 있다고 믿었다. 그들은 정해진 시간에 전달되는 특정 프로그램을 통해 더 나은 의료 서비스를 제공하는 것을 꿈꾸지 않았다. 대신 그들은, 그들의 말을 인용하자면 "지속적이고도 즉흥적"이면서 지역사회와 사람들 사이의 관계에 기반을 둔 어떤 것을 바랐다.

그 의사들은 클럽을 시작했다. 처음에는 페컴의 한 집을 기준으로, 후에는 센터를 기준으로 반경 1마일 내에 사는 가정들에게 일주일에 1실링씩을 내고 클럽 회원이 되어달라고 했다. 1실링은 합치면 적지 않은 돈이어서 페컴 익스페리먼트는 나중에 멋진 바우하우스 건물을 사서 파이어니어 건강센터Pioneer Health Centre를 만들었다. 이 센터는 지역사회에 시설을 제공했는데, 이곳은 각종 모임을 비롯하여 정원 가꾸기, 댄스, 요리, 가계관리, 보육 등 폭넓은 범위의 과목들을 다루는 교실들, 카페, 그리고 무엇보다 우정이 있는 공간이었다. 모든 가정들은 건강검진과 무료 의료 서비스를 받았고 의사들은 사회적인 삶과 의학적 질환 사이의 연관성에 대해 연구했다.

페컴 익스페리먼트는 역량강화 접근을 발전시키기 위한 초기 시도였다. 설립자들이 말했듯이, "아마도 센터가 회원들에게 주는 것 중 가장 중요한 것은 바로 자신의 역량이 무엇인지를 알 수 있는 기회이다." 약 처방은 새로운 시도나 지속적인 신체 활동처럼 취할 수 있는 여러 행동 중 하나였을 뿐이다. 센터는 모든 면에서 건강한 삶을 염두에 두고 설계되었다. 예를 들어, 바우하우스 건물은 수영장과 정원을 사용할 때만이 아니라 건물 안과 주변을 이동할 때도 운동을 최대한 많이 하도록 설계되어 있다.

페컴 익스페리먼트는 일련의 반복 실행을 통해 개발되었다. 가족적인 클럽으로 시작했고, 100가정 이상의 회원이 가입된 상태에서 3년 동안 운영되었다. 이 초기 모델의 성공을 기반으로 7년 뒤에 실험을 확장했다. 이 단계에서 2천 가정을 감당할 수 있는 파이어니어 건강센터를 개관했다. 페컴 익스페리먼트는 사회적 기업의 초기 모델이었고 설립자들은 회원 가입비를 통한 재정적 지속가능성이라는 가치를 수호하고자 노력했다. 이 마지막 원칙이 페컴 익스페리먼트를 결국 소멸로 이어지게 했다. 국민보건서비스를 고안한 사람들은 환자부담금 모델을 포함시킬 준비가 안 되었던 것이다.[124]

웰로그램

거의 100년쯤 뒤에 런던의 같은 지역에서 우리는 건강 실험을 시작했다. 참여자들에게 좋은 습관과 에너지, 그리고 필요하면 통증과 손상에 대한 관리능력을 진작시키는, 좀 다른 형태의 원조를 시도해보고 싶었다. 우리는 사람들에게 자신의 건강에 대해 이야기해달라고 요청하고 자유로운 대화를 계속 시도하는 것으로 우리 실험을 시작했다. 60명의 건강한 또는 건강에 문제가 있는 사람들 무리가 참여했다.

앤은 신장 이상에서 우울증에 이르는 아홉 가지 의료 문제에 시달린다. 남편이 세상을 떠난 뒤로 혼자 살고 있는데 질병이 자신의 정체성을 좌우하는 것만 같다. 앤에게 건강이 무엇인 것 같으냐고 물으니, 이후 많은 사람들이 반복적으로 말했듯이, 건강은 "자유이자 행복"이라고 했다. 앤에게는 자유도 행복도 없다. 앤은 비만과 숨가쁨 그리고 통증 속에 산다. 머리 감기, 버스 타고 내리기 등 일상이 힘들다. 그녀는 전문의들과 자주 약속을 잡고 만나며 의료 서비스 체계를 누비고 다니느라 종일 아주 바쁘다.

어떻게 하면 질병에 조종당하는 삶에 변화의 여지를 만들 수 있을까 고민하면서 나는 앤의 담당 의사들을 초청해서 앤의 사례에 대해 이야기해달라고 했다. "마치 우편함의 구멍을 통해서 보는 것 같아요. 우리는 한 번에 한 가지만 볼 수 있을 뿐이니까요." 한 의사가 말했다. 앤을 담당한 많은 보건 전문가들은 각자 자신의 전공분야에 해당하는 특정 질환에 대해서만 집중한다. 앤은 신장 3240687F번 환자 사례였고 당뇨 8095617B번 사례였으며, 다른 질환들에 대해서도 마찬가지여서 하나의 인격이지만 아픈 부위별로 신체가 분리되어 따로따로 관리를 받았다. 의사들이 처음으로 앤의 전인격을 바라보고 동료들과 의논할 수 있게 되자 그들은 앤에게 처방한 약의 대부분을 당장 중단하고 싶어 했다. 또한 그들은 앤의 전문의들 중 한 명을 제외하고 나머지는 다 필요치 않다고 여겼다. 그들이 짠 돌봄 계획을 봐도 사실상 그렇게 많은 사람이 필요하지는 않다는 것이 나타난다.

의사들은, 앤처럼 여러 가지 질환들을 갖고 있는데 그 대부분은 완치가 불가능한 경우에 '가슴 아픈heart-sink' 환자라고 부른다.

그들의 마음은 많은 지원이 필요한 환자들을 향하지만 도울 수 없음을 알고는 가슴이 무너지는 듯 너무나 아프기 때문이다. 바쁘게 돌아가는 병원에서 10분 동안의 면담을 통해 의학적일 뿐 아니라 사회적, 실질적, 경제적이기도 한 문제들을 설명해주는 것은 어림없는 일이다.

우리는 사우스런던의 병원 두 곳에 자리를 차리고 의사들에게 '가슴 아픈' 환자들을 우리에게 보내라고 부탁했다. 우리는 그 환자들에게 공식적인 프로그램을 제공하는 대신 웰로그램 안내인을 한 명씩 붙여서 함께 행동계획을 짜도록 했다. 이후에 이어질 만남의 빈도는 각 개인과 개별계획에 따라 정해졌다. 우리는 케이트를 이렇게 해서 만났다.

"당신은 내 이야기를 듣고 있네요." 케이트가 에이미에게 말했다. "내가 평소 말이 없는 편이지만, 누군가 실제로 내 말을 들어주다니!" 경청에는 시간이 필요하다. 극심한 부담을 느끼며 일하는 매우 바쁜 의사들에게는 없는 그 시간 말이다. 누군가를 도울 때는 개방적 경청이 중요하다. 왜냐하면 진정으로 경청되었다는 느낌이야말로 그 사람에게 힘을 주기 때문이다. 상대가 경청하면 화자는 이야기로 표현하도록 격려를 받고, 화자가 자신에 대해 이야기식으로 말할 수 있게 될 때 그는 비로소 변화를 시작할 수 있다. 케이트는 이야기하면서 잃어버린 것 같았던 자아의 조각들을 찾았다.

스토리텔링은 사회정책적 도구로 간주되지는 않지만 그 힘은 이른바 'psy' 분야◆ 전공자들 사이에서 잘 알려져 있다.[125] 우리

◆ — 심리학, 정신병리학, 정신분석학 등 psy로 시작하는 이름의 학문 분야-옮긴이

관계 중심 원조자

는 분석가 앞의 환자용 의자에 앉아 우리를 드러내며 이야기를 하고 또 한다. 이야기의 반복과 분석가의 철저한 경청 사이의 어딘가에서 우리는 새로운 점과 점들을 연결시키기 시작하고 이야기는 다른 국면으로 전환된다. 웰로그램 실험에서 우리는 아무런 편견 없이 경청했고 참가자들이 새로운 것을 시도하도록 격려했다. 한눈에 모든 걸 알 수 있는 것은 아니며 우리가 발견하지 못한 진실들이 있을 수 있으므로 우리는 상상 가능한 모든 것을 기꺼이 수용하고자 했다. 건강 문제를 지닌 사람들은 가족들과 젊은이들과 구직자들이 그랬던 것처럼 이 접근에 반응했다.

웰로그램에 의뢰된 사람들이 우리와 계속 함께하는 이유 중 하나는 자신의 말이 잘 경청되고 있다는 느낌 때문이다. 우리 실험이 인기가 많은 또 다른 이유는 우리가 행동을 강조한 데 있다. 행동을 취하고 실행함으로써 주체로서의 인식이 생긴다.

보건 체계와 보건 전문가들은 약으로 병을 완치할 수 없다는 것을 안다. 제공되는 서비스들이 아픈 사람들을 돌보기에 충분치 않다는 것도 알고 있다. 이에 대한 대응책으로 건강교육을 점점 더 강조해왔다. 하루에 5회분의 과일과 야채 섭취를 권장했고 안전한 음주량은 얼마인지 홍보했으며 승강기 대신 계단 이용을 추천했다. 이는, 사람들이 정보만 있으면 행동을 바꿀 것이라는 암묵적인 가정, 아니 어쩌면 희망을 바탕으로 한다. 현실은 이보다는 좀 더 복잡하다.

웰로그램에 참여한 사람들 대부분이 무엇을 '해야만' 하는지 잘 알고 있었지만 습관을 바꾸기는 쉽지 않았다. 많은 사람들이 운동을 더 하고자 또는 음주를 덜 하고자 반복해서 시도했지만 실패할 때마다 자신의 의지와 능력에 대한 자신감이 조금씩 깎여나간다. 케이트나 앤처럼 해결하기 쉽지 않은 문제를 여럿 안고 있고 물리적 통증이 있으며 자주 우울을 느끼는 경우에는 다시 시도할 용기를 낸다는 것 자체가 보통 어려운 일이 아니다.

이 책의 실험들은 이 첫 단계를 위해 충분한 시간을 갖도록 한다. 물에 빠진 느낌이었던 케이트는 문제들에 치여서 어디서부터 시작해야 할지 몰랐고 과거의 실패에 대해 고통스러울 만큼 정확히 인식하고 있었는데 앞으로 더 노력한다는 것이 아무 소용없을 것이라 믿고 있었다. 에이미는 케이트를 설득해야 했고 함께 케이트의 문제를 부분들로 잘게 나누어보았다. 이 과정에서 케이트는 힘이 좀 생겼고 이건 좀 '어떻게 해볼 수 있겠다' 싶은 작은 것들이 눈에 띄었다. 케이트는 십자수 놓기를 다시 해볼 수 있으리라 생각했고 에이미는 케이트를 격려했다.

바늘을 들자 케이트는 기분이 좋아지기 시작했다. 다시 에이미를 만나러 왔다. "당신이 나에게 이것저것 얘기만 할 줄 알았는데 그것보다 훨씬 좋았어요." 케이트가 털어놓았다. 무언가 행동을 취해서 성공해보고 나니 케이트는 그다음 좀 더 어려운 단계에 도전할 준비가 되었다. 케이트는 에이미와 함께 자신이 무엇을 먹고 요리하는지, 왜 그런지 식생활을 분석했다. 이것이 다음 단계로 한 작업이었다.

정보를 주고 합리적 근거와 함께 설득하면 사람들은 행동을 취할 것이다. 이것이 기존의 건강 돌봄과 여러 다른 복지 서비스의 바탕이 되는 논리이다. 내가 경험으로 배운 바에 의하면 이 논리는 뒤집혀야 한다. 먼저 '행동하고' 그다음에 성찰하는 것으로. 우리 삶의 변화를 눈으로 보기 시작할 때 그것의 합리적 근거를 수용할 수 있다. 이런 발상의 전환이 가족, 구직, 건강의 문제를 다루는 일에서 큰 차이를 불러온다.

사람들은 전등석화 같은 순간의 깨달음, 섬광이 비치고 변화가 일어나는 순간들에 대해 이야기한다. 그런데 사실 변화는 점진적 과정이고 작은 발걸음들이 좀 더 큰 것으로 인도하는, 전구 발명의 과정과 비슷한 것이다. 영감의 그 순간에 전구가 발명된 것이 아니다. 토머스 에디슨은 30명의 조교와 동료 과학자들과 함께 거미줄처럼 복잡하고 더딘 실험들을 하며 일했다. 승리와 실패의 순간들이 있었다. 무언가를 발견할 때마다 그 발견을 전체 과정에 통합시켰고 마침내 성공했다.[126]

만성질환을 관리하고 질환과 함께 사는 데 필요한 원조도 마찬가지다. 천천히, 한 발짝 한 발짝, 처음에는 웰로그램 안내자와 그리고 나중에는 친구, 가족들과 일종의 협업을 통해 이루어지는 과정이다. 이런 식의 원조를 지원할 수 있는 체계와 문화는 전통적인 것과는 매우 다른 어떤 것이다. 나는 이를 관계 중심의 원조relational work라 부른다. 이는 새로운 틀이 있어야 성공할 수 있다.

진정한 도움은 예술이다

에이미는 재능 있는 '관계 중심 원조자'이다. 그녀는 문제 뒤에 감춰진 사람의 목소리에 귀 기울여 경청할 줄 안다. 그녀는 어떻게 해야 꾸미지 않고 자연스럽게 사람을 대할 수 있을지, 부적절하게 경계를 넘지 않으면서 모든 상호작용에 인간적인 온정을 불어넣을 수 있을지 등 관계를 맺는 방법을 안다. 가장 어려운 일은 케이트가 스스로 변화를 일으키도록 돕는 것인데 그녀는 케이트의 문제를 해결해주지 않으면서 결국 해냈다. 그런 에이미의 역할은 현재 우리의 복지제도에 존재하지 않지만 기존 활동가들 중 많은 이들이 필요한 기술을 갖고 있는데도 그 기술을 활용할 여건이 안 되다 보니 드러나지 않고 있다.

작업을 하기 전 에이미는 디자이너의 기본 도구들 몇 가지를 늘어놓는다. 이것들은 시각화를 위한 도구로, 겉으로 보기에 도저히 극복하기 어려운 문제들을 작은 '스티키 스텝sticky steps'으로 분해해서 어려운 대화를 지원하고 측정을 의미 있게 해주는 것들◆이다. 이러한 도구는 행동을 용이하게 하고 실천을 지원할 수 있도록 설계되어 있다.

듣고 공감할 수 있는 능력과 실용적인 도구들을 지닌 에이미는 라이프와 베커의 동료들과 마찬가지로 변화의 조건을 만들어낼 수 있다. 그 다음으로 일어나는 일, 즉 작업의 내용은 매우 중요하다. 여기서 말하는 작업의 내용이란 무엇인가? 바로 원조자와 환자 사이에 오가는 상호작용을 의미한다. 나는 새로운 습관,

◆ ㅡ '스티키 스텝'과 기타 도구들에 대한 논의는 3부를 참고하라.-원저자 주

새로운 존재 방식과 같이 그들이 실천하는 것, 그리고 작업에 영향을 미치는 비전에 대해 이야기하고 있다. 에이미는 끊임없이 탐구하고, 연습하고, 참가자들과 함께 무언가를 만들면서 그들의 능력이 성장하도록 지원한다. 에이미가 생각할 때 참가자에게 도움이 된다고 판단되는 다른 서비스나 이벤트에 대해 알려줄 수도 있지만, 그것은 에이미의 역할이 아니다. 그녀의 역할은 참가자의 곁에 머물면서 그들이 새로운 일을 하도록 격려하는 것이다. 그리고 에이미는 때때로 그녀 자신이 다음에 무엇을 해야 할지 자신도 모르겠다고 고백한다. 그녀의 헌신과 만족은 환자가 작업의 결과로 뭔가 다른 일을 하는 것을 지켜보는 데서 나온다.

플렌티 쿠즈의 미래 비전은 전혀 새로운 것이 아니었다. 그것은 새로운 것과 오래된 것을 섞고, 프레임의 주변으로 밀려나 있던 것들을 중심으로 이동시키는 것이었다. 관계 중심의 원조는 이와 약간 비슷하다. 그것은 새로운 것과 오래된 것을 혼합할 수 있고, 한때는 별로 중요하지 않다고 여기던 것들을 중심으로 가져올 수 있다. 다른 점, 즉 중요한 전환은 이것이다. 다른 사람의 필요를 메꾸고 보완해주는 것이 아니라 그들이 자신의 능력을 배양하도록 하는 것이 목적이다. 관계 중심의 원조 활동은 미래에 될 수 있는 자신의 모습을 찾아 그것을 향해 한 발짝씩 나아가도록 지지해주는 일이다.

우리는 다른 사람들을 돕고 싶어 한다. 그것은 인간의 자연스러운 본능이다. 처음 파티서플이 관계 중심 원조자 모집공고를 냈을 때, 생소한 이름인 데다 품위 있는 일자리라고는 상상하기 힘든 1만9천 파운드의 연봉임에도 사람들이 보인 뜨거운 관심에 놀라자빠질 뻔했다. 우리는 지원자들에게 앞으로 하게 될 일이 어떤 일일지, 그리고 왜 이 일을 지원했는지에 대해 짧은 영상을 만들거나 글을 써내라고 했다. 그리고 250개의 완성된 지원서를 받았다. 지원자들은 우리가 기술한 활동 방식이 그들에게 뭔가 통하는 느낌을 주었다고 말했다. 그들은 필요한 기술을 가지고 있지만 그것을 사용할 수 없게 만드는 시스템, 제도, 규정 내에서 일하는 것에 좌절감을 느낀다고 말했다. 그들은 분명 이 나라에서 더욱 큰 변화를 일으키는 데 일익을 담당하기를 원하고 있었다.

우리가 고용한 관계 중심 원조 활동가들은 디자인, 사회사업, 연극, 비즈니스, 그리고 때로는 보건 등 다양한 배경을 지니고 있다. 훈련과정은 실천 중심으로 이루어진다. 즉, 경험을 통해, 시행착오를 통해, 실제 상황에 대한 개선을 통해 배우도록 한다. 힘을 당사자에게로 옮기고 전통적인 전문가주의의 벽을 허무는 것은 변화를 촉진하기는 하지만, 처음에는 사람들을 불안하게 할 수 있다. "하지만 당신은 환자 쪽으로 너무 치우쳐 있는 것 아닌가요?" 누군가가 워크숍에서 에이미에게 물었다. 좋은 질문이다. 에이미는 어디까지가 경계인지 안다. 사실 그녀는 20세기식 전문가보다는 덜 관여했을지 모른다. 전통적인 전문가라면 솔직히 말하는 것이 더 나은 상황에서도 치료를 약속하거나 동정을 표시했을 것이니 말이다.

진정한 도움은 예술이다. 페컴 익스페리먼트의 설립자들은 개입하지 않는 데서 오는 불안을 다룰 수 있는 건강 전문가들을 찾는 것이 가장 어려웠다고 기록했다. 이런 원조 유형에서는 문제를 실제로 직면해서 언제 어떻게 행동해야 할지 판단할 수 있는 용기를 가지는 것이 중요하다. 조너선 리어는 이렇게 표현했다.

"진정으로 친절하려면, 힘들어하는 사람에게 자신이 개입해서 도와야 하는 상황과, 겉으로만 그렇게 보이는 상황으로부터 한 발짝 물러서서 그 사람이 필요한 기술과 자율성을 기를 수 있게 하는 상황을 구별할 수 있어야 한다. 친절한 사람은 그 차이를 섬세하게 관찰할 것이며, 그 차이를 알아채고 나면 그에 따라 적절하게 행동할 마음의 준비가 된다. 이러한 인격 기반의character-based 접근방법에서는, 어떤 특정 상황에서 어떤 일을 하는 것이 친절한 것인지에 대해 그 친절한 사람의 판단을 따로 떨어뜨려 놓고 규정하는 것이 불가능하다."[127]

이 방식에서는 곧바로 적용할 수 있는 명문화된 규칙 없이 일한다. 이렇게 일하는 것은 어쩌면 환상적으로 보일지도 모른다. 왜냐하면 지금 세상은, 교사든 의사든 전문가의 독립적 판단이라는 것을 좀처럼 인정하지 않기 때문이다. 교사가 학생의 능력을 독립적으로 평가할 수 있다고 보지도 않고, 의사는 일을 그르쳤을 때 뒤따를 결과에 대해 너무 걱정한 나머지 뚜렷한 의학적 증상이 없는 대부분의 환자들을 큰 병원에 의뢰하는데, 그 비용이 연간 30억 파운드가 넘는 게 현실이다. 또한 이 방식은 물론 오늘날 복지제도의 관리자들이 보기에 위험천만해 보일 수도 있다. 그러나 점점 더, 종종 불가능해 보이는 상황에서, 어려움을 겪고 있는 사람이 개방적이고 친절한 지원을 통해 그들 자신의 길을 결정하도록 허용하는 것이 어떻게 지속적인 변화를 가능하게 하는지를 우리는 보아왔다.

진정한 도움은, 대부분의 의미 있는 일이 그렇듯, 언제나 쉬운 일은 아니다. 사람들이 뒤로 후퇴할 때 우리는 의기소침해지고 스트레스가 유발될 수 있다. 우리가 개발한 훈련 교육은 관계 중심 원조자가 인내심과 열린 자세를 유지하면서 그들의 일을 성찰하며 추진할 수 있도록 지원한다. 당신은 당신 자신을 돌봐야 한다. 이러한 지원은 직원 유지와 사기 진작에 도움이 되지만, 그보다도 용기와 확신, 끈기가 필요한 어려운 일을 가능하게 한다. 스트레스를 받으면 주의를 기울일 수 없다. 만약 당신이 과로로 지쳐있다면, 결과가 처음에 명확하게 보이지 않을 수 있는 작업을 고수하는 것이 너무나 힘들 것이다. 사회복지사나 돌봄 종사자와 마찬가지로 보건 종사자들은 상상할 수 없을 정도로 끔찍한 것들에 대해 말하고 생각해봐야만 한다. 그것은 편안한 작업은 아니다. 상대의 이야기를 듣다가 어딘가 불편해지는 그런 느낌이 들 경우에는, 무언가가 잘못되었으니 제공하는 도움의 방향을 바꿔야 할지 아니면 그 이야기를 듣는 것이 좀 힘들지만 상대에게 변화가 일어나고 있으니 계속 밀고 나가야 할지를 판단해야 한다. 자신의 훈련된 본능에 민감해야 하는데, 스트레스가 높으면 그럴 수가 없다.[128]

웰로그램은 참가자들에게 인기가 있다. 에이미와 그녀의 동료 타라, 루시, 그리고 우리를 받아준 지역 의료기관 사람들도 웰로그램을 좋아한다. 이제 우리는 앤과 케이트 등이 이루어낸 건강의 변화를 어떻게 지속시키는지에 대해 생각해볼 차례다.

내가 계속하게 도와줘요

"나는 내 결심을 지켜나가게 도와줄 사람이 필요해요." 세라는 우리에게 말한다. 그녀와 그녀의 남자친구 케빈은 담배를 끊고 싫어 한다. 그들은 수없이 시도했지만, 그들 중 한 명이 무너지면 다른 한 명을 꼬드겨 다시 피우게 되면서 번번이 실패로 끝났다. 그러면서도 계속 변화해보려고 점점 더 복잡한 시도를 하며 애쓰는 자신들에게 쓴웃음을 보낸다. 세라도 케빈도 '건강에 이상 있음' 상태는 아니지만, 이들은 둘 다 바쁜 직업생활을 하고 있고 운동도 많이 하지 않는다. "나는 점점 살이 찌고 있어요." 세라는 말한다. "흡연만이 문제가 아니에요. 우리 엄마가 지금 가지고 있는 문제들을 보면서 나 역시 건강한 식생활이 필요하고 너무 늦기 전에 뭔가 조치를 취해야 한다는 것을 알고 있어요."

인간관계는 우리의 건강에 좋은 면으로나 나쁜 면으로나 영향을 미친다. 세라와 케빈은 또다시 담배를 피우도록 서로를 유혹하는가 하면, 케이트는 남편과 아들이 원하는 것을 만드느라 그녀 자신에게 도움이 될 음식을 따로 만드는 것이 힘들다. 또 어떤 사람들은 자녀들이 단것과 탄산음료를 먹지 않기를 원하지만 또래들의 압력이 너무 강하다고 말한다. 우리의 삶에 변화를 가져온다는 것은 기존의 긴밀한 관계를 끊고 새로운 관계와 새로운 형식의 지원을 찾는 것을 의미할 수 있다.

우리에게 가장 어려운 관계는 우리의 건강을 가장 위협하는 관계인 의료기관과의 관계다. 이러한 주장은 1970년대의 철학자이자 사회평론가인 이반 일리치가 처음 제기하였다. 일리치는 베스트셀러인 그의 책《현대 의학의 한계*Limits to Modern Medicine*》에서 현대 의학의 관행과 문화에 대해 통쾌한 비평을 내놓았다. 그는 의사들이 우리를 지배하고 있는 상황을 전염병으로 비유했는데, 이 전염병 하에서는 우리 삶의 거의 모든 측면이 비정상으로 진단되며, 산업화된 수리점인 병원으로 보내지는데, 이 과정에서 우리는 결국 자신을 바라보는 방식과 삶에 대한 통제력, 즉 자조 능력에 대해 아무것도 할 수 없다는 심각한 제약을 느끼게 된다.[129]

나는 의료와 산업적인 보건 시스템에 대한 우리의 의존도를 재조정하고 싶다. 그들을 악마로 만들려는 것이 아니다. 그러기 위해 우리가 우리 삶의 의료화에 일조하고 있다는 사실을 인식할 필요가 있다. 우리는 의사가 우리의 체중 문제나 불안을 치료할 수 있다고 믿거나 우리의 삶을 더 오래 연장시킬 수 있다고 믿고 싶어 하지 않는가. 언젠가 그들이 정말로 그렇게 할 수 있는 날이 올지 모른다. 그러나 그때까지 우리는 보건 시스템을 '과부화시켜' 원활한 의료 서비스의 흐름을 막고, 치료할 수 있는 질병에 집중해야 할 그들의 역량을 저해하며, 우리가 해야 할 일들은 제쳐두고 치료약에만 기대어 우리 삶을 스스로 제한하고 있는 꼴이다.

집착할 다른 대체물이 있을 때 이전의 집착을 해소하기가 더 쉽다. 이것은 내가 한때 살았던 도미니카공화국의 빈민층 거주지역과 'psy'로 시작하는 심리학 계통의 학문에서 설명하는 방식이다. 일상적인 대화에서 감정적 얽힘이 주를 이루었던 그 지역에는 "운클라보 사카 알 오트로*un clavo saca al otro*"라는 말이 넓게 퍼져 있었다. 이 말은 "새 못을 박아 박혀있던 다른 못을 빼낸다."란 뜻이다. "운클라보 사카 알 오트로." 사랑을 잃은 이들은 서로서로 위로를 나눌 것이다. 당신이 상대를 버렸든 상대가 당신을 버렸든 당신은 그 상실을 대신할 다른 사람을 찾게 된다. 방향 전환을 하려면 의사에게서 떨어져 나와 다른 곳과 연결되어야 한다. 우리는 의료 체계 못지않게 강력한 우리의 친구들과 가족과의 관계라는 네트워크를 가지고 있다. 실망한 연인만이 아니다. 우리도 실제로 우리에게 더 건전하고 더 나은 누군가가 있다는 것을 알아야만 한다.

웰로그램의 초기 참여형 설계 단계에서 사람들이 이웃, 동료, 친구 및 관계들에 견주어 본능적으로 자신의 위치를 재는 모습이 눈에 띄었다. 이러한 끊임없는 비교가 우리 병의 근원이 될 수 있다고 주장하는 사람들이 많다. 예를 들어, 섭식장애가 닥칠 때 끊임없이 몸의 모양과 크기를 비교하는 십대 소녀들이 있다. 그러나 동일한 친구들과 관계망이 우리의 생활방식에 영향을 끼치고 격려해주는 가능성을 감안할 때, 좋은 방향으로 힘이 될 수도 있을 것이다.

만약 친구의 친구가 살이 찐다면, 당신도 그럴 것이다.[130] 이것은 사회학자 겸 의사인 니컬러스 크리스태키스와 그의 동료인 정치학자 닉 파울러의 놀라운 발견이었다. 크리스태키스는 의사로서 케이트의 병을 유발한 바로 그 점, 즉 사랑하는 사람들을 돌보는 일은 종종 보호자에게 심각한 상처를 남긴다는 것을 발견하고는 처음으로 관계에 관심을 갖게 되었다. 나중에 수만 명의 참가자들의 건강을 추적하여 마련된 종단 자료를 분석하면서 크리스태키스와 파울러는 훨씬 더 흥미로운 사실을 알아냈다. 요통에서 비만까지, 질병은 사회적 관계망을 통해 퍼지는데 그 경로를 설명하기가 쉽지 않지만 논쟁의 여지가 없을 정도로 확실하다는 것이다. 관계망은 관련된 사람들에게 영향력을 행사하는 것으로 나타났다.

웰로그램의 형태를 만들어나가기 시작할 때, 나는 화이트홀White Hall에서 열린 세미나에 초대되었는데, 그 세미나에서 크리스태키스와 파울러는 제1야당 그림자 내각shadow cabinet◆이 포함된 소수의 사람들에게 그들의 연구 결과를 설명했다. 나는 우리가 사회적 네트워크를 다른 방향으로 사용할 수 있을지 고민하며 세미나를 나왔다. 우리가 질병이 관계망을 통해 퍼지는 것과 같은 방법으로 좋은 건강생활을 퍼뜨릴 수 있을까? 우리는 자신의 좋은 습관을 '붙잡아줄' 누군가가 필요하다고 한 세라의 생각을 받아들여서, 사람들에게 새로운 건강 행동을 '붙잡아줄' 누군가를 기존 네트워크에서 찾아보라고 권유했다. "더 많이 걷기, 하루 5회 야채 과일 권장량 먹기 등 뭔가 긍정적인 일 하기에 참여하십시오. 그리고 여러분이 꾸준히 건강생활을 지속할 수 있게 함께하거나 지지해줄 누군가를 찾으십시오." 우리는 멋진 초대장과 실천 아이디어가 적힌 작은 환영 봉투와 진척 상황을 추적할 수 있는 간단한 도구를 마련했다. 그러나 별로 효과가 없었다.

우리에겐 몇 가지 문제가 있었다. 첫째로, 참가자들은 행동으로 옮기기에 충분할 만큼 구체적인 어떤 것에 잘 집중하지 못했다. 둘째로, 건강하고 활동적인 사람들의 지속적인 참여를 얻는 것이 어려웠다. 셋째, 다른 누군가에게 참여를 요청받을 때, 대부분의 사람들은 너무 부끄러워하거나 아예 신경조차 쓰지 않았다. 이러한 수줍음과 관심 부족은 "내가 결심한 바를 지킬 수 있도록 저를 도와주세요."라는 요청이 너무 가볍고 일상적인 것으로 들려서 일을 더 꼬이게 만들었다. 사람들은 큰 조직이나 프로그램에 소속되어 일하는 것이 아니라 약간 이상한 생각을 가지고 혼

◆ — 주로 영국식 의원 내각제에서 야당이 정권을 잡았을 경우를 예상하여 조직하는 내각으로, 여당의 내각을 견제하는 구실을 한다.-옮긴이

자 나가서 개인적으로 일하는 것처럼 느꼈다.

우리가 주민들 사이에는 긍정적인 영향력을 뿌리 내리지 못했을 수도 있지만, 어떻게 하면 웰로그램 안에 협업과 인간관계를 구축할 수 있을지에 대해서는 일가견이 있었다. 에이미는 케이트에게 그녀와 함께 바느질을 할 사람이 또 누가 있을지 물었다. 케이트는 앤에게 누가 그녀와 함께 가벼운 산책을 시작할 수 있는지 물었다. 관계 중심 원조자의 격려와 도움으로 웰로그램의 참가자들은 그들의 네트워크에 있는 누군가에게 손을 내밀거나 새로운 연결을 만들려고 시도할 수 있었다. 참가자들은 더 큰 무언가의 일부라고 느꼈고 주변 사람들에게 도움을 요청하는 것을 더 '정상적'이라고 보게 되었다. 그러나 많은 사람들은 여전히 반신반의했다. 그들은 친구들이나 더 넓은 인간관계를 자신의 건강을 위한 노력에 끌어들이는 것이 과연 도움이 될지 회의했다.

변화의 첫걸음을 내딛는 데는 용기가 필요하다. 정말 그렇게 살을 뺄 수 있을까? 남편과 아들을 돌보면서 걱정하기에도 바쁜데 내 몫을 늘릴 수 있을까? 그러나 무언가에 집중하려면 훨씬 더 큰 용기와 끈기가 필요하다. 수십 년 넘게 일을 해오면서 나는, 다른 이들과 함께 변화를 만드는 사람들이 더 큰 변화를 만들 수 있고 그것을 지속시킬 수 있다는 것을 보아왔다. 한마디로, 변화를 유지하는 관계의 역할은 너무나도 명백하게 보이는데도, 어떤 해결방안에도 관계가 들어가 있지 않은 것이 현실이다. 우리의 보건 서비스는 고립된 개인들을 중심으로 설계되었다. 의사는 환자를 진찰한다. 사실 아이러니하게도 페컴 내에, 그 위대한 실험이 이루어졌던 장소에서 가까운 우리 동네 병원에서조차 만약 내가 다른 식구와 함께 의사를 찾아간다면 그는 화를 내며 각각

따로 진찰 약속을 잡으라고 말할 것이다.

웰로그램에서 우리는 이전 실험에서 개발한 것과 동일한, 간단한 기능측정 도구를 사용했다. 이 도구는 일과 학업, 건강과 활력, 지역사회 공동체, 그리고 관계라는 4개의 사분면으로 이루어져 있으며, 이는 우리가 중점적으로 다루는 네 가지 기능과 일치한다(100쪽 그림 참조). 이 도구는 대화를 이끌어냈고, 참가자들은 자신들이 발전해나가는 모습을 추적할 수 있어서 좋아했다. 그러나 처음에는 대부분의 참가자들이 '관계' 사분면을 외면했다. 그들은 우리에게 도구에서 이 부분을 사용하고 싶지 않다고 말했다. 그들은 관계 사분면이 자신들과는 무관하다고 느꼈으며 그 중요성을 이해하지 못했다.

웰로그램 안내자들은 참가자들의 의견을 받아들여 관계 사분면을 포기하자고 원했다. 나는 망설였다. 수많은 연구들이 변화를 만들어내고 지속시키는 관계의 역할을 강조하고 있고 우리 또한 다른 실험에서도 이를 목도했기 때문이다. 나는 우리가 알고 있는 것을 참가자들과 공유하고 우리가 나아갈 다른 길을 발견할 수 있을지 살펴보지 않는다는 것은 솔직하지 못하고 심지어 참가자들이 강해질 기회를 빼앗는 것이라 느꼈다.

나는 조금 더 깊이 파고들었다. 참석자들이 왜 관계 사분면을 거부하는지 알고 싶었다. 나는 그것이 여러 가지 이유에서 외면당함을 발견했다. 일부 참가자들은 손을 내밀어 다른 사람들을 참여시키는 것이 어떤 도움이 될 수 있는지 전혀 이해하지 못했다. 또 일부 참가자들은 다른 참가자와 자신의 필요를 공유하는 것을 당황스러워했는데, 그저 함께 나눌 다른 사람을 생각할 수 없었기도 하고, 때론 자신들의 깊은 외로움을 인정하는 것이 부끄러웠기 때문이다. 실제로 그들은 고민을 나눌 사람이 주변에 아무도 없었다. 이 문제를 더 깊이 이해하게 되자, 우리는 구성원의 네트워크 기능을 도식화하고 분류하고 이해하는 데 유용한 방법을 개발했다.

이를 통해 우리는 사분면 도구를 포기하지 않으면서 이를 도입하기에 적절한 방법과 시기에 대해 깨달음을 얻을 수 있었다. 6개월 후엔, 웰로그램의 참가자 중 누구도 관계의 중요성에 의문을 제기하지 않았고 자유롭게 개를 산책시키는 그룹에 가입하거나 친구와 함께 활동하기 등에 참여할 수 있게 되었다. 그러나 처음에는 약간의 개입이 필요했다. 관계 중심 원조자가 언제 한 발짝 앞으로 나아가고 언제 한 발짝 뒤로 물러서야 할지 알아야 하듯이, 우리는 언제 다른 사람의 의견을 받아들이고 언제 설득해서 우리의 의견이 더 널리 공유되도록 할지 알 필요가 있다.

우리는 거듭된 실험의 과정을 통해 무엇이 실제로 효과가 있는지 탐구한다. 하지만 이 질문은 거꾸로 '시간이 지나도 남는 것은 무엇인가?'로 표현하는 게 나을 수도 있다. 사회정책 측면에서 종단연구의 자료 수집은 대개 3년, 길어야 5년에 걸쳐 수행된다. 그 기간 이후에 효과가 어떠한지에 대해서는 거의 듣지 못한다. 지난 50년 동안 우리에게 영향을 준 시스템과 개인적인 습관들, 즉 평생 우리와 함께 있었을지도 모르고 어쩌면 우리 부모와 선조들에게서 물려받았을지도 모르는 것들을 바꾸려고 노력하면서 말이다. 저명한 정신과 의사인 조지 베일런트는 한 사람의 일생 동안 어떤 사회복지 정책과 개입이 효과가 있는지 연구했는데, 그 결과는 그가 기대했던 것과 달랐다.

2014년에 나는 조지 베일런트를 만났다. 그는 1939년에서

1944년 사이에 자신이 졸업한 하버드 남학생 집단에 대한 종단 연구인 그랜트 연구The Grant Study에 대해 강의하기 위해 런던에 왔는데, 이 연구는 보스턴 도심의 '최하층계급underclass'에서 선발하여 구성한 매칭 코호트인 글루크 스터디Glueck Study와 나란히 진행되었다. 존 F. 케네디도 포함되었던 그랜트 연구는 자료 수집의 기간과 깊이에서 유일무이하다. 베일런트와 그의 전임자들은 수년 동안 정기적으로 참가자들을 인터뷰해서 남자들이 살아가면서 겪는 산전수전과 우여곡절을 추적해왔다. 참가자들은 직장에서 성공과 좌절을 경험했다. 그들은 음주로 문제를 겪기도 하고, 부부, 친구, 자녀와의 관계에서 때론 행복하고 때론 힘든 시기를 겪기도 했으며, 건강상의 어려움에 직면하기도 했는데 이 모든 것이 기록되어 있다.

베일런트가 발견한 것은, 5년이라는 기간을 넘어서 보면, 거의 모든 건강에 대한 개입은 위약효과였다는 것이다. 즉, 효과는 사라져 없어진다. 베일런트는 알코올 중독에 특히 관심이 많았는데, 처방약과 단기 상담치료, 예를 들어 인지행동치료 같은 것이 단기간의 제한된 효과만을 가지고 있다는 것을 발견했다. 다만 장기적인 변화를 일으키는 두 가지 요소가 있다. 관계를 다루는 개입과 우리 삶의 더 영적인 면에 도달하는 개입이다. 베일런트는 '익명의 알코올 중독자들AA. Alcoholics Anonymous'모임의 성공을 인용한다. 여기서의 12단계 과정은 협력적이며, 이 프로그램은 종교적인 요소를 통해 사람들에게 영향을 미친다. '익명의 알코올 중독자들'은 시간이 경과해도 변화를 지속시키는 것으로 입증된 유일한 프로그램이다.

베일런트 교수의 깊고 세심한 연구는 사회정책에서 흔히 적용되는 것보다 훨씬 더 긴 기간을 기준으로 판단해야 할 필요성을 보여준다. 그의 연구는 또한 행복한 삶을 예측 가능하게 하는 요인들이 있음을 보여준다. 남자들의 친밀한 관계 능력은 그들 삶의 모든 면에서 성취와 행복을 결정했다.[131] 정신의학 교과서와 정책입안자들의 사전에서 빠진 기쁨, 사랑, 희망, 용서, 믿음과 같은 정서들은 참가자들의 각각 다른 출발점과 90세에 이르기까지 치른 매우 중요한 도전들에 상관없이 참가자들의 삶을 결정짓는 요인들이었다.

자기가 자기를 간지럽혀 즐겁게 할 수는 없다고 베일런트가 내게 말했다. 변화를 이끌어내고 지속시키는 정서인 사랑, 기쁨, 희망을 자극하기 위해서는 다른 사람이 필요하다. 좋은 삶을 구성하는 사랑, 기쁨, 희망은 좋은 관계에 달려있다. 그래서 미래에 어떤 복지 해결책을 기획하든 관계적 접근이 필요한 것이다. 만약 우리가 측정하려고 한다면, 우리는 이러한 인간적인 요소들을 규정에 따라 마지못해 하게 하는 식으로 축소하지 않으면서 가시적으로 드러나게 할 방법을 찾아야 한다.

왜 우리는 보건 시스템과 기타 영역들에서 좋은 관계의 역할을 무시하는 것일까? 내 생각에 관계라는 것은 복잡해질 수 있고 시간이 걸리는 것이라 우리가 이를 외면하는 것 같다. 인간관계는 보살피고 키워야 한다. 하지만 우리는 공공 정책에서 이런 종류의 활동을 표현할 적절한 언어조차 가지고 있지 않다. 그것은 표적이니, 최전선이니, 또는 수단에 대한 기계적인 용어로 전쟁터에서나 쓰임직한 언어들로 가득해서 우리는 이런 용어들을 사용하고 싶지 않다. 가족과 친구들을 돌보고 그 관계를 유지하는 것은 결국 우리를 지탱하고 건강을 유지하게 하는 일로, 평생에 걸쳐 이루어질 일이다. 그러나 모든 관계가 잘 풀리는 것은 아니기 때문에 위험한 일이기도 하다. 그런데 만약 이 책의 내용에서 반복되는 것처럼 80퍼센트의 자원이 낭비된다는 것, 즉 80퍼센트의 사람들이 '완치'되지 않고 서비스로 돌아간다는 80 대 20의 규칙을 고려한다면, 아마도 우리는 관계적으로 사고하고 일하는 방향으로 전환할 방법을 찾을 수 있을 것이다. 한 가지 확실한 것은 실패율이 이보다 더 높을 수는 없다는 것이다.

국민보건서비스는 우리를 구속하고 있는 훌륭한 큰 이모와 같다. 존경스럽고, 아는 것 많고, 여기저기 아프고, 괴팍하고, 때로는 귀찮은 존재이지만 우리는 그녀가 없는 삶은 상상할 수 없다.

그래서 우리는 어떻게 그녀를 쓰러지지 않게 지지해줄 수 있을지 고민하며 시간을 보낸다. 동력이나 혁신이 부족하진 않지만, 모든 것이 기존의 틀 안에서 시작된다. 혁신가들은 대중과 함께 일하지만, 혁신가들은 대중을 자신들의 임상적 사고의 틀 안으로 불러들일 뿐이다. 중요한 개선들이 이뤄지고 있지만 더 큰 위기는 계속되고 있다.

나는 국민보건서비스를 고치려고 노력하지 않았다. 나는 대신 다른 것을 만들려고 노력했다. 거창한 것은 아니다. 건물을 새로 열고 기념촬영을 하지도 않는다. 다만 참여했던 사람들은 시간을 두고 천천히 그들의 삶을 개선하는 데 힘써야 했다. 그런데 변화는 지속되었고 서비스 비용은 낮았다.[132]

우리는 지역 의료기관에 웰로그램을 설치했다. 의사들, 간호사들, 안내원들이 우리를 많이 지원해주었다. 그들은 과중한 진료 업무로 인해 주지 못하는 도움을 우리가 제공했기 때문에 우리의 실험을 좋아했다. 여기서의 또 다른 장점은 환자 기록을 볼 수 있고 시간의 경과에 따라 임상적으로 호전되는 사항들을 추적할 수 있다는 것이었다.

18개월 간격으로 자료를 살펴보니, 등록한 사람들의 75퍼센트가 체중이 줄었고, 44퍼센트가 혈압을 낮췄으며, 75퍼센트가 금연에 성공했다. 기록에 의하면 이러한 결과는 적어도 6개월 동안 변화가 지속되는 것으로 나타났다. 또한 64퍼센트의 회원이 일이나 학업을 시작했으며, 72퍼센트는 더 넓은 지역사회에서 활기차게 다시 활동하고 있고, 64퍼센트는 개인적으로 의미를 부여할 만큼 건강이 개선되었다고 보고했다.[133]

의사들은 우리의 임상 결과와 환자들에게서 보이는 행동 방식과 에너지의 폭넓은 변화에 감명을 받아 우리가 그 일을 계속해 주기를 원했다. 그들은 우리와 마찬가지로 우리가 전체 보건 시스템을 위해 무언가를 설계할 수 있다고 확신했다.

그러나 지역 위원들과의 회의는 이렇게 전개되지 않았다. 먼저 그들은 우리가 잘못된 데이터를 추적했다고 말했다. 그 데이터 요건을 정한 것이 위원들 자신이었는데도 말이다. 그러고 나서 그들은 그들의 의뢰과정을 설명했다. 그들은, 그들이 의뢰를 해지하려고 하는 그 서비스를 그대로 대체하는 것이라야 새로이 위임할 수 있다고 했다. 웃어야 할까, 울어야 할까? 당연하게도 의뢰가 해지된 서비스와 똑같은 서비스는 없다. 왜냐하면 우리의 의료 서비스가 설계되었을 때는 케이트와 수백만 명의 다른 사람들이 직면하고 있는 복잡하고 돈이 많이 드는 문제들이 존재하지 않았기 때문이다.

베버리지가 국민건강보험제도를 만들었을 때 그는 기존의 의료제도를 접고 새로운 틀을 열었다. 그의 프로젝트에 대해 많은 사람들이 환영했지만 약간의 저항도 있었다. 처음에는 의사들이 반기를 들었고, 새로운 규정을 받아들이지 않은 몇몇 우수 기관들은 문을 닫아야 했다. 새로운 틀 안에서 새로 만들어지거나 통합된 기관들은 모두 자금을 받았다. 그 결과는 획기적인 것이었고, 우리가 봐왔듯이 그 새로운 틀은 국가의 건강을 변화시켰다.

오늘날 웰로그램과 같은 접근방식은 비용이 적게 들고 임상 결과를 개선하지만, 서비스와 자금줄을 지배하는 전체 틀은 변하지 않기 때문에 더 넓은 시스템에 영향을 미치기 힘들다. 이런 시도들은 투자를 끌어오지도 못하며 자원들은 낡은 제도 안에 갇혀 있다.

베버리지 자신의 재정계획은 아주 대략적인 것으로 유명하다. 나중에 그의 친구인 존 메이너드 케인스가 그에게 많은 도움을 주긴 했지만, 자기 계획을 뒷받침하기 위해 수박 겉핥기식으로 대략적인 계산을 했다. 베버리지처럼 나도 대략 계산을 끄적여보았다. 국민건강보험의 예산은 1,160억 파운드인데 국민건강보험의 지도자들은 국민건강보험을 유지하려면 당장 80억 파운드의 현금 투입이 필요하며 좋은 서비스까지 제공하려면 210억 파운드의 재정이 추가되어야 한다고 말했다.[134]

만약 우리가 프로토타입 개발에 투입된 비용으로 전국적 규모의 웰로그램 모델을 상상하고 그 모델에 당뇨병이 있는 사람들만 가입한다고 가정하면, 우리는 400억 파운드를 절약할 수 있다. 세부적으로는, 병원 의료 체계 밖에서 당뇨병을 관리하면 140억 파운드를 절약할 수 있고, 과로로 병이 나서 결근하는 일선 전문가들의 스트레스를 줄여 24억 파운드를 절약할 수 있다.

그리고 당뇨병과 다른 만성 질환을 앓고 있는 노인을 병원에서 돌보는 비용을 줄이면 230억 파운드의 비용이 절감된다. 이는 퇴원이 아니라 병원 내에서의 노인환자 수 감소에 근거한 보수적인 추정치이다.[135] 400억 파운드라는 추산이 보수적인 이유는 당뇨병이 있는 사람들만을 기반으로 한 것이지, 다양한 질환을 앓고 있는 훨씬 더 넓은 집단은 고려에서 제외했기 때문이다. 이렇게 계산해보는 데 당뇨병을 선택한 이유는 내게 당뇨병 관련 소요 재정에 대한 좋은 자료가 있었기 때문이다.

우리는 이러한 절감액의 절반 정도를 국민보건서비스로 반환하여 서비스 품질 향상에 필요한 210억 파운드를 제공한다고 상상할 수 있는데, 이는 임상 시스템 내에서 환자 수가 줄어들 것이기 때문에 더 유용하게 쓰일 것이다. 나머지 190억 파운드는 웰로그램과 같은 접근법에 투자하고 실험 5에서 논의한 노인들을 위한 대안적인 지원에 들어갈 기초 자금을 마련하는 데 사용할 수 있다. 이런 계산이 그저 희망사항처럼 들릴지 모른다. 확실히 이 계산이 매우 대략적인 구상이지만, 우리가 새로운 것을 향해 변화하고 투자하고자 할 때 그려볼 수 있는 잠재적인 가능성을 보여준다.

21세기 보건 시스템은 4가지 일을 해야 한다. 바로 최고의 과학과 함께 일할 것, 최상의 치료를 통합할 것, 가능한 한 예방에 힘쓸 것, 전문가들이 즐겁게 좋은 일을 할 수 있는 문화를 육성할 것이다. 해야 할 일에 대해 누구나 합의하지만 우리는 여전히 가로막혀 있다. 대부분의 개혁을 위한 노력은 제도 내부의 개편과 예산에서 시작된다. 건강의 경우 우리는 다른 곳에서, 즉 사람들의 삶에서 시작해야 한다.

웰로그램은 우리가 어떻게 하면 의료제도에서 그곳에 있어서는 안 되는 모든 사람들을 내보내고 치료와 적절한 도움을 제공하기 위한 구조를 만들 수 있을지, 그 출발점을 보여준다. 이것은 가능하며, 공공과 의료 분야로부터 광범위하게 지지를 얻고 있다. 이제 우리는 다른 꿈을 꾸기 위해 인디언 추장 플렌티 쿠즈나 우리 친구 케이트가 가졌던 용기가 필요하다. 우리는 그 틀을 추진하는 데 위험을 감수할 만큼 용감해져야 한다.

실험 5 : 잘 늙어가기

로이가 아파트 복도로 나와 나에게 손짓한다. 이 문으로 들어와요, 그가 손을 흔들어 신호를 보낸다. 그는 보청기를 어디에 두었는지 잊었다며 나에게 찾아달라고 한다. 나는 소파 등받이 뒤편과 의자 뒤를 더듬어보고 그의 침실 서랍과 욕실 장 안까지 주의를 기울여 살펴본다. 조금 긴장이 된 나는 너무 거슬리게 행동하지 않으려고 노력한다. 그리고 부엌의 토스터 뒤에서 보청기를 발견한다. 로이는 보청기를 대충 닦은 다음 툭툭 털어서 귀에 밀어 넣고 나에게 차 한 잔을 권한다. 보청기가 제자리를 찾으면 그는 말이 많아진다. 클래식 음악을 좋아하는 로이는 나에게 오페라를 좋아하냐고 묻는다. 그는 또한 소시지 만드는 것을 좋아하는데 나에게 배우고 싶으냐고 묻는다. 로이는 나에게 소시지의 예술에 대해 아주 자세히 말하기 시작한다. 껍질, 허브, 고기에 들어있는 지방의 비율 등.

따뜻한 부엌에서 분주하게 움직이며 말하는 로이의 이야기를 듣고 그를 지켜보면서, 나는 그가 행복한 사람이라는 것을 깨닫는다. 그는 안정되고 편안한 모습이며, 음악과 요리에 대한 사랑에 푹 빠져있다. 그는 86세지만 건강하다고 나에게 말한다. 통증과 고통에 시달리면서도 불평하지 않는다. 나는 보청기를 찾기 위해 그의 집을 살펴보면서 로이에 대해 꽤 많은 것을 알게 되었다. 나는 그의 건강 상태에 대해 알고 있고, 그가 소유한 대부분의 물건을 봤으며, 그 밖의 자잘하고 개인적인 것들도 관찰했다. 그중엔 우리가 굳이 말로 언급하지 않는 것들도 있고 '조사assessment' 양식에 옮겨적을 수 없는 것들도 있다. 하지만 그것들은 앞으로 여러 달에 걸쳐 그가 더 오랫동안 행복하고 독립적으로 지내는 데 필요한 게 무엇일지 그리고 우리가 앞으로 세울 계획에 로이를 어떻게 포함시킬 수 있을지를 생각할 때 도움이 될 것이다.

인생은 무엇을 위한 것인가? 불교 전통에 의하면 이 문제는 우리가 말년에 이르렀을 때쯤에나 풀 수 있다. 나이가 들면서 우리는 멀리 보게 되고, 로이처럼 우리를 행복하게 하는 것이 무엇인지 이해하게 된다. 그래서 불교에서 우리 삶의 세 번째 단계는 배움의 시기, 우리 역량을 자유로이 펼치는 시기, 그리고 어쩌면 깨달음에 이를 수 있는 중요한 시간이다.[136] 이와 같은 노화에 대한 서술은 서구에서 말하는 노년의 이야기와 얼마나 극명하게 대비되는가. 우리는 생일을 축하하고 기대수명 증가에 대해 자랑스럽게 말할지 모르지만, 우리들 대부분은 노화 과정을 두려워한다. 우리는 그것을 손실, 능력 저하, 그리고 결핍의 단계로 본다. 우리는 돈이 충분하지 않을 수도 있고, 사랑하는 사람들을 죽음으로 잃거나 그들에게서 관심을 받지 못할 수도 있으며, 기억이 희미해질 수도 있는 이 시기를 두려워하면서 그런 생각들을 마음 뒤편 구석으로 밀어 넣는다.

우리는 누구나 늙는다. 그리고 현재의 인구 구조에 맞춰 설계되지 않은 기존 복지제도들은 지탱하기 힘든 압박을 받고 있다. 기존 복지제도는 우리가 더 오래 살도록 도왔지만, 지금 우리가 잘 늙도록 돕지는 못한다.

정책입안자들과 방송인들은 깨달음은커녕 행복한 노년에 대해서는 이야기하지 않는다. 오히려 그들은 일상적으로 '부담'과 '시한폭탄'과 마지막 보루에 대해서만 말한다. 우리는 새로운 것을 재창조해야 한다. 그러나 두려움과 불안은 우리를 경직되게 만든다. 우리는 상황이 악화될 것을 대비하되 기존의 방식으로만 관리하려 한다.

우리는 댐으로 홍수를 막을 수도 있고, 아니면 조류를 탈 수도 있다. 이 실험에서 우리는 만약 우리가 국가적 결핍의 문제 대신 노년층이 지니고 있는 풍부함, 즉 수많은 노인들의 넉넉한 시간과 재능으로 일을 시작한다면 어떤 일이 일어날까 질문했다. 쇠약한 최고령자만 빼면 아주 많은 사람들이 줄 것이 많고 지식도 풍성하게 가지고 있을 것이다. 지금과 같은 구조에서는 자원이 충분치 않아 보이는 것이 사실이지만, 우리가 잘못된 장소에서 잘못된 방식으로 바라보고 있는 것일지도 모른다.

영국에서 부의 80퍼센트는 60대 이상의 손안에 있으며 많은 젊은이들이 나이 든 가족에 의존하고 있다. 이른바 '부모은행'은 매년 50억 파운드의 대출금을 내주고 있어, 이 나라에서 열 번째로 큰 대출은행이다.[137] 우리는 무언가 착각을 하고 있는 것 같다. 나는 우리가 왜 자원을 가진 이 노년층과 함께 새로운 시도를 만들어내지 않는지 알 수 없었다. 그렇다. 한 가지 이유는 불평등이다. 재력이 없는 많은 사람들이 있고 우리는 그들의 관점에서 설계할 필요가 있다. 나는 노인들과 작업을 시작하기로 결심했다.

처음에는 자산이 별로 없는 사람들로부터. 그렇게 해서 나는 스탠을 만났다.

외로운 사람들만이◆

스탠은 부유하지도 자유롭지도 않다. 그는 아는 이들도 거의 없고 몸도 약해져서 아파트 안에서만 지낸다.

스탠은 아흔 번째 생일에 대화할 상대 한 명 없이 그저 자기가 좋아하는 음악을 들었다. 이것은 특별한 일이 아니다. 일주일에 한 번 노인돌보미가 장 본 물품들을 가지고 잠시 들르고, 이틀에 한 번쯤은 스탠이 사는 노인용 거주시설의 관리인 숀이 문을 두드리며, 오타와에 사는 손자가 가끔 전화를 하기도 한다. 스탠은 외롭지만 곤경에 빠지더라도 결코 혼자가 아니다.

우리는 고독이란 유행병에 시달리고 있다. 백만 명 이상의 사람들이 자신들을 항상 외롭다고 묘사한다. 정부 자료에 따르면 60세 이상 인구 세 명 중 한 명(240만 명)은 다른 사람과 이야기를 나누는 게 일주일에 한 번뿐이다. 열 명 중 한 명(85만 명)은 한 달에 한 번만 다른 사람과 말을 한다.[138]

외로움은 고통스럽다. 그리고 그것은 사람을 죽음에 이르게 한다. 세계보건기구WHO는 외로움이 평생 흡연이나 비만보다 더 큰 사망 원인이며, 아마도 알츠하이머나 치매와 같은 다른 질병의

◆ — Only the lonely. 1960년에 발표된 로이 오비슨의 히트곡 〈온리 더 론리Only The Lonely〉에서 따온 표현임-옮긴이

근본적인 원인일 것이라고 주장한다.[139] 외로움은 혈압을 상승시키고 불면증으로 이어지며 면역력을 약화시킨다. 대화할 상대가 없는 상황에서는 인지기능이 퇴화하며 기억은 희미해진다. 즉, 노화의 전 과정이 가속화되는 것이다.

에이드리언 리치는 아름다운 시집 《난파선에 뛰어들어*Diving into the Wreck*》에 나오는 〈노래*Song*〉라는 시에 이렇게 썼다. "내가 외로운지 궁금하신가요. 네. 저는 외롭답니다." 여기서 리치가 떠올리는 외로움은 인정하기 어렵다. 그녀는 모두가 잠든 밤 혼자 깨어있을 때나 혼자서 장거리를 운전할 때 얼핏 느끼는 외로움을 노래하고 있기 때문이다.[140] 삶은 우리를 둘러싸고 있지만, 혼자 차 안에 있는 리치나 아파트 안에 홀로 있는 스탠 같은 사람들처럼 우리는 공허감 속에서 서로 닿을 수도 누구와 연결될 수도 없다고 느낀다. 돌봄과 마찬가지로 외로움은 정책입안자에게 까다로운 영역이다. 우리는 도움이 필요하지만, 도움이란 명목하에 관리되는 개입이 아니라 진정한 연결로서의 도움이 필요하다.

사랑하는 것을 공유하는 사람을 찾는 것부터 시작해야 한다. 스탠은 자신이 젊었을 때 사랑했던 음악을 듣고 싶었고, 이 음악을 좋아할 다른 사람들과도 나누고 싶었다. 스탠의 바람은 매우 단순하고 '할 수 있을 법한' 것으로 보였다. 나는 이웃에 살고 있으며 음악을 사랑하는 아그네스를 이미 만났었다. 전직 운동선수인 아그네스는 80대에 접어들면서 지금까지 골관절염으로 장애를 겪고 있다. 그녀는 외출할 수 있을 만큼 균형을 잡을 수 있을지 자신이 없어서 대부분의 나날을 혼자서 보낸다. 그녀는 이집트와 모로코의 따뜻한 곳에 있는 자신을 상상하면서 음악과 함께 몽상을 즐긴다. 나는 그녀가 스탠과 연결되는 것을 좋아할 것이라고 확신했다. 프레드도 그렇게 느낄 거라고 생각했다. 프레드는 BBC와 함께 일하면서 빅밴드 페스티벌을 기획했던 사람이다. 그도 시력이 나빠져서 아그네스처럼 더 이상 외출을 못하고 있다.

이 첫 번째 음악 그룹은 그럭저럭 꾸릴 만해 보였다. 다섯 사람이 참가하기로 동의했다. 숀은 아이튠즈에서 음악을 찾아내고 스피커에 전화기를 갖다 대서 그룹에 속한 사람들에게 음악을 '방송'한다. 디자이너들은 이렇게 신속하게 모형을 만들어서 배워가는 방식을 프로토타이핑라고 부른다.

우리는 우리가 만난 노인들에게 무엇에 관심이 있는지 물어봐서 더 많은 전화 그룹을 조직하고, 자원봉사자들을 통해 공통의 관심사를 가진 사람들을 연결하기 시작했다. 컨트리 음악과 클리프 리처드를 좋아했던 엘렌은 스탠의 음악 그룹과 전화로 빙고 게임을 하는 두 번째 그룹에 합류했다. 엘렌은 병상에 누워 있지만 예전엔 호텔 접수원으로 일했다. 우리는 엘렌이 훌륭한 전화 진행자 역할을 하리라 생각했고 그녀도 그 제안을 좋아했다. 우리는 이를 더 확장했고 역사, 시, 자동차, 뜨개질, 또는 미국 대통령 선거에 대해 이야기하는 그룹들이 생겼다. 어떤 사람들은 더 이상 젊은 식구들은 사용하지 않는 어린 시절의 모국어로 이야기했다.

우리가 시험 삼아 만든 프로토타입은 참가자들에게 웃음과 즐거움, 그리고 친구들을 갖게 해주었다. 아그네스는 마을의 그림 그리기 그룹에 참여하고 싶은 마음이 들었고, 두어 달 후에는 스탠을 직접 만나기로 결심했다. 안으로 닫히던 그녀의 삶이 다시 밖으로 서서히 열리기 시작했다. 아그네스의 방문에 기뻐하며 자신감을 되찾은 스탠은 노인용 거주시설의 클럽 룸에 다시 모습을 나타냈다. 그는 도미노와 백개먼backgammon◆을 하고 노는 평범한 사람이었는데 같이 게임을 하고 어울리던 친구가 죽은 후에는 흥미를 잃고 그곳에 가는 것을 너무 귀찮아했었다.

우리의 전화 서비스는 소규모에다 돈도 거의 들지 않았다. 우리는 단지 그룹을 모을 코디네이터, 전화선, 자원봉사자만 있으면 되었다. 이 실험은 지방의회의 지원을 받아 6개월 동안 운영되었다. 이 기간에 우리는 작은 노력으로 혼자 지내며 고립된 노인들 사이의 유대감을 키울 수 있었고, 아주 작은 개입이 자신감과 흥미를 다시 불러일으킬 수 있다는 것을 배웠다. 우리는 이 경험을 바탕으로 더 큰 질문으로 나아갔다. 현존 서비스에 없는 것이나 노인들에게 부족한 것들을 찾기보다 그들이 가지고 있는 것, 그들이 하고 싶은 것에서 출발하여 새로운 성인 대상 사회적 돌봄 서비스로 어떤 것을 고안할 수 있을까? 그리고 어떻게 하면 수평적 연대를 최대한 이끌어내어 노년층이 서로 지지하고 연결될 수 있는 시스템을 설계할 수 있을까? 모든 노인들이 행복한 삶을 누릴 수 있도록 하기 위해 우리가 반드시 추가해야 할 요소는 무엇일까?

유념할 것

우리는 상황이 좀 더 녹록치 않은 사우스런던 주택단지에서

◆ ― 오래된 보드게임의 일종-옮긴이

대화를 시작한다. 이곳은 풍요를 떠올릴 수 있는 곳이 아니며, 어느 지역사회 지도자가 '스탈린주의'에 대해 언급하며 주의하라고 경고할 만큼, 많은 사람들이 전통적인 국가의 지원정책을 철통같이 굳게 믿는 곳이기도 하다. "여기서 뭔가 다른 일을 할 수 있다면 어디서든 해낼 수 있다"고 그는 우리에게 말한다.

모든 해결책은 반드시 경험 그 자체, 즉 일상에서 출발해야 한다. 노인들은 비교적 시간 여유가 있고 경험이 풍부하다. 그러나 런던에서는 에티오피아의 고지대나 산토도밍고의 원주민 거주지역, 스윈던의 사유지들에서처럼 문제의 핵심을 파악하는 데 시간이 걸린다.

처음에, 사람들은 모두 우리에게 기존 서비스를 어떻게 고쳐야 하는지, 그리고 지금까지 시도된 해결책에 무엇이 잘못되었는지를 알려주고 싶어 한다. 수레에 먹을 것을 싣고 다니며 나눠주는◆ 사람들이 있는데, 새롭게 나타난 이 사람들은 주민과 이야기를 나누지 않는다는 것이다. 게다가 그들이 제공하는 식사는 맛이 있기는커녕 삼킬 수가 없을 정도라고 한다. 익숙한 이야기다. 사람 사이의 접촉은 서비스 자체만큼이나 중요하다. 나와 함께 일하는 노인들 중에 청소부가 방문하는 집들이 있는데 그들은 거의 모두가 청소부와의 교제를 청소의 질보다 더 중요하게 여긴다.

정부가 서비스를 구매하거나 위탁할 때, 식사와 같은 서비스 단위의 비용이 명시된다. 이렇게 교환을 중심으로 형성되는 인간관계는 눈에도 보이지 않고 계약서에도 나타나지 않는다. 아마

◆ — 여기서 언급된 'meals on wheels'는 주로 장애인, 노인들에게 식사를 배달해주는 서비스다..-옮긴이

도 식사를 위탁하는 담당자는 예산 감축으로 인해 더 저렴한 서비스 제공업체가 배송 시간을 줄이려고 현관 앞에 잠시도 멈추지 않는다는 사실을 알 수 없을 것이다. 그들은 아무도 그 식사를 좋아하지 않는다는 것을 알지도 모르겠다. 어쩌면 시간이 지남에 따라 서비스를 요청하는 사람들이 줄어들 것이고 이는 결국 예산 감소에 큰 도움이 될 것이다. 외로움, 영양실조, 허약해짐, 질병에 대한 취약성, 골절 등의 영역에 들어가는 비용은 다른 부서에서 감당하게 될 터이다. 식사를 위탁하는 담당자는 이러한 것들을 고려하도록 허용되지도 않는다.

대화 초반의 이야기는 보통 이런저런 형태의 불평이었다. 수영 시간이 맞지 않는다, 도서관 입구의 승강기 주변에 모여 있는 젊은이들이 위협적인 느낌을 준다, 모든 게 예전 같지 않다. 대부분의 사람들은 나에게 문제를 해결할 권한이 있으며 그렇지 않다면 왜 내가 질문을 하겠냐고 생각한다. 그들은 내가 힘이 전혀 없다는 것을 깨닫는 데 시간이 걸린다. 나는 이리저리 굴려지며 닳고 닳아 매끄러워진 돌맹이처럼, 왜 이건 이렇고 저건 저런지, 사람들이 정말 어떤 삶을 바라는 것인지, 무엇이 달라질 수 있는지 묻고 또 물을 뿐이다.

많은 사람들은 무의식적으로 미래에 대해 꿈을 꾸는 것을 '청춘'이라 표시된 양동이에 던져둔다. 나는 어떤 것의 타당성이나 가능성에 대해 주입되거나 습득된 고정관념이 종종 개인의 아이디어와 선호도를 제한하는 현상에 대해 앞에서 기술했다. 자신의 삶이 달라질 수 있다는 것을 믿지 않는 가족들, 자신이 원하는 바에 이를 수 있는 방법에 대해 지나치게 단순화된 이야기만 들어와서 어떤 시도도 하지 않고 있는 10대들 말이다. 노인들은 조금 다른 것 같다. 그들에게 성장한다는 것은 어쩐지 좀 낯부끄러운 일이어서 스스로를 억누른다. 그들은 "내가 정말 하고 싶은 일이 무엇인지 말하면 당신은 나를 비웃을 것이다."라고 말한다.

우리가 만나는 많은 사람들은 신체적으로 허약하거나 가난하거나 혹은 둘 다와 씨름하고 있다. 여왕과 동갑인 베티는 "여왕님은 나라를 경영하고 있는데 나는 이제 내 인생도 운영할 수 없을 것 같아요."라며 좌절감을 느낀다고 말한다. 메이지의 경우 우리가 뉴스에서 접하는 이야기의 극적인 사례다. "그들이 나를 씻길 때 아프게 해요. 하지만 나는 아무 말도 하지 말라는 말을 들었어요. 안 그러면 더 나빠질 거라고요."

80대인 릴리안은 자신이 아직은 건강하기 때문에 '운이 좋다'고 느끼지만, 어떻게 살아가야 할지, 꼭 필요한 것들이 어그러지면 어떻게 할지에 대해 끊임없이 걱정한다고 말한다. 국가 연금으론 아주 옹색한 삶이 가능할 뿐이다. 자선단체들은 160만 명의 노인들이 빈곤하게 살고 있다고 추산하는데, 이중 여성이 차지하는 비율이 훨씬 높다.[141]

다른 사람들에게는 삶이 장밋빛일 수 있다. 우리는 은퇴하여 손자들과 분주하고 풍족한 삶을 즐기는 사람들을 만난다. 우리는 변화의 시대에 살고 있으며, 여기에는 나이가 든다는 것이 무엇을 의미하는지에 대한 새로운 해석이 포함된다. 초창기에 함께 일했던 사람들 가운데 하나인 리처드는 60대가 되어서 처음 아버지가 되었다. 나는 그의 집 응접실에서 그를 만났는데, 어린 딸이 신이 나서 이리저리 뒤뚱거리며 돌아다니는 동안 그는 여유롭게 기타를 치고 있었다. 70대의 다나는 스카이프 사용 기술을 익혀 외국에 있는 이성과 스카이프로 교제를 하고 있었다. 그녀는 즐거움에 찬 십대의 모습으로 그 얘기를 해주었다.

개인 저축이 있거나 계속 일할 수 있는 사람들에게는 물질적으로 풍요로운 삶이 현실적으로 가능하다. 이런 부류의 사람들은 시골의 저택을 개조한 호텔을 다니며 활기차게 돈을 쓰고 산다. 그들은 여행을 즐기며 어릴 때 누리지 못한 새로운 경험을 찾아간다. 그러나 이 부유한 집단의 사람들 역시 인생이 어떤 식으로든 잘려 나갔고 예기치 않게 주변으로 밀려났다고 느낄 수 있다.

빈곤은 단지 물질적인 측면뿐 아니라 태도와 사고방식에 관한 것이기도 하기에 서드 에이지third age◆의 사람들은 수없이 많은 모양으로 빈곤을 경험한다. 갱년기에서 요실금까지, 날마다 겪는 건강상의 문제는 여전히 숨겨야 할 주제이다. 거기에다 또 다른 현실적인 어려움에 접하는데 그 대부분은 기술에 관한 것으로, 어떻게든 구입하지 않을 수 없는 최신형의 새 휴대폰을 사용하는 방법이나 병원 예약을 온라인으로 변경하는 방법 같은 것이다. 주요 매체에서 당신 나이대는 보이지 않고, 옷가게엔 10대에게나 어울림 직한 옷만 걸려있으며, 고령이란 이유로 일할 기회에서 밀려나는 상황에 직면한다. 크고 작은 일에서 우리 대다수는 우리에게 필요한 것을 손에 넣을 수 없다는 사실을 알아챈다. 돈으로는 우리가 원하는 보살핌이나 우리에게 필요한 우정을 살 수 없기에, 상당한 물질적 수단을 가진 사람들이라도 사회, 문화, 정서적으로 빈곤한 삶을 살 수 있다.

빙고 게임을 하고, 차를 마시고, 일요일에 가족이나 친구들과 어울려 맥주나 점심식사를 나누면서 우리는 사람들의 삶에 섞여

◆ – 중년과 노년 사이의, 아직 활발히 활동할 수 있는 시기를 말한다.–옮긴이

들었다. 귀를 기울이다 보면, 계속 반복되는 리듬처럼 대화에서 점차 심각한 주제들이 등장하는 것을 들을 수 있었다. 서드 에이지가 보일 수 있는 좋은 모습이 어떤 것일지에 대해서는 일관되고 단순하며 모두가 공인하는 상(像)이 있다. 거기엔 세 가지가 필요하다. 첫째, 당신이 어둠 속에서 넘어지지 않도록 사다리를 타고 올라가 전구를 고쳐주는 것과 같은 사소한 일을 돌봐줄 사람. 둘째, 관심사가 비슷하고 같이 있으면 마음이 편한 친구 같은 사람들. 그리고 마지막으로 우리의 관심사와 삶의 단계가 바뀔 때, 다른 생활방식으로 옮아가도록 하는 삶의 목적의식과 지지이다.

우리는 다양한 사람들을 우리의 단칸방 사무실로 다시 초대한다. 우리는 커다란 노란색 탁자에 둘러앉아 이러한 모습을 현실로 만들 수 있는 무언가를 함께 디자인하기 시작한다. 우리는 그것을 서클Circle이라고 부른다. 서클은 서비스라기보다는 대중 참여 프로그램으로, 베버리지가 상상한 원래의 활동 개념에 더 가까운 것이다.

서클

서클은 사회적인 모임, 안내 서비스, 그리고 협력적인 자조 모임의 일면을 다 가지고 있다. 첫 번째 서클은 우리 사무실에서 시작되었고, 서더크Southwark 시의회로부터 창업 보조금을 받았다.[142] 우리는 두 대의 전화선과 정원 가꾸기 및 DIY 도구를 빌려서 사람들에게 함께하자고 권했다. 30파운드 정도의 적은 회비만 내면 언제든 걸 수 있는 무료 전화번호를 제공했다. 여기로 전화를 걸면 사다리를 올라가줄 사람을 구하는 것과 같은 실질적인 지원을 해주었으며 다채로운 행사 일정도 알 수 있었다. 우리는 일상적인 모닝커피 모임, 볼링, 다트, 독서 그룹 등을 포함시켰는데 회원들의 제안에 따라 예술여행, 극장, 요리 동아리, 스쿠버다이빙 등이 결합되었으며 항목은 점점 더 늘어났다. 우리는 또한 두 명의 인생 코치를 고용했다.

인생 코치에 대한 요청은 서클의 설계에 참여했던 그룹에서 나온 것이었다. 목적의식을 가지고 기술과 능력을 계속 키우고 유지하는 것이 그들에게 중요했다. 그들은 또한 나의 전부를 다 던져넣는 역할과 은퇴 사이의 어떤 것, 즉 '전환기slip-road' 직업을 찾는 것에 대해서도 이야기했다. 인생 코치는 이러한 도전들을 해결하고 삶에 목적의식을 전해줄 수 있는 영적 지도자로 여겨졌다. 하지만 생각처럼 되지는 않았다. 인생 코치는 그럴듯한 아이디어였지만 현실은 참으로 예측이 불가능한 것이었다. 알고 보니 머리를 맞대고 궁리하고 함께 시도할 새로운 친구들을 사귀는 것이 훨씬 더 좋은 방법이었다. 우리는 사랑하는 인생 코치들에게 작별을 고했고, 서클의 다른 부분들은 계속해서 진화해 나갔다.

전화는 항상 통화중이었다. 회원들은 우리에게 여러 가지 이유로 전화를 했다. 영화를 보러 가고 싶어서 예약을 하려고, 반려동물이 아파서, 상담을 원해서, 깜깜한 밤중에 집에 도착해보니 불안해서, 전자레인지를 작동시킬 수 없어서, 수도꼭지에서 물이 새고 있어서, 또는 병원에 가야 하는데 되돌아올 것이 걱정되어서 전화를 했다. 서클 참가비로 지원을 받는 4명의 소규모 팀은 이런 전화를 받고 함께 해결책을 찾거나 아니면 그냥 회원들이

병원에서 집으로

하는 말을 잠자코 들었다.

서클의 창업 단계에는 사회적기업가인 대니얼 디킨스Daniel Dickens가 운영 책임자였다. 그는 선반을 설치하고 수도꼭지를 수리하는 수동 기술과 디지털 기술, 그리고 누구나 참여하며 돕고 협업하고 싶게 만드는 다정함을 하나로 결합시켰다. 그는 서클 회원권은 체육관 회원권과 같지 않다며 사람들에게 서클 회원 수가 증가하는 것만으로는 충분치 않다고 일갈했다. 회원들은 더 적극적으로 움직여야 했다. 새로운 회원들에게는 첫 커피 모임에 나오는 것에서부터 나중에는 좀 더 모험적인 곳으로 나들이를 가는 것에 이르기까지 지지와 격려가 필요했다.

많은 사람들이 처음에는 조심스럽게 행동했다. 그들은 많이 수줍어했고, 혹시나 자신들에게 잘 맞지 않으면 어쩌나 걱정했으며, 때론 아직은 '합류자'가 아니라고 주장했다. 관심을 집중하여 용기를 북돋워주는 시간이 필요했다. 우선 먼저 예비 회원의 집에 모여 서로 어울리며 각자의 취향을 알아가고, 모닝커피 모임에 나오면 친절하게 맞아주는 사람 옆에 앉도록 챙기며, 나아가 그들이 무사히 귀가했는지 확인 전화를 드려 오늘 좋으셨느냐고 여쭈면서 다시 나오시라고 인사하는 그런 시간 말이다. 우리는 참가자가 무사히 귀가했는지 여쭙는 것이 작지만 너무나 중요한 친절의 실천임을 알게 되었다. 그런 작은 친절 덕분에 참가자는 외출하여 일을 본 뒤 어둡고 텅빈 집에 돌아가더라도, 이제는 자신이 집에 잘 돌아갔는지 챙겨주는 사람이 있는 삶이란 것을 알고 안심하게 되는 것이다.

서클은 당신이 있는 곳에서 당신을 만나고 당신이 중시하는 것들을 돌보는 것에서 시작한다. 노인들을 위해 제공되는 대부분의 서비스, 특히 복지 서비스는 그들의 나이, 신체 상태, 그리고 때로는 그들의 수입에 따라 대기 줄에 있는 사람들을 분류한다. 우리가 보기에 나이는 어떤 측면에서도 그리 충분한 표식이 되지 못함이 분명했다. 우리 회원들 중 80대의 많은 분들은 60대보다 정서적, 신체적, 사회적 활동이 더 왕성하다. 건강과 신체적인 허약함도 반드시 좋은 지표는 아니다. 우리 둘 다 허리가 좋지 않다고 치자. 그러나 당신은 고통을 느끼면서도 밖으로 나가 나보다 더 풍요로운 삶을 살기로 결심할 수 있는 것이다. 중요한 것은 당신이 자신을 어떻게 보는가 하는 것이다. 그래서 우리는 새로운 회원들을 맞이하여 지금 있는 지점에서 출발하여 점차 자기 정체성과 역량의 감각을 넓히도록 격려했다.

무엇을 해냈느냐도 중요하지만 '어떻게' 일을 이루어가느냐도 중요하다. '관계'가 중요한 곳에서는 '어떻게'가 특히 중요하다. 예를 들어, 많은 지방의회들이 '친구 사귀기' 서비스를 제공하기 위해 지역사회의 자발적인 조직을 지원하고 있지만 '친구 되기'

를 원하는 사람은 거의 없다. 우리는 진정으로 좋아하는 사람들과 함께할 때 즐거움을 느끼기 때문에 삶의 각 단계에서 관심사가 같은 사람들과 친구가 되고 싶어 한다.

벌웰에 있는 웨더스푼Wetherspoon은 밝고 넓은 공간에 한쪽은 색유리와 페넌트들이 걸린 튜더왕조 시대 풍의 맥주집이고 한쪽은 나무를 구부려 만든 의자와 짙푸른색 쿠션이 있는 현대식 카페풍으로 꾸며져 있다. 아늑한 느낌을 주는 이곳은 노팅엄 서클의 커피를 마시며 근황을 확인하는 모임 '커피 앤 캐치업coffee and catch-up'의 단골 행사장이다. 내가 팀과 회원들을 만나러 가보면 자리가 꽉 차 있고 시끌벅적하다.

나는 앉아 있다가 한 회원이 함께 있는 사람들에게 자신이 방금 백혈병 진단을 받았다고 말하는 것을 우연히 듣는다. 그녀가 앉은 테이블에는 여섯 명이 있었는데 다들 가운데로 더 가까이 모여 앉는다. 이들은 돈이 많은 것도 아니고 각자 자신의 문제들도 가지고 있지만, 그녀의 곁에 친구로 함께 있어 줄 것을 약속한다. 잘될 것이라면서. 나는 그녀가 긴장을 푸는 것을 본다. 그녀의 피곤하고 지친 얼굴에 안도하는 기색이 감돈다.

서클 회원으로서 전형적인 모습이라 말할 수 있는 것은 없지만, 많은 회원들은 외로움으로 깊어진 우울한 감정을 가지고 살아왔다. 사람들은 밥이 말하는 '목이 메게 슬픈 날들'이 무엇인지 다들 안다. 밥과 같은 몇몇 회원들은 그런 경험들을 털어놓고 이야기한다. "내가 우울증에 걸렸었다고 하면 그건 그저 약하게 표현한 것이고, 솔직히 말하자면, 서클이 내 목숨을 구해줬어요. 왜냐하면 서클은 나에게 새로운 세상과 더 크고 더 나은 것들을 보게 해주었기 때문이에요. 나는 예순세 살에 직원 감원으로 해고

되었어요. 손님들과 이야기를 나누며 바쁘게 지내곤 했는데. 정말 최악이었어요." 다른 사람들은 조금 신중한 편이다. 80대인 베를린다는 처음엔 자신의 내면은 스물다섯 살인 것 같다고 활기찬 목소리로 말한다. 그녀가 서클에 나오기 전에 얼마나 우울하게 처박혀 있었는지 모른다고 말한 것은 훨씬 더 나중의 일이다.

베를린다는 회원이 된 지 얼마 뒤에, 전화를 걸어 지역의 서클팀에게 자기가 무릎 수술을 위해 병원에 입원한다는 사실을 알려달라는 메시지를 남겼다. 지역 서클을 운영하던 데이미언은 그녀가 한동안 모임에 못 나올 것이라 생각하고 그녀에게 전화를 걸어 어떤 지원이 필요한지 물었다. 베를린다는 "오, 아니에요. 플로렌스가 장을 봐주고, 토니는 정원을 돌봐주고, 멜리사와 조가 가끔씩 들러서 요리도 해주고 대화도 해주고 있어요."라고 대답했다. 서클 회원들은 베를린다에게 필요한 모든 것을 조직했다. 베를린다를 서클 행사에 초대한 것이 계기가 되어 그들 사이에는 값비싼 퇴원 후 서비스를 이용하지 않아도 될 정도로 서로 간에 우정이 자연스레 형성되었던 것이다. 베를린다와 수천 명의 다른 사람들에게 변화를 일으키고 있는 것은 관계이다.

시간이 흐르면서 형성된 진정한 우정은 서클이 공식적으로 제안한 실무적인 도움을 대신하게 된다. 그러나 그러려면 이러한 우정의 씨앗을 적극적으로 뿌려야 한다. 서클을 이끄는 사람들은 완벽한 파티 주최자의 마인드를 가지고 있어, 아무도 혼자 구석에 떨어져 있거나, 별로 좋아하지 않는 사람과 함께 있는 사람이 없도록 주의한다. 그들은 참여하기 위해 조금 더 격려가 필요한 사람들을 찾고, 참여한 모든 사람들이 무언가 기여할 것이 있다고 느끼도록 배려한다.

인생은 어떻게 쇠락해가는가? 어떻게 친구를 잃고 외로워지며 점점 더 집에 박혀있게 되는가? 한 번의 추락은 자신감을 크게 잠식한다. 수 년 동안 파트너를 돌보다 보면 지치고, 고립되고, 더 이상 밖에 나갈 용기가 나지 않게 될 것이다. 친구가 적을수록 더 힘들어진다. 그리고 외로운 감정이 점점 더해감에 따라 당신은 자신도 모르게 사람들과 주변의 움직임 모두에 흥미를 잃기 시작한다. 당신은 더 예민해지고, 점점 더 아무도 당신과 함께 있고 싶어 하지 않는다고 느끼게 된다. 당신도 모르는 사이에 당신은 점점 더 밖으로 나가는 일이 줄어든다.

때때로 당신을 '재가형housebound'이라고 결정하는 것은 다른 사람이다. 친절하신 전문가는 마치 상처 위에 이름표나 반창고를 붙이듯이 분류명이 적힌 네모 칸에 표시를 한다. 궁핍한 시절, 도움받을 자격 기준이 매우 엄격할 때, 바깥출입을 못 하고 집 안에만 있는 사람으로 분류되는 것은 당신이 필요로 하는 지원을 받을 수 있는 유일한 방법일 수 있다. 내가 사무실의 책상에서 밖을 내다보면 으레, 깔끔한 분홍색 카디건을 걸친 올리브가 동네의 작은 공원에서 친구를 태운 휠체어를 밀고 있는 것을 볼 수 있다. 항상 그랬던 것은 아니다. 우리가 올리브를 만났을 때 그녀는 집 안에서만 지낸다고 했다. 물론 서클이 기적을 행할 수 있다는 것이 아니다. 서클은 그저 사람들이 할 수 있다고 여기는 어떤 것을 제안하고 그것을 시도할 수 있도록 지원한다. 이것은 필요에 의해 학습된 무기력 상태를 극복하고자 하는 어떤 목적을 주는 것과 같다.

도움의 기준이 훨씬 엄격해지면서, 서비스 수급 적격 여부를 평가하는 일을 하는 방문 사회복지사들은 두 가지 선택사항 중

하나를 골라야 한다. 하나는 겨우 지탱해나가는 사람에게, 작은 도움만으로도 큰 힘을 얻을 그 사람에게, 슬프게도 그들은 더 이상 지원을 받을 자격이 없다고 말하면서 서류들과 함께 감정까지도 챙겨가지고 문밖으로 나가는 것이다. 또 하나는 그들이 관찰한 지원의 필요성을 약간 과장해서 그들 앞에 앉아있는 노인들이 도움을 받도록 하는 것이다. 자신들의 이모나 어머니를 떠올리면서. 대부분의 사회복지사들은 나중 것을 선택한다. 개인의 현실을 직접 보는 일선 사회복지사들은 개인에게서 지원을 거두기보다 더 비싸고 전문적인 서비스를 선택하곤 한다. 그러다 보니 지역사회의 지원 서비스에 대한 예산 삭감이 기대만큼의 절감 효과를 거두지 못하는 것으로 이미 잘 입증되고 있다. 이것이 바로 올리브에게 일어났던 일이다.

쇠락의 다음 단계는 복잡하다. 그것은 자신감과 자기 믿음에 대한 것으로 신체뿐 아니라 정서와 관계가 있다. 처음에는 그냥 분류명이었다. 올리브는 절실히 필요한 도움을 계속해서 받기 위해 자신을 그런 식으로 표현해야 한다고 느꼈다. 재가서비스 대상자나 생활수단이 거의 없는 사람으로 분류된 경우에만 사회서비스의 도움을 받을 수 있으니 말이다.[143] 처음에는 그 단어가 이상하게 들렸으며, 약간 거슬리고 낯설었지만, 올리브는 점차 그것에 익숙해졌고, 분류명이 의미하는 대로 되었다. 올리브는 거의 밖으로 나가지 않았으며, 말할 것도 없이 나가는 일이 드물어질수록 나가기가 더 어려워졌다. 왠지 바깥나들이는 몸이 피곤할 것 같고 약간 겁이 나는 것 같기도 했다. 마침내 그녀 머릿속에서 '외출, 그깟 게 뭐가 중요해?'라는 말이 들려왔다. 올리브는 집에 갇힌 상태가 되었다.

사람들은 안으로 문을 닫아걸고, 그것이 서비스를 이용할 수 있다는 분류명이든, 더 이상 쓰지 않지만 언젠가 다시 사용할지도 모르는 목발 세트든, 아무리 적은 것이라도 붙잡아 쥐고 모아 둔다. 결핍의 문화는 대기 줄과 할당으로 설명되는 서비스 풍토에서 시작된다. 공적 자금의 고갈이 오늘날 이 문화를 더욱 고착화시켰지만, 새로운 일은 아니다. 전시경제를 등에 업고 만들어진 서비스들은 그 시대의 특성을 반영하게 마련이다. 복지국가가 설계되었을 때 한 노동조합 운동가는 이렇게 말했다. 그것은 "모든 사람들을 위한 커다란 솥이며 … 디저트나 달콤한 후식까지 기대해선 안 된다."[144] 그리하여 우리가 국가에 가장 의존하게 되는 삶의 단계에 다다랐을 때, 우리는 부족한 자원을 가지고 있을 뿐 아니라 모든 활동에 결핍의 문화가 스며들어 있는 일련의 제도와 조치들에 의존하게 된다.

대기 줄의 맨 앞까지 간 이들이 합리적으로 취할 반응은 주어진 것을 꽉 붙잡는 것이다. 노년기에는 이러한 모아두기의 욕구가 삶의 다른 영역으로 퍼져나가기 시작한다. 예를 들어, 앞으로 돈이 부족할 경우에 대비해 현금을 꼭꼭 뭉쳐서 넣어두어야 한다. 내가 함께 일한 대부분의 가정들은 이른바 '항아리 경제jar economy'를 하고 있었다. 그들 집에는 쇼핑용 단지, 생각만 해도 끔찍한 일인 보일러가 고장 날 경우를 대비한 항아리, 공과금 고지서나 잔돈을 넣어두는 잼 병 등이 있다. 국가가 자원을 호주머니에 넣고 입구를 단단히 묶어두는 것처럼, 노인들도 집에서 똑같이 한다. 그 결과는 궁핍감이며, 충분하지 않다는 느낌이다. 이는 불교학자들이 묘사하는 풍요로운 노후생활의 '풀어 펼침unfoldment'과는 정반대의 꽉 닫힌 생활방식과 존재로 이어진다.

멈춰있는 제도는 너무 많은 이들의 삶의 정체를 반영한다. 반면에 서클은 풍요의 모델이다. 그것은 사람들의 역량이나 관계와 같은 것들을 열어서 펼치며 풍요로운 서드 에이지를 살아가는 데 필요한 기술, 지원, 그리고 돈과 같은 자원들을 풀어놓도록 설계되었다. 서클은 기존 복지 서비스와는 달리 이용하는 사람이 많을수록 강하다. 서클 내의 회원이 많을수록 시간, 재능, 관계, 돈을 더 많이 이용할 수 있게 된다. 관료주의는 결핍을 보려 하지만 네트워크 접근법은 잠재력을 본다.

디지털 기술은 정보의 순환, 사회적 연결의 공유, 나아가 점점 더 동시다발적인 재원들의 공유 등을 통해 모든 것을 연결하고 흐르도록 한다. 서클을 가능하게 하는 것은 바로 이 테크놀로지이다. 서클의 요소들은 특이한 것이 아니다. 그것들은 다트 팀, 독서 클럽, 교회 또는 여성 연구소에 가입하는 것처럼 평범한 일상에서 발견된다. 다른 점이 있다면 서클은 격려하고 환대하는 여건을 조성함으로써 이루어져간다는 것이다. 서클은 다른 방법으로는 참여하지 않을 사람들에게 적극적으로 손을 내밀며, 신체적이든 정서적이든 구조화된 지원이 없다면 참여할 능력이 없는 사람들을 내버려두지 않는다.

각 서클은 고객 관계 관리CRM 플랫폼이라는 단순한 기술에 기반을 두고 있다. 손쉽게 얻을 수 있는 이 기술은 모든 유형의 기업들이 고객의 욕구를 관리하는 데 유용하다. 즉, 고객이 좋아하는 것, 사용하는 것, 원하는 것, 그리고 우리의 경우 그들이 줄 수 있는 것을 기록한다. 서클은 상업적으로 이용되는 플랫폼의 개조된 버전 위에 저렴하게 지어졌다. 그러나 적용하기는 쉽지 않았는데 비용은 적게 들었지만 엉뚱하고 혼란을 불러일으키는 상품 판매 용어들 때문에 서클 팀들은 항상 불만스러워했다. 그러나 이 간단한 기술은 가능한 일의 경계를 넓혔다. 4명의 작은 팀이 운영하는 각각의 서클은 1천 명이 넘는 회원들(최대 2천 명까지 관리할 수 있음)을 추적해서 각 회원들이 무엇을 좋아하고 필요로 하는지를 파악하며, 사랑하는 사람의 기일이 언제 돌아오는지, 또는 중요한 병원 검진을 위해 언제 도움이 필요한지를 우리에게 상기시킬 수 있었다.

이 디지털 플랫폼은 다루기는 조금 힘들었지만 서로 돌봄의 효율성을 향상시켰다. 서클은 조직 구조의 측면에서 가벼울 뿐 아니라 노인 대상 서비스와 관련된 미니버스, 건물부지 등의 고정 비용도 전혀 들어가 있지 않았다. 플랫폼은 누군가 병원까지 태워다 주어야 한다면 그것을 제공할 수 있는 사람을 알려주고, 함께 모이기 위한 공간이 필요하다면 누구네 집이 가능한지, 어떤 공공장소가 적당한지 알려준다. 그뿐 아니라 퀴퀴한 냄새와 눈부신 전등이 켜진 기관 강당보다 아늑한 카페나 극장 로비에서 만나는 것이 얼마나 더 신나는 일일지 알려준다. 서클은 즉시 그리고 필요에 따라 대응할 수 있으며 모든 것이 이용 가능하고 공유된다.

이른바 공유경제의 급속한 성장은 가지고 있는 자원들을 가시화함으로써 어떻게 역량을 창출할 수 있는지를 보여준다. 에어비앤비는 더 많은 호텔 방을 짓지 않으면서 공간을 소유한 사람들이 자신을 광고할 수 있는 웹사이트를 제공했다. 비슷한 방법으로 태스크래빗은 이케아 가구를 조립하거나 그림을 걸어야 하는 사람들에게 작은 일을 할 수 있는 능력과 시간을 가진 사람들을 연결해준다. 불행히도, 주류 공유경제의 많은 부분이 공유보다는 무자비한 이익, 즉 노동자를 희생시키는 '우버화Uberisation' 경제에 더 가까운 것으로 보인다.[145] 그러나 이러한 디지털 사고방식을 채택하고 사회의 공공선(善)을 위해 일할 수 있는 잠재적 가능성은 여전히 남아있다. 예를 들어 '셰어드 라이브즈Shared Lives'는 젊은 이와 노인이 주택을 공유하여 상호이익이 되도록 성공적으로 장려한 사회적기업으로, 청년에게는 주택을, 노인에게는 동거인과 소소한 지원을 만들어낼 수 있었다.[146] 이와 유사한 방식으로 서클은 참여와 공유를 통해 자원을 창출한다.

첫 번째 서클의 성공 이후, 영국 전역의 많은 지역 단체들이 우리에게 그들의 마을이나 카운티에 서클을 설립하도록 도와줄 수 있느냐고 물어왔다. 그중 하나는 급진적인 사회사를 가진 곳인 로치데일이었다. 19세기에 그 마을은 협동조합 운동을 일으킨 로치데일 개척자들의 본거지였다.[147] 급진적인 선임자들과 마찬가지로 협동에 대한 열정과 집과 삶에 대한 대담한 비전을 가진 로치데일 자치구 주택협회의 지도자들이 우리에게 초대장을 보내왔다. 우리는 그 초대를 받고 기뻤지만, 도착해서 그 지역의 맥도날드 지점이 최근에 문을 닫았다는 것을 알게 되자 심히 걱정되었다. 맥도널드 체인은 그 지역사회에 현금이 없어서 사업을 지속할 수 없었다고 주장했다. 서클도 비슷한 운명에 처할지 모른다는 생각이 들 수밖에 없었다.

우리가 지역 단위 서클을 시작할 때는, 새로운 곳에서 우리의 여느 실험을 복제할 때와 마찬가지로, 지역조사라고 부르는 단순화된 디자인 절차를 반복한다. 모델의 핵심 원칙은 변하지 않을 것이지만, 반드시 현지 상황에 맞게 수정되어야 하기 때문이다. 예를 들어, 시골의 한 지역에서는 교통이 긴급한 문제였는데 이는 우리의 첫 시도였던 런던 서클에서는 우선순위가 저 아래에 있던 항목이다. 우리는 에너지와 아이디어의 지역적 원천을 찾고 싶었다. 또 우리가 하는 일의 요소들을 이미 제공하고 있을지도 모르는 지역사회 단체들과 괜한 갈등이 일어나지 않도록 확실히 해두고 싶었다. 로치데일에서 우리는 회원들이 서클에 재정적인 기여를 할 수 있는 현실적인 가능성이 있는지 확인해봐야 했다.

각각의 서클은 지방정부에서 창업 보조금을 지원받았는데 로치데일의 경우 주택협회로부터 자금을 지원받았다. 이것은 팀원 채용, 회원 발굴, 디지털 플랫폼 개발을 위한 간접비 부담 등 3년 동안의 초기 작업을 충당하기 위한 투자였다. 향후 수익은 참가자들의 회비와, 서클이 제공할 좀 더 효율적이고 개별화된 서비스(예를 들어, 병원 퇴원 시 즉시 돌봐드릴 수 있도록 회원들의 집을 미리 준비해두는 것과 같은 것)에 대한 지역의회의 지원금을 기반으로 창출될 것이다. 서클이 여기저기에 생겨나면서 창업투자 금액이 줄어들긴 했지만, 처음에 우리가 요구한 75만 파운드는 상당한 금액이다.

우리의 협력기관들은 회원들이 밖으로 나와 활기차고 행복한 삶을 영위할 수 있도록 도와주는 서비스의 잠재적 가능성에 대해 확신했다. 그들은 미리 자금을 투자하는 편이 돈을 절약해줄 것이라고 보았다. 대부분의 협력기관들은 초기 단계에 2백만 파운드 이상을 절약할 수 있을 것이라고 계산했는데, 그중 약 80만 파운드는 현금 절약으로서 그 금액이면 창업 보조금을 충당하고도 남을 것이라고 보았다. 복지제도의 다른 부분에서도 재정지출을 줄일 수 있을 것이었다. 병원에 재입원하는 일이 줄고, 불필요하게 지역 의료기관을 방문하는 횟수가 감소하면 국민보건서비스에 도움이 될 것이었다.

하지만 회원들과 도우미들은 어디에서 찾는단 말인가? 모든 곳에서 지역 지도자들은 그들의 지역사회가 정말로 참여하고 기여할 것인지에 대해 우려했다. 우리는 "여기서는 절대로 안 될 거야."라는 말을 들었다.

사람들의 참여 부족에 대한 걱정은 어제오늘의 일이 아니다. 베버리지는 복지제도가 지역사회의 참여와 자발적인 활동을 몰아내고 있다고 우려했다. 그의 세 번째 보고서와 그에 수반된 조사는 바로 이 문제에 초점이 맞춰져 있었다. 그리고 기존의 전후 복지제도는 우리를 초대하거나 우리가 참여하도록 장려하기 위해 고안된 것이 아니기 때문에 참여가 하나의 도전인 것은 사실이다.

우리는 우리가 모르는 사람들과 좀처럼 공유하거나 협력하지 않는다. 일정한 거리를 지키며 너무 가까워지지 않도록 관계를 유지하는 복지당국의 문화나 거대하고 멀리 떨어져 있는 민간 서비스 제공자들 모두 호혜성을 북돋우지 못한다. 따라서 현재 대안적인 협업 모델이 작동할 수 있는지에 대해 많은 사람들이 의문을 갖는 것은 놀라운 일이 아니다. 우리들 대부분은 참여와 자원 공유를 장려하는 분산된 시스템과 지역사회 네트워크의 체험을 가지고 있지 않다. 그러나 이런 상황은 빠르게 변하고 있고 특히 젊은이들은 협업 모델이 더 자연스럽다고 여긴다.

국내 자원봉사 조직들은 종종 우리의 생각에 적대적이었다. 어쩌면 영향력을 빼앗길까 봐 두려웠는지도 모르지만, 그들의 행동은 베버리지의 세 번째 보고서 작성 당시 함께 일했던 전임자들의 행동과 같은 것이었다. 이와 대조적으로, 소규모 지역사회 그룹들은 서클을 좋아했다. 그들은 플랫폼을 어떻게 하면 더 잘 보이게 드러내고 더 많은 사람들에게 다가갈 수 있는지 단번에 알아챘다. 지역 주민들도 관여하고 싶어 했다. 사람들은 거리에서 본, 도움이 필요할 것 같은 노인들에 대해 우리에게 알려주었다. 그러나 그들은 자신들이 더 큰 무언가에 소속되어 있지 않다면 개개인에게 다가갈 수 없다고 느꼈다. 의심스럽게 보일 수도 있고 잘난 체하는 것처럼 보일지도 모른다는 것이었다. 서클은 그래서 합법적이면서도 쉽게 도울 수 있도록 만들었다. 즉, 당신은 가능한 만큼만 그리고 가능한 때에 자기 동네에서 시간이나 기술을 기부할 수 있다. 자원봉사를 위해 하루를 통째로 내줄 수 있는 사람은 많지 않지만, 퇴근길에 지나가다가 쇼핑을 하는 대신 잠시 시간을 내서 기여하는 방식은 통했다. 서클 플랫폼은 이러한 기부들을 관리하기 쉽게 조정한다. 누구든, 무엇이든 환영한다는 사고방식은 숨어있던 풍부한 가능성을 밖으로 드러낸다.

로치데일 서클이 정식으로 출범하고 나서 몇 주 후, 나는 우리 사무실에서 로치데일 팀의 리앤에게서 걸려온 전화를 받았다. 그녀와 팀원들은 나들이할 때의 보험 계약에 관해 내게 조언을 구했는데, 회원 두 명이 80대 후반이고 또 한 명은 휠체어를 사용한다고 했다. 로치데일 서클은 열기구를 타러 갈 계획이었다. 참여자는 제공되는 것에 대해 적어도 부분적으로라도 값을 치러야 한다는 원칙을 우리는 포기하지 않았다. 스스로 자기네 서클을 책임지는 입장에서, 로치데일 회원들은 무엇을 하고 싶은지 결정하고 무엇을 기여해야 하는지를 찾아냈다.

좋은 친구들

세계대전 후 고안된 모델들은 엄격한 규칙과 계층화된 분류에 의해 관리된다. 이것들은 참여를 제한하고 돈과 자원의 사용을 통제한다. 가족이나 친척은 모든 것이 다 떨어질 때까지 집에서 돌봄을 책임져야 한다. 돈, 선의 그리고 마지막 한 방울의 에너지까지. 마침내 대개는 자신 역시 노년인 간병인이 무너지고 지쳐 떨어져 나가면 그때서야 국가가 관여하게 된다. 그러나 국가는 도움을 주려는 것이 아니라 완전히 주도권을 쥔다. 보호자는 접근이 차단되어 있다고 느끼는 일이 아주 흔하다. 그들은 보건과 안전 서비스 그리고 잡다한 기타 위기관리 서비스들이 돌봄에 참여할 기회를 방해하기 때문에 거의 할 수 있는 것이 없다. 그저 면회 시간 동안 바라보거나 민원 양식을 채우는 것 외에 달리 참여할 방법이 없다.

서클은 누가 도움을 받고 누가 도움을 주고 있는지, 무엇이 자원봉사이고 무엇이 전문적인지와 같은 전통적인 경계들을 뒤섞는다. 동시에 서로 다른 형태의 자원들도 구분을 모호하게 만든다. 즉, 시간과 돈에 있어서도 개인의 돈과 국가의 돈 사이의 경계를 흐려놓는 식이다. 다시 말하지만, 디지털 플랫폼은 필요한 도움을 조정하고 다양한 출처에서 들어온 소액의 자금을 관리하는 것을 가능하게 한다.

전통적인 관점에서 복지제도를 바라보면서 서비스가 무료로 제공되어야 한다고 믿는 이들에게 서클은 뒷구멍으로 수혜자의 돈을 받는 것처럼 보일 수 있다. "이것은 당신의 지방 복지당국이 부담해야 할 일이라 생각하지 않나요?" 나는 우연히 좌익 성향의 한 기자가 커피 모임에서 질문하는 것을 들었다. 회원들이 어리둥절해하는 듯 보였다. 첫째, 서클은 서비스처럼 보이지 않고 그런 느낌을 주지도 않는다. 회원들은 당연히 자기들이 서클을 소유하고 있다고 생각하는데 왜 서클이 지역 기관에 속한다거나 모든 자금을 당국에서 지원받아야 한다는 거지? 둘째로, 회원 참여는 호혜성에 기초한다. 회원들 중 한 명이 "나는 남들에게 의존해서 쓰레기더미나 뒤지며 살고 싶지 않거든요."라고 기자의 질문에 답했다.

서클은 사람들에게 할 수 있다는 느낌을 주고 능력을 함양할 수 있도록 함으로써 그들에게 자신의 삶을 되돌려준다. 회원들은 새로운 것을 배우고, 더 활발하고 건강해지며, 새로운 관계를 형성한다. 그들은 서클 모임에 참여하고 자신감을 다시 찾아 외부의 지역사회로 되돌아간다. 서클은 나이를 전혀 언급하지 않지만, 50세 이상의 사람들이 관심을 갖도록 고안되었다. 어느 서클에서나 회원의 절반은 50세에서 70세 사이이고, 반은 70세 이상이다. 이렇게 폭넓은 회원들의 참여는 풍부한 기회, 자원, 그리고 다양한 지원으로 이어진다. 예를 들어, 미술관 방문을 좋아하는 그룹은 서로 받아들이고 도울 수 있다면 휠체어를 탄 두어 명의 다른 회원들을 초대할 수 있다. 모두가 신체적으로 허약하다면 그런 활동적인 그룹을 조직하고 유지하기가 대단히 어렵다. 하지만 90대인 우리의 최고령 회원들도 새로운 친구를 발견하거나 때로는 다른 회원과 혼인해서 생기와 즐거움을 선사한다.

그 무엇보다 강한 반전이 있다. 만약 가장 중요한 자원이 관계라면, 더 많은 사람들이 참여할수록 서비스는 더 강력해진다는 것이다. 출구를 열고 모든 사람을 불러들여라. 더 많을수록 더 즐겁다.

서클은 풍요의 모델이다. 그것은 당신이 가진 것과 당신이 할 수 있는 것으로 당신이 있는 바로 그곳에서 시작한다. 서클은 열려있으며 관계의 수가 늘어날수록 관계망은 더 강해진다. 그리고 서클은 기존 문화에 균열을 만들어낸다. 즉, 대인 서비스라는 가식적인 관리 틀을 찢어버리고 아주 다른 것을 창조하는 것이다. 서클은 깨달음까지는 건네주지 못하더라도 만년에 좋은 삶을 보장할 수 있다.

서클은 이 책의 다른 실험들과 마찬가지로 규모가 작았다. 파티서플이 활동하는 10년 동안 대략 1만 명의 사람들이 서클에 참여했다. 로치데일과 노팅엄의 서클은 여전히 회원 수를 늘리며 번성하고 있다. 우리는 서클의 영향을 세 개의 측면에서 측정했다. 우선 소요된 비용을 조사했고, 전통적인 서비스의 성과와 우리 자신을 비교했으며, 회원 역량의 성장을 측정했다. 측정 결과는 우리와는 무관한 초빙 전문가들에 의해 다시 검증되었다.[148]

서클 회원의 88퍼센트가 그들의 능력을 성장시켰으며 25퍼센트의 회원은 서클 내에서 수천 시간의 자원 활동을 통해 도움을 제공했다. 또한 12만 개의 새로운 관계가 맺어졌고, 공식적인 서비스에 대한 불필요한 의존은 26퍼센트로 감소했다. 서클을 원하는 지역(2016년에 21개)의 수는 늘 파티서플의 지원 능력을 앞질렀다. 가장 중요한 것은 서클 회원들과 자원봉사자들이 그들의 삶에서 만들어진 힘찬 변화의 이야기를 들려주게 된 것이다.

서클을 복지의 미래 모델로 볼 수 있을까? 그것은 삶의 마지막 단계에 있는 사람들을 돌보는 것도 아니고, 치매가 많이 진행된 사람들을 돌보는 것도 아니다. 그럼에도 나는 서클이 미래의 모델이라고 믿는다. 서클은 더 길어진 노년에 초점을 맞추고, 자원들을 새로운 방식으로 결합하고, 값비싼 의료제도의 부담을 덜어, 말년에 좋은 돌봄을 위한 투자를 가능하게 한다. 가장 중요한 것은 권력의 이동과 인간관계의 강조로, 이 모델은 인간성을 핵심으로 한다는 점이다. 이야말로 진정한 보살핌의 문화다.

3부

변화를 일으키기

■ ■ ■

그간의 실험들은 우리가 함께 성장하고 번성하며 서로를 돌볼 수 있는 새롭고 실현 가능한 해법들을 어떻게 설계할 수 있는지를 보여주었다. 여러 지역사회와 전문가들은 이와 유사한 방안들을 계속 고안해내고 있고 이러한 변화에 기꺼이 참여하려는 사람들은 점점 더 많아질 것이다.

이어지는 장에서 나는 이러한 새로운 접근의 토대가 되는 원리들과 우리를 성장시키고 이 작업을 복제할 수 있게 하는 설계의 과정, 그리고 우리가 지금 어떻게 변화를 일으킬 수 있는지를 보여줄 것이다. 현재의 낡아빠진 체제로부터 새로운 체제로 전환하는 일은 도전으로 가득하지만, 그것을 해낼 수 있고 또 그래야만 한다. 우리는 21세기에 걸맞은 제도를 만들 수 있다. 자, 여기 그 길이 있다.

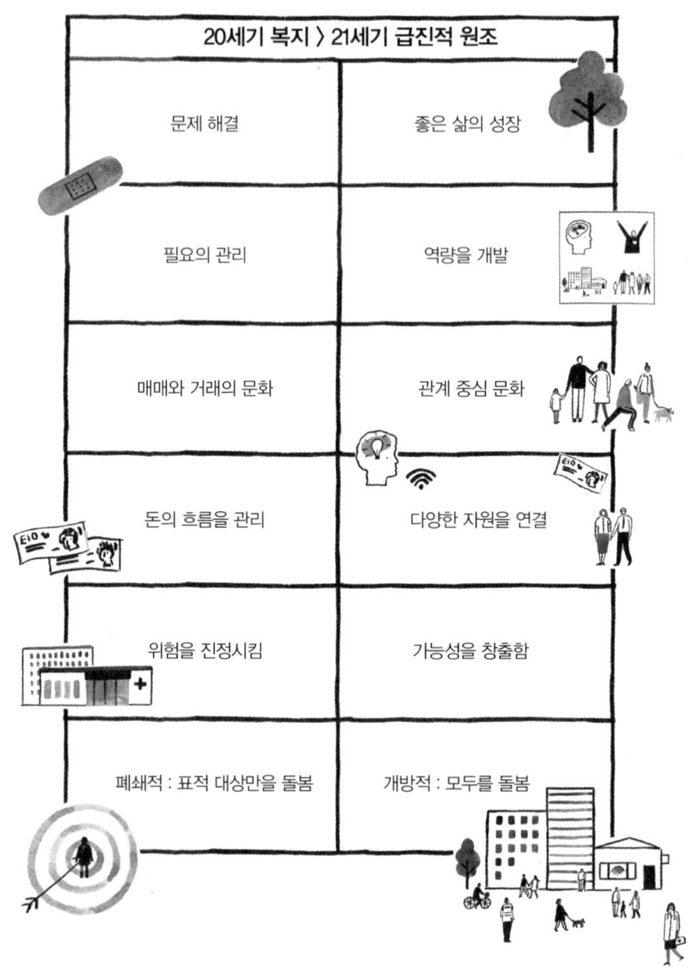

20세기 복지 〉 21세기 급진적 원조	
문제 해결	좋은 삶의 성장
필요의 관리	역량을 개발
매매와 거래의 문화	관계 중심 문화
돈의 흐름을 관리	다양한 자원을 연결
위험을 진정시킴	가능성을 창출함
폐쇄적 : 표적 대상만을 돌봄	개방적 : 모두를 돌봄

원칙

현재 우리 복지 시스템의 운영 논리는 '나를 평가하고 의뢰하고 관리해주세요.'라는 식이다. 이러한 시스템은 투입(구축 및 전문적 개입 시간)과 산출(위험 행동 감소)을 계산한다. 이 시스템에는 아무나 접근할 수 있는 것이 아니며, 소요 비용을 관리하는 것이 중요하다.

우리의 실험은 다음과 같이 다른 논리를 제시했다. 우리 모두가 번성할 수 있도록 핵심 역량을 키우자. 필요하다면 우리가 역경에 처했을 때 반드시 지원을 받도록 하자. 가능한 한 많은 사람을 포함시키자. 자유롭다는 느낌, 목적의식, 줄 수 있는 무언가를 갖고 있다는 것, 그리고 서로 연결되어 있다는 느낌 등의 측면에서 변화와 우리 삶의 질을 측정하자.

이것이 바로 래디컬 헬프, 이전과는 근본적으로 다른, 완전히 새로운 돌봄 체제이다. 이 새로운 틀은 여섯 가지 핵심 원칙으로 구성되며 각각은 현재 우리의 관행에서 새로운 사고방식과 행위로의 변화를 나타낸다.

1. 비전 : 좋은 삶

변화를 만들기 위해서는 우리를 이끌어줄 비전이 필요하며, 우리가 지향해야 할 비전은 곧 잘 사는 좋은 삶이다. 삶의 의미를 발견하고, 우리의 열정을 자극하며, 삶의 여정에 공동의 방향을 설정하는 것과 같은 것 말이다. 이런 대담한 비전은 우리를 복지국가의 본래 의도로 복귀시켜 우리 시대를 위한 제도를 재창안할 수 있게 해준다.

20세기 복지국가는 혁명적이었다. 1930년대의 불황과 전쟁의 참화 속에서 국가가 모든 사람에게 건강, 주거, 교육을 제공해야 한다는 믿음을 가지고 일하는 것은 정말 급진적인 것이었다. 베버리지 보고서는 대담하고 낙천적인 비전을 내세우며 선동적인 주장을 내걸었다. 모든 사람이 다 그것이 가능하다고 믿은 것은 아니었고, 모든 사람이 완전한 함의를 이해한 것도 아니었으며 그들 중 다수가 반발했다. 그러나 그것들은 결국은 큰 문제가 되지 않았다. 더 좋고 더 공정한 영국에 대한 베버리지의 비전은 대중 속에 공감과 희망을 불러일으켰다.

하지만 이제는 베버리지의 비전이 더 이상 유효하지 않다. 이를 넘어서는 더 큰 그림을 그려내지 못해 우리의 제도는 길을 잃었다. 관리자들은 더 큰 틀의 발전적 목적을 고려하지 않고 파편적이고 개별적인 문제의 해결에만 집중하기 때문에 우리의 사고방식과 작업방식은 더욱 편협해지고 축소되어 퇴보의 길을 걷고 있다. 너무 많은 사람들이 스트레스에 시달리며 성취감을 느끼지 못하는 삶에 갇혀 있다.

우리에게 희망을 주는 동시에 삶의 어려움을 살펴주고 우리를 성장시키는 새로운 비전이 필요하다. 이 비전은, 좋은 이야기들이 그렇듯이, 언제든 이야기되고 했던 이야기라도 반복해서 이야기될 수 있는 것이어야 하며, 누구나 그 이야기 속에서 자신의 자리를 가질 수 있어야 한다. 나는 고대에서부터 현대에 이르는 철학자들의 생각을 참고해서 좋은 삶에 대한 비전을 구상한다. 또한 번성하길 바라는 자연스런 인간 본연의 욕구에 제대로 대응하기 위해 극도로 열악한 환경에서 살고 있는 사람들이나 복잡한 문제에 사로잡혀 있는 사람들에게도 귀를 기울인다.

우리는 어떻게 살아야 할까? 이 가장 기본적인 질문은 일찍이 철학자 아리스토텔레스가 제기한 것으로 기존의 규칙과 시스템이 더 이상 작동하지 않을 때 우리가 종종 인용하곤 한다. 그에 의하면 사람들에게는 '의미'가 필요하고, 성장하고 발전하기 위해 '지원'이 필요하다. 아리스토텔레스가 말한 '에우다이모니아eudaimonia'는 종종 '행복happiness'이라고 번역되지만 사실은 개인 차원에서의 행복감만을 의미하는 것은 아니었다. 그는 부유하고 풍요로운 삶도 분명 불행의 시기를 지날 것이라고 주장했다. 왜냐하면 성장하기 위해서 우리는 큰 것을 목표로 해야 하고 그러다 보면 좌절도 감수해야 하기 때문이다.

에우다이모니아는 달리 번역한다면 '번성함floushing'으로 더 잘 표현될 수 있다. 그리고 여기서의 번성함은 사회구조, 즉 가정, 시장, 지역사회와 국가의 참여를 포용하는 집단적이고 정치적인 개념이다.

그런 생각은 복지국가에 대한 관심과는 거리가 멀어 보일지도 모른다. 철학이 무슨 소용이냐고 물을 수도 있다. 우리는 복지의 꿈이 무너져버린 폐허 속에서 지금 당장 절박함을 느끼고 있으며 보건 예산은 증액되지도 않고 적절한 돌봄을 찾아드릴 수 없는 사랑하는 부모의 고통이 코앞에 있으니 말이다. 엘라 주변의 사람들은 그녀가 일을 하지 못하는 것, 빚, 학교도 그만두고 통제가 되지 않는 자녀들과 같은 코앞의 절박한 문제들을 너무나 잘 알고 있었다. 그러니 그들 역시 우리가 왜 엘라에게 삶의 목적의식을 찾는 일부터 도우려 하는지 의문을 품었을 것이다. 그러나 간단히 말해서, 목적의식은 우리의 삶과 제도에 있어서 기본이 된다. 그것이 없으면 우리는 길을 잃는다.

첫 번째 목표는 비전을 세우고 삶의 목적의식을 되찾는 것이다. 두 번째는 성장하고 도전할 수 있도록 수단을 제공하는 것이다. 좋은 삶에 대한 기대가 헛된 것이 되어서는 안 된다. 공허한 열망이 되어서도 안 된다. 그러기 위해 그것은 역량으로 뒷받침되어야 한다.

2. 역량

지금까지의 복지국가는 우리의 필요를 관리하기 위해 정교하게 만들어졌다. 하지만 그에 반해서 21세기식의 원조는 우리로 하여금 역량을 개발하도록 지원하는 것이어야 한다.

이것이 급진적인 점이다. 역량 접근방식은 당신에게 스스로 변화하여 마음을 굳게 먹고 자신의 문제를 해결하라고 지시하지 않는다. 동시에 제도가 당신의 문제를 고쳐줄 것처럼 행동하지도 않는다. 그것은 다른 곳에서 출발한다. 우리 삶 내부의 현실에서 출발하여, 외부의 구조적 현실과의 상호작용을 고려하면서 우리가 두 가지 모두를 다룰 수 있도록 돕는다.

우리의 두 번째 실험에 참여한 젊은이들은 활기차고 변화한 지역인 런던과 브라이턴에서 살았지만, 그들의 가정형편을 비롯해 경제적 여건, 사회적 인맥, 그리고 '그것은 나를 위한 것이 아니다'라는 학습된 고정관념과 같은 것들은 그들이 주변의 기회에 연결될 수 없음을 뜻했다. 엘라도 이런 비슷한 이야기를 했고, 스탠은 다른 이유로 도시와 주변 사람들에게 연결될 수 없었다.

우리가 될 수 있거나 할 수 있는 것은 우리의 내면세계, 신념, 자신감, 우리의 기술, 그리고 구체적인 외부 현실, 즉 우리가 어디에 살고 있으며, 돈은 있는지, 어떻게 연결되어 있는지에 달려있다. 이러한 내부적 요소들 그리고 우리가 속한 외부의 넓은 연결망과 구조들은 우리가 삶에서 어떤 실질적 가능성을 가지고 있는지를 결정한다.

굶주린 사람은 거의 항상 먹을 것에 가까이 있다. 어떻게 이런 일이 일어날 수 있는지 이해하려다 보니 역량 개념으로 이어진 것이다. 역량 접근은 노벨상을 수상한 경제학자 아마르티아 센이 처음 주장했고 철학자 마사 누스바움이 발전시켰다. 세계에서 가장 존경받는 경제학자 중 한 명인 센은 1940년대에 기근이 벵골을 강타했을 때 그저 어린 소년이었다. 그는 수백만 명이 굶주리던 것을 잊지 않았고, 청년이 되어서 왜 그리고 어떻게 그런 일이 일어났는지를 탐색했다. 그는 처음에는 돈과 음식에 관한 것처럼 보이던 이 문제가 생각보다 더 복잡하다는 것을 발견했다. 기근은 수확이 실패하거나 돈이 없어서가 아니라 희소성에 대한 두려움이 사재기로 이어지고 이득의 가능성이 가격 담합으로 이어지면서 한층 강력해진다.

이런 상황에서 당신이 가진 돈이 더 이상 충분하지 않을 수도 있으며, 당신은 누군가 사재기를 하고 있다는 것을 모를 수도 있다. 이러한 사회적, 경제적 불균형을 해결하기 위해 아무것도 하지 않는 정부 아래에서 살고 있을 수도 있다. 센은 개인의 취약성과 결합된 정치적, 사회적 역동이 어떻게 기아로 이어지는지를 보여주었다.[149]

센은 사람들이 필요한 것에 가까이 있는데도 그것들에 접근할 수 없게 하는 역동을 설명함으로써 빈곤과 사회적 요구에 대한 기존의 이해 방식을 뒤집었다.[150] 전통적인 접근법은 부족한 것, 즉 음식, 돈, 일, 건강 등에 초점을 맞추고 사람들을 의존적인 존재로 규정하며, 이 모든 것들이 사회에서 이용 가능하기 때문에 성공하지 못하는 사람들은 어떤 면에서 주체성이 부족해서라고 주장한다. 이것은 때때로 보이지 않는 방식으로 영향을 미치는 구조적 불평등, 즉 누가 기회에 접근하고 누가 그렇지 않은지를 보지 못하는 것이다. 역량 접근법은 사람들이 돈벌이, 일자리 찾기, 건강하게 살기 등을 위해 어떤 실질적 기회들을 갖고 있는지 묻는다. 우리가 우리 주변의 기회를 잡을 수 있게 또는 그러지 못하게 하는 요소들이 바로 역량 개념을 구성하는 요소들이다.

센은 말한다. 1870년대 인도에서, 기근으로 1천만 명이 죽어갈 때, 델리에서는 전례 없이 호화로운 행사와 연회, 의식으로 빅토리아 여왕의 황제 즉위 기념식이 거행되었다. 어떻게 이런 일이 일어날 수 있을까? 센은 이 이야기를 시대를 거슬러 올라가 1798년 토머스 맬서스가 발표한《인구론*Essay on the Principle of Population*》에 연결시킨다.

식민지 행정가들을 양성하는 하트퍼드셔의 동인도회사 대학에서 한동안 강의했던 맬서스는 자연과 인구 규모 사이에 관계가 있다고 믿었다. 그는 또 식민 지배자들의 눈에 인도가 그렇게 보였듯이, 인구가 너무 많으면 기근, 질병, 전쟁과 같은 것에 불가피하게 좌우될 수밖에 없다고 주장했다. 이것들은 자연적인 사건들로, 인구의 규모와 식량 공급 사이의 균형을 회복하는 자연의 방법이라는 것이다.

현대인에게 기근은 충격적이다. 한편에서는 사람들이 어쩔 수 없이 굶주리다 죽어가는데 다른 한편에선 수천 마일을 여행해가며 파티를 즐기는 사람들이 있었다는 사실에 속이 뒤집힐 지경이다. 그러나 센의 이야기가 우리에게 보여주는 것은 우리가 우리 자신을 통찰하는 개념 틀은 힘을 가지고 있다는 것이다. 그 개념 틀은 우리를 죽일 수도 있고, 우리가 시대의 사회적 도전에 대처하는 것을 방해할 수도 있다. 우리의 후손들은 우리가 불평등을 받아들이는 것을 보고 충격적이라고 생각할지도 모른다. 어떤 이는 게으르고, 엘라는 의지가 약하며, 또 어떤 사람은 너무 단순하고, 어떤 사람들의 삶은 조금 제한적일 뿐이라고 지금 말하지만, 이것도 100년 후에 본다면 복잡한 현실의 문제를 제대로 바라보지 못하게 가로막는 잘못된 논리였다고 평가될지 모른다.

역량 접근방식은 권력, 접근, 그리고 무엇이 허용되고 허용되지 않는지에 대한 학습된 규범과 같은 난해한 문제들과 씨름한다. 우리가 실험에서 그랬던 것처럼, 그것은 개인의 주체성을 인정하는 것에서 시작하며 사람들은 번성하고 싶어 한다는 사실에서 출발한다. 그리고 우리의 번성하는 능력은 감정, 지식, 기술과 같은 내적인 준비도와 환경적, 사회적 조건 및 정부 정책과 같은 외부 현실의 변화 간의 결합 여부에 달려있다는 인식을 토대로 한다. 역량 접근방식은 많은 나라 정부와 국제기관에서 점점 더 영향력이 커지고 있다. 그 이유는 어떤 도움이 필요한지를 명확하게 이해할 수 있게 해주며 어떻게 도와야 기존의 주체적 역량을 약화시키지 않으면서 오히려 강화하고 발전시킬지를 보여주기 때문이다.

예를 들어, 우리가 무제한으로 공급할 수 있는 자원을 가지고 있을 때 엘라네 같은 가족에게 무엇을 주면 좋을지 질문해볼 수 있다. 돈을 주어야 할까? 더 좋은 집을 찾아주는 게 좋을까? 심리적인 문제들을 진단하고 알아보아 약물치료와 상담을 제공하는 것은 어떨까? 우리는 그들이 행복감을 느끼도록 노력해야 할까, 아니면 보상과 처벌을 써서 그들의 행동을 변화시키도록 해야 할까? 이 모든 접근법들에는 각각 지지하는 옹호자들이 있다.

하지만 우리는 가족들에게 그들이 살고 싶은 삶의 모습을 물어보는 일부터 시작했다. 그러고 나서는 가족들 각자가 자신의 삶을 돌보며 스스로 성장하고 발전하도록 지원했다. 라이프 팀은 내면의 요소들을 알아보는 작업을 진행했다. 우리는 참가자들이 가능성에 대한 희망을 키우고 신뢰와 자신감을 키울 수 있는 공간을 제공했다. 그리고 우리는 외부적인 요인들에 대해서도 연구했다. 직업을 얻기 위해 실질적으로 필요한 것에서부터 외부의 인식, 즉 엘라가 무엇이 될 수 있고 무엇을 할 수 있는지에 대해 친구, 동료, 그리고 동네 주점에 있는 사람들이 가지고 있는 인식에 도전하는 불편한 일까지 모든 것을 검토했다. 이런 식으로, 가족들은 삶에 활기를 찾고 그들 자신의 더 넓은 삶의 목표를 달성할 수 있도록 지원을 받았다.

역량은 건강하게 살기, 자기 자신을 존중하기, 좋은 일감을 구해서 일하기 등 존재와 행동 모두에 관여된다. 그리고 각각의 역량들은 서로 연결되어 있다. 풍요로운 사회에서 기본적인 생계수단을 제공받는 것만으로는 충분하지 않다. 그것으로는 삶이 번성할 수 없다. 센은 부끄럽지 않은 삶을 살기 위해서는 친구들을 방문하거나 초대할 수 있어야 하며, 다른 사람들이 하고 있는 일이나 대화의 내용을 알고 참여할 수 있어야 한다고 주장한다.[151]

그리고 역량은 지속적인 발전에 관한 것이다. 예를 들어, 처음으로 일자리를 얻는 것이나 중독으로부터 회복하는 것은 여행의 단계 중 한 지점에 도달한 것으로서 축하할 일이지 그것이 최종 목적지는 아닌 것이다.

우리는 사람들에게 각각의 나이와 삶의 단계에 따라 어떤 도움과 지원이 필요한지 알아내야 한다.

마사 누스바움은 수많은 정부 주도 정책들이 사회 엘리트들의 고정관념을 반영하기 때문에 실패한다고 말한다. 특히, 그녀는 이러한 편향성으로 인해 경제적 가치와 GDP와 같은 국가 경제 산출에 권위를 부여하는 정책들이 지나치게 강조되고 있는데, 이것은 한 국가의 국민이 지역사회 차원에서 번성하고 발전하고 있는지를 아는 데는 적절하지도 않고 언제나 유용한 척도도 아니라고 말한다. 만약 내적, 외적, 구조의 문제가 우리에게 어떤 영향을 미치는지 이해하고, 따라서 우리가 직면하고 있는 더 큰 사회적 과제를 어떻게 해결할 수 있는지 알고 싶다면, 우리는 사람들의 삶에 대해 더 세밀히 이해하도록 노력해야 한다. 일상생활에 근거한 정책을 만들 때, 우리는 효과적인 변화를 일으킬 수 있다. 그런 점에서 역량 접근방식은 이전과는 다른 일종의 대항이

론counter-theory이라고 그녀는 주장한다.[152]

요체는 힘, 권한이다. 전통적인 복지 접근법은 그들의 고정관념에 따라 당신을 의존적인 존재로 간주하고 그에 대한 대응책으로 당신에게 무언가를 주거나 당신에게 무언가를 시행하려고 하며, 그들이 알고 있는 최선의 방법으로 당신의 필요를 관리하려고 한다. 역량 접근방식은 지원이 제공되는 방식의 전환이다. 역량은 당신에게 시행될 수 없다. 내가 당신에게 관계를 줄 수 없듯이 어떤 역량을 줄 수도 없으며 당신에게 건강을 대신 '시행해' 줄 수도 없다. 우리 모두는 지원을 활용해서 우리의 역량을 키워야 한다. 우리에게 필요한 도움은 바로 우리 자신을 돕기 위한 것이다. 이러한 역동의 변화는 도움을 주는 사람과 도움을 구하는 사람들 모두를 자유롭게 해준다.

그렇다면 어떤 역량이 중요한가? 우리는 네 가지를 선정했다. 첫째는 학습이다. 학습은 탐구와 의미 있는 일을 하면서 성장하는 능력이며 우리의 상상력을 개발할 기회가 된다. 둘째는 건강이다. 우리의 내적, 신체적 활력은 번성하는 삶에서 핵심이며, 건강은 우리의 마음과 신체를 있는 그대로 수용하는 것과 좋은 습관을 갖도록 노력하는 일 사이의 미묘한 균형을 의미한다. 셋째는 공동체이다. 공동체의 일원이 되어서 지역사회 수준과 전 지구적 수준에서 지속가능한 삶의 방식에 기여하며, 변화를 일으키거나 어떤 것을 함께 만들기 위한 노력에 다른 사람들과 협력하는 것이다. 넷째는 관계이다. 관계는 우리와 비슷한 사람들, 혹은 우리와 다른 사람들이 긴밀하게 서로 돕는 연결망이다.(100쪽 참조)

초점을 이 네 가지 역량에 집중함으로써 우리와 참여자들 모

두 지속가능한 추진력을 가지고 발전적인 변화를 측정할 수 있었다.[153]

아울러, 우리는 관계가 다른 어떤 것보다도 더 중요하다는 것을 발견했다.

3. 관계가 최우선

사람들이 두루 즐기는 젠가라는 게임에서는 나무 블록으로 탑을 세운다. 게임 참여자들은 한 명씩 구조물을 넘어뜨리지 않고 아래쪽에서 블록을 빼내야 한다. 나는 비슷한 시각으로 관계의 구조를 바라보게 되었다. 즉, 우리는 삶이라는 건축물에서 두어 개의 블록을 빼내고도 여전히 우뚝 설 수 있다. 하지만 우리를 지탱하는 토대인 관계를 포기하면 우리는 무너진다.

관계, 즉 우리 사이의 인간적인 연결은 좋은 삶의 토대가 된다. 그것은 우리에게 기쁨, 행복, 그리고 할 수 있다는 희망을 준다. 바로 그것들이 마사 누스바움이 '건축architectonic'이라고 말한 것이다.[154] 관계를 쌓아가다 보면 역량도 점점 더 발전하게 된다. 관계는 우리가 배우도록 지지하고, 건강과 활기찬 공동체 생활을 영위하도록 돕는다. 다른 사람들과의 강한 유대감이 없다면, 또는 건강하지 못한 관계 속에서라면, 누구도 성취감을 느끼거나 제 기능을 하기 어려울 것이다.

관계는 잘 봐주면 그다지 중요하지 않은 것으로, 나쁘게 보면 사회 진보를 방해하는 것으로 생각되었기 때문에 복지국가에서는 설 자리가 없었다. 베버리지도 자신의 오류를 인정했지만 인간관계가 우리 삶의 사회적, 정서적, 경제적 결과를 결정하는 이때에, 이를 제외하는 것은 그 어느 때보다도 심각한 일이다. 하지만 지난 수십 년간 경영과 통제에 중점을 두고 진행된 개혁들은 기존 시스템 내에서 사람들 간의 연결 가능성을 더욱 제한했다. 오늘날 복지국가는 투입과 산출의 효율적인 전달에만 집중하며, 우리를 거래의 문화와 메커니즘에 가두어 인간관계를 제한하고 있다.

이와는 대조적으로, 새로운 시스템은 관계를 강조하여, 일상적인 인간관계가 중요하며 인간관계는 관계 그 자체를 위해 더욱 강화되고 유지되어야 한다는 전제에서 출발한다.

이 새로운 틀을 적용하여 우리는 시스템 내부의 역동도 관계의 관점에서 살펴보았다. 우리는 이렇게 묻는다. 만약 우리가 만나서 대화하고 도움을 주는 방식을 관계 관점에서 생각한다면 우리는 어떤 대안체제를 설계해야 할까? 관계 관점의 작업은 서로 다른 가치와 상호작용을 활동의 전면으로 가져오며 우리에게 변화가 어떻게 일어나는지에 대한 새로운 이해의 장을 열어주었다.

라이프 실험에서 우리는 신뢰의 관계가 맺어지기까지 처음에는 느리고 가볍게 걸었다. 각각의 실험은 자기 개방과 관계 구축의 이 중요한 단계를 위해 충분한 시간을 갖도록 고려했다.

변화를 만들어가는 일은 경험이 풍부한 전문가와 동료, 친구, 가족으로부터 지원을 받는 가운데 반복적인 연습, 또는 행동과 성찰의 순환과정을 통해 이루어진다는 것을 알고 있다. 각각의 실험은 이 순환과정을 통해 구축되었고 변화를 지원하고 지속시키기 위해 더 넓은 사회적 관계망을 끌어들였다.

변화는 힘의 역학관계에 변동이 있을 때 일어난다. 관계 중심 원조자들은 이러한 힘의 변동을 직접 활동으로 보여주었다. 그들은 의존성을 형성하지 않도록 주의하면서 참여자의 발전 과정을 지원했다. 원조자들은 성찰을 통해 참여자들이 무엇을 필요로 하는지 바라볼 수 있게 하며 그들을 행동하도록 이끌었다.

우리는 사람들이 관계를 맺고 유지하도록 격려하기 위해 좀 더 거시적인 여건을 조성했다. 서클과 베커에서는 회원들이 상호지원을 통해 역량과 관계를 만들어간다. 우리는 또한 전문가 팀 내에서도 관계를 강조하여 인간관계의 역동을 성찰하고 강화할 수 있는 공간과 지원이 제공되도록 했다.

새로운 시스템의 원칙은 이것이다. 사람 간의 모든 상호작용과 물리적 환경에 대한 모든 개입에 관계를 고려하도록 하는 것이다. 이를 위해 우리는 이렇게 질문할 수 있다. 이 주거 계획이 지역 주민들 간에 존재하는 유대관계를 강화시킬 것인가? 담당 가정의와 진료 일정을 잡거나, 사람들과 만남을 갖거나, 요리를 하거나, 심지어 공원 벤치의 디자인을 결정하는 데 있어서도 이것이 사람들 사이의 연결을 격려하고 증진시켜주는지 묻는 것이다. 동시에 우리는 서로에 대한 배려를 어렵게 만드는 전문 약어나 용어의 사용으로 인해 거리감을 조성하지 않도록 항상 쉽고 단순한 언어를 사용한다.

우리가 활기차고 번성하는 삶을 누리려면, 우리와 다른 사람들을 만나고 알아갈 수 있는 방법을 고안해야 한다. 그리고 이는 단순하고 쉬우면서도 효과적인 방법을 쓰는 게 좋다. 우리는 작업 과정에서 이타적일 것 같은 사람들을 찾아다닌 것은 아니었는데도 그런 사람들이 많이 모였다. 그렇게 해서 우리는 서로 다른 사람들이 어울려 협업을 할 수 있는 비옥한 토양을 조성했다. 루프스에서는, 즐겁고 흥미진진한 방식으로 새로운 사람과 연결되도록 했던 사례가 있다. 각각의 실험은 이런 방법이 아니라면 만나지 못했을 사람들이 서로 원활하게 연결되도록 설계되었으며, 이런 방식으로 우리는 번성하는 삶, 좋은 일, 더 나은 건강 등으로 나아가도록 지원할 수 있었다. 인간관계는 좋은 삶의 핵심에 자리 잡고 있으며, 서로 관계를 맺는 우리의 능력은 무한하다. 우리는 단지 이 새로운 사고방식의 출발점에 있을 뿐이지만 이미 삶이 변화하고 있고 또 이 변화가 지속되고 있음을 안다.

4. 다양한 자원을 연결하기

그것을 재정적으로 감당할 수 있을까요? 당연히 이것이 사람들이 나에게 하는 첫 번째 질문이다. 그것은 중요한 질문이고, 우리 실험들이 감당할 만했다는 것은 아주 핵심적인 사항이다. 그러나 흔히 돈에 대해 이야기할 때는, 기존의 시스템과 소요 비용, 그리고 그것의 수정이나 축소에 관한 논쟁을 펼치며 부정적으로 이야기하곤 한다. 우리는 여기서 시작할 수는 없다.

우리는 다른 지점에서 시작해야 한다. 돈에 대해 묻는 대신에, 비전과 역량에 대해 생각하고, 거시적 측면에서 어떤 형태의 자원이 이용 가능한지, 그리고 어떻게 우리가 새롭고 생산적인 방법으로 그것들을 연결할 수 있는지 질문하는 식으로 말이다. 아리스토텔레스는 우리에게 좋은 삶은 돈과 의미, 우정, 목적의식 등과 같은 자원들의 다양성에 의해 결정된다고 가르쳤다. 우리는 복지국가가 발명되었을 당시에는 없었던 풍부한 자원들을 이미

가지고 있다. 우리에겐 새로운 아이디어, 새로운 재능이 있으며, 사람들과 아이디어 그리고 공유할 것들을 참신하고 저비용으로 연결할 수 있는 디지털 인프라가 있다.

우리 실험들은 자원을 창조했다. 예를 들어 서클은 지식, 시간, 기술, 필요할 때 태워줄 차편, 회의실, 개인 보유 자금 및 여러 정부 기관에 의해 관리되던 기금 등 다양한 형태의 부를 눈으로 확인할 수 있게 만들었다. 이러한 잠재적 가능성들은 보통 엄격하게 구분된 범주로 나뉘어 있는데, 이들을 단순히 가시화하고 결합하는 것만으로도 우리가 이용할 수 있는 것들이 배가되었다. 우리는 누가 도움을 받는 이이고, 누가 도움을 주는 이인지의 경계도 흐리게 했다. 잭과 같은 베커의 회원, 멜빈과 같은 루프스의 회원들은 종종 전문가들의 능력이나 경험을 넘어서는 방법으로 다른 회원들을 지원할 수 있는 귀중한 자원이었다. 이로써 자원은 더욱 확대되었으며, 이는 서로를 알아가는 과정을 통해 이루어질 수 있었다. 우리가 모두 함께하는 프로젝트의 일원이라고 느낄 때 기여하고 공유할 가능성이 더 높아진다. 따라서 이런 식으로 기여를 진작할 새로운 방법을 찾아야 한다. 나도 내어줄 무언가를 가지고 있다는 인식이 바로 변화 과정의 일부이기 때문이다.

우리는 이러한 비전 속에서 소요 비용에 대해 추적했다. 자세한 과정은 다음 장에서 설명하겠지만 언제나 그랬듯이 돈이 있어도 엉뚱한 곳에 있다는 것을 발견한다. 예를 들어, 새로운 형태의 원조 대신에 돈이 많이 드는 기존의 수혜자격 관리에 투자하고 있는 것이다. 해결책을 발전시키는 데 투자를 끌어오려면 그들이 이 자원을 내놓도록 하는 것이 새로운 시스템의 한 원칙이 되어야 한다.

여러 형태의 자원을 연결하고 공유하는 것이 새로운 시스템의 네 번째 원칙이다. 우리는 사람이 유일하고도 가장 큰 자원이라고 이해했다. 왜냐하면 한 사람이 올 때에는 그의 관계와 지식, 시간, 기술, 그리고 때로는 그들의 소유물까지도 따라오기 때문이다. 이 모든 것이 새로운 복지국가에 투입되도록 해야 한다는 인식이 우리로 하여금 모든 사람을 포용한다는 원칙으로 이끌었다. 우리의 문제해결 과정에 더 많은 사람들이 참여할수록, 우리는 더 많은 자원을 이용할 수 있었다. 우리는 편협한 재정적 초점과 자원 희소성의 문화를 뒤집어서 풍요에 초점을 맞추는 새로운 문화를 만들었다.

5. 가능성의 창조

우리는 엘라와 스탠에게 그들이 무엇을 하고 싶은지 물어봤고 거기서부터 함께 길을 만들어나갔다. 각각의 실험은 이처럼 가능성에서 시작되었다.

이런 접근방식은 위험 요인의 평가를 기초로 이를 관리하는 20세기 시스템과 대비된다. 기존의 관점은 파괴적이다. 그것은 우리가 옳은 방향으로 나아가게 하기보다는 잘못될 수 있는 것에 초점을 맞추도록 조장한다. 그리하여 우리 시민들은 위험의 범주를 내면화한다. 올리브처럼, 자신이 집 안에서만 사는 유형의 사람이라고 믿게 된다. 고용지원센터에 있는 사람들이 생각하듯이, 우리도 다른 실직자들처럼 직업을 찾지 못할까 염려한다.

또는 엘라처럼, 우리에게 변화는 결코 일어나지 않을 것이라고 믿기 시작한다. 우리의 필요와 그에 수반되는 위험은 증가하고, 그래서 현재의 시스템은 더 많은 위험을 관리하는 데 자원을 이동시킨다. 위험에만 초점을 두는 것은 스스로 그렇다고 믿고 결국 그렇게 되어가는 자기 충족적 예언이 된다.

우리의 실험들은 위험을 감수하고 가능성에 초점을 맞추어 살아갈 방법을 보여준다. 이 접근법이 모두에게 효과가 있다는 것을 우리는 경험으로 알게 되었다. '절대로 변하지 않을' 것으로 여겨졌던 엘라네와 같은 가족들, 자원이 부족해서 서서히 외롭게 쇠퇴해가는 삶을 수용할 수밖에 없어 보였던 스탠과 같은 사람들, 그리고 그밖에 경제적으로나 정서적으로 취약한 사람들 모두에게서 말이다. 게다가, 가능성에 초점을 맞춘 덕에 자라난 개방적인 신뢰의 문화로 인해 우리는 젊은이나 노인들이 있는 가정에서 실재하는데도 못 보고 있던 위험의 사례들을 발견할 수 있었다.

가능성과 함께 시작하라. 이것이 다섯 번째 원칙이다.

6. 모두를 돌보는 개방성

베버리지식 복지국가는 보편적인 시스템으로 설계되었다. 모든 사람들에게 개방되어, 그 누구도 가난, 굶주림, 질병으로 고통받지 않도록 보장하는 것이다. 이 복지제도는 완벽하지는 않아서, 예를 들어 노인돌봄을 빠뜨린 것이 가장 눈에 띄는 허점인데, 그래도 포괄성의 원칙은 20세기 복지제도의 핵심이었다. 오늘날 핵심적인 보건 및 교육 서비스를 제외하고, 우리의 복지제도는 미로와 같이 복잡한 경로와 고비용의 평가 시스템을 통과한 소수의 사람들에게만 개방되어 있다. 이 시스템에서는 모든 사람이 고통을 받는다.

새로운 시스템은 개방되어 있다. 그것은 모든 사람들을 포용하며 도움이 필요한 사람들뿐만 아니라 도움을 주는 역할을 하는 사람들도 돌본다. 우리의 실험은 복지 수혜자들의 정체된 삶을 반영하는 복지 시스템의 만성적 정체를 해체했다. 전에는 없던 공유의 문화를 창조함으로써 우리는 변화를 일으킬 수 있었고, 좋은 실천이 지속될 수 있는 작업 환경을 만들 수 있었다. 이 시스템은 돈이 많이 드는 복잡한 과정인 재계약, 위탁기관 직원 관리 같은 것이 필요 없고, 이미 보았던 구직자와 가족, 환자를 거듭 다시 보는 일이 없도록 고안되었다.[155]

변화의 작업은 혼자서는 할 수 없다. 지지와 격려가 필요하고, 한발 물러서서 성찰하는 시간이 필요하다. 우리는 도움을 주기 위해 일하는 사람들을 포함하여 모든 참가자들에게 이득이 되도록 시스템을 설계했다. 모두를 돌보는 것은 모든 사람이 성장할 수 있는 지속가능한 시스템을 보장한다. 이것이 래디컬 헬프, 근본부터 다른, 완전히 새로운 돌봄 방식이다. 이 시스템에서는 모든 사람의 역량이 성장하고 우리 모두가 서로를 돌본다.

과정

주인의 도구로는 결코 주인의 집을 무너뜨릴 수 없다. 도구로 주인을 잠시 넘어지게 할 수는 있지만 그것도 주인의 주도권 안에서일 뿐이다. 도구는 우리로 하여금 진정한 변화를 일으키게 해주지 못한다.

— 오드리 로드[156]

변화를 일으키려면 일하는 방식도 달라져야 한다. 우리는 비난만 할 것이 아니라 대안을 만들어낼 도구가 필요하다. 또 깊이 있는 협업이 이루어지도록 장려하는 기술과 실제 삶의 현장에서 아이디어를 자라나게 할 수 있는 과정이 필요하다.

이런 도구들은 자연스럽고 활용하기 쉬워서 아무 때고 집어 들고 쓸 수 있는 것이어야 한다.

이 책의 각 실험은 일련의 디자인 과정을 거쳐서 고안되었다. 이 과정은 내가 전부 고안해낸 것은 아니고 수십 년에 걸쳐 여기서 조금 빌려오고 저기서 약간 변형시켜 조립한 것이다. 나는 십 년 넘게 제니 윈홀Jennie Winhall과 협업해왔다. 에마 사우스게이트Emma Southgate, 크리스 밴스턴Chris Vanstone 등과 함께 일하면서 다양한 환경에서 수많은 사람들과 협업을 통해 과정과 도구들을 시험하고 개발해왔다.

이 과정은 우리가 관찰하고 분석하고 창조하는 데 도움이 된다. 이 과정을 통해 다양한 관점들을 포용하고 여러 수준에서 동시에 일하는 것이 가능해진다. 그 과정은 스탠과 엘라가 자신만의 목소리를 낼 수 있게 해주며 우리는 그들이 지닌 창조적인 힘을 발견할 수 있다. 동시에 우리는 거시적인 관점을 유지하면서 정책에 대해 질문을 던지고 새로운 사업 모형과 조직 형태들을 실험할 수 있다. 그 과정은 단순해서 누구나 참여할 수 있다. 즉, 협업하기가 쉽다.

왜 디자인 과정인가

다른 사람의 삶의 현실을 이해하기는 쉽지 않다. 이해의 차이는 우리가 힘 있고 권위 있는 자리에 있거나 타인을 도우려고 할 때 거리를 만드는 깊은 골이 된다. 그러면 우리가 좋은 의도를 갖고 있어도 해결책이 작동하지 않게 된다. 나는 1990년대에 도미니카공화국에서 케어CARE라는 국제 자선기구와 일했다. 이때 나는 공화국 정부가 학생들의 학교 출석률을 높일 수 있게 지원하는 임무를 맡았다. 교육부는 가난한 아이들이 배가 고프고 교복을 살 수 없어서 학교에 오지 않는다고 했다. 우리는 마을과 도시 빈곤 지역의 부모들을 방문해서 급식비와 교복비에 대해 물어봤다. 두 가지 다 감당할 수 없이 비싸다고 했다. 이에 따라 교복비를 내리고 무상급식을 할 수 있는 정책들이 고안되었다.

얼마 후 나는 수도의 빈곤 지역 중 한 곳에 머물면서 연구조사를 하고 있었다. 라 시에나가La Ciénaga는 녹슨 양철 지붕의 집들이 빽빽이 들어차 있는 거주 지역인데, 이 집들은 길 아래 가파른 경사지에 있고 지반이 무른 강둑과 하수로를 지나야 한다. 평판이 나쁜 곳이었고 위험하고 불법이 성행했다. 빈민가 꽉대기 돌로 포장한 도로 위에는 헌신적인 예수회 교사들이 있는 좋은 학교가 있었다. "왜 이 학교에 빈민가 아이들이 별로 없죠?" 나는 같이 살던 엄마들에게 물어봤다. 그들은 두 손을 들어 올리고 "에구! 우리 애들은 신분증이 없어요. 신분증 없으면 학교 못 가요."라고 했다.

교육부와 함께 일한 3년 동안 아무도 신분증에 대해서는 언급하지 않았다. 우리는 급식과 교복이 문제라고 인지했기에 설문지를 만들고 초점집단을 꾸려서 이 두 가지에 대해 의논했으며 초점집단 참여자들은 질문받은 이슈에 대해서만 충실히 답했다. 우리가 무엇을 듣느냐는 무엇을 묻느냐와 응답자들이 질문자를 누구라고 생각하느냐에 달려있다. 이것은 산토도밍고에서뿐 아니라 스윈던과 서포크Suffolk에서도 마찬가지다.

나 자신의 것이 아닌 타인의 현실을 진정으로 이해하고 변화시키려면 타인과 친해져야 한다. 우리는 잘 경청할 수 있는 방법과 새로운 시각으로 사물과 현상을 볼 수 있는 방법을 찾아야 한다. 그리고 중요한 것이 빠져 전체적인 그림을 다 볼 수 없는데도 상식 수준에서 그저 받아들였던 이야기들의 저변으로 들어갈 수 있게 하는 도구들이 필요하다. 도미니카공화국에서는 교복과 급식이 누가 학교에 갈 수 있는지를 결정하는 문제임이 분명했지만, 그것보다 더 큰 문제가 있었다. 그 문제는 복잡하고 수치심 때문에 가려진 문제였다. 대부분의 빈민가 어린이들은 비혼모들에게서 태어났는데, 그 비혼모들은 부유하고 밝은 피부색의 행정관 앞에 출두해서 아이를 사생아로 등록시키는 수모를 겪고 싶어 하지 않는다. 그래서 신분증이 없으니 학교도 못 간다.

수십 년 전에 학자 로버트 체임버스는 인도의 한 마을 주민들과 일하고 있었다. 그는 마을의 친근한 연장자들과 지역사회 기관들이 주관한 회의를 참관하면서 사람들이 이야기하는 방식에 대해 의미심장한 지점을 발견했다. 이야기의 주제가, 대부분의 복지 관련 주제들이 그런 것처럼, 사적이거나 수치스러운 그런 어려운 주제일 경우 서로를 직접 쳐다보지 않는다는 것과, 다른 할 일을 하면서 이야기할 때 대화가 더 솔직해진다는 것이었다. 이러한 발견을 바탕으로 하여, 우리는 사람이나 사물을 분류해서 도표나 지도에 표시하는 일을 몸으로 하면서 대화하는 기법을 고안해냈다.[157] 분류 작업에 사용되는 것은 조약돌, 씨앗, 막대기 등 뭐든 손을 쓰게 만드는 것이면 되었고, 중요한 것은 땅바닥에 그린 도표가 아니라 그리면서 나눈 대화가 핵심이었다.

경청은 말하지 않는 것이다. "지휘봉을 넘겨라." 로버트 체임버스는 우리가 주도하지 않아야 한다는 것을 상기시키려고 이렇게 말하곤 했다. 다른 사람들로 하여금 하고 싶은 말을 하게 하고 무엇이 중요한지 이야기하도록 하라는 것이다. 우리가 버스를 대여해서 직접 마을로 들어가거나 엘라네 바로 옆집으로 이사한 것 등은 모두 지휘봉을 넘기기 위한 노력이었다. 지역 의료기관에서 수없이 많은 날들을 일하면서 현 체제의 심각성을 더 잘 이해할 수 있었다. 엘라와 가까이 살면서 우리도 엘라의 현실을 산다. 이것이, 우리는 듣고 배우려고 왔지 지시하거나 명령을 내리려고 온 것이 아님을 보여주면서 신뢰를 쌓는 첫걸음이다.

하지만 도미니카공화국의 빈민가나 루사카, 릴롱궤, 하라레◆의 주거단지에서 써먹었던 조약돌과 씨앗들을, P구역이나 페컴의 골목에서 일할 때는 사용할 수 없었다. 영국의 현실에 맞게 과정을 개조해야 했다. 나는 인류학과 정신분석학에서 아이디어를 빌려오고, 내가 활용할 도구들을 확장하고 개조할 방법을 찾으면서 소셜 디자이너들에게 도움을 요청했다. 아이데오IDEO◆◆의 팀 브라운, 일리야 프로코포프Ilya Prokopoff, 그리고 동료들은 문화와 조직변혁에 대한 새로운 시각을 가지고 칫솔부터 애플사의 마우스까지 각종 제품 디자인에 활용되는 과정을 융합하고 있었다. 나는 거기서 내가 찾던 것들을 발견했다.[158] 아이데오 런던 지사에서 콜린 번스Colin Burns와 마우라 셰이Maura Shea와의 초기 협업은 풍성하고 뜻깊었는데, 그 결과로 우리가 변형 설계transformation design라 부르는 융합방법을 낳았다.

그리고 2005년에 나는 상을 받았다. 영국 '올해의 디자이너' 상이었고 2만5천 파운드의 상금도 받았다. 디자이너들의 경연대회를 겸해 열린 대중 전시회에는 우아한 가구, 멋진 그래픽 디자인, 아름다운 원단 디자인들이 전시되었다. 이 디자인 박물관의 한쪽에서 나는 교도소, 학교, 그리고 새로운 건강 서비스 등 내가 그 즈음에 새롭게 시도한 프로젝트 세 개를 선보였다. 그 전시에서 나는 수감자, 학생, 교사, 학교급식 조리사, 환자, 의사, 건축가, 무용가, 그 외의 사람들이 배움과 재범률 감소와 당뇨 관리에 관한 새로운 접근법을 디자인하는 과정에 참여한 방식을 설명하려고 각 프로젝트 배후의 협력적인 문제해결 과정을 보여주었다. 대중은 그 방식이 타당하다고 느꼈고 나는 대중투표에서 압도적 지지를 받았다.

◆ — 차례로 잠비아, 말라위, 짐바브웨의 수도–옮긴이

◆◆ — 디자인 및 컨설팅 회사–옮긴이

나는 사회과학자이지 훈련받은 디자이너는 아니다. 미술학교에 간 적도 없었기에 나의 수상은 디자인계에서 요란한 반향을 불러일으켰다. 혐오로 가득 찬 우편물을 받았고 왕실 산업디자이너상 위원회 위원장은 "우리 이름 좀 제발 다시 돌려주시겠소?"라며 디자이너라는 명칭을 남용한다는 우려를 드러냈다.[159] 십 년이 더 지나고 보니 그때 그의 반응은 구시대적이었던 것 같다. 매년 수천 명의 젊은이들이 새로운 분야인 소셜 디자인을 공부하려고 지원하니 말이다. 이 젊은 세대는 자신들의 기술을 세상을 변화시키는 데 쓰고 싶어 한다. '90퍼센트의 사람들'을 위한 사회적 적정기술 디자인은 현재 날로 성장하는 운동으로 곳곳에서 일어나고 있다.[160]

하지만 2005년에 나는 내가 수상하리라고는 꿈도 꾸지 않았다. 나는 시상식에 늦게 도착했고 수상소감도 준비해 가지 않았을 뿐더러 그 뒤의 격한 반응에 대해서도 예측하지 못했다. 하지만 그 수상은 수십 년간 내가 영국, 아프리카와 남미의 지역사회에서 소규모의 일을 하면서 배운 것들을 바탕으로 새로운 것을 창조할 수 있는 기회를 주었다. 나는 새로운 일련의 원칙들을 가지고 우리가 직면한 더 큰 문제들과 새로 구성해야 하는 제도들을 검토할 수 있었다. 상금을 밑천으로 해서 나는 첫 번째 실험의 자금 마련을 위해 100만 파운드를 모금했다. 나는 이 새로운 벤처를 파티서플이라 명명했다. 우리는 우리가 시험해볼 원칙들의 초안과 실제 일을 진행시키는 데 지침이 될 디자인 과정에 대한 선언문을 이 조직의 핵심에 두었다.

사회변화를 위한 디자인

디자인 과정은 아래에 그림으로 제시되어 있다. 디자인 과정은 크게, 생각하기와 만들기의 두 시기로 이루어지는데, 첫 번째 시기에는 문제 또는 기회를 파악하고 두 번째 시기에는 해결책을 만든다. 각 시기에 처음에는 폭넓게 창의적으로 생각하는 것으로 시작해 다음에는 아이디어들을 걸러내서 합의점을 향해 수렴해 간다. 첫 번째 시기가 끝나갈 무렵이 되면 우리가 주로 공략할 문제 또는 기회에 대해 합의가 도출된다. 두 번째 시기가 끝날 때쯤 되면, 아직 개선이 필요하겠지만 재정적으로 감당 가능하면서 변화를 일으킬 만한 해결책을 얻게 된다. 이 두 시기를 거치는 데는

디자인 과정

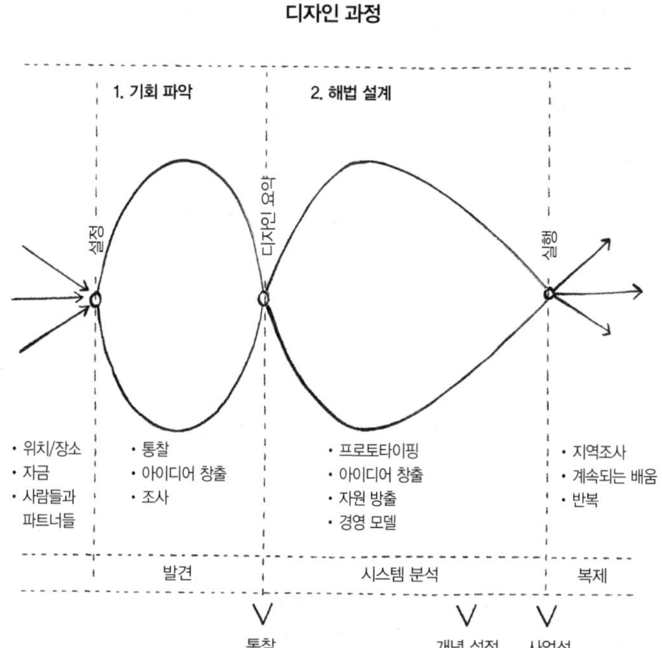

약 9개월이 걸린다.

이 두 시기 동안, 문제 또는 기회의 파악, 아이디어 창출, 프로토타이핑, 그리고 실행과 복제 등 넓게 보아 네 개의 분야에서 일이 진행된다. 이 과정은 반복적, 연속적이라 단계별 경계가 분명치 않을 수 있지만 명료함을 위해 각 분야별로 나누어 간단히 설명하고자 한다. 맨 먼저, 누구와 디자인을 할 것인지 결정하는 것부터 시작해야 한다.

설정 단계

어떤 실험이든 초기 설정 단계에서는 개방적인 탐색 정신으로 자금을 지원하고 사업에 관여하며 옹호해줄 파트너를 찾는 것이 포함된다. 성과를 예측할 수 없더라도 말이다. 처음에는 정부기관과 기업이 우리 파트너가 되었다. 이후에도 일에 대한 관심과 지지 의사를 가진 사람들을 포함시키는 것은 중요한 원칙이었다.

디자인 과정은 시작부터 참여하는 것을 원칙으로 하기 때문에 디자인을 같이할 사람들도 찾아야 했다. 초기에는 12~18명 정도 되는 소수의 사람들과 시작한다. 거리의 한 구석에서 시간을 보내거나 지역 의료기관의 접수 일을 돕기도 하고 버스나 집을 대여하기도 하며 폭넓은 범위의 다양한 경험을 한 사람들, 보통은 떠올리지 못하는 그런 사람들을 찾아 나선다.

이것은 전통적인 사회과학의 조사 과정이 아니다. 우리는 통계적인 진실을 찾으려는 것이 아니다. 우리가 추구하는 것은 통찰과 깊은 이해이다. 대부분의 사회조사가 분포곡선 내의 사람들에게 초점을 맞추고 있다면, 우리는 그 끝자락에서 일하고자 한다. 우리는 '어려운' 사례인 얼과 같은 이들, '대책 없다'는 생각이 드는 엘라 같은 이들, 그리고 멜빈처럼 문제를 극복하고 잘 살고 있는 이들에게서 가장 많이 배운다. 활짝 피어난 삶을 살고 있는 사람들뿐 아니라 그렇지 않은 사람들에게서도 배우기를 원한다. 그들 모두의 도움과 생각과 동참을 원한다. 우리는 이렇게 믿는다. 도저히 함께할 수 없을 것 같은 사람들이나 우리가 모르는 게 제일 많은 사람들이 참여할 수 있는 것을 설계할 수 있다면, 그것은 결국 모든 이에게 효과적인 디자인이 될 거라고.

이 초기집단은 첫 시기 동안 약 60명 정도로 확대된다. 우리는 참여자들에게 친구와 가족을 데려와 보라고 권한다. 우리는 맨 처음부터 개개인보다는 가족, 친구, 이웃 주민과 같은 집단을 고려한다. 서로 아는 사람들은 서로의 이야기를 확인해주고 생각나게 하고 깊이를 더해준다. 우리는 또한 기존 서비스를 통해 현재 우리 참여자들을 지원하는 전문가와 관계자들도 초대한다. 그 후에는 이 집단들을 더 늘려가기 위해 다음에 설명할 세분화 작업(298쪽)을 진행한다. 그러면서 우리는 빠트린 사람은 없는지, 더 만나야 할 사람이 있는지 계속 확인한다. 이렇게 자금, 파트너, 참여자, 모일 장소가 확보되면 우리는 시작할 준비가 된 것이다.

문제 규정과 기회 파악

디자이너 아일린 그레이는 제자들에게 이렇게 말하곤 했다. "창조하기 위해서는 모든 것에 대해 질문해야 한다."라고. 그렇다.

그렇게 출발해야 한다. 그래서 우리는 질문한다, 실제로 무슨 일이 벌어지고 있는가? 왜 이런가? 라고.

사회변화의 분야에서 우리는 문제가 무엇인지 이미 알고 있다고 가정하는 실수를 종종 저지른다. 나는 도미니카공화국의 아이들이 교복과 급식비를 낼 돈이 없어서 학교를 안 간다는 설명을 그대로 믿었다. 2007년, 정부 고위 관리자들은 젊은이들이 갈 곳이 없어서 불행하다는 당시 우세했던 가설을 받아들여서 청소년센터를 더 짓겠다고 약속했다. 문제와 그에 대한 해결책이 상식적으로 납득이 갔지만 좀 더 파고들면 그렇지 않음이 드러났다. 그런 공간에 대한 수요는 사실 더 깊은 문제의 증상일 뿐이었으며 청소년만을 위한 공간 마련은 문제를 해결하기는커녕 오히려 가중시켰다.

디자인 과정의 이 첫 번째 시기를 건너뛰는 것은 위험한 일이다. 우리 실험들에서는 9개월 중 3개월을 특정한 의제 없이 보낸다. 지금 앞에 놓인 문제를 다른 각도와 시각으로 이해하려는 것이다. 첫 번째 단계는 고고학의 땅파기와 같다. 우리는 예기치 못한 것들을 발견하고 흙을 부드럽게 털어내고 계속 더 파낸다. 진실이라고 받아들인 것들의 맨 밑바닥까지 들어가야 한다.

우리는 근본 원인, 그리고 틈새와 가능성을 찾는다. 우리는 일상이 달라지게 할 수 있는 것을 설계하고 시스템을 바꾸고 싶다. 그래서 우리는 이렇게 자문한다, 이것이 근본 원인인가 아니면 단지 증상일 뿐인가, 이 특정 문제를 다루면 체계를 개방하는 효과를 가져올 것인가 아니면 광범위한 체계는 그대로 놔둔 채로 개인에게 친절한 서비스를 제공하는 것에 그칠 것인가, 라고.

노인들과 일할 때 우리는 요양원에서 시작할 것을 고려했다.

어떻게 하면 인생의 마지막 시기까지 좋은 돌봄을 제공하는 것을 재정적으로 감당할 수 있는가는 국가적 관심이 몰려있는 주제이다. 우리 팀은 각자가 여러 요양원으로 흩어져서 거주자 곁에 머물러 밤낮으로 교대해가면서 돌봄요양사들을 따라다녔다. 해보니 요양원에서의 개입은 시기적으로 너무 늦어 보였고, 변화를 위해서는 나이가 덜 든 노년층과 시작하는 것이 좋겠다고 판단되었다. 선택의 폭이 더 넓고 그들이 갖고 있는 지혜, 시간, 에너지를 활용할 수 있기 때문이다. 사람들은 가능한 한 자기 집에서 오래 살고 싶어 하고 외로움을 감수하면서라도 독립적으로 살기 위해 실오라기라도 붙잡으려 한다. 우리는 노인들의 이러한 욕구를 지원하고 노년의 삶을 풍요롭게 할 새로운 방도를 찾아보기로 했다. 현 체제 내에서 자원 분배 방식만 조금 바꾼다면 가능할 것 같았다. 우리는 초기에 곧바로 방향을 전환해서 마을에서 일하기 시작했다.

이 첫 번째 단계에서 우리는 사람들의 일상에서 그들과 이야기도 하고, 아이를 학교에서 데려오는 일부터 식사하는 것까지 그들이 하는 모든 일을 함께 하면서 시간을 보낸다. 우리는 경청하고, 관찰하고, 보이는 것과 보이지 않는 것에 대해 이야기한다. 중요한 것은, 다양한 질문을 던지고 타인의 생각을 더 발전시킬 수 있는 이질적인 사람들로 구성된 팀이다. 사람들을 방문하고 동시다발적으로 SNS에서 온라인 조사를 하는 등 폭넓은 탐색으로 영감을 얻는다. 각 분야의 전문가들에게서 배우기 위해 직접 접촉하거나 학술 논문과 서적, 정책보고서를 읽는다. 우리는 자원에 대해서도 생각해본다. 현존하는 자원은 무엇이고, 새롭게 구축할 수 있는 자원은 무엇인지, 지금은 사용이 제한되어 있지만 제한을 풀 수 있는지, 또는 다른 곳에 사용될 수 있는지. 아직은 비용이나 경영 모델링에 대해서는 생각하지 않지만, 우리 일에 도움만 된다면 써먹으려고 늘 예의주시한다.

디자인 과정에서는 문제가 기회와 연관되어 정의되기 때문에 다른 참여적 사회조사 과정과 다르다. 디자인적 사고에 훈련된 사람은 문제를 정의하면서 동시에 기회를 발견하곤 한다. 이 둘은 동전의 양면과 같아서 항상 동시에 고려된다. 특히 이 과정은 언제나 통찰이 행동으로 이어져 무언가를 만들어낸다는 점에서 독특하다. 디자이너들에게는 이런 식의 사고가 자연스럽지만 나 같은 일반인들은 이렇게 일하는 방식을 새로 배워야 한다. 내가 옥스퍼드에서 받은 교육은 문제를 분석하고 이해하기 위해 파고드는 법을 알려줬다. 문제를 작은 부분들로 잘게 해부하는 이런 분석적 방식도 유용하긴 하다. 예를 들면, 이런 방식으로 권력 구성이 어떠한지를 볼 수 있고, 우리 분석의 타당성을 증명하기 위해 엄격한 근거와 논리를 세울 수도 있다. 이런 방식은 무엇을 해체하기엔 좋아도 새로운 것을 만들어내기엔 부적절하다.[161]

우리는 안개 속에서 시작한다. 문제가 무엇인지 모르고 어떻게 해결할 수 있는지도 알지 못한다. 그래서 혁신가이자 리더십 전문가인 에디 오벵Eddie Obeng이 개발한 "안개 속 프로젝트" 방식을 활용한다. 이것은 번호 숫자대로 빈칸에 색칠해서 주어진 그림 완성하기처럼 미리 문제와 해결책을 머릿속에 가지고 일을 추진하는 방법과는 정반대로 진행된다.

그러나 보고 듣는 중에 안개 속에서 천천히 어떤 그림이 떠오른다. 디자인 과정의 첫 시기가 마무리되어가면 우리는 문제를 정의하고 기회를 발견하는 디자인 요약을 한다. 문제는 날개로 존재하지 않아서 늘 복잡하게 얽혀있지만 우리는 어느 부분이 집중 공략할 부분이고 어느 부분은 기회이며 또 좀 더 작업해야 할 부분은 어디라고 말할 수 있게 된다. 이렇게 석 달쯤 보내고 나면 어느 정도 정리된 관점을 공유하게 된다. 예를 들어, 가족 스스로 변화를 주도할 수 있고 그래야 한다거나, 젊은이들이 다시 지역사회로 돌아와 함께 어울리도록 해야 한다거나, 또는 노인들에게 실질적인 지원과 사회적 관계망이 필요하다는 것과 같은 관점들 말이다.

노화에 대한 우리 작업의 경우 실질적 도움과 사회적 관계망에 초점을 맞춰야 함을 첫 번째 시기에 알게 되었다. 또한 이를 어떻게 이루어야 하는지에 대해서도 어느 정도 통찰을 얻었다. 우리는 파트너들과 협력자들에게 우리가 얻은 60개의 핵심적인 발견들을 자세하게 설명한 보고서를 발표했다. 예를 들어, 실질적인 지원은 필요할 때 언제든 접근 가능해야 하며, 사회적 관계는 진솔해야 하고 자선을 행하듯이 타인에게 도움을 주려는 의도가 아닌 공통의 관심사를 통해 이루어져야 한다 등이 그 내용이다. 그리고 부분적으로는 우리가 요양원에서 한 일을 통해 알게 된 것인데, 나이가 덜 든 노인들이 활용하고 싶어 할 무언가를 디자인하도록 조기에 착수해야 한다는 것이다. 이 작업 과정에서 우리는 그럴 듯한 생각이지만 포기해야 하는 경우도 있었다. 한 예로, 연장자들을 지원하기 위한 공공 공간의 디자인을 바꾸는 것이 중요함을 알게 되었는데, 이 생각은 가치 있었지만 현실과는 동떨어져 보였다. 그 공간이 노인에게 제공되는 지지와 돌봄을 관리하는 광범위한 제도 안으로 우리가 끼어들 여지를 주지는 않을 것으로 생각되었기 때문이다.

아이디어 창출

디자인 과정에서는 끊임없이 아이디어가 생겨난다. 엘라, 스탠, 모, 멜빈처럼 첫 번째 시기에 우리가 만나는 사람들로부터 아이디어가 나오기 시작한다. 우리는 그들의 눈으로 세상을 바라본다. 사회복지사가 방문할 때 우리는 그 집 소파에 앉아있고, 비가 오기 시작할 때는 청소년들의 비밀 집합지인 나무밑동에 있다. 그리고 일에 쫓기며 스트레스 가득 찬 하루를 보낸 사회복지사 라이언과 함께 있다. 우리는 각계각층의 전문가들과 종사자들로부터 전과 다르게 하고 싶은 일들이 무엇인지 듣고 싶다. 이런 생각과 관찰이 새로운 생각을 더 불러일으킨다.

아이디어는 언제나 우리가 무엇을 어떻게 해야 하는가에 대한 것이다. 청소년 사업에서, 청소년들이 만든 영화를 통해 그들이 지역사회 안에서의 체험을 원한다는 것을 알아차리고 어떻게 하면 그렇게 할 수 있을지 청소년들의 아이디어를 물었다. 우리는 아이디어 창출이 더 진행되도록 격려하고 그들의 생각에 이의를 제기하기도 하면서 광범위하게 알게 된 점과 생각들을 참여자들과 나눈다. 막 떠오른 아이디어들을 함께 시도해보기도 한다. 비슷한 일을 하고 있는 사람들을 계속 찾아서 만나고 방문하고 탐색하고 이전에는 작동하지 않았던 사업들에 대해 숙고한다. 왜 그럴까 질문하면서 폐기되어 쌓여있는 사업들도 재고해본다. 그리고 우리의 통찰과 아이디어에 이렇게 연구한 것을 결합한다.

이 단계에는 정해진 범위 같은 것은 없다. 또 이 시기 동안 일을 너무 빨리 마무리하려 해서도 안 되며 최초의 아이디어에 너무 흥분해서도 안 된다. 우리는 아이데오의 설립자 중 한 명인

톰 켈리가 말하는 "초점있는 혼돈"을 거친다. 다른 사람의 아이디어에 더 얹어놓는 식이 우리 팀의 문화이다. 우리는 무언가 재료를 내놓은 다음 거기에 '그리고…'라고 해가면서 추가한다. 무엇보다, 이야기들을 단순화시키지 않으려고 노력한다. 이야기를 엮어 말끔해 보이도록 정리하다가 오히려 아무 현실도 반영하지 않게 하고 싶지는 않다.

첫 번째 시기에 우리는 프로토타이핑의 초기 단계에 시도해봄직한 아이디어 뭉치들을 갖게 된다. 예를 들어, 우리의 잘 늙어가기 사업에서 우리는 가족과 친척이 멀리 있는 노인을 지원할 수 있는 아이디어, 돌봄에 대한 다른 시각, 그리고 개인별 특화 서비스에 관심이 갔다.

우리 작업의 두 번째 시기에는 아래에 설명한 프로토타이핑 과정에서 더 많은 아이디어들이 생겨난다. 우리는 이 단계에서 실행과 비즈니스 모델링에 관련된 실질적인 아이디어를 찾고자 한다. 기존 체계와 정책의 틀을 더 면밀히 살펴본다. 새로운 아이디어를 염두에 두고, 관리나 자격 규정 때문에 접근이 불가능한 그 많은 돈과 자원들이 어디 있는지 찾아내는 데에 특별히 집중한다. 잘 늙어가기 사업에서 우리는 런던의 한 개 구 전역의 노인들에게 소요되는 전체 지출이 얼마인지를 파악하기 위해 도서관, 수영장, 지역 의료기관 등에 설치된 낙상 방지 장치나 집안일 지원 등 모든 것을 지도에 표시했다. 그랬더니 기회를 찾을 수 있는 매우 새로운 관점이 생겼다.

프로토타이핑

프로토타이핑은 만들어가면서 배우기, 즉 일단 무언가 실제로 만들어서 사용해가면서 쓸 만한지 지켜보는 방식이다. 그래서 활동적인 과정이다. 작업의 초기에 보다 깊고 솔직한 대화를 끌어내려고 도표나 모형을 그려보는 것처럼, 프로토타입도 그것이 이끌어내는 참여와 배움과 상호작용이 그 목적이다. 프로토타입은 종이에 그려진 도표일 수도 있고, 앱app일 수도 있다. 스탠과의 전화 서비스나 '내가 계속 하게 도와줘요' 프로토타입처럼 서비스의 일부를 새롭게 시연하는 것일 수도 있다. 프로토타입은 시범적으로 해보고 마는 것이 아니다. 시범적 실행에서는 새로운 아이디어를 소규모로 연구실과 떨어진 곳에서 실행해보고 그 다음에 결과를 분석한다. 반면 프로토타이핑은 동사이다. 즉, 우리가 현장에 있으면서 관찰하고, 직접 역할을 수행한 후, 분해해서 다시 만드는 역동적 과정이다.

내가 선천적으로 구두쇠라 그런지 일에 있어서 프로토타이핑은 거의 시간 낭비 같아 보이곤 한다. 디자이너들이 잔뜩 쓰고 버린 포스트잇뿐만 아니라 축제가 끝난 뒤에 버려지는 소품들처럼 버려야 하는 것들이 많이 나온다. 그런데 이 풍성한 쓰레기가 결국에는 오히려 아끼는 것임을 나는 깨달았다. 프로토타이핑은 창조의 새로운 방식일 뿐 아니라 자원에 대한 생각을 전환시키는 것이고 우리가 시간과 돈을 어디에 투자할지에 대한 현재의 논리를 뒤집는다.

프로토타입을 통해 우리는 작게 시작하고, 수정하고, 일찍 그리고 저렴하게 실패하며, 이렇게 해서 우리가 배운 것을 통합시켜서 다음 판을 만들어낸다. 초기 단계에 시행하는 서비스 시연의 경우 사치스러워 보일 수도 있지만, 결국 상대적으로 비용이 덜 들고, 나중 단계에서 높은 비용을 치를 수도 있는 실패와 수정의 위험이 줄어든다.

좋은 프로토타입은 다른 어떤 것이 떠오를 수 있도록 얼마간 우리가 현실을 보류할 수 있게 해준다. 어떤 것들은 작동이 되고 어떤 것들은 안 된다. 때때로 실패하더라도 그 과정에서 우리는 최고의 통찰을 얻는다. 루프스 때 그랬는데, 비록 지속되지는 못했지만 특정 프로토타입을 통해 우리는 새로운 시스템이 기존의 틀과 서로 연결되어야 할 필요성을 절실히 느꼈다.

작업을 진행해나가는 동안 우리 일을 처리하는 과정도 되풀이해보고 개선해나갔다. 우리가 일하는 새로운 방식에 대해서도 프로토타이핑을 한 것이다. 우리는 처음 시작할 때는 행동경제학이 제시하는 새로운 아이디어들에 흥미를 가졌고 나중에는 새로운 디자인의 특정 요소를 빠르게 테스트하고 수정하는 전력 질주 방식을 배웠다. 테크놀로지 분야에서 도입한 이 방식은 우리 해결책을 검증하고 다듬는 프로토타입의 후기 단계에 유용했다.[162]

프로토타입을 새로 만들어야 할 때 상실감이 있을 수 있다. 참여자들은 우리 도구나 혁신을 일상적으로 활용했고 우리가 제공하는 것들을 좋아했다. 우리가 고용지원센터에서 작업했을 때, 직원들은 그들이 좋아하던 또는 익숙해져 있던 베커의 일부를 수정했을 때 크게 놀라며 초기에는 실망을 감추지 않았다. 그들은 말했다. "다들 지금은 시험 중이라고 말하지만 이런 식의 되풀이는 본 적이 없어요." 그러나 모두가 참여해서 스스로 변화의 일부가 되면 실망감은 사라진다.

프로토타이핑에는 완결판은 없다는 전제가 깔려있다. 포뮬러 원Formula 1◆에서는 우승한 차를 포함하여 모든 차들이 프로토타입이다. 왜냐하면 무엇이든 더 좋게 개선될 수 있기 때문이다. 하지만 9개월 과정의 끝 무렵에는 '이 정도면 괜찮은' 어떤 것, 이름도 있고 착수할 준비가 된 그런 것을 우린 갖게 된다.

실행과 복제

실제로 개발된 프로토타입과 '실시간' 서비스 또는 해결책 사이에 확실한 구분선이 있는 것은 아니다. 대중에게 서비스나 해결책을 제공할 준비가 되었을 때에도 우리는 뒤에서 그것을 여전히 개선하고 조절한다. 그런데 추가모금이나 파트너 확대를 위해 잠시 멈추는 기간이 있을 수는 있다. 파티서플은 서비스나 해결책을 실행하고 지속적으로 성장시키기 위해 새로운 조직 또는 사회적기업과 새로운 팀을 만들곤 했다.

이런 디자인 과정은 자금과 권한을 가진 사람들에게 이제 실행에 옮겨도 된다고 설득하는 데 도움이 되었다. 프로토타입은 강한 설득자이다. 가서 방문해볼 수도 있고 새로운 해결책에 참여하여 눈앞에서 어떻게 실행되는지 직접 경험할 수도 있다. 이런 체험과, 삶이 변화하고 있는 이들을 직접 만날 수 있다는 점이 프로토타이핑 과정에 활동적으로 참여하는 의사결정자들을 납득시키는 데 도움이 된다. 사업 효과성을 입증하고 새로운 해결

◆ ─ 세계 최대 자동차 경주대회-옮긴이

책이 어떻게 기존의 정책적 틀 안에서 자리매김할 수 있는지 분석하는 등 다양한 차원의 일을 할 수 있는 우리의 능력에, 프로토타입을 활용하면서 얻은 경험과 자료를 접목시킨다고 해도 항상 흠이 없는 것은 아니었다. 그래도 일하는 과정의 여러 요소들은 실험을 실행하고 나중에 복제하는 데 도움이 되었다.

루프스를 제외한 이 책의 실험들은 개발이 끝난 후 다른 곳에 복제되었다. 그때에는 '지역조사' 과정을 거쳤다. 우리는 지역사회가 우리의 핵심 제안을 그들의 현실과 문제에 맞게 조성할 수 있도록 디자인 과정을 간략화하여 적용했다. 첫 번째 서클은 도시 지역에서 개발했는데 두 번째는 교통수단의 부족이 큰 문제였던 시골에서 개발했다. 지역조사를 통해 우리 디자인의 토대가 되는 지식과 사고를 전수하고 지역에 맞게 개발하여 지역 리더들에게 소유권을 넘겨줄 시간과 공간을 활용할 수 있었다.

팀으로서의 우리

파티서플은 다학제적 팀이었다. 핵심 팀은 15명 정도로 디자인, 경제학, 사회과학, 그리고 'psy'로 시작하는 학문을 기반으로 한 사람들을 포함했다. 파티서플에는 전직 라디오원Radio 1의 편집장, 사회복지사, 전직 국제스포츠 회사 디자이너, 우리의 측정 시스템에 대해 배우던 미 항공우주국 과학자, 그리고 다수의 성공적인 사회적기업가들도 있었다. 이 핵심 팀은 전문 분석가와 함께 성찰했고, 어떤 프로젝트든 추가 팀원들과 해당 분야 전문가들이 투입되어 강화되었으며, 나아가 다수의 일반인 팀원들과 함께하면서 다시 강화되었다.

재정후원자들과 주최측 파트너들도 가능한 한 팀원으로 통합되었다. 우리 일은 파트너들이 보고를 받는 입장보다는 팀원으로 함께 만들어나갈 때 가장 강력했다. 서클 팀은 성인 사회적 돌봄 분야의 공적 리더들과 스카이Sky Plc◆의 집행부원들이 포함되어 있었다. 우리는 파트너들이 갖고 있는 기술의 다양함을 즐겼고 그들은 우리의 방법론과 일하는 방식을 배우는 것을 가치 있게 여겼다.

다학제 간 협업은 어려울 수 있다. 다양한 팀들이 공통의 언어를 찾아야 하는데, 학문적 기반이나 분야의 경계를 뛰어넘을 수 있는 시각적 언어를 디자인이 제공한다. 이것이 우리의 만국 공용어 같은 매체가 되었고 이 때문에 팀 안에서 의사소통이 가능해졌으며 참여자들과 단순하고 접근 가능한 방식으로 아이디어와 개념을 공유할 수 있었다. 같은 방식으로, 초빙된 전문가들도 자신들의 지식을 우리와 나눌 수 있었다. 깊고 치열한 사유를 통해 탄생한 센과 누스바움의 역량이론은 복잡해 보인다. 하지만 우리는 그 핵심 개념을 시각적 형태로 공유함으로써 파트너들의 참여를 끌어냈고 그들은 우리 아이디어에 생각을 보태며 발전시켜나갔다.

디자인 과정은 안개같이 희미한 세상 속에 확실한 실체를 가진 커다란 수송차량과 같다. 처음에는 어디로 향해 가는지 잘 알지도 못한 채 출발할 수도 있다. 다뤄야 하는 문제가 무엇인지, 또는 해결책으로 무엇을 만들어내야 할지 모르면서. 하지만 우리는 여정을 이끌어줄 믿음직한 이동수단을 갖고 있다. 우리는 일

◆ — 영국 최대 디지털 방송사-옮긴이

하는 과정의 어떤 부분에서 긴장이 발생하고 어떤 부분에서 기존 체계와 마찰이 일어나는지 알고 있다. 그렇기 때문에 창조 작업 본연의 혼란스러운 과정 속에서 어떤 감정과 갈등이 생길지 예상할 수 있다. 경사가 급한 언덕을 오를 때 차량이 진동한다는 것을 안다면 동승한 사람들에게 어떤 일이 일어날지 미리 알리고 준비시킬 수 있는 것이다.

도구와 역할

디자인 과정은 만들고, 성찰하고, 분해하고, 다시 만드는 실천의 과정이다. 새로운 해결책을 만드는 창조의 과정은 사람들의 삶에서 역량을 성장시키는 과정과 유사하다. 라이프의 가족들과 웰로그램의 회원들이 변화를 일으키고, 성찰하고, 다시 성장한 것처럼 말이다. 새로운 해결책과 시스템을 만들고 우리 개개인의 역량을 성장시키는 과정의 각 단계마다 도구들이 대단히 중요하다. 우리는 조사, 프로토타이핑, 단순화, 그리고 복제 시에 이 도구들을 활용하고, 그것들이 궁극적인 서비스나 해결책의 일부로 활용될 수 있게 고안한다.

도구는 무대 소품과 비슷해서 색다르게 연기하고 다른 방식으로 존재하고 소통할 수 있게 한다. 어떤 도구들은 빌려온 것들이고 어떤 것들은 참여자들이 과정 속에서 만들어낸다. 이 도구들은 팀, 가족, 사회복지사, 아이들, 어르신 누구나 쉽게 사용할 수 있기에 민주적이다. 이러한 도구와 새로운 지지적 역할은 변화가 어떻게 일어나는가에 대한 차별화된 이론의 밑바탕이 된다. 변화는 명령 하달이나 새로운 규정들을 통해서가 아니라 실천과 협업을 통해서 일어난다는 것이다. 사용할 수 있는 도구는 무수히 많다. 아마 당신도 당신만의 도구를 갖고 있을 것이다.

이해를 위한 도구

어떤 문제를 이해하려고 할 때, 즉 그 문제의 근본 원인이나 핵심이 무엇인지 알려고 할 때 눈과 귀가 우리가 가진 가장 좋은 도구들이지만 어떤 때는 도움이 좀 필요하다.

우리 일의 중심에는 적극적인 경청의 과정이 들어있다. 적극적 경청이란 인간적으로 가능한 한 판단이나 다른 의도 없이 듣는 것을 의미한다. 모든 선입견을 한쪽으로 치워두는 것은 불가능하지만 그것을 의식하며 조심할 수는 있다. 우리는 이야기되는 것만큼이나 이야기되지 않는 것, 즉 침묵도 경청한다. 또한 이야기 중 도드라지는 부분들에 주의를 기울인다. 도미니카공화국에서 아이들이 학교에 가지 않는 진짜 이유가 수치스러운 것이었기 때문에 아무도 나에게 그것을 말해주지 않았다. 어떤 때는 우리의 꿈도 좀 창피한 것일 수 있다. 엘라는 훈련을 받아 직업을 갖고 싶어 했지만 파탄난 가정과 그녀의 상황을 둘러봤을 때 이 꿈에 대해 이야기하기가 너무 두려웠다.[163]

우리는 관찰을 통해 많은 것을 알 수 있다. 우리가 함께 일했던 가족들은 초기에는 우리에게 돈이나 빚에 대한 이야기는 하지 않았지만, 우리는 소비 양상과 가정에서 개인과 돈이 어떻게 이동하는지 관찰했다. 내가 로이를 만나면 그는 나에게 여기저기 아픈 데가 있지만 불평해서는 안 된다고 말한다. 그렇지만 나는 그의 처방약을 보고 그 문제가 훨씬 심각한 것임을 알아차린다.

우리는 사람들에게 냉장고 안에 무엇이 있는지, 어떻게 직장에 통근하는지 보여달라고 요청한다. 사진을 찍고 동영상을 만들어 보라고 한다. 그 영상들과 일기를 통해 가족들의 미래의 모습을 살짝 엿볼 수 있다. 사진은 사람들이 들려주는 이야기의 저변을 파악하는 데 도움이 된다. 믹은 잘 챙겨 먹고 있고 과일 · 야채의 하루 권장량에 대해 명심하고 있다고 말하지만 일주일 동안 무엇을 먹는지 사진으로 찍어서 보여달라고 하면 다른 그림이 보인다. 믹이 튀긴 음식을 포장해 와서 혼자 먹으며 찍은 사진을 보여주면 그의 외로움이 우리에게 전달된다.

스토리텔링은 우리가 가진 가장 중요한 도구 중 하나이다. 우리는 나에게 무엇이 중요하고 내가 무엇을 갈망하는지, 인터뷰나 구조화된 설문지를 통해서는 말할 수 없는 것들을 이야기를 통해 전한다. 우리에게는 이야기를 촉진하기 위한 간단한 자극제 같은 것이 있다. 사람들에게 카드 세트 중에서 하나의 이미지를 고르게 한다든지, 개인사를 선으로 그려보게 해본달지, 아는 사람들과 중요한 사람들의 관계망을 그려보게 하는 식으로 말이다. 시간이 흐르면서 우리는 이 이야기들이 방향을 바꾸고 변화하는 것을 본다. 다른 많은 과정들에서도 그렇듯이 이야기를 활용하는 것은 생산적이다. 참여자들에게 있어서 이야기의 효과는 정보 추출이 아니라 성찰과 성장이다. 참여자들이 이야기를 자꾸 하다 보면 그들도 다른 관점을 가지기 시작한다. 이것은, 적극적으로 경청하는 사람에게 이야기를 하는 것은, 꽉 막힌 것 같고 장애물처럼 보이던 부분들을 부드럽게 재검토하고 재평가하게 되는 분석의 과정과도 같다. 살아갈 방법에 관한 새로운 가능성들이 서서히 보이기 시작한다.

초점집단의 문제는 무엇인가? 일련의 주어진 아이디어들에 대해 신속한 반응을 수집할 수 있다는 점에서 초점집단은 효율적이다. 그런데 초점집단의 참여자들은 그들이 이미 알고 있는 내용에 대해서만 이야기하는 경향이 있고 새로운 아이디어는 거의 제시하지 않는다. 초점집단은 급진적 대안보다는 청소년센터 더 짓기나 노인을 위한 식사 배달 시 음식의 질 개선처럼 기존 체계의 개량에 대해서만 이야기하곤 한다. 사람들은 모두 친구나 미디어를 통해 듣는 의견들에 영향을 받곤 하는데 초점집단에서는 들은 의견들을 반복하게 되기가 쉽다. 초점집단은 새로운 발견을 위해 계속 같은 연못에 그물을 내리는 것과 같다. 새로운 것은 하나도 못 찾고 걸리는 것은 점차 없어진다.

이야기 경청하기는 시간이 걸리지만, 우리는 이 풍성하고도 통제되지 않은 조합, 넘쳐나는 이야기들 속에서 성장 가능한 아이디어의 씨앗들을 찾을 수 있다.

세분화

우리가 다루는 돌봄, 건강, 고용, 노화 같은 문제들은 단순하지 않다. 이 중 어떤 것은 새로 등장했고 어떤 것들은 오래된 것인데 오래되었다 해도 다시 부상하거나 본질이 변한 것들이다. 새로운 해결책을 찾으려면 문제를 보는 관점뿐 아니라 사람을 보는 고정관념도 바꿔야 한다.

우리는 사람들을 새로운 방식으로 바라보도록 스스로 도전하기 위해 간단한 세분화 과정을 활용한다. 정책입안자들 같은 경우, 연장자들을 나이, 소득, 신체적 취약성의 정도에 입각하여 범주화하는 것이 일반적이다. 즉, 특정 연령, 취약성의 정도, 빈곤

수준을 넘으면 지원 대상이 된다. 이 기준들이 개인이 행복하게 잘 살고 있는지 여부를 나타내는 지표일 수 없다는 것은 한눈에 알 수 있다. 우리는 초기 프로토타입에서 연령차가 있는 커플들의 만남을 주선했다. 90대의 친구 두 명을 두 명의 60대와 함께 하는 식사에 초대했는데, 이 두 60대는 90대들이 자기들보다 훨씬 더 활동적이고 능력이 있다며 놀라워했다.

우리는 노인들이 스스로 자신을 어떻게 바라보는가와 무엇을 할 수 있다고 믿는가, 즉 그들의 주체성에 입각해서 분류하기 시작했다. 그러자 우리도 곧 참여자들을 새롭게 바라보게 되었고 기회에 대해 생각해볼 수 있었다. 그들에게 돈이나 건강을 제공할 수는 없지만, 참여자들이 역량 수준을 높일 수 있도록 지원할 방법을 생각해보기 시작했다. 사람들의 자기 개념을 이해하면 대화를 시작할 지점을 찾기 쉽다. 나이나 외모만 보고 개인의 능력을 추측하지 않도록 단단히 강조했기 때문에 아무도 노인을 함부로 대하지 않았다.

세분화 도구는 또 다른 면에서 중요하게 사용된다. 디자인 과정에서 성장을 중시하다 보면, 근사하고 멋진 아이디어지만 쓰임새가 적거나 비용이 많이 드는 것들은 취하지 않는다. 우리는 뉴룩New Look◆이 되고 싶지 아르마니 프리베Armani Privé◆◆가 되고 싶지는 않다. 즉, 고가의 개인 맞춤형 원조보다는 보편적으로 적용 가능한 저렴하고 실용적인 원조 모델을 원한다. 하지만 동시에 인간미도 지키고 싶고 우리 일의 초기 작업이 매우 개인적이라는 점

◆ — 영국 기반 신생 의류업체-옮긴이

◆◆ — 고가의 명품 브랜드-옮긴이

도 강조하고 싶다. 세분화 도구는 이런 긴장 속에서도 작업을 추진해나갈 수 있게 한다.

서클과 마찬가지로 베커에서도 우리는 세분화를 통해 사람들을 새로운 방식으로 볼 수 있었고 저렴한 가격에 전국적인 확대를 가능케 할 잠재력을 가진 해결책을 개발할 수 있었다. 기존 서비스들은 실직자들을 공식적인 자격과 실직 기간에 따라 범주화한다. 기술이 없을수록 그리고 실직 기간이 길수록 기회에 대한 전망은 어둡다. 그런데 우리가 초기 참여자들의 이야기와 경험을 들으면서 취업에 강력한 영향을 미치는 것이 있음을 발견하고 놀랐는데 그것은 바로 꿈의 존재 여부였다. 그 꿈은 어디론가 가고 싶은 꿈이든, 어딘가에 처박혀 숨고 싶은 꿈이든, 또는 진정으로 성취하고 싶은 가냘픈 희망이든 상관없었다.

우리는 종이 위에 우리가 만난 사람들을 그들의 목적의식과 동기화 수준에 따라 네 개의 범주로 나누어보았다. 그리고 그 네 개의 범주를 꼼짝 못 함, 추진력의 부재, 열려있으나 방향 없음, 방향이 있음이라고 칭했다.

애넷은 돌봄도우미가 되고 싶은 꿈을 애매모호하게 이야기했는데 그것은 실제적인 꿈이라기보다는 환상에 가깝게 들렸다. 왜 돌봄도우미가 되려는 것인지 말로 표현하지 못했을 뿐더러 그녀 자신이 취약해서 돌봄이 필요해 보였다. 애넷은 몇 안 되는 '꼼짝 못 함' 집단의 일원이었다. 라이프는 베커에서는 할 수 없는 다른 방식으로 애넷과 일할 수 있었다.

실험에서 우리와 함께 일했던 사람들의 대부분인 80퍼센트 정도는 가운데 두 범주에 속한다. 이들은 나아가고자 하는 방향을 어느 정도 알고 있지만 의욕과 기술이 부족했거나 시도할 기회

베커의 세분화

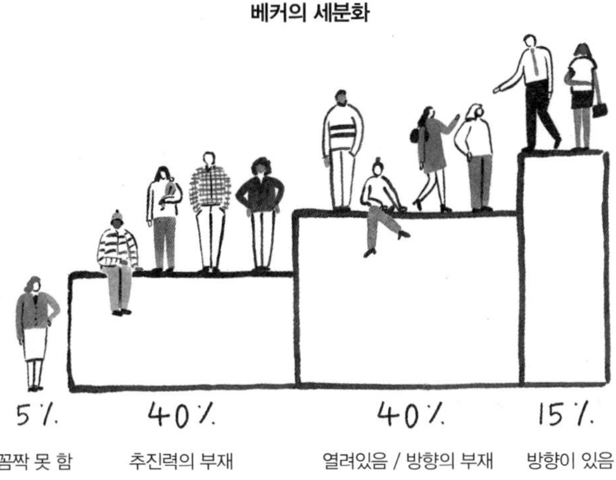

를 주는 인맥이 없었다. 우리가 얼을 만났을 때 그는 '추진력 부재' 범주에 있었다. 그는 꿈이 있지만 그것을 현실화하기 위해 거의 아무것도 하지 않고 있었다. 해나는 매우 총명했는데 고용지원센터가 안전요원 훈련을 받으라고 강권하자 질색했지만 "어떤 일이냐는 상관없어요, 뭐든 할 거예요."라고 우리에게 말했다. 우리는 그녀를 '열려있으나 방향이 없는' 범주로 분류했다.

소수의 사람들이 '방향이 있는' 범주에 들어갔다. 이들은 대개 좋은 취업과 승진 조건을 갖추고 있지만 장애물에 가로막힌 상태였다. 병을 앓고 있거나, 새 자격증이 필요하다거나, 자녀가 입학하길 기다리고 있었다. 잭은 이 집단에 속했다. 자격이 있었고 자기를 통제할 줄 알고 경험도 있었으나 나이 때문에 계속해서 거절을 당했다. 마침내 취업에 성공한 잭은 사람들이 다른 범주로 이동할 수 있게 도왔다.

우리는 베커의 범주화를 노동연금부, 노동연금부 산하 서비스들, 그리고 서비스 제공자들이 사용하는 범주화와 비교해봤는데,

아주 흥미로운 것을 발견했다. 노동연금부의 범주 상 노동시장의 가장 끝자락에 자리하고 있는 '영구동토층'이 우리 분류 상 '꼼짝 못 함' 집단과 상관관계가 있을 것이라 기대할 수 있다. 그런데 그렇지 않았다. 목적의식과 동기화를 기준으로 분류해보니 노동연금부의 기술과 실직 기간이라는 범주가 무의미해졌다. 노동연금부에서 '어렵다'고 분류한 사람들과 우리가 목적의식 및 동기가 부족하다고 분류한 사람들 사이에 분명한 연관성이 발견되지 않았다. 처음에는 표본이 천 명밖에 되지 않아서 우리의 범주화를 시험하기 위해 전국적 데이터를 사용했는데 그래도 마찬가지였다.

우리의 세분화는 성장을 위한 잠재적 도구 역할을 했다. 측정도구의 분석에 능한 학자인 토마스 차모로-프레무지크Tomas Chamorro-Premuzic와의 협업을 통해, 사람들의 태도와 출발점을 봤을 때 그들이 어느 군에 속하는지 80퍼센트의 정확도로 예측이 가능한 설문지를 개발해냈다. 가입 시 짧은 온라인 설문에 응해달라고 요청하다 보니 그들을 존중하면서 첫 대화를 열어갈 수 있었다. 누가 베커 회동에 참여할 준비가 되어 있는지, 그리고 어떤 소그룹이 우리가 모멘텀이라고 부른 서비스를 통한 좀 더 집중적인 지원이 필요한지도 알 수 있었다.

각 실험은 서로 다른 방식으로 세분화 도구를 활용했다. 참여자가 주도하도록 배려하면 늘 좋은 결과를 낳았다. 즉, 역량 중심 원칙에 따라 사람들은 번성하기를 원한다고 믿고 부족한 것보다 지금 갖고 있는 것들에 주목하는 것이다. 또 다른 세분화 활용방식은 관계망 역량을 강조한 것이었다. 웰로그램을 설계할 때 현재의 사회적 관계망에 따라 참여자를 협력적, 개방적, 비생산적, 소외적 관계망 등 네 개의 범주로 나누고 그들이 새로운 관계 형성에 얼마나 개방적인지도 고려되도록 했다. 이와 같은 세분화를 통해 우리는 개인이 가지고 있는 기존 사회적 연결망의 수준과 그 관계망 활용에 대한 태도에 따라 각각의 범주에 적합한 방식으로 건강을 위한 변화를 지속시키는 데 필요한 관계망을 고려하여 시스템을 설계할 수 있었다.

역량의 성장을 촉진하는 도구

어떤 도구들은 여러 용도로 활용할 수 있지만 우리가 해결책이나 서비스를 고안하는 데 사용하는 도구와, 개발이 완성된 새 해결책이나 서비스의 일부로 구조화시켜 활용하는 도구 사이에는 대개 차이가 있다.

우리 실험 내에서 종사자나 참여자가 활용하는 도구들은 개인의 변화와 역량의 성장을 도모할 수 있는 것들이다. 이 도구들은 행동하고 실천할 때 유용하고, 도움받는 자와 주는 자 사이의 권력이동이라는 새로운 작업방식의 토대가 된다.

'스티키 스텝'이라는 도구는 에디 오벵이 고안해낸 것인데 웰로그램에서 케이트가 못 넘을 것 같은 문제들을 작은 조각들로 쪼갤 때 사용했던 것이다. 문제를 잘게 분해함으로써 케이트는 무엇을 할 수 있는지, 어디서 시작할지를 알아차렸다. 그녀를 둘러싸고 있던 안개가 걷히기 시작한 것이다. 베커와 마찬가지로 라이프의 가족들도 이 도구를 좋아했다. 스티키 스텝은 목표를 중심으로 시간을 거슬러 올라가면서 진행된다. 일례로 얼의 경우에는, 얼이 "내가 수석 요리사가 되려면 나는 …을 해야 하고, 자격증과 경험이 있어야 하고, 자격증을 가지려면 …을 해야 하고…"라고 스스로에게 말해야 한다. 이 과정은 해야 하는 모든 과제들을 꼼꼼히 찾아내고 행동 계획이 세워질 때까지 계속된다. 계획을 세우는 목적이, 얼이나 케이트의 과업수행을 측정하는 것만은 아님을 강조하는 것이 중요하다. 이 도구의 가치는 도구 사용에 수반되는 사고의 과정에 있다. 이를 통해 명료함과 자신감이 생긴다. 케이트는 어디서부터 시작해야 할지를 알았을 때 더 이상 길을 잃은 것처럼 느끼지 않았다.

우리가 활용하는 대부분의 도구들과 마찬가지로 스티키 스텝도 타인의 지지가 동반될 때 가장 좋은 활동이 된다. 누가 자극을 주고 질문을 던지지 않는 한 혼자서 과제를 분해하기는 꽤 어렵다. 이 도구들을 성공적으로 활용하려면 일상생활 현장에서 이런 집단활동을 해보는 것이 중요하다.

자기형상도 다른 이의 도움을 받으며, 또는 집단 성찰 시간에 활용할 수 있다. 우리는 참여자들이 네 개의 역량 영역에서 각각 얼마나 성장하는지를 추적하기 위해 이 간단한 도구를 개발했다. 이 도구는 인기가 많았고 성장의 동력을 지속시켰다. 우리의 많은 도구들처럼 자기형상도 루프스에서 한 장의 종이에서 시작했고, 다듬고 전산화한 것을 웰로그램과 베커에서 활용했다.

간단한 카드 세트도 일선의 종사자들과 참여자들의 다양한 관계를 지원해주는 저렴하고도 효과적인 도구였다. 첫 번째 카드 세트는 우리가 볼턴의 당뇨 네트워크와 일할 때 만들었다. 간호사, 환자, 환자의 가족들과 둘러앉아 있던 제니 윈홀이 오래된 롤로덱스◆에서 카드를 꺼내 사람들이 언급했던(아닐 수도 있다) 것들을 대충 그림으로 그렸다. 그러고는 환자들에게 그림카드를 보여

◆ — 주로 사무실용 회전식 주소록-옮긴이

주고 하나를 고르든지 아니면 직접 그려서 만들어보라고 했다. 환자들은 자신이 아끼는 것, 행동을 취할 준비가 되어 있는 것 등 개인적으로 중요한 주제를 각각 골랐다. 그러자 간호사들은 설문지와 진행안을 치우고 대신에 환자들과 함께 무엇을 하면 그들에게 가장 도움이 될지에 관해 대화하기 시작했다. 우리는 이 삽화들로 간단한 카드 세트를 개발했고 인쇄에는 세트당 1파운드가 들었다. 이 작은 개입활동은 환자들의 행동과 그를 둘러싼 환경 체계에 즉시 영향을 미쳤다. 환자는 해결하고픈 문제를 골랐고, 간호사는 환자에게 유의미한 방식으로 환자가 자신의 상태를 관리할 수 있도록 지지할 방법이 생겼다. 이 간단한 도구가 치료자와 환자의 관계를 변화시켰고 타성적인 작업방식을 무너뜨렸다. 다 집어치우고 주사나 놔달라고 떼쓰는 일이 없어졌다.

정신분석가들은 사고나 행동 방식을 전환시키는 데 소품과 대상이 하는 역할을 오래 전부터 인지하고 있었다. 어린아이가 어린이집에 데리고 온 곰인형 빙키는 눈에 보이는 구체적 형태로 그 아이를 돕는 것이 아니다. 빙키는 말도 못하고 아무것도 하지 못하지만 용기와 안전감을 주고 빙키를 꼭 붙잡고 있으면 아이는 가정과 어린이집 사이에서 생기는 심리적 간극을 이겨낼 수 있는 것이다.[164] 우리 도구들도 비슷한 방식으로 작동하곤 한다. 종사자, 환자, 도우미, 그리고 도움을 받는 사람들 모두에게 붙잡고 있을 만한 무언가를 제공한다.

역할

도구들처럼 역할도 프로토타이핑에 유용하다. 다양한 행동 방식이 다양한 기대를 갖게 한다. 프로토타이핑 단계에서 팀원들과 파트너들은 행함을 통한 배움을 위해 서로 다른 역할을 수행한다. 나중에 서클이 된 프로토타입의 첫 번째 모형에서 우리는 정원 일, 선반 수리 등을 하면서 미래의 서비스에 이런 관계들을 어떻게 구조화할 것인지 배우고자 했다. 우리는 이런 실질적 도움을, 일한 시간만큼 비용이 지불되는 그런 서비스로 구조화할 수는 없다고 결론 내렸다. 왜냐하면 잡담하는 시간도 중요했고 그런 시간들이 우리 회원들을 알아가는 데 도움이 되었기 때문이다. 루프스에서는 지역 행정부 직원들이 촉매제 역할을 했는데, 지역의 사업체나 주민들에게 홍보함으로써 젊은이들이 체험할 기회를 열어주었다.

우리는 많은 역할을 놓고 실험했다. 어떤 사소한 점들을 조정했더니 그것이 기대하지 않았던 성공을 불러오기도 했다. 예를 들어, 남자들의 경우 서클에 도우미로 참여하는 것은 기뻐하지만 도움이 필요한 사람으로 보일 수 있는 회원으로 참여하는 것에 대해서는 그렇지 않다는 점을 발견했다. 그래서 도우미와 회원 사이의 경계를 유동적으로 했고 나중에는 대부분의 서클에서 그 둘을 구분하지 않았다. 하지만 초기에는 이런 역할을 만든 것이 서클을 남녀 모두가 참여하고 싶어 하는 공간으로 받아들이게 하는 데 도움이 되었다.

우리 실험에서 새로 개발한 역할들로 성찰협조자와 관계 활동가가 있다. 이들은 우리가 하는 일이 성장하게 도울 뿐 아니라 전문가와 복지 종사자들로 하여금 그들도 미래형 해법에 참여하며 갖고 있던 기술을 새로운 시스템에 활용할 수 있게 해준다.

디자인과 테크놀로지

디자이너들은 테크놀로지와 친척관계이다. 그들은, 기계가 인간사회를 만나는 바로 그 지점을 좋아하고, 새로운 테크놀로지를 쉽게 사용할 수 있게 하는 물건이나 접점을 개발해내는 것에 숙련되어 왔다. 이 역할은 1960년대에 그래픽 디자이너 뮤리엘 쿠퍼가 MIT에서 강의를 듣다가 우연히 컴퓨터 화면에 깜빡거리는 데이터 코드들을 흥미롭게 바라보면서부터 시작되었다. 앨리스 로손이 그녀의 저서《헬로 월드*Hello World*》에서 회고하듯이, 쿠퍼는 주로 테크놀로지의 문제라고 알려진 도전들의 해결책을 디자인에서 찾아야 한다고 바로 깨달았다. 그때가 쿠퍼 개인에게나 디자인이라는 직업 분야에서 전환점이었다. 쿠퍼는, 사용자가 화면에 나타나는 것들을 이해하도록 돕는 디자인과 형상이라 할 수 있는 초창기 그래픽 인터페이스들을 개발해냈는데, 이는 컴퓨터 기능이 도달할 수 있는 지경과 잠재성을 획기적으로 전환시켰다.[165] 현대의 디자이너들 사이에서는 이것이 일반화되어 기술적 발명을 아름답고 직관적인 물건들로 만들어내곤 한다. 같은 방식으로, 우리는 디자인 과정을 통해 사회적 문제들을 해결할 수 있는 테크놀로지의 가능성에 날개를 달 수 있다. 디자이너들과 디자인 과정은 일상과 테크놀로지 사이의 다리, 즉 테크놀로지의 잠재성에 대한 추상적인 관념보다는 일상에 뿌리를 둔 인간적 상상력을 가지고 테크놀로지를 활용할 방법을 제공한다.

테크놀로지는 전통적인 유형의 인프라를 대체할 수 있고 그렇게 함으로써 비용 효율적인 새로운 가능성들을 만들어낸다. 자원, 분석 결과, 데이터, 도구들을 공유하는 플랫폼은 기존의 비싼 인프라를 무용지물이 되게 한다. 복지제도는 주택, 학교, 의료기관, 교도소, 지역사회 센터 등을 짓는 건축 프로그램이었다. 그리고 우리는 전후 복지 체제를 고치려고 시도하는 바로 그 지점에서, 전후의 인프라를 되살리는 데 자원을 퍼붓고 싶은 강한 유혹을 느낀다. 주택을 제외하고는 이 유혹을 뿌리쳐야 한다. 20세기에는 건강, 배움, 돌봄과 같은 활동들이 건물 위주로 조직되었다. 인프라의 구축이 최종 목표였다. 현대의 인프라는, 우리가 필요한 것들에 연결되고 그것들을 공유하는 길이자 중추가 되어야 한다.

플랫폼, 앱, 마케팅, 머신러닝. 이것들이 나타내듯이 우리 일의 각 단계는 조사에서부터 프로토타이핑, 실행, 그리고 다음 장에서 다룰 규모에 관한 부분까지 다 전산화로 가능했다. '하드웨어'에 해당하는 플랫폼, 디지털 인터페이스, 웹사이트 등의 디자인을 '소프트웨어'에 해당하는, 사람들을 어떻게 연결시킬 것인가에 관한 생각과 통합한다는 것이 늘 쉽지는 않았다. 그 이유는 첫째, 앞 장들에서 이야기한 것처럼 우리가 함께 일한 사람들 중 많은 이들은 우선 어렵고 인간적이지 않은 웹사이트들과 자동응답 시스템에 대한 과거 경험을 갖고 있기에 디지털 해결책을 선뜻 신뢰하지 못한다. 둘째, 우리 일은 속도감 있게 진행되는데, 유능한 디자이너들과 협업할 행운이 있었더라도 일단 주어진 시간과 특히 적은 예산을 가지고 테크놀로지를 변화시키기란 여전히 어려운 일이었기 때문이다.

궁극적으로는 기기나 하드웨어, 소프트웨어가 아니라 테크놀로지에 대한 마음가짐, 태도가 중요하다. 이 사고방식은 공유와 나눔을 당연시한다. 공유하느냐 마느냐를 묻지 않고 어떻게 공유할 것인가를 묻는다. 테크놀로지 사고방식은 지속적 개선은 본질이며 그러려면 무비용 또는 저비용의 인프라가 구축되어 있어야 한다. 그래서 앱을 개발할 때에도 수시로 개선하고 협업하면서 자신의 것도 발전시켜나가는 분위기가 깔려있다.

우리는 디자인 과정을 통해, 무시되곤 했던 사람들에게 목소리를 주고 새로운 방법으로 경청하면서 미시적 수준에서 일할 수 있다. 그리고 더 광범위한 체계를 거시적으로 한눈에 바라보고 자원을 추적하며 현 정책과 힘의 논리를 분석함으로써 추상적 개념화에 있어서도 한 단계 상승할 수 있었다. 다시 말하지만, 이 과정은 다학제적 팀에 달려있다. 디자이너들이 핵심이긴 한데 그들 혼자서는 이 일을 할 수 없다. 전통적인 정책 입안 관련자들을 포함하여 여러 형태의 지식과 경험이 필요하다. 무엇보다 필요한 것은 개방적인 마음, 초보자와 같은 태도이다.

좋은 과정은 민주적이다. 복잡한 전문용어들을 거부하고 시각적인 방법을 강조함으로써 폭넓은 참여와 아이디어의 공유를 도모한다. 행동, 즉 일상에서 변화를 만들어내는 것에 방점이 찍혀있다. 그 과정은 재정적으로 감당이 가능하다. 내가 쓰는 도구들은 가격이 착하다. 많은 것들을 온라인으로 내려받을 수 있고 복사도 가능하다. 내 주머니 속의 조약돌들처럼, 도구들이 별 볼 일 없을지 모르지만 의도를 갖고 잘만 하면 개인적 변화와 시스템의 변화를 모두 이끌어낼 수도 있다.

마지막으로, 중요한 것은 의도 또는 과정의 뒤에 깔려있는 원칙들이다. 많은 이들이 디자인을 활용할 방법을 탐색한다는 점은 매우 고무적이다. 이 새로운 참여자들에는 다음 세대 디자이너들은 물론 사내 디자인 역량을 키워가는 딜로이트, 매킨지와 같은 거대 컨설팅 회사들도 포함되어 있다. 앞으로는 이런 회사들이 자기들의 역량을 발휘해서 힘을 양도하고 진보적인 전환을 이루기 위해 일할 것이다.[166] 우리는 비전과 원칙을 따르면서 디자인 과정을 통해 아름답고 인간적이며 활용하기 쉽고, 그리고 무엇보다도 삶을 바꾸는 해결책들을 만들어낼 수 있다.

전환

어떻게 하면 우리를 관리하는 시스템에서 우리가 번성하는 삶을 살도록 격려하는 시스템으로 전환할 수 있을까?

우리는 이미 우리가 성장하고 변화할 수 있게 돕는 새로운 형태의 조직들을 보유하고 있다. 공적 자원들을 투자하는 방법에 대해 의문을 제기하고 있고 새로운 형태의 리더십을 갖고 있으며 내가 설명한 원리들과 일맥상통한 방식으로 조직하고 지원하고 일하는 수천 명의 사람들이 영국에 존재하는 것이다.

전환은 이미 일어나고 있다.

새로운 것을 성장시키기

"대단하네요, 하지만 규모를 키울 수 있을까요?" 공직자, 정치인, 우리 실험을 방문한 여타의 지도자들과 같이 기존 기관에서 권한을 쥐고 있는 사람들이 종종 나에게 던지는 질문이다. 우리의 이 새로운 활동을 접한 사람들은 누구나 그 의미를 이해하고는 열띤 반응을 보인다. 그리고 그들은 타당한 질문을 던진다. 서클은 만 명의 회원들을 도왔고 라이프를 시작할 때는 단지 100명의 전문가들에게 새로운 일의 방식을 제공했을 뿐이었다. 그러니 이 모델들로 본래의 원칙들을 고수하면서 6천5백만이나 되는 우리 영국인들을 다 도울 수 있는지 질문하는 것은 당연한 일이다.

하지만 규모 확장은 잘못된 접근이다. 규모 확장은 산업시대의 상품생산 방식이다. 다른 여타 제품처럼 서클을 똑같이 복제 생산해서 기다리고 있는 시민에게 배달할 수 있다고 가정하는 것이다.

물론 우리는 전 인구 수준의 변화를 원하고 작은 규모의 실험들이 전국적으로 작동할 수 있는 길을 찾아내야 한다. 하지만 더 바람직한 질문은 성장을 위한 여건을 어떻게 조성하느냐이다. 규모 확장은 직선적[linear] 과정이지만 성장은 모듈성[modular] 과정이다. 즉, 중앙에서 주변으로의 분배과정보다는 벌집의 진화나 세포들의 복제에 가깝다고 보는 것이 옳다.

우리가 던져야 할 질문들은 이렇다. 이 모델들을 새로운 지역에 심어서 뿌리를 내리고 그 지역사회에서 성장하게 할 수 있는가? 점점 더 많은 사람들을 관계망과 플랫폼에 연결시킬 수 있는가? 그리고 우리 원칙들을 고수하면서 각 지역에 맞게 변형된 형태를 적용할 수 있을까? 나는 우리가 그렇게 할 수 있다고 믿는다.

우리는 우리의 실험들을 확장해서 지역조사 과정을 활용하여 이 나라의 여러 지역들에 적용해왔다. 십 년이 지났어도 이 조직들의 일부는 여전히 존재하고 있다. 나머지는 한동안 가동되었지만 유지되지는 못했다. 우리는 성공이 다음의 세 가지 요인에 달렸다는 것을 배웠다. 그것은 비전의 공유, 지역사회 리더십, 그리고 핵심 가치들에 대한 헌신이다.

노팅엄에서는 비전이 공유되었다. 지역의 지도자들과 지역사회 단체들은 하나같이 노팅엄을 사회문제의 근본원인을 다루고 문제를 예방하는 영국의 대표 도시로 만들고 싶어 했다. 노팅엄 서클은 이 비전과 더 큰 프로젝트 안으로 조화롭게 녹아들 수 있었다. 지역사회 지도자들은 더 넓게 확장시키고픈 조직과 원조가 어떤 것인지를 실제로 보여주는 좋은 사례로서 서클을 자주 언급했다. 그러다 보니 노팅엄 서클은 타기관들이 일하는 방식을 전환하도록 지원하는 것이 상대적으로 수월했다. 그랬기에 서클이 지역 의료기관이나 가정돌봄 서비스 기관들의 자체 혁신을 위해 협업할 수 있었다. 더 넓은 이 연결망의 일부였기 때문에 노팅엄 서클은 강했다.[167]

서클이나 라이프의 프로그램은 지역 공동체가 소유하고 조직해야 하며 '동시에' 지역사회 지도자들의 강한 지지가 있어야 했다. 우리 실험들은 위로부터의 지지와 풀뿌리 지지가 모두 필요하다. 당연히 이 과정이 항상 곧바로 이루어지지는 않았다. 우리 삶에서도 그렇듯이 제도에 있어서도 변화를 일으키려면, 그럴 수 있는 공간과 시간을 마련해야 하는 것이다.

그리고 성공은 지역에 맞게 어떻게 잘 적용하느냐에 달려있긴 하지만 지역 적용을 위해 실험을 너무 과하게 개조해도 안 된다.

파티서플 이사회의 의장이 색깔이 들어간 강철의 품질 때문에 애를 먹던 영국의 한 철강회사 이야기를 들려준 적이 있다. 그는 일본 철강회사가 훨씬 고품질의 색조 강철을 생산한다는 것을 알고는 그 회사를 방문했다. "우리와 같은 레시피를 사용하시는군요." 영국 철강업자가 말했다. "네, 그런데 우리는 현장에서 레시피대로 작업합니다." 일본 철강업자가 대답했다.

역량을 성공적으로 배양하고 좋은 삶을 성장시키려면 역시 레시피를 따라야 한다. 우리는 지름길로 가려고 절차를 무시할 때 변화과정이 약화되고 전환이 불가능해진다는 것을 깨달았다. 성찰을 돈이 들고 부차적인 과정으로 여겨서 일선 관리자와 팀의 면담으로 대체해버리면 일이 지속될 수 없다. 가족들을 라이프 프로그램에 참석하도록 초청하는 대신 강제로 오게 만들면 프로그램은 실패한다.

요리의 대가는 즉석으로 요리할 줄 알지만 처음에는 그들도 레시피를 따른다. 그러나 레시피는 설계도가 아니다. 콩이 제철이라는 것을 알면 시금치 대신 쓸 수도 있다. 이런 부분이 기술이 필요한 지점이다. 중요한 것은 핵심 가치가 유지되는 것이다. 요리사는 싱싱한 제철 재료들을 사용하는 것이 좋다는 신념이 있지만, 이 가치체계 안에서만 다른 야채들을 사용할 수 있는 것이다. 요리사는 숙달되어감에 따라 레시피를 더 응용하게 되고 후엔 자신의 레시피를 만들 수 있게 된다.

우리는 런던에서 서클을 산업시대 방식으로 확장시켜보려고 시도했다. 우리 고유의 기본원칙들을 무시하고 자금을 대는 사람들의 요구를 따라 효율성이 강조되는 산업화 과정의 원시적 상징과도 같은 지원부서까지 만들었다. 그러자 관계는 더 이상 진정성이 느껴지지 않았고 후원자들이 원하는 속도로 성장할 수도 없었다. 런던 서클은 그렇게 무너졌다. 슬프게도 우리의 첫 서클이 이 고통스런 과정 속에서 문을 닫은 것이다. 서더크 서클은 잘 자라고 있었고 3년 동안 독립적으로 운영되고 있었는데 더 큰 조직에 합병된 후 근접한 자원들과 연결되지 못했고 런던 서클이

폐쇄되자 더 이상 지속될 수 없었다.[168]

우리 과정은 균형을 잡는 것이 중요하다. 즉, 원칙들은 고정불변이지만 어떻게 적용하고 우리의 접근을 성장시킬 수 있는가라는 질문에 대해서는 열려있는 것이다. 성장하려면 더 깊은 혁신, 성찰, 그리고 협업이 필요하다. 무엇이 작동하고 무엇이 그렇지 않은지 끊임없이 공론의 장에서 다루면서 말이다.

기존 시스템의 제한점, 특히 투자를 어렵게 만들고 새 것을 키우기가 힘들게 되어 있는 부적절한 재정후원 방식을 극복하는 것도 필요하다. 기존 시스템은 가능성을 고려하기보다는 위험과 관련된 규정들을 제시하면서 경우에 따라 제한하거나 저지하거나 또는 아예 듣지도 않고 되돌려 보내기도 한다.

도전들

전환을 시도할 때는 세 가지 도전에 직면한다. 그것은 개념, 조직, 그리고 정치에 관련된 문제들이다.

우리는 새로운 것들을 기존의 사고와 행동 방식에 끼워 맞추려는 지극히 인간적인 경향을 갖고 있다. 우리는 변화를 잘 참아내지 못한다. 그리고 무언가 새로운 방법을 발견했을 때 새로운 환경과 여건을 조성하려고 하기보다는 본능적으로 구식 틀에 새로운 해법을 밀어 넣어보려 한다. 바로, 고정관념의 문제이다.

수년 전 나는 집단괴롭힘 문제가 있었던 어느 학교에서 일했다. 점심 급식 줄은 학교에서의 하루 중 특히 정신없는 곳이었다. 어떤 학생들은 서로 밀치고 욕하는 걸 겪는 것이 고통스러웠다.

어떤 학생들은 그것이 너무 무서워서 차라리 굶고 말았다. 하루는 식당의 테이블에 테이블보를 덮고 유리병에 꽃을 꽂고 나이프와 포크를 정식으로 배치했다. 여느 때와 마찬가지로 학생들이 소란스럽게 문을 통과해 몰려들어왔는데, 그들은 오다 말고 멈춰섰다. "이거 정말 우리를 위한 건가요?" 학생들은 크게 놀라며 물었다. 우리는 말했다. "응, 와서 먹어." 그랬더니 평소와 다른 일이 벌어졌다. 학생들은 서로 인사를 나누고 활기차게 대화를 나누었으며 내내 자기 자리를 지켰다. 물론 시끄러웠지만 소리를 지르거나, 밀거나, 더 심한 일들은 없었다. 우리가 멋진 테이블을 통해 표현한 이전과는 다른 기대치에 대하여 학생들은 진심으로 반응했던 것이다.

나는 정부의 청소년 담당 고위인사에게 이 이야기를 해줬다. 그녀는 내가 매우 존경하는 분이었는데도 내 이야기를 예의바르게 경청한 후 "네, 시민의식에 대해 가르치는 더 좋은 프로그램들이 학교에 필요하죠."라고 반응해서 나는 좀 실망했다. 그녀가 형식적인 프로그램들이 중요한 것이 아니라 작은 문화의 변화가 새로운 양상의 이해와 배움을 가능하게 한다는 것을 알아주었더라면 좋았을 것이다.

개념들은 잘 이해되지 않을 때가 있다. 또 어떤 경우 개념을 잘 이해했더라도 너무 어렵다고 여긴 나머지 기존 시스템과 이를 운영하는 지도자들은 다양한 방식으로 저항하기도 한다. 우리가 루프스를 지속시킬 수 없었을 때처럼 저항은 강하고 분명할 수도 있다. 또는 작고 은밀한 저항도 있다. 어떤 프로그램이 새로운 말로 홍보하지만 실은 여전히 옛날 방식을 고수하고 있다는 것을 숨기고 말만 바꾸는 것처럼 말이다. 나는 가족-간호사 연계

지원 서비스Family Nurse Partnership가 관계 중심 접근이라고 알고 있었다. 이 프로그램은 대개 젊은 여성인 임산부에게 간호사를 한 명 짝지어준다. 하지만 그 간호사의 역할은 젊은 임산부의 상황에 맞추어 역량의 성장을 지원하는 것이 아니라, 흡연이나 운동부족과 같은 문제들을 전통적인 그리고 비효과적인 방식으로 공략하는 프로그램들에 의뢰하는 것이다. 관계가 새로운 실천의 기반으로 활용되기보다는 기존 서비스에 진입시키는 효율적인 도구로 이용되고 있는 것이다.[169]

저항은 기술 문제로 표출될 수도 있다. 라이프보드LifeBoard는 라이프 팀이 행정에 소요하는 시간을 줄이기 위해 고안해낸 디지털 플랫폼이었다. 라이프보드가 최대한으로 효과적이기 위해서는 기존 시스템에 연결되어야 했다. 이에 저항한 것은 지역 정부의 지원부서 운영계약을 따낸 민간 사업체들이었다. 이 사업체들은 수익성이 좋은 계약들을 따내던 분야에 우리가 침입하는 것을 두려워했다. 그들은 우리 테크놀로지가 연결이 안 된다거나 그들이 맺은 비밀보장에 관한 협약 때문에 우리와 협력할 수 없다면서 계속해서 장벽을 쌓았다. 대부분의 경우 우리는 본질적으로 기술적인 문제가 아닌 것들에 대해서는 결국 해법을 찾았지만 라이프보드가 갖고 있는 잠재력을 최대치로 개발하지는 못했다.

각각의 실험은 여러 가지 문제에 직면했다. 그 문제들이 언제나 예측 가능한 것은 아니었다. 우리는 노인 지원을 사명으로 하는 전국적 비영리 분야 기관들이 서클을 격렬히 반대할 것은 예상치 못했다. 이 분야의 소규모 지역 기반 기관들이 항상 서클의 잠재성을 자신들의 영향력과 공익활동을 강화해줄 것으로 이해했던 것과는 달리, 거대조직들은 서클의 성공으로 자신들의 접근법이 비판받고 후원이 축소될 것을 우려했다. 그들은 목소리 높여 우리를 비판했고 초반부터 우리에 대한 후원을 차단시키려 로비에 열을 올렸다.

우리는 이런 단체들 속에서 관계를 맺기 위해 갖은 애를 썼다. 전국적 규모의 거대조직들이 직면한 한계들도 이해할 만했다. 그 단체들은 살아남기 위해 지역사회나 개인의 결핍에 관한 이야기를 바탕으로 모금하고 전통적인 방법으로 프로그램을 전달할 수밖에 없었다. 루프스에서는, 우리가 모금한 돈을 비영리 단체들과 공유했는데, 이로써 우리가 새로운 방식으로 일하는 데 일조하고 싶어 하는 이들이 우리와 협업할 수 있었다. 다른 분야에서는 비영리 단체들이 우리와의 협업을 매우 반겼는데, 고용 분야가 그러했다.

다른 문제들은 그렇게 심각하진 않았다. 라이프에서는 모든 직원들에게 하던 일을 멈추고 물러나 있으라고 했는데 직원들은 이를 암묵적 비난으로 여겼을 것이다. 후에 프로그램에 참여하려는 가족들이 늘어나면서 더 많은 자원을 찾아 나섰는데, 이것은 다른 기관들의 일을 우리가 잠식해 들어간다는 뜻이었다. 그 다음에는 우리의 성공 소식을 듣고 전국 각지에서 우리 일을 확장시켜 달라는 초청을 받았다. 이 과정에서 단계 단계마다 우리는 반대를 겪었다. 이 책의 모든 실험들과 마찬가지로 라이프에서 우리는 이중의 작업을 시도했다. 삶을 바꾸는 것과 시스템을 바꾸는 것이다.[170] 이 과정에서 모든 사람이 다 만족할 수 없다는 것은 당연했다.

질투가 첫 번째 신호이다. 최초의 라이프 팀은 동료들로부터

의심과 시기를 받았다. 일부 다른 서비스들이 초기에 협조를 꺼린 것은 더 심각한 문제였다. 매우 힘들었던 하루를 보낸 라이프 팀 리더가 나를 불렀다. 라이프가 집중적으로 일한 결과 이전에 배제되어 있던 두 명의 아이들이 학교에 다시 등교할 준비가 되었다. 새로 교복도 마련하고 아이들은 학교에 매우 가고 싶어 했으며 부모들도 다 준비가 되어 있었다. 그런데 교장은 이 학생들이 교문에 와있다는 이야기를 듣고 학생들의 등교를 거절했다. 그 가족은 평판이 나빴고 교장은 학교 평점과 다른 학부모들도 고려해야 했던 것이다. 아이들은 울면서 집에 돌아갔고 그들의 신뢰는 깨져버렸다. 라이프 팀 리더는 격분했다. 이 문제는 그 지자체의 리더가 학교장에게 전화하여 개입함으로써 해결되었다.

전환은 변화가 뿌리를 내릴 수 있도록 충분한 기간 동안 일을 보호해야 가능하다. 스윈던의 리더들은 이 여지를 만들기 위해 우리와 적극적으로 일했다. 인내심을 갖고 새로운 방식으로 일하는 것의 가치에 대해 동료들을 설득하는 데 시간을 투자했고, 갈등이 생겼을 때 전면으로 나섰다. 이 리더들은 라이프 팀이 장애물을 만났을 때에도 늘 열린 자세로 용기를 낼 수 있도록 격려하며 시간과 돈을 투자하기도 했다.

성공이 또 다른 문제를 낳기도 한다. 우리 프로그램에 참여할 가족들이 늘어나면서 두 번째 라이프 팀을 만들 방법을 물색했다. 데이터를 보니 위험행동과 이른바 반사회적 행동을 중점적으로 관리하는 어떤 서비스들은 사례 수가 그리 많지 않았다. 어느 한 서비스의 경우 18개월 동안 단 한 사례도 의뢰가 들어오지 않았다. 우리는 그 팀의 구성원들과 재정의 일부를 확장된 라이프에 끌어올 수 있을지 이전 가능성을 의논했다. 그 서비스의 리더들은 어정쩡하게 끄덕였지만 뒤에서 움직이기 시작했다. 청소년 선도 프로그램으로 명성을 쌓은 지역의 지도자급 인사를 설득하여 저항을 주도하게 했다. 라이프 프로그램에 대한 제3자의 독립적인 평가를 통해 초기에 긍정적 결과를 얻었고 비용도 절감되었다는 증거를 갖고 있었지만, 시스템 자체가 저항하기로 하면 이 증거는 쉽게 한쪽으로 제쳐진다.

새로운 일은 규모가 작고 아마추어로 보이는 동안에는 '허용'된다. 기존 시스템을 잠식하지 않고 흥미로운 시범사업 선에서 통제가 가능하거나 영감을 자아내는 연구사례로 소개된 혁신이라면 대체로 지지를 받는다. 처음에는 관련자들이 격려를 받고 중요 모임에서 일에 대해 이야기하도록 초청되며 두루 칭찬을 받는다. 일이 점점 더 많은 성공을 거두고 도전이 크게 느껴지면 기존 시스템이 저항하기 시작한다. 이 과정은 라이프뿐 아니라 서클, 베커, 그리고 루프스도 모두 경험했다.

이 과정은 대체로 포착하기가 어렵다. 내 경험으로 사람들은 일에 대해 대놓고 비판하지 않는다. 문제는 대개 복도에서 속삭여지기 쉽고, 대부분 특정 개인에 대한 비판으로 나타난다. 이런 문제들은 민감하게 다뤄야한다. 결국 우리들도 모두 배우는 중이고 모든 것을 다 완벽하게 하지는 않았을 것이기 때문이다. 우리는 더 강한 동맹을 이루기 위해 그리고 모든 방면의 사람들이 우리 일의 거시적인 목적에 연결되도록 끊임없이 노력해야 한다.

라이프의 경우 사회복지 서비스의 리더들 그리고 스윈던 의회 지도자 로드 블러Rod Bluh의 재능과 헌신 덕분에 초기의 어려움들에 대처할 수 있었다. 라이프는 성장했고 참여 가족들의 이야기가 신속하게 퍼져나갔다. 2010년에는 데이비드 캐머런 수상과 당시 지역사회와 지방의회 담당 장관인 에릭 피클스가 라이프 오두막을 방문했다. 그들은 엘라를 비롯한 가족들을 만났고 가족들은 설득력 있는 변화의 이야기들을 들려줬다. 라이프 오두막의 바로 그 자리에서 캐머런 수상은 우리 접근법이 전국적으로 확대되어야 한다고 말했다.

내각의 각료들이, 안 그래도 좁은데 사람들로 더 비좁아진 런던의 단칸 사무실에 파견되었다. 그 공직자들은 이미 생각을 갖고 있었다. 기관들을 경쟁시켜 돈을 배분함으로써 다른 사람들이 라이프를 복제해 내면 인센티브를 주고, 지방 행정부에게는 그들이 가족들을 '되돌려보낸' 데 대한 보상으로 재정을 더 얹어준다는 것이다. 하지만 라이프는 최악의 상황에서도 어떻게 하면 역량을 성장시키고, 사람들 사이의 관계를 통해 가정, 지역사회, 서비스에 이미 존재하는 자원의 빗장을 열도록 할지에 대해 고민한다. 더 많은 돈이나 새로운 전문가들이 필요한 것이 아니라고 설명해봤지만 소용없었다. 필요한 것은 일선의 원조자들이 자유로이 새로운 방식으로, 그들이 원하는 방식으로 일할 수 있게 허용하는 것이었는데 말이다.

이 이야기는 전혀 관료들의 마음에 다가가지 못했다. 그들은 호감 가는 사람들이었고 좋은 친구, 엄마, 형제, 이웃주민이었지만 전문적 자질과 경험으로 훈련된 다른 관점을 갖고 있었다. 그들은 새로운 시장을 창출하는 전문가들이었고 그 개념들이 그들의 분석 도구의 기본 틀이며 가능성을 판단하는 기준이었다. 그들은 우리가 설명하려는 차이점을 이해하지 못했다. 수평적 관계와 가족들에게로 권한이 이전되는 것을 바탕으로 하는 접근은 측정과 통제가 가능한 산출물이 있는 직선적 프로그램으로 재해

석되었다. 재정적 인센티브는 현대판 명령 하달과 통제의 방식이다. 일을 담당한 지역의 리더들은 아이들이 용돈 받듯이 보상을 받으면 그만이었다.

우리가 극복하지 못한 문제도 있었다. 중앙정부의 생각을 바꿔놓지 못한 것이다. 2011년에 위기가족지원단the Troubled Families Unit이 조성되었는데, 이 부서는 목표를 달성한 지방자치단체를 결과에 따라 포상하기 위해 4조 4천8백만 파운드의 '전쟁 등 국가위기 대응기금war fund'을 가지고 출발했다. 위기가족 지원사업은 의도만큼 우리의 접근법을 전파시키지 못했다. 오히려 라이프와 다른 이들이 시작한 변화를 왜곡시켰다. 대부분의 지방자치단체들은 하던 일을 중앙정부의 프로그램에 슬쩍 끼워넣고 관심과 자금이 다른 곳으로 이동할 때까지 관망하기만 했다.

정부의 여러 프로그램들이 그렇듯이 위기가족 지원사업은 사막의 뜨거운 모래바람처럼 불어닥쳤고 그 바람이 지나가자 가족들과 일선의 직원들은 모래를 털어내고 나서 다시 시작했다. 스윈던의 라이프 팀은 '위기troubled'라는 말이 정치적으로는 편리한 용어이지만 너무나 복잡한 문제들을 가지고 라이프에 찾아온 가족들에게는 사실상 부적절한 표현임을 발견했다. "(위기가족 지원사업에 의뢰된 가족들은) 진짜 도움이 절실한 가족들이 아니었다는 걸 우린 다 알아요. 그건 숫자놀음이었어요. 사업은 엉뚱한 방향으로 흘렀고 우린 선택의 여지가 없었죠. 그래서 우린 라이프의 가족들과 계속하지 않았던 거예요." 한 선임직원이 나에게 이렇게 설명해줬다. 하지만 강한 목적의식과 훌륭한 리더십으로 원래의 라이프 팀을 보존할 수 있었고, 위기가족 지원단에 대한 평가 결과, 그 사업의 접근방식이 실패했음이 드러났을 때 다시 돌아가

제대로 일할 수 있었다.[171]

위건에서의 라이프는 천천히 시작하여 서로 어우러지며 성장해나갔다. 위건 라이프 팀들은 그들만의 고유한 도구를 개발하고 동료들을 일에 불러들일 방법을 찾아냈다. 지역의 입맛에 맞게 레시피의 균형을 잡는 법도 알아냈다. 첫 번째 라이프 오두막이 시작됐고 이웃 동네에 제2호가 만들어졌다. 일이 진행되어가면서 위건의 지도자들은 현장의 변화로부터 배움을 얻기 위해 시간을 내고, 가족들과 팀 내부의 역량 성장을 관찰했다. 그들은 라이프의 원칙을 먼저 성인 서비스에, 그리고 의회 전체에 광범위하게 적용시키기 시작했다. 비용 절감 및 다양한 성과를 확인하자, 제3단계에는 아동 서비스에도 라이프의 원칙을 끌어다 적용시켰다.

위건은 맨체스터 광역도시 주에 있고 산업혁명의 심장부였던 곳이다. 2차 세계대전 직후 공장들이 폐쇄되었지만 광업과 제조업 분야에서 급료가 괜찮은 일자리들을 20세기 말까지는 여전히 찾을 수 있었다. 지금은 그 일자리들이 모두 없어졌고 변화한 곳들이 몇 군데 있긴 하지만 심각한 궁핍의 문제가 있는 곳이다. 라이프가 시작했던 곳은 청소년의 40퍼센트가 빈곤선 이하로 생활하고 있으며 많은 이들이 복지 서비스에 의존하고 있었다.

2010년에 이 서비스들의 제공 가능성에 위기가 왔다. 전국적 재정삭감 정책에 따라 위건은 공적 지출의 20퍼센트를 깊숙하게 그리고 신속하게 잘라내야만 했다.[172] 이 어려움 앞에서 위건 시는 라이프를 주춧돌로 삼아 그들이 딜Deal이라고 명명한 대응책을 고안해냈다. 딜은 시와 시민들 사이에 새로운 관계를 이어줄 것이었다. 예산삭감으로 많은 공적 영역의 노동자들이 일자리를 잃어야만 하는 난감한 상황이었다. 하지만 위건 시는 팀에 누구를 남길지 결정할 때 역량 접근의 초기 모델이었던 라이프 원칙을 활용했다. 사회복지사나 회계원 모두 그들의 역량에 따라, 그리고 새로운 방식으로 일하며 시민과 협업하려는 열정을 기준으로 선발되었다. 또한 이 전환의 과정에 장기적으로 지역사회 기관들의 변화와 혁신을 지원하는 새로운 기금을 마련하기로 했다.[173]

위건에서 타지역과 다른 방식으로 역경을 극복한 데는 여러 요인이 작용했다. 위건 시의회 지도자인 스미스 상원의원은 라이프 팀과 상당한 시간을 보냈다. 그는 라이프 오두막에 앉아서 가만히 지켜보며 귀 기울였다. 그와 위건 시의회 사무총장인 도나 홀은 도시 재생을 위해 긴밀하게 협력했다. 도나 홀은 어린 시절 경험으로 어떤 세계관을 갖게 되었는지 공개석상에서 밝힌 바 있다. 스미스 상원의원과 도나 홀은 같은 가치를 추구하고 타인의 삶을 이해한다. 그들의 협업과 안정적인 선임 팀이 중요한 역할을 해왔다. 스미스 상원의원은 재정축소가 있기 전에 위건 시가 라이프에 대한 초기 투자를 해놓았기에 어려운 시절에도 성장 가능한 모델을 개발할 수 있었다고 못박았다. 이 초기 투자가 없었다면 지금도 진행 중인 시스템의 변화는 불가능했을 것이다.

전환의 시기에는 새로운 사고와 조직, 협업이 시도된다. 따라서 전환기에는 변화의 과정에서 마주치게 되는 문제와 도전들을 이해하는 것, 그리고 잘 되는 쪽에 더 힘을 싣고 추진하는 것, 즉, 뿌리 내리고 꽃 피우기 시작한 것을 찾아내서 사람들을 더 끌어들이고 확대하는 것이 중요하다.

지금이 70년 전에 맞이했던 것과 같은, 변화를 위한 적기이다.

성공을 위한 유의점

새로운 조직들

펭귄은 육지에서는 뒤뚱거리지만 물에서는 빠르고 잽싸다. 프레더릭 랄루Frederic Laloux는 조직의 형태와 가능성 사이의 관계를 이런 식으로 설명한다.[174] 잘못 설정된 환경에서 잘못된 도구들을 가지고 일하면 우리는 버벅댈 수밖에 없다. 많은 사람들이 위계적 조직에서 민주적인 팀을 만들어보려고 하거나 경쟁적인 문화에서 동료들과 좀 더 개방적으로 일해보려고 시도했으나 결국 상처만 받았다. 하지만 협업하도록 설계된 조직에서 제대로 된 지원을 받는다면 같은 일이라도 가뿐하고 자연스레 느껴질 것이다.

역량의 성장을 격려하는 조직 형태는 여러 분야에서 찾을 수 있으므로 우리는 그 시스템, 문화, 구조를 빌려오면 된다. 랄루는 조직의 발달단계를 단계별 색상도로 나타냈다. 빨간색은 가장 오래된 조직 형태들로, 타고난 혈연, 지연 중심의 연계망이라 할 수 있다. 반대편 끝에는 청록색의 새롭게 부상하는 조직 형태가 놓여있다. 청록색 조직 형태에서 팀원들은 자율경영팀에서 일하기, 의사결정 권한 이양하기, 다른 사람의 발전을 촉진하는 리더십 실천하기 등을 경험하는데 이는 다양하고 광범위한 분야에 걸쳐 성공적인 경영 결과물을 도출했다.[175]

청록색의 조직은 우수한 인력을 유인하여 고용에 성공하며 더 생산적이다. 청록색 기관에서 일하는 사람들에게는 그들의 재능, 직감, 토착적인 지식을 일에 활용하도록 권한이 부여된다. 이 기관들은 의사소통에서부터 보수에 이르기까지 모든 측면에서 종사자들 사이의 관계를 지원하도록 디자인되어 있다.[176]

이 새로운 조직들은 개방적이며 서로에게 스며들기가 편하다. 그들은 배우고 적응하고 협업하기를 원하는 것이다. 현재의 복지제도에서 일하는 사람들도 배우며 협업하고 싶어 하지만, 폐쇄적인 서비스 순환구조가 그것을 어렵게 만들고 있다. 일례로, 실업구제 서비스는 사람들이나 아이디어를 상호 교환하며 재활용한다. 활동 방식을 바꾸기 위해 허락을 받으려면 여러 단계의 상부 감독자들과 지지부진한 의사소통을 거쳐야 한다. 게다가 전통적인 복지기관들은 지역사회, 지역의 사업체들, 또는 다양한 분야와 계층의 개인들과의 연결선이 거의 없다. 반면 베커는 더 넓은 관계망의 중심점으로 고안되었다. 그것은 가장자리가 다른 조각에 접합되도록 디자인된 직소 퍼즐의 조각이다. 이처럼 개방된, 연결 중심의 디자인이 성장과 변화를 촉진하는 것이다.

이 새로운 조직의 형태에는 협동조합과 다수의 사회적기업도 포함되는데, 이들은 조직 규모를 확장해서 성장을 이루려 하기보다는 구성원의 역량 개발과 협력을 통해 성장한다. 스페인 바스크 지역 최대의 산업연합체인 몬드라곤 협동조합은 일정 규모에 다다르면 세포분열을 하듯 즉시 갈라지되, 지식, 자원, 재정 형태의 인프라를 계속 공유함으로써 영향력과 안정성을 키워나간다. 그 밖의 다른 조직들은 일종의 결연 맺기를 통해 확장해나간다. 즉, 각 요소들은 더 큰 연결망의 부분이면서 자율적으로 작동하도록 설계되어 있는 식이다. 우리는 이런 방식, 즉 로빈 머레이 Robbin Murray가 협동의 경제라고 부르는 방식으로 성장하는 서클의 전국적 네트워크를 상상해볼 수 있다.[177] 규모의 경제는 조직의 생산기반을 키우는 데 집중한다. 반면 협동의 경제는 목적을 공유하고 사람들과 관계를 통해 성장한다.

협업과 모듈성 성장은 디지털 생산에 기반을 둘 경우 쉽고도 경제적으로 이루어진다. 우리는 테크놀로지가 수송수단의 활용에서부터 음악을 만들어 공유하고 감상하는 것까지 모든 비즈니스들을 완전히 재구조화하는 것을 경험했다. 우버에서 애플까지, 작은 단위들이 연결되어 금세 기존 체계에 도전하는 과정도 볼 수 있다. 하지만 불행하게도 신생 테크놀로지 회사들 중 많은 곳들이 여전히 구(舊)제도의 위계적 문화를 채택한다는 점에서 예외가 아니다. 새로운 디지털 기관에는 벽에 조직도가 없을 수도 있고, 기관장은 개방형 사무실 한쪽에서 물구나무서기를 하고 있을 수도 있지만, 권력은 여전히 집중되어 있고 착취도 흔하다. 청록색의 조직은 다른 모델, 그리고 가능성이 더 진화된 형태를 제시한다. 즉, 현대적 테크놀로지를 활용하면서, 직원과 소비자의 발전을 진심으로 가장 중요하게 여기는 착한 경영을 보여주는 것이다.

디지털 시대가 도래하기 직전인 1970년대 초반에 이반 일리치는 좋은 기관이란 그 요소들을 분해해서 재활용하고 다시 조립할 수 있는 것이라고 했다.[178] 나는 이 아이디어가 맘에 든다. 왜냐하면 도구와 변화의 요소들이 동료 또는 자매 회사들로 퍼져나갈 수 있음을 암시하기 때문이다. 그리고 이는 디지털 회사들이 성장하는 모습과는 다르게 소유권의 이전을 의미한다. 이제 변화의 요소들은 내 손안에 들어왔고 나는 그것을 자유롭게 사용할 수 있다.

당신이 미래를 향한 변화에 참여하고 있다고 생각한다면 당신은 변화의 과정을 기꺼이 받아들인다. 반대로 내가 소외된 것 같고 내 의지와 관계없이 나에게 어떤 일이 일어난다고 생각하면 비판적으로 바라보고 저항하기도 한다. 성장은 전환에 따른 문제들을 누그러뜨려준다. 우리가 더 많이 성장할수록, 이 새롭고 자유로운 구조에 사람들을 더 많이 포함시킬 수 있으며, 전환은 더 원활하게 진행될 것이다.

새로운 방법들

우리는 알아야 한다. 무엇이 효과적인지. 새로운 제도의 효과적인 부분들은 성장시키고, 비효과적인 부분들에 대해서는 다시 작업하고 분해하고 조절해야 한다. 우리가 직면한 문제는, 기존의 제도가 방향성을 전혀 제시하지 못하는 측정지표들에 의해 좌우된다는 것이다. 그렇기 때문에 우리 건강 서비스는 효율을 좀 향상시킨 낡은 서비스를 새로운 서비스라며 개발하거나 돌봄 서비스의 어딘가를 줄여서 긴축하려고 한다. 이것은 마치 발의 방향을 뒤로 한 채로 달리기 시합을 하는 것과 같다. 우리는 육지의 펭귄들이다.

우리는 실험 과정에서 세 가지 방법으로 우리의 일을 측정하여 이 문제를 해결해보려고 했다. 우리는 실용적인 관점에서 비용을 계산해보았다. 그리고 이미 달성된 기존의 성과들을 측정했다. 마지막으로는 역량을 측정하는 지표도 고안해냈다. 이 지표는 현 체계 내에서는 타당성이 인정되지 않았지만 우리에게는 가장 중요했다. 우리가 새로운 것들을 창조하고 있는지 알려줬고 전환을 보장했기 때문이다.

나는 단기 비용이 어떤 사회 제도에 투자를 할지 말지를 결정하는 가장 좋은 지표가 된다고 생각하진 않는다. 하지만 나는 현실 세계에서 일한다. 우리 실험들은 복지예산의 가혹한 삭감을 직면하고 있는 파트너들을 위해 고안되고 확장되고 때론 복제되었기 때문에 비용 효율적이어야 했다. 이 부분은 쉬울 거라 생각될 수 있다. "비용이 얼마나 되나요? 제가 책임지고 우리 해법은 비용이 덜 들어가게 하겠습니다."라고 말할 수도 있다. 하지만 현실은 복잡한 재정적 데이터에 접근하는 것부터 말도 못하게 어렵다. 실직자를 위한 서비스인 '일을 통한 복지Welfare to Work'의 사례처럼, 어떤 경우에는 비용에 관한 수치가 공식적으로 보류되어 있다. 사실 일을 통한 복지의 수치가 유출되었지만, 이 유출된 데이터는 엄밀히 따지면 여전히 '비공식적'인 것이니 PwC가 베커를 평가했을 때 그들은 우리의 대안이 기존의 절반 정도의 비용이 든다고 어림할 수밖에 없었다. 진짜 문제는 대개 더 시시하다. 책임자가 비용이 얼마나 드는지 모른다는 것이다.

정부관계자와의 전형적인 대화의 흐름은 다음과 같다.

관계자 : "물론 돈을 아껴야지요."

힐러리 코텀 : "맞아요. 나는 우리가 그럴 수 있다고 믿습니다. 현재 재정 데이터를 우리에게 공유해주실 수 있나요?"

관계자가 동의하면 우리는 다른 부서로 보내진다. 여기서 문제가 복잡해진다. 왜냐하면 그 수치를 바로 꺼내줄 수 있는 사람이 거의 없고 재정담당 부서에는 우리에게 왜 그 데이터가 필요한지 의심하는 듯한 분위기가 있기 때문이다. 진득하게 관계를 세워나가야 한다. 관계가 잘 세워지고 나서야 재능 넘치는 팀이 시간을 내서 분명히 존재하는 다양한 데이터 자료들을 찾아내고 비용 계산의 틀에 대해 합의하게 된다. 이것은 시간 소모적이며 비용 소모적인 작업이지만 우리는 마침내 해낸다. 나는 관계자에게 돌아간다. 틀이 합의되고 나면 우리는 실제 비용과 비교를 위한 우리 데이터를 모아 제안서를 작성한다. 이제 진짜 복잡하고 고도로 정치적인 상황이 된다. 장차 필요 없게 될지도 모르는 기존 서비스들이 가시화된다. 겹치는 서비스들도 눈에 띈다. 이 단계가 되면 우리와 처음 일을 시작했던 정부 관계자들이 여전히 같은 자리에 있는 것은 드물고 우리의 중립적인 비용 계산 틀은 정치적으로 뜨거운 감자가 되어 있다. 우리는 우리의 모든 작업에 관한 틀에 대해 합의했는데 실험을 통해 데이터가 나올 때쯤 되면, 비공식적으로는 우리가 비용을 절감했다고 동의하면서도 감히 아무도 우리 결과를 공식 인정하려고 하지 않았다.

비용 데이터에 대해서 분명히 말해둬야 할 점이 하나 더 있다. 우리 실험을 통해 우리는 새로운 모델이 서비스 전달에 있어서 비용이 덜 든다는 것을 증명했다. 기존의 지표 체계나 우리가 활용한 지표 틀이 포착하지 못했지만 더 중요한 것이 있는데, 그것은 사람들이 좋은 삶을 살게 된 데 따른 절약이다. 역량을 구축하고 생기 넘치는 삶을 살도록 지원을 받은 사람들은 장차 원조가 덜 필요하게 된다. 사실 많은 경우에 가족들이든 고용에 관련된 일이든, 이를 통해 번성하는 삶을 살게 된 사람들은 이후에 유사한 도움이 필요한 사람들을 도왔다. 이 가족들과 개인들은 우리가 고안한 시스템과 해법에 기여했지만, 이들의 투자와 기여는 계산에 포함되지 않았다.

측정의 두 번째 도구는 공식적 제도가 보여준 결과를 기준으로 우리 실험의 성과를 평가하는 것이다. 이 경우에는, 파트너들에게 가존의 가장 중요한 자료들이 무엇인지 물어보고 우리 실험에서 그 지표에 해당되는 결과와 비교하는 것이 그 과정이다. 무엇이 가장 중요한지 합의하는 것은 쉽지 않고, 정부와 다른 기관들, 특히 민간 분야 제공자들에게 그들이 가진 데이터를 공유해 달라고 설득하는 것도 시간이 많이 들고 어려운 일이다. 하지만 대부분의 경우 우리는 결국 해내서, 취업자 수의 증가나 웰로그램 참가자들의 지속적 체중감소 등과 같은 긍정적인 결과를 비교하여 보여줄 수 있다.

셋째, 우리는 역량을 측정한다. 역량은 측정하기가 어렵다. 여정의 종착점이 아니라 중간지점들에서 역량을 포착해내야 한다. 왜냐하면 역량에 관한 한, 우리 삶의 과정을 통해 계속 발전해나간다는 생각을 우리는 중요하게 여기기 때문이다. 또한 마사 누스바움이 설명하는 것처럼 "힘든 점은, 역량이라는 것이 내적 준비성과 외적 기회가 매우 복잡하게 조합이 된 것이기 때문에 측정하기가 그리 쉽지 않다"는 것이다.[179] 내적 준비성이라는 것은 우리 실험의 가족들이 직관적으로 이해한 바로 그것이었다. 엘라와 그 이웃들은 우리의 틀 안에 그들의 자신감에 관한 내적 지표들이 포함되도록 수정하라고 요구했다. 왜냐하면 자신감이 자라는 것도 그들에게는 발전이었고 그것이 확인되어야 했던 것이다.

역량을 측정하는 데에는 두 가지 요소가 도움이 된다. 첫째, 우리의 초점을 네 가지 역량으로 제한하고 각 역량에 대해 정리된 일련의 지표들을 모으는 것이다. 둘째, 테크놀로지가 수집의 과정을 단순화하고 비용을 줄인다. 우리의 모든 실험들은 일의 수행을 위해 디지털 플랫폼을 활용했고, 많은 경우 회원들에게 직접 묻지 않고도 이 플랫폼을 통해 데이터를 수집할 수 있었다. 예를 들어, 산드라가 서클을 통해 세라를 만나고, 이후 매달 만난다고 하자. 이 모든 것은 플랫폼을 통해 나타나고, 우리는 두 사람 사이에 관계가 형성되었다고 말할 수 있으며, 그들의 관계 역량을 추적할 수 있게 된다.

아직도 문제는 있다. 사람들의 깊은 참여를 도모함과 우리의 원칙을 준수함 사이에 긴장이 존재하는데, 이 둘 사이의 창조적 긴장을 우리는 잘 관리해야 한다. 역량 중심 접근은 사람들의 선호가 쉽게 바뀔 수 있음을 고려한다. 다시 말해, 우리가 번성함에 있어서 중요한 것이 무엇인지 출발선에서부터 그것을 충분히 따져 묻거나 이해하지 못할 수 있다는 것이다.[180] 나는 웰로그램 회원들이 종종 관계의 중요성을 믿지 않았고 함께함이 삶을 바꾸는 행동을 지속하는 데 어떤 차이를 가져오는지 실천을 통해 설득해야 했다고 기술했다. 이것은 출발선, 즉 전과 후를 가르는 분명한 그림을 포착하기가 어렵다는 의미이다. 일의 초기에 외로움에 대해 억지로 대화하면 좋은 데이터는 얻을 수 있을지 모르지만, 궁극적으로 변화를 이끌어나갈 관계를 성장시키려는 노력을 무력화할 수도 있었다. 참가자들은 어떻게 하면 가게에 갈 수 있을지, 어떻게 해야 머리를 감기 위해 몸을 굽힐 수 있을지 등의 고민을 하고 있는지도 모르는데 이런 이들에게서 의미 있는 역량에 관한 데이터를 수집할 수 있는 도구들도 고안해야 했다. 동시에, 다양한 집단들의 발전을 종횡으로 추적할 수 있는 일련의 핵심 비교지표들도 확실히 준비해 두어야 했다. 역량 지표들은 개인별로 적절하면서 접근의 원칙에 충실해야 하며 비교가 가능해야 했다.

우리의 역량 지표들은 일종의 실험형인 프로토타입이었다. 더 개선되어야 했고 광범위한 시험 운영이 필요했다. 그래도 그 지표들이 우리에게는 매우 귀중한 나침반이 되었다. 우리 실험을 복제하기 시작한 팀들에게 역량 지표는 지구의 북극점과도 같아서 관련된 모든 사람들에게 어디에 초점을 맞추어야 하는지 상기시켜주었다. 역량 지표 데이터를 통해 관계가 차이를 만들어나간다는 사실도 알게 되었다.

우리는, 우리가 버려야 할 문화와 작업방식에 근거한 항목들로 평가받아야 한다면 전환을 이룰 수 없다. 학생들을 등교하지 못하게 한 그 교장은 딜레마에 빠졌다. 학교 평가표에서의 순위가 중요한 것은, 이 순위가 앞으로의 재정지원, 자신과 직원들의 스트레스 수준, 그리고 결과적으로 모든 학생들의 학업성취를 결정할 것이기 때문이다. 대부분의 사람들처럼 그녀도 통합교육에 대해 새로운 비전을 갖고 있을지 모른다. 하지만 그 비전과 동떨어진 평가항목에 초점을 맞추고 보상받는 한, 자신의 마음을 바꿔서 학교 순위를 낮출 것으로 보이는 두 학생을 수용한다는 것은 주저될 뿐 아니라 현명치 못한 것이 된다.

지표들은 우리가 무언가 발견하고 알도록 돕는다. 무엇이 차이를 만들어내는지 보여줄 수 있으며 무엇이 중요한지 확실히 알려준다. 지표들은 무언가를 감추기도 하고 의도치 않은 결과를 낳기도 한다. 일례로, 오늘날에는 고령으로 사망했다고 기록되는 사람은 없다. 대신 우리는 병명에 따라 분류되어야 한다. 암, 신부전, 치매, 또는 폐렴으로 사망해야 하는 것이다. 이 지표 체계는 우리가 노인들을 어떻게 바라보는가에 심오한 영향을 미친다. 노인은 돌봄이 필요한 이가 아니라 고장으로 퇴보 중이어서 치료가 필요한 신체 부분들의 조합물로 간주되는 것이다.[181]

입양 실패도 인정되지 않는 또 다른 지표이다. 전문가들은 많게는 입양의 3분의 1은 실패하고 있다고 보는데, 아무도 아는 바가 없다. 왜냐하면 아동 서비스도 거시적 접근을 외면하고 거식증, 불안증, 폭력 등 현재 나타나는 의학적 문제들만 기록하기 때문이다. 주변을 둘러보면 지표의 항목들로 인해 우리가 볼 수 있는 것과 대처 방식, 그리고 재정지원의 수혜자가 뒤틀려 제시되는 사례들이 도처에 널려있다.

우리의 측정 체계는 기계적이고 직선적이다. 그 투입과 산출을 추적하는 도구들은 산업시대의 관점을 반영하며, 다양하고 복잡한, 그리고 경우에 따라서는 인간과 사회변화에 대해 오해를 초래하는 가정들을 담고 있다. 그들은 맥락을 무시하고, 통제된 과학적 실험을 하듯이 투입이나 변화를 측정하려고 한다. 하지만 인간의 경우, 어떤 개입이든지 맥락이 큰 차이를 낳는다. 엘라가 주거에 대해 그리고 앞으로 아들이 어떻게 될지에 대해 더 많이 걱정하고 있다면, 아무리 검증된 금연 프로그램이라도 엘라에게 통하지 않을 것이다. 게다가 누가 어떻게 서비스나 개입을 제공하느냐도 중요한데, 그 '누구'와 '어떻게'는 전혀 측정되지 않는다. 사람들의 삶은 전진하기도 하지만 후퇴하기도 한다. 삶의 한 순간만 포착하는 측정 체계는 가치의 실현을 제한한다. 사실, 대다수가 아니더라도 많은 경우에, 사람들은 크게 보면 앞으로 나아가고 있지만, 현실에서는 뒷걸음질을 치기도 하는 것이다. 문제들을 현실감 있게 직시하고 행동을 취하기 시작하는 때는 불안정한 순간인 경우가 많다.

이런 관점을 취하는 것은 어렵고 위험하기도 하다. 시스템 연구자 제이크 채프먼은 지표의 한계를 보여주면서 사회체계 내 측정의 맥락적 문제들에 대해 폭넓게 저술해왔고 이런 증거를 근거로 체계 변화를 시도했다.[182] 이 모든 것에도 불구하고 채프먼이 지적하듯이, "모든 것이 측정가능하다는 생각은 너무나도 깊이 뿌리박혀 있어서, 측정의 문제점들에 대해 이야기하는 사람들은 통제와 예측 가능성을 주장하는 사람들에게 밀려날 가능성이 높다."[183] 전환은 새로운 지표 체계, 그리고 어떤 경우에 지표 체계가 가치를 지니는지에 대해 새로운 방식으로 생각할 것을 요구한다. 그렇기에 이 일에는 기존 틀에 도전할 용기를 가진 지도자들이 필요하다.

리더십

이 책의 각 실험들은 지역사회 지도자들과 정치인들의 덕을 입었다. 그들을 통해 실험을 할 공간을 만들어내고, 비전을 공유하며, 어렵고 지지부진한 상황에 개입할 수 있었고, 무엇보다 변화의 과정에 동반되는 불안 속에서도 견뎌내고 서로 지지할 수 있었다. 위건, 스윈던, 로치데일, 노팅엄, 그리고 런던 일부 지역의 이 리더들은 거의 본능적으로 알고 있었다. 어떻게 새로운 방식으로 일하고, 이전과 다른 형태의 정치를 구사하며, 그들의 제도에 갇혀있던 권력과 자원을 풀어 더 큰 비전이 늘 시야에 들어오도록 할지를.

우리는 복잡한 체계 내에서 어떻게 변화를 일으키고, 일을 조직하고, 이 변화를 지속시킬 리더들을 키울지에 대해 빠르게 배우고 있다. 시스템 과학자 피터 센게는 수십 년 동안 MIT에서 효과적인 조직 리더들에 대한 연구를 이끌어왔다. 그는 이 리더들에게 공통적 성향이 있음을 발견했다. 그들은 어떻게 내려놓을지를 안다. 그렇게 해서 조직 내에 변화와 성찰과 타인의 성장을 돕

는 공간을 창출해낸다.[184]

"위대한 지도자란, 그의 백성들이 '우리 스스로 해냈다'라고 말하게 하는 사람"이라고 5세기 중국 철학자 노자가 말했다.[185] 이런 지도자는 관계 활동가들처럼 다른 사람들이 성장하고 변화할 수 있게 지원한다.

우리는 이 일을 위해 필요한 다학제적 팀을 어떻게 구성하고 이끌어야 할지도 알아가고 있다. 우리 실험은 가정, 직장, 지역사회에 있는 사람들, 그리고 다양한 배경과 전공분야를 가진 팀과의 협업을 통해 이루어졌다. 하버드의 학자 아이리스 보넷Iris Bohnet의 연구에 따르면, 다양하게 구성된 팀은 작업하는 데 어려움을 겪는다. 단지 공통의 언어(우리의 경우에는 디자인이라는 언어였다)만 찾아내면 되는 것이 아니다. 서로 다른 관점들로 인해 자주 불일치가 생기고, 그렇기 때문에 일이 더 어렵게 느껴지는 것이다. 하지만 보넷의 연구는 다양하게 구성된 팀들이 더 많이 성취한다는 점을 보여준다. 그 팀들은 일관되게 작업의 품질이 더 높고 더 효과적이다.[186] 명령을 내리거나, 유사한 사고방식의 사람들을 지휘하는 것은 쉽다. 그러나 체계 전반을 변화시키려면 서로 다른 관점을 가진 사람들의 다양한 팀을 이끄는 법을 알아야 한다.

협업과 전환에 필수적 요소인 관계를 수립하고 성숙시키는 데는 시간이 필요하다. 신뢰가 없다면 권한의 이양이 일어날 수 없다. 부단한 재정삭감으로 인해 억눌리고 압박감을 받고 있으며, 끊임없이 밀려오는 구조조정의 대상이 되고 있는 공공분야에서 인력이동은 기본이다. 점점 증가하는 노인 인구에게 서비스를 제공하는 중책을 맡은 노인 서비스의 수장이 고작 일 년 동안만 그 직을 수행하는 것은 드문 일이 아니다. 이런 상황에서 전환이 성공하기를 기대하기는 어렵다. 복지제도 내에서의 문제들은 복잡하고 수시로 변하기에 우리는 시간이 지나도 팀과 리더십을 유지시키는 일에 우선순위를 두어야 한다.[187]

아마도 새로운 형태의 지도력은 정치 분야에서 발휘하기가 가장 어려울 것이다. 영국에는 불신 속에서도 정치인들이 우리를 위해 상황을 개선해나갈 것이라는 대중의 기대가 존재한다. "장관님이 이제 당신을 만나주실 것입니다." 이런 고상한 말로 안내를 받고는 가슴 가득한 기대감을 가지고 화려한 응접실에서 장관님을 기다리는 것과 같다. 언제나 높으신 분이 명령을 내려 문제를 해결하고 상황을 바꿔줄 거라는 어린애 같은 한 줄기 희망을 품고 말이다. 의사가 병에 딱 맞는 약을 처방해주기를 기대하듯이, 우리는 지도자, 주로 정치인이 그런 마술을 보여주길 바란다.

전환을 위해서는, 우리의 기대가 정치인들을 결박하고 있다는 점을 인정해야 한다. 그들이 변화를 명령하고, 활동을 보여주며, 공부하지 않지만 모든 해답을 갖고 있다고 여기는 우리의 기대를 거두어야 한다. 이제는 더 많은 위험을 감수하고, 원칙에 따라 투자하며, 새로운 일이 뿌리를 내리도록 과감하게 시간을 투자하고, 새로운 기술을 배우는가 하면, 좀 더 영웅적인 역할을 해줄 것을 정치인들에게 요구해야 한다. 우리가 스스로 자신을 도울 수 있도록 우리를 지원하는 것 말이다.

변화가 필요하다는 것을 아는 좋은 정치 지도자들도 많이 있다. 그들이 서클에서 일일체험을 했을 때, 그들은 우리의 해법을 그 자리에서 이해하고는 매우 흥분했다. 이들 대부분은 정부가 어떤 방식으로든 관여하려 들면 이내 우리 일을 수포로 돌아가게 할 것이라 확신했다. 수상의 라이프 방문이 의도치 않은 결과를 낳았던 것처럼 어떠한 정치적 관여도 해를 끼칠 것이라고 그들은 예상했다.

한때는 깊이 관여했던 정치 지도자들이 멀찌감치 떨어져 있기를 바라기도 한다. 일선의 종사자들에게서도 같은 양상이 보인다. 현재의 서비스들이 그다지 도움을 주지 못한다는 확신이 들면 저절로 물러나게 된다. 이 반응은 이해할 만도 하나, 자리를 비우거나 일의 공백을 만듦으로써 변화를 일으킬 수는 없다. 일선에서의 일이란 잠시도 한눈팔지 않고 있다가 언제, 어떻게 개입할지를 아는 것이다. 시스템의 변화도 다르지 않다. 국가가 부여한 권력과 배분할 자원을 가진 정치인들은 스스로 부재할 수 없다. 그들은 새로운 틀의 설계자가 되어야 하고 언제 이 체계가 지원을 필요로 하는지 주의 깊게 관찰해야 한다.

복지의 재정의

행복한 삶으로 전환하는 데 현대국가가 어떤 역할을 수행할 수 있을지에 대해 간단히 언급하고자 한다.

복지에 관한 논쟁은, 국가 또는 시장 둘 가운데 누가 서비스를 제공해야 하는가, 얼마의 비용으로 제공할 것인가를 중심으로 진행되어 왔다. 나는 시민, 지역사회, 기업, 그리고 정부 간의 새로운 관계를 제안한다. 누구나 급진적인 원조에 기여할 것이 있다. 하지만 국민의 발전을 목적으로 하는 국가에게는 특수하고 고유한 역할이 있다. 오직 정부, 우리의 지도자들, 그리고 정치 활동가들만이 우리가 필요로 하는 변화의 중심점을 만들 수 있다. 나아가, 새로운 틀을 개발하고 비전을 지지하며 사람들의 행위와 재정과 활동을 이끄는 원칙들을 공고히 해야 한다.

이 책의 각 실험들은 변화를 상명하달식으로 이뤄가려는 정부 부처의 실패에 대한 반응이라고 볼 수 있다. 이 실패는 정부와 공적 시스템에 종사하는 사람들을 혼란에 빠뜨렸다. 그들은 상부의 명령이 더 이상 효력이 없게 되자 좌절하고 낙담했다.[188] 이는 마치 늘 써오던 치료제를 빼앗기고는 다른 대안을 찾지 못한 채 벌어진 상황을 수습하려 애쓰고 있는 모습과도 같다. 그들은 사업체들이 최저생활비에 해당하는 임금을 지급하지 않을 때 급여를 지원하거나, 삶에서 낙오한 이들에게 추가의 서비스를 약속하며 관리하는 등, 브라질의 정치이론가인 로베르토 웅거의 표현을 빌자면, 이른바 "체제의 불가피한 낙오자들에게 선의를 베푸는 사람들humanisers of the inevitable"◆이다.[189]

공직자로 헌신하는 사람들은 이런 낙오자들을 관리하기 위해서가 아니라 공적인 삶과 공공 서비스에 대한 신뢰 위에서 직업을 선택한다. 나는 새롭고 더 적극적인 역할을 제안한다. 정부는 대안적 모델들을 모색하고 지원해야 한다. 지속적으로 실험할 수 있는 공간과 재정도 마련해야 하며 여전히 유의미한 정부의 자원을 새로운 비전과 원칙에 걸맞는 일에 투자해야 한다.[190] 이 책의 각 실험들은 정부 재정을 약속한 정치인과 공직자들의 지지로 시작했고, 그 영향으로 사업체, 참가자, 자선가들로부터 자원

◆ — 여기서 humaniser는 womaniser(여성을 달콤한 말로 유인해 이용하고 버리는 바람둥이)라는 말에 빗대어 약자에게 선의를 베푸는 인간적인 모습이지만 부담이 되면 외면하고 결국은 문제의 원인인 체제의 유지에 기여하게 되는 방식으로 일하는 사람을 뜻한다.-옮긴이

을 더 유인할 수 있었다. 이것은 시도와 시험을 다 거친 모델이다. 우주여행에서 인터넷에 이르기까지, 그리고 경제, 테크놀로지, 연구조사 영역에서 변화의 주된 조건들을 만들어온 것은 정부이다.[191] 정부는 이와 마찬가지로 사회적 역량에 대한 투자 여건도 조성해야 한다.

새로운 틀과 투자 모델을 불러 모을 수 있는 주체는 정부와 정부 내의 지도자들, 즉 정치인과 공직자들이다. 정부는 앞으로 무엇이 중시될 것인지 암시하며 새로운 행동과 문화를 몸소 보여줄 수 있다. 이러한 방식으로 우리는 혁신을 장려하며 우리가 필요로 하는 새로운 체계를 향해 더 큰 것을 이루도록 작은 부분들을 조직해가야 한다. 또한 이전과는 다른 시간 흐름을 따라 필요한 계획과 재정이 동원되도록 조직화해야 한다. 플렌티 쿠즈가 그랬듯, 정부는 국민이 기꺼이 따를 것이라 믿고 위험을 감수해도 좋다.

정부의 역할은 더 이상 기계적으로 권력을 좌우하는 것이 되어서는 안 된다. 대신, 정원을 설계하고, 식물을 심고 돌보고 가꾸며, 필요하면 잡초도 뽑는 수석 정원사와 같은 역할을 해야 한다.

전환은 점진적 단계들을 밟을 것이다. 그런데 그 단계들이 우리 모두와 각자가 번성하는 삶이라는 더 크고 공유된 비전에 연결됨으로써 비로소 래디컬해진다. 어려움도 있겠지만 우리는 이미 존재하는 이 좋은 일을 성장시킬 수 있도록 지원하는 새로운 개념틀을 보유하고 있다. 이 일을 지원할 수 있는 새로운 조직의 사례들도 있다. 그리고 우리에게는 문제에 부딪혔을 때 맞설 수 있는 리더들이 있다.

전환에는 본보기가 되는 이런 사례들, 영감을 주는 스토리들, 일을 가능하게 만드는 조직들, 리더십과 재정지원을 위한 새로운 틀 같은 것들이 필요하다. 하지만 뭐니 뭐니 해도 모든 전환은 결국 사람이 우선이다. 이렇게 사람을 중시하는 사고방식, 일과 존재방식으로의 전환에 대부분의 사람들은 동의할 것이다.

초대

이 책은 우리 복지제도의 외부에서 시작되었다. 나는 가정, 지역사회, 일터를 찾아다니며 사람들에게 '당신은' 무엇을 하고 싶으냐고 질문했다. 그들에게 기회가 주어진다면, 그들은 무엇을 만들어내고 싶은지 물었다. 이런 질문으로 진행된 실험의 결과는 삶의 변화였다. 개인의 문제에 대한 관리에서 역량의 성장으로 전환된 새로운 접근방식과 상호관계를 강조하는 새로운 해결방안은 낮은 비용으로 변화를 일으켰다.

각각의 실험은 초대에서 시작되었다. 우리와 함께 일해 보시겠어요? 다른 방법을 시도해보시지 않겠습니까? 그 초대는 우리 모두에게 열려있다.

우리는 현재의 시스템이 작동하지 않고, 우리 모두가 고통을 받고 있다는 것을 알고 있다. 도움이 필요한 사람들뿐 아니라 복지기관에서 일하는 사람들도. 우리의 복지제도는 현대의 문제에 대처하거나 좋은 삶을 지원하지 못한다. 그들만 그런 것이 아니다. 영국의 복지국가는 20세기식 제도로, 유엔, 국제 금융기관, 글로벌 기업 등의 국제 기관들과 마찬가지로 오늘날의 문제를 다루도록 설계되지 않았다.

이러한 기관들은, 우리가 직면한 현대의 도전들과 함께 성장한 새로운 자원과 가능성들을 잘 활용하지 못하고 있다. 이들 새로운 자원과 가능성이란, 참여의 욕구를 가진 숙련되고 교육받은 사람들, 새로운 형태의 생산과 협업 방식 그리고 과학, 학문, 나아가 풀뿌리로부터 자라난 새로운 아이디어들을 포함한다.

복지국가를 재설계한다고 해서 우리의 모든 문제가 해결되는 것은 아니다. 복지제도가 아무리 훌륭해도 심각한 불평등이나 양질의 일자리 부족을 개선할 수는 없다. 그러나 좋은 삶에 대한 비전과 모든 이들의 역량개발 지원이라는 토대 위에 세워진 새로운 시스템은 상당한 차이를 만들 수 있다. 우리 모두가 참여할 수 있는 공유 프로젝트를 만드는 것 자체가 좋은 일이다. 복지국가에의 참여는 우리가 애써 한계를 정해놓아야 하는 값비싼 활동이 아니라 우리가 장려해야 할 국가 정체성의 핵심 부분이다. 이렇게 우리는 서로 나누고 서로를 알아가며, 이러한 관계로부터 새로운 강점과 현대적인 국가가 만들어진다.

우리는 할 수 있다. 우리는 전에 이런 것을 경험한 적이 있기 때문에 이것을 안다. 우리 시대의 기관들, 시스템, 제도들은 위기에서 비롯되었다. 그들은 이제 낡고 닳았다. 하지만 내가 전후 복지국가의 이야기로 거듭 돌아가는 이유는 그것이 우리에게 새롭고 전면적인 변화가 가능하다는 것을 상기시켜주기 때문이다. 영국인들은 영국 복지제도를 만들었다. 사회혁명에 대한 기대와 새로운 국가를 만들기 위한 그들의 헌신은 베버리지 리포트에 반영되어 있다.

우리의 실험은 비록 작은 규모일지라도 우리가 그와 유사한 급진적인 변화를 이룰 수 있다는 것을 보여준다. 거시적이고도 실질적인 비전의 구현에 기여할 수 있는 새로운 기회가 주어지자 사람들이 동참했다. 권한의 이동, 도구들, 그리고 무언가를 만들 수 있다는 가능성은 우리 삶을 급진적이고 창조적 변화로 이끈다. 이러한 접근법은 비용이 많이 들지 않으면서 우리가 좋은 건강, 좋은 보살핌, 그리고 좋은 삶에 기여하고 그것들을 창조할 수 있는 기회를 부여받는다는 점에서 생산적이다.

베버리지는 모든 사람이 번성하고 제 역할을 할 수 있는 영국에 대해 이야기했다. 고대 신화, 빅토리아 시대의 소설 또는 아프리카 우화 등 모든 최고의 이야기들처럼 베버리지의 이야기에는 투쟁에 대한 내용이 들어있었다. 베버리지는 모든 것이 제공될 것이라고 약속하지 않았으며 오히려 도움과 자조의 중요성에 대해 이야기했다. 우리 모두는 더 나은 나라를 건설하고 그 나라의 일원이 되는 것을 추구해왔다. 그의 이야기는 품이 넓어서 몇 줄로 함축하기 힘든데 이는 모든 사람들이 누구나 그 비전에 참여할 수 있고 그들 자신을 그 비전의 일부로 볼 수 있음을 의미했다.

베버리지와 그의 동시대인들은 기존 제도를 혁신하고 베버리지 보고서에 제시된 좀 더 큰 비전을 좇아 투자 방향을 안내하고 인력, 자원 및 조직을 하나로 모아나갔다. 우리도 똑같이 할 수 있다. 우리는 좋은 삶에 대한 비전을 공유할 수 있고 우리의 역량을 키우는 데 투자할 수 있다.

지금 우리가 할 수 있는 일은 다음과 같다.

첫째, 우리는 내가 앞서 기술한 원칙에 충실한 기존의 시도와 실험들을 확인할 수 있다. 역량을 배양하고, 노동자들을 지원하고, 공정하게 임금을 지불하고, 지속가능성에 전념하되, 관계를 구조의 중심에 둔 그런 모든 시도와 과정, 일들을 찾고, 연결하고, 지원하는 것이다. 이것은 대규모의 대중운동이 될 수 있다. 스탠, 엘라, 얼, 에이미, 라이언은 겉만 번드르르한 말과 진짜 좋은 행위의 차이를 안다.

둘째, 우리는 실천을 장려하고 실천가들을 계속 양성할 수 있다. 우리는 일부 필요한 요소들을 가지고 있지만, 그것으로 충분치 않다. 더 큰 비전을 염두에 두고, 계속 실험을 해야 한다. 또한 전문가를 지원하기 위한 새로운 방법을 찾아야 한다. 비판적 사고와 더불어 창의력과 창조성을 겸비한 사람들도 찾아야 한다. 변화를 수행하고 지원하는 것의 중요성과 그 권위를 인정하는 새로운 경력관리가 필요하며, 젊은이들에게는 실용적인 기술을 습득할 수 있는 새로운 형태의 학습을 제공해야 한다. 티치 퍼스트Teach First와 여기서 1년a Year Here이 그 보기가 될 것이다. 하지만 우리는 더 많은 것이 필요하다. 언제나 기본적으로 중요한 것은 실천을 통한 배움, 그리고 경험의 공유이다.

셋째, 우리는 새로운 것에 투자해야 한다. 무엇보다 먼저 급진적인 도움의 핵심 원칙에 따라 운영되고 있는 모델들에 자금을 지원해야 한다. 정치인들은 이러한 변화를 주도해야 하며 국가는 새로운 시도에 예산을 지원하고 다른 사람들이 보고 따를 수 있도록 새로운 측정 틀을 포함하여 구조를 설정하는 역할을 해야 한다.

우리는 또한 이야기를 할 수 있다. 이야기는 변화의 중요한 부분이다. 우리의 이야기는 넓고 깊어야 한다. 그것들은 경험, 고난과 성공, 작고 부드러운 것, 정서적인 것과 물리적인 것, 그리고 우리의 공유된 비전에 대해 들려줄 것이다. 그 이야기들의 중심에는 사람이 보일 것이다. 우리는 더 이상 단위사업이니 담당 건수니 하는 것들에 대해 이야기하지 않을 것이고, 원조 작업이 더 이상 전쟁처럼 치러지는 일전 실천가들만의 일이 되지 않을 것이며, 그에 따라 우리가 설계하는 것도 달라질 것이다.

그러려면 용기 있는 리더십과 많은 일상적인 대화가 필요하다. 모두가 납득하지는 않을 것이며 모든 사람이 그 필요성을 알지는 못할 것이다. 우리 사이의 간극이 너무 넓어졌기 때문에, 처음부터 우리 모두가 다른 사람들의 현실을 볼 수는 없을 것이다. 우리는 다시 서로를 알아가야 한다.

10년 전, 나는 탐색을 시작했다. 나는 내 도구 키트와 질문들, 그리고 우리가 좋은 삶을 가능하게 할 수 있다는 희망을 가지고 출발했다. 그것은 좋은 친구와 함께한 여행이었다. 나는 매우 유능한 협력자들과 팀을 이루어 함께 일하고 배웠다.

내가 《베버리지 4.0》이라 부른 얇은 소책자에 나온 비전이 사람들의 마음을 사로잡았다. 그것은 동반자들을 끌어 모으고 이어지는 실천에 시금석이 되었다.

우리는 필요를 관리하던 관행에서 역량의 성장으로 전환할 수 있을까? 우리는 해냈다. 가족들은 그 접근법을 수용하고 개선했다. 젊은이들은 자신의 삶에서 새롭게 가능성을 발견하고 그것을 실현해주는 관계와 경험에 흥미진진해했다. 노인들도 자신의 역량을 강화하고 개발할 수 있는 기회를 받아들였다. 시의원, 사회복지사, 의사, 주택관리사, 간호사, 경찰관 등 전문가와 활동가들 모두가 실험에 참여하기를 원했다. 디자인은 우리가 복잡한 개념들, 그리고 여럿이 협업하는 새로운 방법들을 공유하게 해주었고 우리가 참가자들에게서 배운 일상의 경험에 기초하여 이 개념들을 재정비할 수 있게 해주었다.

배움, 좋은 일, 공동체의 일원이 되어 돈독한 관계를 형성하는 능력, 그리고 우리가 지원하긴 하지만 변화를 만들어내는 것은 '당신 자신'이라는 철학은 모두 역량의 개념이며 이것이 삶을 변화시켰다. 이 과정은 지속적으로 생명력을 부여하는 것이어서 참가자들이 실천을 하면 할수록 역량이 더욱 성장했다. 참가자들이 서로를 지원함에 따라 그들 사이에 '도와주는 것'과 '도움이 필요한 것' 사이의 경계가 모호해지고 모든 관계자들의 역량이 깊어졌다. 이 일은 최종 목표나 결과에 도달하기 위한 것이 아니다. 이것은 지속적인 성장과 개발의 과정이다.

우리는 그 시스템이 모두에게 개방되고 모든 사람을 돌볼 수 있도록 보장할 수 있을까? 이것은 내가 예상했던 것보다 훨씬 어려웠다. 이론적으로는 가능했다. 우리는 젊은이와 노인 모두를 지원하기 위한 새롭고 개방된 접근방식을 설계할 수 있었고, 주된 자원이 관계였기 때문에 이러한 새로운 접근방식은 낮은 비용으로 무한히 성장할 수 있는 잠재력을 가지고 있었다. 그러나 위험관리 위주의 사고방식과 실현 가능성에 대한 고정관념 탓에 일부 지도자들은 개방적 시스템을 받아들이기 어려워했다. 이것은 진행 중인 작업이다.

우리는 이 개방형 시스템의 재정적 실현 가능성을 보장할 수 있을까? 할 수 있다. 우리의 시스템은 돈을 절약했다. 우리는 새로운 자원을 결합하고 기술을 이용하여 전통적 비즈니스 모델을 쇄신하고 아이디어, 운송, 공간, 돈, 실용적인 기술과 기회 등 우리가 가진 것을 자유롭게 공유하고 순환시킬 수 있었다.

우리의 현존 복지 시스템은 협업을 하도록 설계되지 않았다. 그래서 우리는 종종 사람들이 참여하거나 공유하기를 원하지 않는다고 믿게 된다. 그러나 우리가 협업을 단순하게 만드는 시스템을 설계하고 참가자들이 자발적으로 친구들에게 보여주거나 이웃과 공유하고 싶어 할 만한 도구를 제공했을 때, 사람들은 기꺼이 동참하고자 했다. 우리는 변화를 일으키기 위해 이 새로운 시스템에 투자해야 한다.

새로운 작업방식에 참여하고 있는 사람들이 자원, 권한 및 의사결정에 쉽게 접근할 수 있도록 설계된 새로운 조직을 만들 수 있을까? 할 수 있다. 이 새로운 조직은 '당신이 가장 잘 알고 있다'고 말해주는 그런 문화의 조직이다. 즉, 당신이 서클 프로그램의 리더라면 회원들이 참가비를 낼 수 있는지 아닌지, 어떤 사람은 조용히 곁에서 조금 더 동행해줄 필요가 있는지를 안다. 스탠이 원하는 것이 음악이라는 것은 스탠 자신이 가장 잘 알고 있다. 그리고 당신이 에이미라면 본능적으로 그리고 경험을 통해서 케이트가 한 발짝 앞으로 나아가는 데 지금 당장 당신의 도움이 필요하다는 것을 아는 당사자이다.

권한이 지방과 지역사회에 이양되면 새로운 모델의 가능성이 생길 수 있다. 우리는 명령과 통제의 메커니즘을 복제하기보다는 새로운 틀과 조직을 만들 기회를 가지고 있으며 우리의 지도자들 중 뛰어난 몇몇은 이 기회를 포착하고 있다.

현재, 새로운 해법과 조직은 거의 모든 곳에서 지휘 및 통제라는 프레임워크 내에서 운영되고 있으며, 따라서 리더십의 변화나 경로의 상실 앞에서 취약하다. 너무나 많은 우아한 수영선수들이 마치 육지에 갇힌 펭귄 신세가 된 기분을 느끼고 있다. 자선가나 투자자들은 말한다. "이대로만 해주세요. 그러면 당신에게 자금을 대드릴게요."라고. 그러다 보니 종종 변화를 이룬 작은 시도나 우리를 지탱시켜준 작업원리들이 주목을 받지 못한 채 외면당하곤 한다. 새로운 형태의 작업과 원조가 살아남기 위해서는 더 큰 관계망과 틀의 일부분이어야 한다. 따라서 이 장의 첫 부분에서 설명한 세 가지 행동의 요소가 필요하다.

또한 우리는 개인보다는 사회적 관계망을 중심으로 디자인을 할 수 있을까? 할 수 있다. 우리는 모든 참가자들에게 친구와 가족을 데리고 오라고 제안했다. 관계들과 함께 그리고 관계망을 둘러싸고 진행된 설계를 통해 우리는 변화에 대한 다른 관점을 갖게 되었다. 관계의 관점에서 바라볼 때, 어떻게 변화가 일어날 수 있으며, 어떤 문제점들이 발생할지, 그리고 그것들을 어떻게 극복할 수 있는지에 대해서 말이다. 이러한 집단적인 작업방식은 추가적인 자원을 끌어들였는데, 거기에는 성찰자, 촉진자, 원조자로서 새로운 역할을 맡을 수 있는 사람들뿐만 아니라 서로 다르거나 반대되는 의견을 가진 사람들도 포함되었는데 그 자리가 불만스럽다고 투덜대는 파트너들의 관점도 우리는 이해하려고 했다. 우리는 협력적 사고방식을 통해 문제를 재구성하고 해결책을 찾을 수 있었다. 모든 사람이 다른 사람과 함께하기를 좋아하지는 않았으며 누구나 다른 사람을 끌어들이기를 좋아한 것도 아니었다. 우리의 건강 실험 참가자들과 마찬가지로 많은 사람들이 처음에는 꺼린다. 그러나 그들은 점점 관계의 잠재력과 중요성을 보게 되었다.

내가 해온 일 중 중요한 하나가 바로 뒤집어 보기이다. 나는 망원경을 거꾸로 들고 멀리 있는 것보다는 가까이 있는 일상에 초점을 맞추어 바라보려고 한다. 위아래로, 앞뒤로 뒤집는 것이란 엘라의 경우, "당신이 직접 내게 말해주세요."라고 엘라에게 말하는 것이며, 스탠의 경우는, 그에게 부족한 것뿐만 아니라 그가 가진 것과 원하는 것을 관찰하는 것이었다. 그것은 매우 평범한 작업방식이지만 효과에 있어서는 급진적이다.

망원경을 통해 보는 것은 연습이 필요하다. 처음에는 어둠만 보인다. 그러다 차츰 다른 사람의 도움을 받으면 먼 곳에 있는 희미한 빛을 보기 시작한다. 나중에는 하늘이 별들로 시끌벅적해 보이고 당신은 자신이 어떻게 그 빛을 발견하지 못하고 있었는지 기이하게 여길 정도가 된다.

우리 일도 그랬다. 중요한 것은 우리의 관계, 우리 사이의 단순한 인간관계다. 나는 처음에 이것을 명확하게 볼 수 없었다. 물론 나는 지난 수십 년의 경험을 통해 우리는 다른 사람들의 삶에서 시작해야 하고, 그들이 무엇을 소중하게 여기는지를 중시해야 하며, 인간관계도 이것의 일부라는 것을 깨달았다. 나는 학술 연구와 철학, 예술로부터 관계가 우리를 강하고 건강하게 만든다는 것을 알았다. 또 나는 베버리지가 인간관계에 대해 기술하면서 치명적인 실수를 저질렀다는 것을 자신도 확신하고 있었음을 알게 되었다. 그것이 바로 내가 4개의 핵심 역량 중 하나로 관계를 선택한 이유다.

처음에는 볼 수 없었지만 연습과 실천을 통해, 관찰과 경청을 통해, 그리고 우리가 디자인한 새로운 방식의 측정을 통해 배워야 했던 것은, 관계가 가장 중요한 요소이며 새로운 시스템의 기초이고 우리가 창조해야 하는 새로운 프레임워크라는 것이었다.

관계는 너와 나, 그리고 우리 사이의 공간과 그 공간에서 일어나는 일들에 관한 것이다. 관계는 실제적인 것으로 함께 일을 하는 것, 감정, 신뢰와 진정성에 관한 것이다. 관계는 당신과 더불어 구부러지기도 하고, 변화하고 살아있으며, 흥할 때와 쇠할 때가 있다.

관계 중심 틀은 새로운 것들이 성장하고 표현되고 가치롭게 될 수 있도록 한다. 우리의 현재 복지제도의 틀은 거래로, 그것은 관리, 처리, 치료, 이양에 관한 것이다. 거래는 유용하다. 가끔 우리는 A에서 B로 방향을 바꾸거나 부러진 뼈를 고치는 수술이 필요하기도 하다. 그러나 거래적 접근으로는 어떻게 잘 살고 성장할지, 기후변화나 이민, 노화라는 도전들에 어떻게 대응할지와 같이 우리가 직면한 가장 큰 난제들을 해결할 수 없다. 이 책에서 내가 맞섰던 도전들은 그저 단순히 관리로 해결될 수 있는 것들이 아니다. 그것들은 더 복잡하며 해결책 마련에는 우리의 참여, 그리고 우리의 마음과 생각 모두가 필요하다.

관계형 작업에는 종종 어려운 여건에서 변화를 만들어낼 방책이자 도구인 공감 능력, 인간적인 온정과 실천력이 필요하다. 그렇다고 따뜻하고 부드럽게만 하자는 것은 아니다. 나는 여러분을 좋아하지 않을 수도 있고 여러분에게 동의하지 않을 수도 있으며, 모든 관계가 다 좋을 수만은 없다는 것을 안다. 하지만 나는 여러분을 인정하고 경청하며, 솔직하고 건설적으로 대화할 수 있다. 무엇보다도 나는 변화를 만들고 참여할 수 있도록 여러분을 지원할 수 있으며 반대로 어떤 때는 내가 여러분이나 다른 사람의 도움을 받을 수도 있다.

일하고, 생각하고, 디자인하는 데 있어서의 관계적 방법은 변화의 가능성을 만들어내는 것이며, 풍요를 생산하는 것이다. 사랑과 마찬가지로 관계에 대한 우리의 능력은 무한하니까 말이다. 우리는 지금의 시대에 알맞은 복지제도를 만들고 서로 공유하고 함께 일함으로써 우리 자신을 발견하고 좋은 삶을 이룰 수 있다.

이러한 교훈들은 복지 전문가들과의 협업을 통해, 새로운 형태의 도움을 원하는 사람들과의 관계를 통해, 그리고 무엇보다도 종종 가혹한 환경에서 자신의 삶을 변화시키고 있는 사람들을 통해서 배운 것이다. 이 책은 우리 역사와 현대의 경험에 뿌리를 두고 있는 이런 도움의 전통에 동참해달라는 초대장이다. 우리는 무엇을 해야 할지 안다. 다른 사람의 허락을 기다리지 말자.

감사의 말

두 사람 덕분에 이 책이 나올 수 있었다. 나의 놀라운 에이전트 조지나 캐플은 매 단계마다 나를 지지해주고 뜨거운 관심을 보였으며, 나는 그녀가 이 프로젝트를 확실히 믿고 있음을 언제나 느꼈다. 초보 작가인 나의 위대한 편집자, 비라고 출판사의 레니 구딩스를 만나는 복을 받았다. 두 분께 진심으로 감사드린다. 또한 교열 편집자 조 굴렌과 리틀 브라운 출판사의 수잔 드 수아송에게도 깊이 감사한다.

샬럿 트라운스가 멋진 삽화를 그려주었다. 그녀에게도 감사를 보낸다.

2015년에 랭클리 체이스 재단Lankelly Chase Foundation은 3개월의 안식월을 가질 수 있게 후원해주었고 마이클 리틀은 내가 저술을 할 수 있도록 다팅턴Dartington 사회조사 부서에 공간을 마련해주었다. 이 두 기관, 특히 마이클 리틀에게 감사드린다. 그 여름에 쓴 글이 이 책의 기초였다.

이후로 다양한 판본에 제언을 해준 이들에게 빚을 졌다. 특히 본문 전체에 대해 예리하고 구체적인 논평을 해준 프레더릭 랄루와 조너선 러더포드에게 감사하고 싶다. 프레더릭 랄루가 나를 위해 친절히 만들어준 비디오가 책을 처음부터 끝까지 다시 작업하는 데 힘이 되었다. 나는 여러 단계에서 본문에 대해 제언해준 테드의 브루노 지우사니, 패트릭 버틀러, 존 크루다스, 줄리앙 르 그랑, 앨리스 로손, 스티브 리드, 데이비드 윌렛츠에게도 감사드린다. 이 분들 한 사람 한 사람이 내가 좋은 길로 나아갈 수 있도록 도와주었다.

비키 앨버텔리, 매튜 앤더슨, 스티븐 암스트롱, 클레어 버철, 조슬린 버건, 레온 파인스타인, 차미안 구치, 펜타그램Pentagram의 나레시 람찬다니와 그의 팀원들, 트루디 라이언, 베카 산두, 그리고 로버트 스미스의 제언, 아이디어, 충고에 역시 감사드린다. 실용적 도움을 준 다팅턴의 브라이언 워런, 니콜라 태임, 제인 퍼시, 그리고 링크레이터스Linklaters의 멋진 팀에게도 나의 감사를 전한다.

이 책은 30년 동안의 배움과 실천에서 자라난 것이다. 그동안에 많은 사람들이 나에게 영감과 격려와 교훈을 주었다. 나는 이 모든 부분들의 총체이다. 특히 콜린 매튜, 로빈 머레이, 도린 매시의 가르침에 감사한다. 새로운 작업방식을 가지고 처음으로 실험을 함께 시작했던 나의 이전 동료들 릴리언 보비, 이디스 로드리게스, 타라시 로사도에게도 감사하고 싶다.

지난 수년 동안 매우 많은 사람들이 나를 그들의 가정에서 환대해주고 진료소, 학교, 교도소, 지역사회 센터들에서 그들의 근무시간을 나와 함께해주었다. 여러분은 나의 끊이지 않는 질문들에 대답해주고 논쟁하고 솔직하게 이야기해주고 삶이 재창조될 수 있는 길을 보여주었다. 나는 충고 한 마디가 필요할 때, 앞으로 나아갈 새로운 길을 찾아야 할 때 여러분의 목소리를 듣는다. 이런 식으로 살아오고 일해온 것이 나에게는 큰 행운이었고 너무나 감사하다.

파티서플에서는 캐스 딜런, 비 라우젠 존스, 그리고 태런트 스틸에게 감사드리고 싶다. 이들이 아니었다면 이 작업은 가능하지 않았다. 숌시아 알리, 케이트 번, 카탈리나 서니카, 대니얼 디킨스, 타니아 글린, 레이철 제임스, 휴고 마나시, 에마 사우스게이트, 크리스 밴스턴 그리고 제니 윈홀, 여러분의 일과 통찰에 대해 특별히 감사드린다. 우리 회장 마이클 라이언스는 이 작업에서 중요한 변화를 가능하게 해주었다. 나이절 존스, 찰스 리드비터의 지지에도 감사를 전하고자 한다.

파티서플의 작업은 역량에 관한 것으로서 스리드하 벤카타푸람의 조언을 받았는데, 이 책에 그의 글과 기록물들을 많이 참고했다. 참고의 과정에 만약 오류가 있다면 그것은 온전히 나의 몫이다.

초기에 우리 파트너가 되어 일의 큰 틀에서 위험부담을 감수한 애니 셰퍼드와 개빈 존스에게도 감사의 말을 전한다. 나는 또한 우리의 모든 후원자들의 지지에 대해서도 감사한다.

반복적으로 도움을 주고 저술할 시간을 확보해준 멋진 친구들이 아니었더라면 나는 벌써 오래 전에 쓰러졌을 것이다. 메리 크래니치, 자라 다보, 마벨 반 오라녀, 토머스 크램튼, 토르 비요르골프손, 그리고 나에게 사랑, 실용적 조언을 아끼지 않았으며, 마지막 단계에서 새로운 아름다운 저술 공간을 제공해준 P+H의 친구들에게 진심으로 감사드린다.

끝으로 나의 가족에게 진심 어린 고마움을 전한다. 나에게 지속적인 지지를 보내주시고 내 고유의 길을 찾도록 언제나 격려해주시는 부모님 해럴드와 말린, 나의 모든 생각을 의논하는 내 사랑 나이절. 그리고 나의 빛나는 딸 메이블, 우리가 만들 세상에서 네가 활짝 피어나기를 바란다.

파티서플과 다음의 친구들에게도 더불어 감사를 보낸다.

Busayo Abidakan
Andrea Acevedo
Sarah Akwisombe
Melanie Beasley
Belinda Bell
David Blythe
Sarah Bowker
Holly Brennan
Amanda Briden
Ella Britton
Colin Burns
Obie Campbell
Piers Campbell
Finbarr Carter
Miia Chambers
Tomas Chamorro
Premuzic
Gosbert Chagula
Leanne Chorlton
Grace Comely
Nan Craig
Sarah David
Laura Dowson
Toni Esberger
Stephen Evans
Emmanuel Fakhar
Doug Fraley
Cherie Fullerton
Jake Garber
Pam Garside

Vicky- Marie
Gibbons
Gerlinde Gniewosz
Hannah Green
Anna Griffiths
Claudia Gold
Flora Gordon
Tara Hackett
Shoshana Haeems
Pauline Hamilton
Joseph Harrington
Lucy Hawkin
Hang Ho
Julia Hobsbawm
Jane Hodges
Toni Hone
Matthew Horne
Jessica Hughes
Helen Jones
Ryan Lang
Carol Lake
Michele Lee
Josef Lentsch
Sara Lovett
Malcolm Lynch
Nicola Marshall
Alice Memminger
Valerie Michie
Jamie Mitchell
Kathryn Morgan

Rabya Mughal
Sarwar Nawaz
Alice Osborne
Llorenc O'Prey
Jonas Piet
Sarah Player
Michael Resnick
Damien Ribbans
Lyn Romeo
Jon Rouse
Helen Rowbottom
Amelia Sanders
Chris Satterthwaite
Sarah Schulman
Jessica Shortall
Kathryn Smart
Ollie Smith
Emma Southgate
Kate Spiliopoulos
Alex Spofforth
Gareth Swarbrick
Tiphaine Tailloux
Michael Tolhurst
Clare Tostevin
Sarah Trueman
Jude Tyzac Codner
Sue Wald
Aimee Weaver
Ceri Willmott
Mark Wynn

주

1부

복지국가

1) Wooldridge & Micklethwait은《*The Fourth Revolution*》에 복지국가의 기초에 관한 주요 역사를 간략하고 명료하게 소개했다.
2) 1942년 전시 내각의 일원이었던 크립스(Stafford Cripps)는 베아트리스 웹(Beatrice Webb)에게 베버리지 보고서가 완성되었지만 "내각의 몇몇 일원들이 보고서가 너무 개혁적이라 출판을 반대"한다고 전했다.
3) Beveridge,《*Social Insurance and Allied Services*》
4) 이 짧은 요약은 Harris의《*William Beveridge*》란 제목의 전기를 참고했는데 그는 이 책에서 베버리지의 구상이 전개된 과정을 매혹적이고 거시적인 안목에서 제시하며 복잡한 베버리지라는 인간의 면모를 드러냈다.
5) 같은 책
6) 신공공경영의 역사와 실행에 관해서는 Hood의 'A public management for all seasons?'를 보라.
7) 전체 서비스의 24퍼센트에 해당하는 720억 파운드 상당의 공공 서비스가 민간 계약자들에 의해 제공되는 것으로 추정된다. 2013년 영국감사원 자료에 의하면 이런 계약을 따내어 성장한 민간 법인 G4S는 직원 수에 있어서 월마트, 폭스콤의 뒤를 이어 세계 3위 규모이다. White,《*Shadow State*》.
8) 'Long-term conditions and multi- morbidity,' 이제는 다르게 생각할 때. The King's Fund 참고, 〈https://www.kingsfund.org.uk/time- to- think- differently/trends/disease- and-disability/long- term- conditions- multi- morbidity〉.
9) 'Diabetes: Facts and Stats', 개정3판, Diabetes UK(2014), 〈https://www.diabetes.org.uk/Documents/About%20Us/Statistics/Diabetes- key- statsguidelines-April2014.pdf〉.
10) Public Health England의 정보에 의하면 한 주에 135명이 당뇨 관련 절단수술을 받는다. 2007년에서 2010년 사이에 1만8천 명 이상의 환자들이 절단수술을 받았다. Denis Campbell, 'Record number of people undergoing amputations because of diabetes' 〈Guardian〉, 2015년 7월 15일. 많은 국민보건서비스도 그렇듯이 당시 볼턴에서는 3만~4만 파운드가 드는 절단수술을 예방하기 위해 100파운드가 드는 정형외과의 맞춤 신발을 맞추려면 2년을 대기해야 했다.
11) 물리교사 George Duoblys는 런던책리뷰(LRB)의 기사를 통해 촘촘하게 설계된 시간표를 따라 조각조각 파편화된 지식 암기를 강조하는 미국의 Knowledge is Power Programme(KIPP)을 활용하는 학교들을 예로 들면서 이 방식이 학교들로 하여금 이런 공장식 교육 방식을 어떻게 강화하게 했는지 설명했다. 여기서 교사들은 자동화 생산 라인의 지식전달자이며 시험 점수가 중요하다. 'One, Two, Three, Eyes on Me!', LRB, 5 October 2017.
12) 훗날 〈코스모폴리탄*Cosmopolitan*〉 편집장이 된 Helen Gurley Brown의 1962년 작 제목은 'Sex

and the Single Girl'이었는데 2주 만에 2백만 부가 팔렸다.

13) 영국통계청(Office for National Statistics), 'Statistical bulletin: Families and households in the UK: 2016', 표1, 〈https://www.ons.gov.uk/peoplepopulationandcommunity/birthsdeathsandmarriages/families/bulletins/familiesandhouseholds/2016〉.

14) 연구 결과, 영국 노동자 열 명 중 한 명은 돌봄의 의무를 지고 있다. 6백만 명이 연로한 부모나 친척을 돌보고 있는 것으로 추정된다. Grayson의 《*Take care*》와 Humphries 외, 《*Social Care for Older People*》을 보라.

15) Age UK, '*Briefing: Health and Care of Older People in England 2017*'(2017년 2월), 〈http://www.ageuk.org.uk/Documents/EN-GB/For-professionals/Research?The_Health_and_Care_of_Older_People_in_England_2016.pdf?dt가=true〉.

16) Lord Carter의 2016년 독립 보고서 결과.

17) Age UK, 《*Briefing: Health and Care of Older People in England 2017*》

18) 위건 지역의 지도자들이 2016년에 나에게 말하기를, 어떤 지역은 많게는 80퍼센트까지 취학 준비가 되어 있지 않다고 했다. 리버풀의 총리 필드(Frank Field)도 같은 문제를 놓고 지역민들과 논의했고 어릴 적 불충분한 돌봄이 어떻게 훗날까지 빈곤으로 지속되는가에 대해 조명했다. 필드의 'The Foundation Years: Preventing Poor Children becoming Poor Adult: The Report of the Independent Review on Poverty and Life Chances, Cabinet Office(2010)'을 보라. 〈https://www.bl.uk/collection-items/foundation-years-preventing-poor-children-becoming-poor-adults-the-report-of-the-independent-review-on-povery-and-life-chances〉.

19) 영국 전역에 걸쳐 푸드뱅크를 운영하는 자선단체인 트러셀 트루스트(Trussell Trust)는 정기적으로 통계치를 보고한다. 2017년 연말통계에 의하면 이 기관은 2016~17 회계연도에 118만2,954명에게 비상식량을 제공했다. 〈https://www.trusselltrust.org/news-and-blog/latest-stats/end-year-stats/〉. 조지프 로운트리 재단(Joseph Rowntree Foundation)은 현대적 빈곤의 여러 모습에 대해 구체적으로 소개하고 있다. 'UK Poverty 2017'을 보라, 〈https://www.jrf.org.uk/report/uk-poverty-2017〉.

20) Child Poverty Action Group(CPAG)은 국가 데이터를 이용하여 2015~16 회계연도에 영국 아동의 3분의 1이 빈곤가정에서 자라고 있고 그들 중 67퍼센트는 가족 중 누군가 일을 하고 있다고 밝혔다. 〈http://www.cpag.org.uk/child-poverty-facts-and-figures#footnote3_0h34f17〉을 보라. 교육부 데이터에 의하면 빈곤가정의 아동과 그렇지 않은 가정의 아동들 사이에 GCSE 수준에 있어서 28퍼센트의 성취도 차이가 있다. 국가통계 'GCSE and equivalent attainment by pupil characteristics: 2014'(2015년 1월 29일)을 보라, 〈https://www.gov.uk/government/statistics/gcse-and-equivalent-attainment-by-pupil-characteristics-2014〉.

21) 다음을 참조하라. Jonathan Cribb, Andrew Hood, Robert Joyce and Agnes Norris Keiller, 'Living standards, poverty and inequality in the UK: 2017', Institute for Fiscal Studies 보고서R129(2017), 〈https://www.ifs.org.uk/publications/9539〉. 2017년에 옥스팜은 460만 명의 영국민이 장기간 경제적 어려움을 겪는다고 추정했다: 'Oxfam reaction to ONS persistent poverty statistics', 보도자료, 2017년 6월 27일, 〈https://www.oxfam.org.uk/media-centre/press-releases/2017/06/reaction-to-ons-poverty-stats〉. 마지막으로 Joseph Rowntree Foundation, 'UK Poverty 2017', op. cit.'을 보라.

22) Armstrong, 《*The New Poverty*》. 라운트리 재단은 극빈을 다음의 사항들 중 한 달에 두 가지 이상을 경험하는 것으로 정의했다. 노숙 또는 유사노숙, 이틀 이상 하루에 한 끼만 식사하거나 식사를 못함, 5일 이상 난방을 못 하거나 불을 못 켬, 계절에 적절한 옷이나 기본 화장실 용품 없이 지냄. 재단은 인구의 2퍼센트가 극빈을 경험하는 것으로 본다.

23) ONS 데이터에 의하면 거의 7백만 가정 중 3백3십만 가정이 Working Family Tax Credit(근로소득세액공제)를 신청했다. 그 결과 영국 내 가정의 40퍼센트가 연소득이 최고 1만5천 파운드에 미치는 복지제도의 혜택을 받았다; 이들 중 2백7십만 가정은 미성년 자녀가 있는 가정이다. 'In receipt of tax credits'를 보라, The Poverty Site, 〈http://www.poverty.org.uk/15/index.shtml〉; 또한 다음을 보라. Andrew Hood and Agnes Norris Keiller, 'A survey of the UK benefit system', IFS Briefing Note BN1392(2016)', 〈https://www.ifs.org.uk/bns/bn13.pdf〉.

24) 2016년에는 정부 복지지출의 1퍼센트(30억 파운드, 이 수치는 2018년에는 23억 파운드로 내려갈 것으로 추정됨)를 실업급여가 차지했다. 영국통계청은 이것이 일반대중이 추정하는 것보다 언제나 낮은 액수임을 밝혀왔다: ONS, 'Families and households in the UK: 2016'. 혜택의 33퍼센트가 노동자들에게 지급되고 46퍼센트가 연금수령자들에게 지급된다. Hood and Norris, 'A survey of the UK benefit system'.

25) GMB 노조의 ONS 데이터 분석 결과 2006년과 2016년 사이에 임금이 평균 14퍼센트 하락한 것으로 나타났다. 소득이 가장 많이 (20퍼센트나 그 이상) 하락한 직업은 검안사, 공장노동자, 회계사, 그리고 법조계와 금융부문 종사자 등이었다: '2016 average earnings for majority of occupations well below 2007 levels', GMB Southern Region website, 3 January 2017, 〈https://www.gmb-southern.org.uk/2016-average-earnings-for-majority-of-occupationswell-below-2007-levels/〉.

26) 새비지(Savage)는 저서 《*Social Class in the 21st Century*》에서 BBC Great British Class Survey를 분석했다. 그는 급격하게 심각해지는 불평등이 어떻게 계층을 재생산하는지, 그리고 그 과정에서 영국 빈곤의 본질을 어떻게 변환시키는지 그 경로를 밝혔다.

27) 2017년에 〈텔레그래프*Telegraph*〉지는 7~8만 파운드 소득자들은 자신들이 '가난하다'고 느낀다고 보도했다: Helena Horton, 'Does earning £70k a year make you rich? Piers Morgan joins debate started by Labour', *Daily Telegraph*, 26 April 2017. 미국에서는 존 윌리엄스(Joan Williams)가 가난하지는 않지만 소득은 줄어든 사람들(미국의 중위 53퍼센트를 이루고 연소득 4만1천~13만2천 파운드인 사람들)의 소외에 대해 글을 썼다('What So Many People Don't Get About the US Working Class'도 보라). 영국에서는 3만2천~9만 파운드를 벌며 두 자녀가 있는 가정들이 같은 집단에 해당하고 그들은 힘들어하지만 어떤 정당에게도 우선 고려 대상이 아니다.

28) Offer, 《*The Challenge of Alluence*》. 불평등이 우리 모두에게 어떤 영향을 끼치는지에 대해서는 Wilkinson과 Pickett, 《*The Spirit Level*》을 보라.

29) Marmot, 《*The Health Gap*》, Wilkinson, 《*The Impact of Inequality*》.

30) Esping-Andersen, 《*Why We Need a New Welfare State*》.

31) 피케티(Piketty)의 《21세기 자본*Capitalism in the Twenty-First Century*》과 돌링(Dorling)의 《*The Equality Effect*》는 빈곤을 이해하고 그 장기적 영향을 이해하는 데 있어서 소득보다는 재산의 불평등을 검토하는 것이 중요함을 강조했다.

32) Rodin, 《*Free, Perfect and Now*》.

33) 정신건강 영역의 예를 들면, 한편에선 필요에 부응하겠다는 좋은 의도로, 모든 사람들이 상담치료를 받

을 수 있도록 하겠다고 선언하면서 동시에 다른 한편에서는 심리학자와 정신분석가 훈련을 위한 공공 재정의 지원 중단을 계획하는 토의가 이루어지는 식이다. 영국과 다른 나라들의 평가에 의하면 일반 정신건강 관련 치료사들이 제공한 단기 인지행동치료가 훈련받은 전문가들이 제공한 것에 비해 치료 효과 지속 기간이 짧았다. 일례로 P. Fonagy 등이 저술한 'Pragmatic randomized controlled trial of long- term psychoanalytic psychotherapy for treatment- resistant depression: the Tavistock Adult Depression Study (TADS)', *World Psychiatry*, 14:3 (2015)를 보라.

34) Lankelly Chase Foundation과 Dartington Social Research Unit는 주요 서비스들이 얼마나 자주 가장 도움을 필요로 하는 사람들을 무시하는지 알려준다. Little, Sandu, Truesdale의 《*Bringing Everything I Am into One Place*》를 보라.

35) 베버리지의 2차 보고서《*Full Employment in a Free Society*》(1944)는 고용 문제를 한층 심도 있게 다루었고 총 노동공급의 생산에 걸맞은 새로운 형태의 국가재정 형태를 제안했다. 전시 연합정부는 이 제안을 거부했고 베버리지의 보고서가 주목받지 못하게 하기 위해 고용에 관한 자신들의 보고서를 급하게 출판했다.

36) 나는 베버리지의 3차 보고서와 관련지어, 그리고 미래 체계에 디지털 사회적 생산 기반이 감당할 역할의 중요성을 강조하는 의미에서 파티서플 선언문을 *Beveridge 4.0*이라 명명했다.

2부

실험 1: 가족의 삶

37) 이들 전문가들은 주거지원 담당자, 퇴거관리팀, 주택대출관리팀, 주거지원 연계담당자가 포함되며 각 자녀 담당 사회복지사, 성인 담당 사회복지사, 양육지원 담당자, 대리양육자 연계팀 및 이와 관련된 주거지원 담당자가 포함된다. 또한 두 명의 자녀에게는 청소년 서비스 담당자, 큰 아이에게는 커넥션즈(13-19세 청소년 지원사업-옮긴이) 담당자, 학교 연계 담당자와 학교 밖 청소년 담당팀, 가정 내 학습지원 활동가, 교육복지사가 관여한다. 이 외에도 성인대상 학습 및 기술지원 담당자, 순회 보건의와 치과의사, 만성질환 담당자, 성건강 서비스 담당자, 케이틀린에게 아동청소년 정신건강 담당자, 제스에게 방문보건관리인, 조산원, 지역간호사, 엘라에게는 성인 정신건강 담당자, 약물 및 알코올중독 관련 서비스, 응급상황관리 서비스(특히 화재예방 서비스는 정기적으로 방문한다), 경찰 및 지역 치안연계 담당자, 취업지원 상담사, 복지배분기관 담당자, 채무관리 서비스(주택대출 관리인과는 다른 것임), 지역사회 안전관리팀, 청소년범죄예방팀, 보호관찰팀, 기타 형사사법기관 담당자, 아동가족법원 상담지원 서비스 담당자 등이 있다.

38) 사회학자 울리히 벡(Ulrich Beck)은 아내 엘리자베스 벡 게른스하임(Beck-Gernsheim)과 함께 쓴 책《사랑은 지독한, 그러나 너무나 정상적인 혼란*The Normal Chaos of Love*》(새물결, 1999)에서 "가정은 날로 해체되고 있지만 동시에 높이 숭앙되고 있다"고 말했다. 또 그는 우리가 가정에서 겪는 정서적 혼란은 개인의 성격이나 아동기 경험에 기인하는 배타적인 것이 아니라 오히려 사랑과 관계를 통해 자본주의의 압력으로부터 벗어나려는 노력의 결과이며 그렇기에 종국에는 좌절할 수밖에 없다고 주장했다.

39) Keith Perry, 'Top head attacks pushy "snowplough" parents', *Daily Telegraph*, 2014년 11

월 28일자.

40) Carolyn Pape Cowan and Philip A. Cowan, 'Prevention: intervening with couples at challenging family transition points', in Balfour, Morgan and Vincent (eds), 《*How Couple Relationships Shape Our World*》.

41) Cost of Family Failure Index, 'Cost of Family Failure 2016: £48 billion - and still rising', Relationships Foundation, 〈http://www.relationshipsfoundation.org/family- policy/cost-of- family- failure- index/〉.

42) 영국에서 사회적 돌봄을 받는 아이들은 교육적 성취, 취업, 그리고 건강을 포함한 모든 전통적인 성과 척도 결과치에서 낮은 점수를 보인다. 이러한 통계치에도 불구하고 최근 수십 년 동안 사회적 돌봄에 의뢰된 아동과 아동보호국에 신고된 아동들의 숫자가 늘어났고 당국은 그 대응에 어려움을 겪고 있다. 지방정부로부터 공개 허가를 얻어 입수한 정보에 의하면 다섯 명 중 한 명의 어린이가 다섯 번째 생일이 되기 전에 아동보호국에 보고된다는 것을 알 수 있다. 보고가 곧 도움으로 귀결되지는 않는다. 오히려 그것은 경제적으로 빈곤한 영국의 일부 지역에서 근근이 살아가는 상당한 수의 가족들에게 두려움과 수치심의 순환이 시작되는 것을 의미한다. 이 아이들 중 3.5퍼센트만이 아동보호 계획이 필요하다고 생각되지만, 관리대상으로 등록되는 것에 따라오는 오명은 이미 빈곤으로 인해 고통받고 있는 식구들에게 큰 충격이 된다. Bilson and Martin, 'Referrals and Child Protection in England'

43) 2009년 현재 돌아가고 있는 20개 부서는 아동복지 서비스, 청소년 정신건강, 교육복지, 청소년 서비스, 학교, 커넥션즈, 마약 및 알코올 팀, 보편적 보건 서비스, 급성 보건 서비스, 고용지원센터, 부채 상담 서비스, 성인복지 서비스, 성인 정신건강 서비스, 보호관찰, 성인 학습 및 기술 서비스, 주거지원 서비스, 경찰 및 지역사회 안전, CAFCASC 사법 서비스 및 지방정부의 특수교육 서비스 등이다.

44) 'Children in care', National Audit Office report (2014년 11월), 〈https://www.nao.org.uk/wp-content/uploads/2014/11/Children-in-care1.pdf〉.

45) 나는 일관된 비교를 위해 전체적으로 2009년 통계치를 사용했다.

46) 각각의 실험은 아이디어가 좀 더 발전되어 실천 모델이나 프로그램 형태로 만들어진 시점에서 이름이 붙여졌다. 명칭은 다소 자의적으로 붙여졌는데 웹의 설계나 다른 인터페이스를 고려한 URL의 가용성 및 도구의 공유를 고려해야 했다. 가족과의 작업인 라이프와 어르신 활동인 서클의 경우에는 이 작업이 새로운 지역들에서 적용되면서 파티서플에서 떨어져 나와 사회적기업으로 독립했다.

47) Menzies Lyth, 《*Social Systems as a Defense Against Anxiety*》

48) 같은 책.

49) 같은 책.

50) 참여 지역들은 각자 자기 지역의 라이프 프로그램에 자금을 지원했기 때문에 각 지역마다 비용은 조금씩 다를 수 있다.

51) 그 예로는 Family Intervention Programmes이나 Troubled Families Initiative 등이 있다.

52) 라이프 팀은 파티서플에서 독립하여 자체 데이터를 수집했다. 파티서플이 데이터를 수집한 마지막 해는 2012/13년이었다. 그해의 자료들은 독립적인 법적 데이터와 가족능력 평가도구에 의거하여 인생이 바뀐 130명의 가족들을 보여준다. 그해 스윈던의 지표를 보면 참여가정의 93퍼센트가 지역보건소에 등록했고, 31퍼센트는 아동보호계획을 취소할 수 있게 되었다. 주거지로부터의 퇴거명령자가 60퍼센트 감소하였으며 경찰에의 출두 명령이 63퍼센트 감소, 학교 출석률 38퍼센트 증가, 퇴학당한 자녀들의 19퍼센트가 다시 일반학교에 복학, 그리고 지속적인 고용에서 9퍼센트의 증가를 보였다. 위건의 경우는 참여가정의 100퍼센트가 지역보건소에 등록했다. 아동보호계획 사례의 60퍼센트가 호전되었

고, 참여가정의 80퍼센트가 체납된 임대료를 지불하기 시작했다. 학교 밖 학생의 35퍼센트 감소, 약물 오남용과 정신건강 문제에 대해 지속적인 지원을 요구한 가정이 75퍼센트 증가, 가정폭력 33퍼센트 감소 그리고 고용 25퍼센트 증가 등도 나타났다.

실험 2 : 성장하기

53) 유니세프는 2007년에 아동 웰빙에 대한 첫 보고서를 내놓았다. 그해에 영국은 29개국 중 29위로 이 리그에서 바닥을 차지했다. 2013년 조사에서 순위는 좀 올랐지만 저자들은 '여전히 갈 길이 멀다'고 결론 내렸다. UK Children's Society에서 실시한 조사에 의하면 아동의 불행감과 십대에 대한 부모들의 태만문제가 상당한 것으로 나타났다. 'Promoting positive well- being for children: A report for decision- makers in parliament, central government and local areas'를 보라. 〈https://www.childrenssociety.org.uk/sites/default/files/tcs/promoting_positive_well-being_for_children_final.pdf〉.

54) 'UK is accused of failing children' BBC 뉴스 웹사이트, 2007년 2월14일, 〈http://news.bbc.co.uk/1/hi/6359363.stm〉.

55) 정부의 지출에 대한 공약은 수 차례에 걸쳐 공표되다 보니 정부가 언제 새로운 돈을 약속하는지 알아내기가 어렵다. 청소년들에게 갈 곳을 만들어준다고 했을 당시에는 1억8천5백만 파운드를 추가 지출하는 것에 대해 의논했다. 다른 발표를 통해서는 새로운 청소년센터들에 총 6천만 파운드를 투입하겠다고 했다.

56) 버밍엄 시의회의 총수였던 마크 로저스(Mark Rogers)는 2016년 12월 〈가디언〉지를 통해 버밍엄 시에 단 두 개의 청소년센터만이 남았다고 했다. 그는 이렇게 말했다. "청소년 서비스는 거의 다 사라졌다. 수십개의 청소년 서비스가 있던 2010년만 해도 영국에서 모범적인 프로그램으로 인정받았을 것이다. 지금은 두 개의 청소년센터가 있는데, 이마저도 축소될 수 있다." Amelia Gentleman, 'Birmingham council chief: years of cuts could have catastrophic consequences', *Guardian*, 2016년 12월 12일 자도 참고하라.

57) 2007년 8월, 정부 집계에 의하면 이른바 니트족(직장, 학교, 또는 직업훈련 중에 있지 않은)이라 불리는 청소년들이 79만 명에 이른다: 'NEET: Young People Not in Education, Employment or Training', House of Commons research briefing, 2017년 8월 24일, 〈http://researchbriefings.parliament.uk/ResearchBriefing/Summary/SN06705〉. 니트족에게 드는 비용에 대해서는 여러 논란이 있다. University of York에서 감사위원회에 제출한 심층조사 프로젝트에 의하면 국고에서 부담해야 하는 비용이 연 120억에서 320억 파운드 사이인 것으로 보고되었다. Bob Coles, Christine Godfrey, Antonia Keung, Steven Parrott, Jonathan Bradshw의 'Executive Summary: Estimating the life- time cost of NEET: 16-8 year olds not in Education, Employment or Training'(2010년 7월), 〈https://www.york.ac.uk/inst/spru/research/pdf/NEET_Summary.pdf〉.

58) 사회학자이자 인류학자인 피에르 부르디외(Pierre Bourdieu)는 처음으로 1970년대에 결속적 자본과 교량적 자본을 구분해서 말했고, 이후 사회망과 관계에 관심을 가진 사람들이 그의 업적을 바탕으로 연구를 이어나갔다.

59) 새비지의 영국 계층 조사(Great British Class Survey) 분석은 소득과 직업이 어디에 거주하는가와 누구

를 아는가에 어떻게 영향을 끼치는지 보여준다. 새비지는, 상위 계층의 모든 사람들이 그 계층의 모두를 알고 지내는 것이라고 주장하지는 않는다. 단, 엘리트 층 구성원들은 약하지만 광범위한 연결망에 닿아있다고 설명한다. Savage, 《*Social Class in the 21st Century*》.

60) 퍼트넘, 《우리 아이들*Our Kids*》(페이퍼로드, 2017)

61) 같은 책.

62) 일례로, 정부가 2005년 7월부터 11월까지 운영한 'Youth Matters'에 대한 자문을 들 수 있다. 이 대정부 자문에는 1만9천 명 이상의 청(소)년들이 응답하여 가장 큰 규모의 응답자수를 보인 자문 중 하나이다.

63) 예를들어 파인스타인(Feinstein) 외의 글을 보면, 청소년센터에 참여한 사람들이 다른 변수들을 통제하고도 성인기 성과가 더 안 좋았다. 청소년센터가 언제나 부정적이라는 것은 아니다. 청소년센터 책임자와 구성과 활동에 달렸다는 것이다. 청소년센터의 숫자를 늘리는 것이 해결책이 아닐 수도 있고 젊은이들의 행복한 미래를 뒷받침하는 것도 아닐지 모른다. Feinstein, Bynner, & Duckworth, 'Leisure Contexts and Adolescents'.

64) Bronfenbrenner는 《*The Ecology of Human Development*》에서 서로 다른 역할들의 마술, 즉 사회관계망과 서로 다른 상황에서의 지원체계의 중요성에 대해 이야기한다. 광범위한 학술문헌을 조사한 Lerner와 Galambos는 'Adolescent development'란 글에서 위기 청소년들이 문제들에 성공적으로 대응할 수 있고 사회 정서적으로 통합할 수 있는 기회가 주어진다면 발전할 수 있다고 결론내렸다. Carol Dweck은 《*Mindset*》에서 시도와 반복적 재시도의 과정을 아우르는 개념으로 학습과 발달을 이해할 필요가 있으며, 이것이 무엇이 가능한지에 대한 우리의 태도를 바꾸게 한다고 주장한다.

65) 'The Harlem Children's Zone'은 Geoffrey Canada에 의해 1990년 할렘의 한 구역에서 시작되었으며 97개 구역으로 확대되어왔다. 수천 명의 아동과 성인들이 여기에 참여하는 가운데 이 프로젝트는 지역사회에서 기회를 새로 만들려 하기보다 현재의 서비스들을 탐색하는 일을 돕는 데 초점을 두고 있으며, 젊은이들에게서 개선된 성과는 측정이 가능하고 또 지속적이었다. 〈www.hcz.org〉

66) 다음을 보시오. Takeshi Tamura and Annie Lau, 'Connectedness Versus Separateness: Applicability of Family Therapy to Japanese Families', Family Process, 31:4 (December 1992); 그리고〈www.salaodoencontro.org.br〉. '만남의 장소(Salaodoencontro)' 프로젝트는 모든 연령의 주민들과 지역사회 전체가 한곳에 모이는 것을 강조한다. 여기서의 활동은 형식적인 학습뿐 아니라 창의적인 공작 활동과 비형식적인 사교도 포함된다.

67) Donald Schon의 《*The Reflective Practitioner*》는 성찰에 관한 고전적인 글로 간주된다. 이 분야는 의료 종사자, 사회복지사, 교육자, 정책입안자 등 많은 사람들이 그 작업 도구와 방법의 응용 가능성을 발견하면서 다양하게 발전했다. 그 예로 다음을 보라. Sarah L. Ash, Patti H. Clayton and Maxine P. Atkinson, 'Integrating Reflection and Assessment to Capture and Improve Student Learning', *Michigan Journal of Community Service Learning*, 11:2 (spring 2005).

68) 우리는 전체 프로토타입에 기초하여 루프스 확장 계획을 만들었다. 경험을 촉진하고 성찰협조자의 역할을 맡을 수 있는 자원봉사자들의 참여를 동반할 때 3명으로 구성된 소규모 핵심 팀만으로 루프스를 지원할 수 있다. 거의 모든 경험이 재능기부 형식으로 제공될 것이다. 초기에 설계 및 설정 비용이 선지급되고 시간이 지남에 따라 참여자가 증가한다는 점을 감안할 때, 비용은 차츰 감소할 것으로 예상된다. 따라서 첫 해 비용은 1인당 1,690파운드, 두 번째 해에는 661파운드, 그리고 세 번째 해에는 52파운드가 될 것이다. 증가된 참여자들은 동일한 인프라를 사용할 수 있으므로, 비용은 시간이 지남에 따라 더욱 감소할 것이다. 그러나 2014년 인구 조사 데이터를 바탕으로 대략적인 계산을 하면 영

국의 12~24세의 모든 사람들에게 루프스를 제공하는 데 50만 파운드 미만일 것이라고 추정할 수 있다.

실험 3 : 좋은 일

69) Institute for Fiscal Studies가 분석한 HM Treasury의 데이터에 따르면 2015-2016 회계연도에 영국 복지지출은 2천억 파운드로 정부의 단일 영역 지출 중에서는 가장 큰 액수이다. 실업자를 위한 복지지출액은 23억 파운드로 복지 예산의 1.11퍼센트를 차지한다. Andrew Hood and Agnes Norris Keiller, 'A survey of the UK benefit system', IFSBriefing Note BN13(2016), 〈https://www.ifs.org.uk/bns/bn13.pdf〉.

70) 관련 부서가 워낙 많고 공공 분야에 들어와 있는 외주들의 복잡성을 고려할 때, 복지급여 제도 운영에 들어가는 총비용을 정확히 계산해내는 것은 불가능하다. 2016~2017 회계연도 노동연금부 연간보고서에 의하면 66억 파운드가 집행비, 인건비, 외주계약비로 쓰였다. 여기에는 저소득층을 위한 기본생활비인 보편적 수당을 실행하는 데 쓰이게 될 158억 파운드와 외주를 따낸 사설기관들의 30억 파운드가 넘는 인건비나 행정비용은 포함되어 있지 않다(White, 《*Shadow State*》).

71) Guy Miscampbell (2014). 복지연맹: 개별화를 위한 다음 단계. Ruth Porter(편). 런던: Policy Exchange.

72) '직업상담원'중에서, 몬티 파이톤의 날아다니는 서커스Monty Pythons' Flying Circus, 시리즈1, 10화(1969).

73) 2018년 1월 영국통계청은 144만 명이 실업 상태이며 이중 38만4천 명은 12개월 이상 실업 상태인 장기실업자인 것으로 추정했다: 'Statistical bulletin: UK labour market, 2018년 1월', 〈https://www.ons.gov.uk/employmentandlabourmarket/peopleinwork/employmentandemployeetypes/bulletins/uklabourmarket/january2018#unemployment〉.

74) The Freud Report는 장기실업 관련 사회적비용을 고려할 때, 장기실업자 고용사업에 6만2천 파운드를 지출하는 것이 합리적이라고 제안했다. David Freud, 《*Reducing Dependency, Increasing Opportunity: Options for the Future of Welfare to Work. An Independent Report to the Department for Work and Pensions*》(2007). 회사들은 돕기 어려운 사람들에게 일자리를 찾아주면 1만3천 파운드 정도를 받는다.

75) 모든 주요 컨설팅 회사에는 복지 서비스의 혁신과 전달을 담당하는 팀이 있지만 비용은 확인하기 어렵다. 2014년, 정보공개법에 따른 정보공개 요청에 의해 NHS는 2010년 3억3천만 파운드에서 2014년 6억4천만 파운드로 컨설팅 지출이 증가했다고 밝혔다 (David Oliver, 'Awkward questions about NHS management consultancy', BMJ, 355(2016)). 2016년 BBC의 조사도 중앙정부, 지방정부, 그리고 컨설팅 업계의 밀착 관계에 대해 폭로했다. 복지수급 체계를 구조조정하기 위한 재정은 공적 영역에 속해 있지 않으나 2013년 영국감사원의 기록에 의하면 노동연금부는 컨설팅 회사 G4S, Capita 그리고 Atos와 계약을 맺어 1억 파운드 이상을 지출했다(White, 《*Shadow State*》에서 인용).

76) 'Lean Construction-A contractor's perspective', Chartered Institute of Procurement and Supply, 〈https://www.cips.org/Documents/Membership/BLLLEAN_CONSTRUCTION_-_final-1.pdf〉.

77) 'Universal Credit introduced', Department of Work and Pensions press release, 5 October

2010, 〈https://www.gov.uk/government/news/universal- credit- introduced〉.

78) Emma Norris, 'What's next for Universal Credit?', Institute for Government 블로그에서, 2016년 3월 21일, 〈https://www.instituteforgovernment.org.uk/blog/what-next-universal-credit〉. 영국 내각의 2013-14 회계연도 주요 사업 검토에서 보편적 수당을 처음부터 다시 검토할 카테고리로 간주했고, 이로써 보편적 수당에 대한 실행계획을 멈추고 다시 고안해야 할 필요성을 공식인정한 셈이 되었다. 'Major Projects Authority Annual Report 2014-15', Cabinet Office (2015), 〈https://www.gov.uk/government/uploads/system/uploads/attachment_data/file/438333/Major_Projects_Authority_Report_2015.pdf〉를 보라.

79) 'A4e 직원들, 노동연금부 직업훈련 사기죄로 구속', BBC 뉴스 웹사이트, 2015년 3월 15일, 〈http://www.bbc.co.uk/news/uk-england-32139244〉.

80) D'Arcy and Finch, 《*The Great Escape?*》 Social Mobility Commission은 2017년에, 여섯 명 중 한 명만이 저임금 일자리에서 나와 지속적 발전을 할 수 있다고 밝혔다. 대부분의 사람들에게 사다리의 첫 번째 단계만이 있을 뿐이다.

81) IFS 데이터를 보면 2015~16 회계연도에 거의 4백50만 가정이 근로소득세액공제를 신청할 자격이 된다: Hood and Keiller, 'A survey of the UK benefit system', 앞의 글. 근로소득 세액공제는 임금이 너무 적어 생활하기가 어려운 경우 지급되는 혜택이다.

82) IFS 데이터를 보면 2천3십만 가정(모든 가정의 64퍼센트)이 어떤 형태로든 혜택을 받고 있고, 이들 중 8백70만은 연금을 받는 가정들이다. 9백60만 가정(모든 가정의 30퍼센트 이상)은 각종 수혜가 전체 가정소득의 절반 이상을 차지한다. 'Benefits in Britain: separating the facts from the fiction', 〈*Observer*〉지, 2013년 4월 6일.

83) 이것이 Erik Brynjoflsson and Andrew McAfee가 《*Race Against The Machine*》에서 주장하는 바이다.

84) Perez, C. (2016). 'Capitalism, Technology and a Green Global Golden Age'

85) 2011년 〈*Harvard Business Review*〉지는 영국의 광고되지 않는 '감추어진 노동시장'을 조명했다: John Lees, 'Crack the Hidden Job Market', *Harvard Business Review*, 2011년 8월 5일. British Federation of Small Businesses는 회원 기업들이 입소문으로(37퍼센트) 또는 기존 사원들을 통해(31퍼센트) 구인한다고 밝혔다: 'The job centre is not working: Reform Jobcentre Plus and Reconnect Job Seekers with Job Creators', FSB report, 〈http://www.fsb.org.uk/LegacySitePath/policy/assets/fsb%20report%20-%20reform%20the%20job%20centre.pdf〉. 영국 소기업들의 17퍼센트만이 고용지원센터를 통해 구인광고를 낸다. 이것은 영국 대부분의 기업들(84퍼센트)이 소기업(피고용인 250명 이하)이고, 대부분의 일자리가 소기업에서 창출된다는 점을 감안할 때 중요한 지점이다. 2013년 〈*Wall Street Journal*〉지에서도 조명했듯이 광고를 내지 않는 것은 영국만의 경향은 아니다: Lauren Weber and Leslie Kwoh, 'Beware the Phantom Job Listing: Jobs Go Unadvertised as Managers Rely on Their Own Contacts', 〈*Wall Street Journal*〉지, 2013년 1월 8일.

86) 링크드인의 2014년 데이터에 의하면, 사회적 관계망을 이용한 사람들이 양질의 일자리에 38퍼센트 더 고용된다. 또 2014년에 사회적 관계망을 이용하여 고용된 사람들은 2011년에 비해 73퍼센트 증가했다: '2015 Global Recruiting Trends', LinkedIn Talent Solutions 4th Annual Report, 〈https://business.linkedin.com/content/dam/business/talent-solutions/global/en_US/c/pdfs/recruiting-trends-global-linkedin-2015.pdf〉.

87) 'My big fat career: How individuals can survive in the new world of work', 〈*Economist*〉지, 2011년 9월 10일.

88) 당신의 웰빙을 생각해주는 사람에 의해 관찰되는 과정만으로도 비록 단기적이긴 하지만 당신에게 긍정적인 효과가 있다고 보고된 바 있다. 호손 효과(Hawthorne effect)라고 알려진 현상으로, 1920년대 시카고의 호손 전자기기공장에서 수행된 연구 이후에 붙여진 이름이다. 호손 효과가 실제 존재하는가에 대해서는 많은 논란이 있어왔다. 학술연구들에 대한 2014년 조사는, "연구에 참여한다는 자체의 효과가 존재한다는 결론을 내린다, 그 효과가 어떤 조건하에 나타나는지에 대해서는 아는 바가 거의 없지만": Jim McCambridge, John Whitton and Diana R. Elbourne, 'Systematic review of the Hawthorne effect: New concepts are needed to study research participation effects', *Journal of Clinical Epidemiology*, 67:3(2017).

89) 일례로, Michael Marmot은 일과 건강의 관련성에 관한 다수의 중요 논문들을 내놓았다. 《*Status Syndrome and The Heath Gap*》을 보라. 그의 Whitehall 연구는 직장에서의 지위와 건강 간의 연관성을 보여주었다. 위계의 바닥에 있는 공무원들은 건강이 더 나쁘고 수명도 더 짧다. 《*The Challenge of Affluence*》에서 Avener Offer는 그의 기존 연구들에 대한 광범위한 분석을 통해, 좋은 일과 관련된 긍정적인 사회적 지위가 기대수명과 건강에 분명히 유리하다고 결론지었다. 저임금의 일을 한 경험이 있는 언론인 Polly Toynbee는 저임금직들에 따라오는 불안과 스트레스에 대해 이야기했다. Toynbee의 《*Hard Work*》을 보라.

90) Smith, 《*The Wealth of Nations*》.

91) David Graeber, 'On the Phenomenon of Bullshit Jobs'. 내가 함께한 많은 이들이 비인격적이거나 착취적인 일을 경험했던 '일 같지도 않은 일' 또는 '삽질'에 대해 이야기했다.

92) Sennett, 《*The Craftsman*》.

93) DiTomaso, 《*The American Non-Dilemma*》. Brookings Institution의 Richard Reeves는 사회의 상위 20퍼센트가 어떻게 관계망을 활용해서 더 나은 교육, 직업, 인턴십, 주거에 접근하는지에 관한 연구에서 그의 표현을 차용했다. Reeves의 《*Dream Hoarders*》을 보라.

94) 새비지는 저서 《*Social Class in the 21st Century*》에서 법률이나 금융과 같은 영국의 엘리트 직종에서 어떤 식으로 계층 내부의 관계망을 활용해 인력을 채용하는지 보여준다. "특정 일자리에 경제적 자본이 많이 연관되어 있을수록, 특권층 내에서 사람을 뽑는 경향이 강하다"고 하면서. 새비지의 데이터를 보면 교육으로도 계층의 관계망을 뚫을 수 없다. 다시 말해, 노동자 계층 출신인 옥스퍼드대 졸업생의 경우 다리를 놓아주는 연줄이 없으면 대학에도 못 간 연줄 있는 부자 동료들에 비해 힘들게 산다.

95) 소프트 스킬과 하드 스킬의 획득 및 활용 능력 사이의 연관성을 보여주는 문헌이 이미 방대하고, 점점 많아지고 있다. 그 예로는 Angela L. Duckworth, Christopher Peterson, Michael D. Matthews and Dennis R. Kelly의 "Grit: Perseverance and passion for long-term goals", *Journal of Personality and Social Psychology*, 92:6 (2007), James J. Heckman, Tim Kautz의 "Hard evidence on soft skills", *Labour Economics*, 19:4 (2012), H. Holzer, D. Wissoker의 "Non-cognitive skills and employer hiring behavior in the low-wage labor market: A preliminary exploration", Joint Center for Poverty Research, Chicago working paper (2000), Glen R. Waddell의 "Labor-market consequences of poor attitude and low self-esteem in youth", *Economic Inquiry*, 44:1 (2006) 등이 있다.

96) 2014년 영국상공회의소는, 고용인들의 54퍼센트가 젊은 층에게 고용에 있어서 필수적인 부드러운 기술이 부족하다고 봤다고 보고했다. 'Developing the Talents of the Next Generation'이라는 인

포그래픽을 보라〈http://www.britishchambers.org.uk/assets/downloads/J4990%20-%20A4%20BCC%20WORKFORCE%20SURVEY%20INFOGRAPHIC%20final.pdf〉.

97) 2015년에 PwC가 수행한 베커 독립평가서의 결론 부분.

98) Go ON UK를 위한 Ipsos MORI(영국에 본사가 있는 국제 시장조사 전문기관-옮긴이)의 보고서, 'Basic Digital Skills: UK Report 2015', 〈https://s3-eu-west-1.amazonaws.com/digitalbirmingham/resources/Basic-Digital-Skills_UK-Report-2015_131015_FINAL.pdf〉.

99) Frey, Carl Benedikt, and Michael A. Osborne. "The future of employment: How susceptible are jobs to computerisation?." *Technological Forecasting and Social Change*, 114 (2017): 254-280.

100) OECD 조사에 의하면 선진국들의 경우 일자리의 9퍼센트가 아직도 자동화될 수 있다고 하는데, 이는 낮긴 하지만 유의미한 수치이다. Arntz, Gregory, Zierahn의 'The Risk of Automation for Jobs in OECD Countries'.

101) Perez, 'Capitalism, Technology and a Green Global Golden Age'. 또한 Perez의 'The double bubble'을 보라.

102) 그 예로 Reed and Lansley의 《*Universal Basic Income*》에 개발되어 소개된 모델을 보라.

103) 경제학자들은 경제에는 고정된 노동의 총량이 있다는 개념을 지칭하여 노동총량의 오류(the lump of labour fallacy)라 부른다. 이 개념은 1890년대에 등장했는데 현대 경제학자들에게도 아직 유용한 개념이다.

104) 예를 들면, 2013년에 결성된 Unite Community는 고용주가 노조 가입을 저해하는 곳의 노동자들을 지원하는 한편, 좀 더 넓은 지역사회 및 교회들과 교류하는 급진적이고 새로운 방법들을 개발해왔다. Stephen Armstrong은 그의 저서 《*The New Poverty*》에, Shirebrook에 있는 Sports Direct 공장의 노동환경 변화를 가져온 Unite의 활동사례를 기록했다.

105) 성인교육 분야에서는 연간 10억 파운드 정도를 보수교육에 지출하지만, 그 분야의 리더들은 그것만으로는 유동적 경제를 따라잡도록 지원하는 것이 구조적으로 어렵다고 우려한다. 우리 실험의 초기에 보수교육이 주변 사업체들과 관계가 거의 없는 경우를 자주 목격했다. 이제 다음 단계는 무엇이냐는 수강생들의 질문에 그들은 상투적으로 "다음 과목을 수강하세요."라고 답했다.

106) 국제적으로는, 4차 산업혁명이라 불리는 디지털 혁명이 불러올 기회와 도전들에 대처하기 위해 조직과 개인들이 어떻게 연대해야 하는지 이미 논의가 진행되고 있다. 일례로 Schwab의 《*The Fourth Industrial Revolution*》과 World Economic Forum의 《*The Future of Jobs*》를 보라.

107) 평가보고서는 베커의 접근법이 '독창적'이었다고 평가하고 다음과 같이 덧붙였다. "다른 이들이 일의 형태, 본질, 지속성을 고려하지 않은 채로 '일이 먼저다'라는 거의 하나의 접근에 치중할 때 베커는 참여자들의 역량을 강화하여 그들이 일을 찾을 뿐 아니라 일을 유지하고 궁극적으로는 이후에도 더 발전할 수 있도록 준비시킴으로써 긍정적인 영향을 끼쳤다."

108) 고용 분야에서는 데이터를 매우 중시하기 때문에, PwC에게 베커만을 위한 독립 평가를 수행하도록 했고, 이 평가를 위해 무작위 통제집단을 활용했다. 2015년에 제출된 이 평가보고서에 의하면 노동 프로그램(the Work Programme)이 1인당 841파운드를 지출하는 데 비해 베커는 1인당 356파운드의 비용이 소요된다. 그러나 이것을 프로그램 단위로 환산하면 베커가 절약하는 비용이 훨씬 더 커진다.

109) A. Fayaz, P. Croft, R.M. Langford, L.J.Donaldson, G.T. Jones (2016). 'Prevalence of chronic pain in the UK: a systematic review and meta- analysis of population studies', *BMJ Open, 6*.

110) The King's Fund의 자료에 의하면 영국 성인 1천5백만 명이 만성질환을 앓고 있다. 60세 이상 성인의 58퍼센트는 한 개 이상의 질환을 갖고 있다. 전체 일반의(醫) 방문의 절반과 입원의 70퍼센트가 만성질환에 관련된 것들이다. 'Long- term conditions and multimorbidity', 〈https://www.kingsfund.org.uk/projects/time-think-differently/trends-disease-and-disability-long-term-conditions-multi-morbidity〉.

111) The King's Fund 조사에 의하면 환자 다섯 명 중 한 명은 MUS로 기록되는데, 이는 외래환자의 53퍼센트에 해당하는 것이고 이로 인해 환자 1인당 평균 2만3,380파운드의 부담액과 31억 파운드의 국민건강보험공단 부담액이 발생한다. Esther Gathogo와 Dr. Charlotte Benjamin, 'Pilot of enhanced GP management of patients with medically unexplained symptoms,' 〈http://www.kingsfund.org.uk/sites/files/kf/esther-gathoro-charlotte-benjamin-pilot-enhanced-gp-management-medically-unexplained-symptoms-kingsfund-may12.pdf〉.

112) 보건종사자들은 평균적으로 15일의 병가를 쓴다. 영국 보건부(Public Health England)는 40파운드마다 1파운드씩은 종사자의 질병 때문에 손실되고 이로 인해 국민건강보험공단은 매년 24억 파운드의 비용을 지출한다고 추정한다. 공단의 관리인은 감당 불가능한 업무로 인한 스트레스 때문에 임상 의료진들보다 병가를 두 배 정도 더 낸다.

113) 일례로 Darzi의 《*High Quality Care for All*》과 Wanless의 'Securing our Future Health'가 있다. 후자는 만성질환 유병률의 상승을 고려한다면 전염병 대처 위주로 고안된 보건 체계를 재고안해야 할 필요성이 있다고 강조한다.

114) 서로 다른 보건 체계의 비용을 국제적으로 비교하기는 어렵다. The King's Fund는 영국의 보건 관련 지출이 GDP의 5퍼센트라고 추정하는데, 이것은 대부분의 다른 유럽 나라들에 비해 적게 지출하는 것이다. OECD 출간 자료로서는 최신인 2013년 자료를 보면, 영국은 GDP의 8.5퍼센트를 공공의료 서비스와 민간의료 서비스에 지출했다. 이로써 영국은 EU의 본래 15개국 중 13위를 차지했다. John Appleby, 'How does NHS spending compare with health spending internationally?', The King's Fund, 2016년 1월 20일, 〈https://www.kingsfund.org.uk/blog/2016/01/how-does-nhs-spending-compare-health-spending-internationally〉.

115) Big White Wall은 Jen Hyatt라는 사회적기업가가 시작했다. 정신건강상의 문제로 고생하는 사람들이 지역사회 내에서 도움을 받도록 하는 온라인 플랫폼인데, 각종 디지털 검사 도구와 당사자들 커뮤니티, 전문가의 도움을 하루 24시간 일주일 내내 제공한다. Bromley-by-bow 센터는 Andrew와 Susan Mawson 부부가 1984년에 시작했다. Bromley-by-bow 지역의 다 죽어가는 교회에 목사로 부임한 Andrew Mawson이 거주민들의 삶을 다방면으로 다루는 건강센터를 만들었다.

116) Kate Lorig, Halsted Holman, David Sobel, Diana Laurent, Virginia Gonzalez, Marian Minor의 《*Living a Healthy Life with Chronic Conditions: Self-Management of Heart Disease, Arthritis, Diabetes, Asthma, Bronchitis, Emphysema and others*》 (Boulder: Bull Publishing, 2006)을 보라.

117) 그 전에 많은 사람들도 사용했지만 국민보건서비스의 총수 Simon Stevens도 이 은유를 사용했다.

Stephen Burke, 'NHS Chief Opens a Huge Can of Worms' 〈*HuffPost*〉지, 2016년 1월 20일.

118) Eric Ries은 《린 스타트업*The Lean Startup*》에서 방향 전환(the pivot)에 대해 설명했다.

119) Lear, 《*Radical Hope*》.

120) 일례로, 높이 평가된 2013년 Cavendish 편람이 있다. 〈https://www.gov.uk/government/uploads/system/uploads/attachment_data/file/236212/Caendish_Review.pdf〉.

121) 보수당의 'Build the Big Society', 《*Invitation to Join the Governemnt of Britain*》.

122) 역량과 보건 분야 전문가인 Venkatapuram은 이렇게 설명한다. "역량 강화 접근의 관점에서 보면 개인의 선택에 대한 도덕적 책임이 개인에게 있는데, 개인의 역량과 상관이 없는 것이 아니라 개인의 역량을 고려하여 그렇다는 것이다. 어떤 결정을 하느냐는 그 사람에게 어떤 선택지들이 있느냐에 달려있다." (《*Health Justice*》)

123) Pearse and Crocker, 《*The Peckham Experiment*》.

124) 페컴 익스페리먼트 설립자들은 더 광범위한 '자체 유지' 프로그램의 일부로 지역사회가 운영비에 기여하는 것이 중요하다고 믿었다. 그들은 이 운영비를 질병과 관련된 비용과 구분시켰는데, 질병 관련 비용은 제대로 기능하는 민주주의 국가라면 국가가 감당해야 할 몫이라고 주장했다. 같은 책.

125) 일례로 Christopher Bollas는 "끊임없이 흘러나오는 단어들은 무제한의 연상을 불러일으키는 신호체계들로서, 정확한 의미를 내포한 특수한 연관성들을 암시함으로써 어떤 심상을 형성하여 나를 낯설게 얽혀 있는 복합적인 심상들이 형상화된 세계로 안내한다."라고 이야기한다. Bollas, 《*Being a Character*》.

126) 전등의 발명과정에 대한 이야기는 Dweck의 《*Mindset*》에 소개되어 있다.

127) Lear, 《*Happiness, Death and the Remainder of Life*》.

128) 일례로, Andrew Cooper가 사회사업에서의 이 주제에 대해 쓴 것을 보라.

129) Illich, 《*Limits to Modern Medicine*》.

130) Christakis and Fowler, 《*Connected*》.

131) Vaillant, 《*Triumphs of Experience*》.

132) 소규모이지만 웰로그램 참여 비용은 1인당 20파운드였다. 지역의 일반의에게 진찰을 받는 데는 예약진료 1회당 약 45파운드가 들며 미확진 증상으로 지역의 큰 병원에 의뢰될 때는 환자 1인당 2천 파운드 정도가 든다.

133) 이 자료는 웰로그램 참여자들의 진료기록과 역량평가를 통해 수집된 것이다.

134) 이 수치들은 2017년 집필 당시 공공영역에 대한 통계치이다.

135) 일례로, Humphries et al.의 《*Social Care for Older People*》을 보라.

실험 5 : 잘 늙어가기

136) Rinpoche, 《*The Tibetan Book of Living and Dying*》.

137) Centre for Economics and Business Research, "2016년 현재 이른바 '부모은행'은 50억 파운드의 주택담보를 창출하고 모든 영국 내 자산 구입의 25퍼센트를 차지하고 있다." 2016년 5월 3일, 〈https://www.cebr.com/reports/the-bank-of-mum-and-dad-is-not-a-5bn-uk-mortgage-lender-and-will-beinvolved-in-25-of-all-uk-property-purchases-in-2016/〉. 부모은행은 25퍼센트의 주택담보대출 거래에 대한 책임도 떠맡고 있다.

138) 《*A Sure Start to Later Life: Ending Inequalities for Older People. A Social Exlusion Unit Final Report*》 (London: Office of the Deputy Prime Minister, 2006), 〈http://www.cpa.org.uk/cpa/seu_final_report.pdf〉. 또 Christina Victor의 'Loneliness in old age: the UK perspective'를 비롯한 다음 자료들을 참조하라. 《*Safeguarding the Convoy: A Call to Action from the Campaign to End Loneliness*》 (Abingdon: Age UK Oxfordshire, 2011); Christina Victor, Ann Bowling, S. Scambler and J. Bond, 《*Loneliness, Social Isolation and Living Alone in Late Life*》 (Sheffield: ESRC Growing Older Programme, 2003).

139) The World Health Organization의 'Mental health of older adults' fact sheet (December 2017)는 고독과 사회적 고립 그리고 치매를 포함한 다른 질환들이 서로 연결되어 있음을 보여준다. 〈http://www.who.int/mediacentre/factsheets/fs381/en/〉. 고독은 서구사회에서 삶의 전반에 영향을 미치는 문제이다. 반면 산업화와 도시화의 대세 속에 있는 중국과 같은 나라들에서는 시골 마을에 홀로 남겨진 노인이라는 더 심각한 문제에 직면해 있다.

140) Adrienne Rich, 'Song'. 시집 《*Diving into the Wreck: Poems 1971~1972*》 (New York: W. W. Norton, 1973) 중에서.

141) Andrew Hood and Agnes Norris Keiller는 2016년에 국가의 기본연금이 주당 71.50파운드에서 119.30파운드 사이였다고 말한다. 다음 자료를 보라. 'A survey of the UK benefit system', IFS Briefing Note BN13 (2016), 〈https://www.ifs.org.uk/bns/bn13.pdf. See also Age UK, 'How we can end pensioner poverty〉', 〈https://www.ageuk.org.uk/documents/EN-GB/Campaigns/end-pensioner-poverty/how_we_can_end_pensioner_poverty_campaign_report.pdf ?dtrk=true〉

142) 실험의 프로토타이핑 단계에는 중앙정부와 지방정부, 민간 부문에서 자금을 조달했다. 서더크는 우리의 성과와 초기 프로토타입을 통해 개발된 비즈니스 사례에 기초하여 최초의 독립된 서클을 시작하기 위한 일회성 지불을 요구받았다.

143) 2017년 기준으로 가구당 총자산이 2만3,250파운드를 넘어선 안 되었다.

144) Harris, 《*William Beveridge*》에서 인용.

145) Giana M. Eckhardt and Fleura Bardhi, 'The Sharing Economy Isn't About Sharing at All', *Harvard Business Review*, 2015년 1월 28일.

146) 현재 1만2천 명의 사람들이 영국 전역에서 집과 가벼운 지원을 공유하고 있다. 〈https://sharedlive-splus.org.uk〉.

147) Holyoake, 《*Self Help by the People*》에는 이 운동의 역사가 기술되어 있다. 그중에 특히 웹 부부는 일과 연구의 일환으로 로치데일을 방문했는데, 이 작업이 후에 복지제도로 이어졌다. 현재는 로치데일 박물관에 속한 상점에 있는 방명록에서 베아트리스 웹의 친필 서명을 발견할 수 있다.

148) Nesta는 The Social Innovation Partnership에게 파티서플의 측정 결과에 대한 독립적 검토 조사를 의뢰했다. 그들은 "서클에서의 측정 인프라는 우리가 이제껏 본 것 중 가장 심도 깊은 것이다"라고 밝혔다.

3부

원칙

149) Sen, 《*Poverty and Famines*》.

150) Sen, 'Equality of What?' 역량접근을 명료하게 설명한 자료로 Nussbaum and Sen, 《*The Quality of Life*》, Nussbaum, 《*Creating Capabilities*》 그리고 Venkatapuram, 《*Health Justice*》을 보라.

151) 예를 들어, 'Equality of What?'에서 Sen은 상당한 분량을 할애하여 수치심 없이 살 수 있는지는 그 사람이 속한 사회에 따라 달라진다고 주장했다.

152) 다음을 보라. 'A necessary counter-theory,' Nussbaum, 《*Creating Capability*》.

153) 누스바움은 역량의 목록을 다음과 같이 길게 제시했다. 생존, 건강한 신체, 신체적 통합성(자유로운 움직임, 출산 선택권), 감각, 상상력과 사고력, 감정(사물과 사람에 대한 친화력), 실제적 추론(비판적 성찰이 가능함), 우호적 관계, 다른 종에 대한 관심과 공존(자연과 지구), 놀이, 환경에 대한 통제력(정치적, 물질적).

154) 어떤 역량이 가장 중요하냐는 질문에 누스바움은 몇몇 역량들은 "기름진 흙"과 같다고 말했다. 그것들은 다른 역량이 자라날 수 있는 토양이라는 것이다. 우호적 관계, 즉 타인을 지지해주고 서로를 존중하는 관계를 맺는 능력은 이런 토양이 되는 역량들 중에서 가장 중요한 것이라고 했다. 이 주장은 Wolff and De-Shalit가 연구에서 제시한 것을 영국적 맥락에서 인용한 것이다. 《*Disadvantage*》을 보라.

155) 2017년 국가통계청의 자료에 의하면 보건 및 돌봄 분야의 담당자 공백이 약 15퍼센트에 달했다. 다음을 보라. 'Statistical bulletin: UK labour market: Feb 2017', 〈https://www.ons.gov.uk/employmentandlabourmarket/peopleinwork/employmentandemployeetypes/bulletins/uklabourmarket/feb2017#vacancies〉. 이 분야에서 약 10분의 1의 직책이 위탁기관 직원들에 의해 수행되고 있다.

과정

156) Audre Lorde, 《*Sister Outsider: Essays and Speeches*》 (Freedom: Crossing Press, 1984)

157) Robert Chambers는 이 접근방식에 대해 'Rural appraisal'에 설명했다. 나는 이 방식의 도시환경 적용에 대해 'The death of the clinic?'에 기술했다.

158) 아이데오에서 활용한 방법과 그 방법들을 조직 변화에 응용한 것에 대해 Brown의 《*Change by Design*》에 잘 설명되어 있다. ABC 저녁뉴스 〈Nightline〉의 지금은 유명해진 보도에도 잘 나타나 있다. 이 보도는 아이데오가 대형 마트의 카트를 5일 만에 다시 고안하도록 도전한 것에 대한 보도인데, 이를 통해 아이데오의 'deep dive'라고 부르는 문제에 충분히 잠김으로써 문제를 가깝게 느끼고 제품을 재창조해내는 과정을 다루었다. 〈https://www.youtube.com/watch?v=M66ZU2PCIcM〉.

159) Geraldine Bedell, 'Politics of the drawing board', 〈*Observer*〉지, 2005년 11월 27일자, 〈http://www.theguardian.com/theobserver/2005/nov/27/2〉. 내가 수상하던 저녁, 시상은 제품 디자인으로 저명한 Dieter Rams가 했는데, 그는 나를 축하하면서 세상은 제품을 더 필요로 하지 않으며 대신 사회적 변화가 필요하고, 그것이 디자인의 미래 방향이 되어야 한다고 말했다.

160) Alice Rawsthorn은 《*Hello World*》에서 90퍼센트를 위한 디자인의 개발, 역사, 실천에 대해 논한다.

161) 시스템 사고가인 Jake Chapman은 《*System Failure*》에서 우리 문화 특히 행정부의 문화에 기계적이고 환원주의적인 사고가 뿌리 깊게 박혀 있다고 언급한다. 파티서플의 과정은 Chapman의 사고와 체계에 대한 분석에 빚을 졌다.

162) 일례로 탈러(Thaler)와 선스타인(Sunstein)의 《넛지*Nudge*》와 에릭 리스(Ries)의 《린 스타트업*The Lean Startup*》을 보라.

163) Otto Scharmer는 좋은 듣기를 미래지향적 경청이라고 표현했다. 훌륭한 코치나 교육자들이 개인을 과거에 머물도록 하기보다 다가오는 미래와 어떻게 연결시키는지 설명한다. 그의 U theory는 장점 탐구에서 활용하는 기술처럼 조직 내의 역동에 대해 다른 방식으로 경청할 수 있는 대안적 모델을 제시한다.

164) 정신분석가 Donald Winnicott은 하나의 발달단계에서 다음 단계로 옮겨가는 것을 도와주는 과도기적 대상이 있다고 했다. 그의 《*Collected Papers*》에서 'Transitional objects and transitional phenomena' (1951)을 보라.

165) John Maeda와 Lisa Straufeld는 Cooper의 학생들이었는데 이들은 잠재적 디자인과 테크놀로지를 실천하고 가르치면서 확장시킴으로써 소프트웨어와 사용자 인터페이스 분야의 변환을 불러일으켰다. IBM의 컴퓨터는 켰을 때 C:\\>가 화면에 뜨지만 애플의 초기 컴퓨터들은 'hello'라고 했다. 애플 제품의 사용가능성을 고집한 Steve Jobs도 Cooper의 작업방식의 영향을 많이 받았다. Rawsthorn의 《*Hello World*》을 보라.

166) 새로운 컨설팅 모델에 대해 생각하는 것은 이 책의 범위를 벗어나지만, 전략과 실천이 새롭고 변화된 조직 내에서 새로운 방식으로 함께 포개지면서 전환의 중요한 부분이 될 것이다.

전환

167) 지금은 클릭노팅엄(ClickNottingham)이라고 불리는 노팅엄 서클은 활력 있고 독립적인 사회적기업으로 유지되고 있고 광범위한 지역사회 조직들과 복지기관들에 긴밀히 연결되어 있다.

168) 런던 서클을 포함하여 각 서클은 개별적 지역사회 투자회사로 시작했는데, 발생하는 수익은 지역사회에 재투자되도록 자산이 묶여있는 사회적기업이다.

169) Lancet에 게재된 Family Nurse Partnership의 평가에서는 이 프로그램이 실패했다고 결론내렸다. Michael Robling 박사 외, 'Effectiveness of a nurse-led intensive home-visitation programme for first-time teenage mothers (Building Blocks): a pragmatic randomized controlled trial', *Lancet*, 387:10014 (January 2016).

170) '이중 과제(double task)'란 정신분석가 Harold Bridger의 업적에서 나온 아이디어다. 그는 어느 번성하는 기관이든지, 그리고 그 기관에서 일하는 번성하는 개인들은 라이프에서 가족과 함께 일하는 것처럼 눈앞에 놓인 프로젝트, 그리고 동시에 일의 이면에서 일어나는 과정, 즉 기관이 기능하는 방식과 프로젝트로 인한 조직적, 행동적 부작용을 가시화하는 것 모두에 집중해야 한다고 주장한다. Bridger는 60년대에 표면적으로는 파열로 보이는 감정, 팀 안의 갈등, 광범위한 체계의 제약들을 통합하기 위해 유니레버(Unilever)와 셸(Shell) 같은 회사들과 활동했다. 눈에 보이지 않는 불편한 것들이 가장 중요한 점일 경우가 많기에 이중 과제는 이 회사들이 매우 성공적인 전략을 획득할 수 있게 했다. Bridger의 《*The Transitional Approach to Change*》를 보라.

171) Troubled Families Programme에 대한 공식 평가를 보면 그것이 "아무런 가시적인 성과"를 이루지

못했다고 한다. 'National evaluation of the first Troubled Families Programme 2012 to 2015', Ministry of Housing, Communities & Local Government, 2016년 10월 17일, 〈https://www.gov.uk/government/publications/national-evaluation-of-the-first-troubled-families-programme〉.

172) 공적 지출 축소 연속 프로그램의 첫 번째 단계에서 위건은 2010년과 2014년 사이에 20퍼센트의 삭감에 직면했다. 'Austerity State: how has you council's budget changed', 〈*Financial Times*〉지, 〈http://ig.ft.com/sites/2015/local-cuts-checker/?mhq5j=e5#E08000010ZZE08000010〉를 보라.

173) Leeds의 Adult Social Services 부장 Mick Ward도 지난 십 년에 걸쳐 유사한 전환 과정을 이끌었다. 전체 지역사회에 걸쳐, 지역의 기관들에게 노인돌봄을 위한 협업과 계획 수립을 지원하는 장기 재정지원(10년 주기로)을 제공했다.

174) Laloux, 《*Reinventing Organizations*》

175) 청록색 기관들에는 네덜란드의 지역사회 간호돌봄 조직인 Buurtzorg, 베를린의 ESBZ 학교, 6만 명의 직원은 있으나 중간관리자는 없는 프랑스의 금속 주조공장인 FAVI, 미국의 식가공업체 Morning Star, Sun Hydraulics, 세계에서 가장 큰 전력 생산업체인 AES, 실외 스포츠복 생산업체 Patagonia 등이 포함된다.

176) 예를 들면 Buurtzorg의 간호사들은 평이 좋은 인트라넷 서비스를 하루에 한 번 이상 점검하고 어떤 질문이든 올라오면 수천 명의 직원들이 그 질문을 확인하고 답해준다. FAVI에는 일의 위임이 역방향으로 되는 문화가 있다. 문제해결이 가능한 한 하위 수준에서 일어나고 직원들은 점심을 먹으면서 또는 매장 바닥에 모여서 비공식적으로 의논하도록 격려받는다(Laloux, 앞의 책). 이런 실천방식이 우수한 인력을 유인하는 경향이 있다. 글을 쓸 당시 다른 스페인 기업들보다 두 배로 생산적이었던 몬드라곤 협동조합의 성장에 대해서는 Semler의 《*Maverick!*》과 Wilkinson의 《*The Impact of Inequality*》를 보라.

177) Murray, 'Taking Stock'.

178) Illich, 《*Tools for Conviviality*》.

179) Nussbaum, 《*Creating Capabilities*》.

180) 센과 누스바움 모두 사람들의 선호가 쉽게 바뀔 수 있음을 인정하는 것이 중요하다고 저술해왔다. 센은 언제나 가장 빈곤하고 가진 것이 적은 사람들이 요구하는 것도 가장 적다고 한다. 사람들의 초기 선호에 맞추어서는 공평한 사회적 정책을 만들 수 없다.

181) 고령자의 80퍼센트는 병원의 낯선 이들 속에서 홀로 사망한다. Atul Gawande는 아무도 원치 않는 이러한 말기는 우리가 전적으로 고령과 죽음을 의학적 관점으로만 이해하기 때문이라고 제언한다. 그리고 이러한 관점은 우리가 늙고 연약하고 죽어가고 있으며 단지 사랑하는 사람들과 집에 있고 싶어 한다는 현실을 받아들이고 어떻게 대처할지 이야기하는 것을 막는다고 주장한다. Gawande, 《*Being Mortal*》.

182) Chapman, 《*System Failure*》.

183) 같은 책.

184) Senge, Hamilton, and Kania, 'The Dawn of System Leadership'. Harold Bridger도 '다른 사람들이 주도하도록 인도하기'에 대하여 유사하게 저술한다 ('The Working Conference Design'을 보라).

185) Heider, 《*The Tao of Leadership*》.

186) Bohnet,《*What Works*》.

187) 급속히 변화하는 분야의 하나인 F1 팀에 대한 연구에서 Nichols와 Savage는, 자본의 수익 증가를 현행 경제활동에 의존적인 노동의 수익과 대조시킨 Piketty의 분석과 평행시키면서 시간이 지남에 따라 어떻게 관계의 가치가 상승하는지를 보여줬다. Nichols and Savage의 'A Social Analysis of an Elite Constellation'과 피케티의《21세기 자본》을 보라.

188) 캐나다의 전직 고위공직자 Jocelyne Bourgon는 영국을 포함한 7개국에 걸쳐서 참여연구 프로젝트를 수행했다. 그녀는 현대사회가 직면한 문제들은 정부의 새로운 틀을 필요로 한다고 주장한다. 공직자들은 계획을 세우고, 지도하고, 통제하도록 훈련되었지만 그녀가 인식하는 새로운 현실 속에서는 대신에, 탐험하고 보존하고 적응하는 법을 배워야 한다는 것이다. Bourgon이《A New Synthesis of Administration》을 보라.

189) Unger,《*What Should the Left Propose?*》.

190) Andrew Hood and Agnes Norris Keiller의 'A survey of the UK benefit system'와 IFS 요약노트 BN13 (2016), 〈https://www.ifs.org.uk/bns/bn13.pdf〉에 의하면 1948/49 회계연도 정부의 지출은 GDP의 37.7퍼센트에 해당했다. 2015/16 회계연도에는 39.8퍼센트였다. 투자를 위한 담보와 잠재력은 전후 베버리지 시대와 유사한 것이다.

191) 아이폰을 포함하여 일련의 구체적인 사례연구를 통해 Mariana Mazzucato는 정부가 혁신에 있어서 중요하고 성공적인 역할을 수행할 수 있고, 그렇게 해왔다고 말했다. 그녀는 정부가 자기가 한 일에 대해 점수를 따거나 이득을 챙기는 재주가 없지만 계속적으로 넓은 사고를 해야 한다고 주장한다.《*The Entrepreneurial State*》.

돌봄과 복지제도의 근본적 전환

래디컬 헬프

1판 1쇄 발행 2020년 11월 19일

2판 5쇄 발행 2024년 3월 29일

지은이 힐러리 코텀

옮긴이 박경현·이태인

펴낸이 전광철

펴낸곳 협동조합 착한책가게

주소 서울시 마포구 독막로 28길 10, 109동 상가 B101-957호

등록 제2015-000038호(2015년 1월 30일)

전화 02) 322-3238

팩스 02) 6499-8485

이메일 bonaliber@gmail.com

ISBN 979-11-90400-12-1 (03330)

- 책값은 뒤표지에 있습니다.
- 잘못된 책은 구입하신 서점에서 바꾸어 드립니다.